经济学基础

JINGJIXUE JICHU

(第2版)

■ 主　编　戴　明
　　副主编　吴文英

东南大学出版社
SOUTHEAST UNIVERSITY PRESS

内容提要

本书以实验为先导,引出经济学理论,以理论为载体,分析现实中的经济现象,努力做到理论从实践中来,再回到实践中去。力求让人们认识到经济学是一门生动的、可亲近的学问,让学生参与到经济学的教学中,变以教师为主的灌输知识为以学生为主的发现规律,使经济学的课堂不再沉闷、乏味。让学生通过亲身参与,领略经济学的理论真谛;让学生掌握经济学的思维方法,用经济学去进行分析、思考,去解释真实世界的经济案例。着力构建在做中学、在学中做,多方互动、寓教于乐的教学氛围,更好地完成应用层次经济学教学的目标。

本书共分为 10 章。内容包括:概述、居民的经济行为、厂商的经济行为、市场结构及其运行、要素市场和收入分配、市场失灵、宏观经济水平的度量及其决定、物价和就业、宏观经济政策、开放经济。为了增强在教学中的可用性,本书的每一章都由本章主要目的、引导性实验、正文、本章小结、本章案例、本章习题六个部分组成。清晰的脉络、严谨的结构、流畅的语言、详尽的叙述,使本书有望成为一本非常实用的经济学教材,能够为广大师生体验经济理论、发现经济规律提供有力的保障。

本书适合于作为应用性本科院校、高等职业院校、成人高校经济管理类专业的通用基础课教材,也可以作为高等院校非经济管理类专业选修经济学的主要教材,还可供相关人士阅读参考。

图书在版编目(CIP)数据

经济学基础/戴明主编.—2 版.—南京:东南大学出版社,2010.2(2016.12 重印)
(大学公共平台核心课程系列教材)
ISBN 978-7-5641-2085-6

Ⅰ.①经… Ⅱ.①戴… Ⅲ.①经济学 Ⅳ.①F0

中国版本图书馆 CIP 数据核字(2010)第 026801 号

经济学基础(第 2 版)

主　　　编	戴　明	副主编	吴文英
选题总策划	李　玉	责任印制	张文礼
责 任 编 辑		封面设计	毕　真
出版发行	东南大学出版社		
地　　　址	南京市四牌楼 2 号	邮　编	210096
出 版 人	江建中		
经　　　销	江苏省新华书店		
印　　　刷	常州市武进第三印刷有限公司		
开　　　本	700 mm×1000 mm		
印　　　张	25.25	字　数	592
版　　　次	2010 年 2 月第 2 版		
印　　　次	2016 年 12 月第 4 次印刷		
书　　　号	ISBN 978-7-5641-2085-6		
印　　　数	13001—15000 册		
定　　　价	46.00 元		

(凡因印装质量问题,可直接向读者服务部调换。电话:025-83792328)

Preface 第2版前言

经济学被人称为"社会科学的皇后",可见其在社会科学领域具有极高的学术价值。然而,要获得"皇后"的青睐,实在并非易事,深奥的"边际革命",经济学传统的黑板加粉笔的教学方式,无疑使课堂的气氛显得严谨多于活泼,也为其赢得了"沉闷的科学"的称号。甚至有人戏言,经济学教师的优劣,与学生对本课程的理解程度成反比,与课堂教学的沉闷程度成正比。

《经济学基础》第1版以通俗易懂的语言、深入浅出的叙述、生动有趣的案例力求打破经济学课堂教学的沉闷局面,自2005年8月教材出版以来,已经多次重印。然而,从总体上来说,这并未从根本上改变经济学教学的传统方式:即以教师为主体,按照理论概述—案例分析—习题讲解的程序,运用教师的口头语言和肢体语言,去向学生展示课件、宣读资料、组织讨论。与第1版相比,本书第2版主要的特点是:

首先,试图摆脱经济学的传统教学方式,实现一种质的飞跃:以实验为先导,最大限度地发挥学生在教学中的主体作用,以改变经济学传统教学方式的沉闷格局。在每一章中都增加了一个先导性的实验,通过老师精心设计有关场景,让学生去扮演经济活动中的当事人,参与到实验中去,按照相应的规则,优化自身的行为,进而在游戏中分析结果,发现经济活动背后蕴含着的规律。最后,由学生自己总结出相关的结论,并由老师归纳、讲解各个实验涉及的经济学原理。运用实验教学法,使经济学的课堂不再仅仅是教师一个人自我表现、自我欣赏的场所,而是全体学生和老师共同表演的平台。在这个表演场中,教师的角色更多地是导演、观众、评论员,而每个学生则成为了一幕幕经济生活情景剧的主角,他们在教师的引导下,手脑并用,全身心投入,充分运用自己的观察能力、逻辑推理能力,去发现知识、去探索真理,进而亲身体验经济规律的奥秘,不断领悟经济学的真谛。

Preface

其次,为反映当前经济生活的动态,做到与时俱进,我们更新了本教材第 1 版中的部分案例。再次,对各章的习题予以扩充,除了增加了实验报告题这一题型,以检验学生实验的效果外,又增加了选择题和判断题数量,以更全面地覆盖各章的重点、难点和知识点,提高学生分析问题和解决问题的能力。

本书此次的修订是在第 1 版的基础上进行的,凝聚着第 1 版各位合作者的集体智慧,在此我们表示由衷的感谢。本书由戴明任主编、吴文英任副主编,撰写的具体分工是:戴明,第一、二、三、七、八、九、十章;吴文英,第四、五、六章。全书由戴明负责统稿与定稿。

教材修订中参考了国内外同行专家出版的各种经济学教材与著作,在此一并表示由衷的感谢。由于编者水平有限,书中不当甚至谬误之处在所难免,敬请读者指正。

戴明
2009 年 12 月于越来溪

目录 Contents

第一章　概述 ... 1
- 第一节　引导性实验 ... 1
- 第二节　经济学的研究对象 ... 6
- 第三节　经济学的研究内容 ... 14
- 第四节　经济学的研究方法 ... 22

第二章　居民的经济行为 ... 38
- 第一节　引导性实验 ... 38
- 第二节　居民的消费行为 ... 44
- 第三节　居民的储蓄行为 ... 60
- 第四节　居民的就业行为 ... 68

第三章　厂商的经济行为 ... 81
- 第一节　引导性实验 ... 81
- 第二节　厂商的生产决策 ... 84
- 第三节　厂商的成本决策 ... 101
- 第四节　厂商的投资决策 ... 110

第四章　市场结构及其运行 ... 122
- 第一节　引导性实验 ... 122
- 第二节　厂商收益和市场类型 ... 133
- 第三节　完全竞争的市场结构 ... 137
- 第四节　完全竞争下的供求和市场价格 ... 142
- 第五节　完全垄断的市场结构 ... 155
- 第六节　垄断竞争的市场结构和寡头垄断的市场结构 ... 161

第五章　要素市场和收入分配 ... 179
- 第一节　引导性实验 ... 179
- 第二节　生产要素价格的决定 ... 187
- 第三节　工资、利息、租金和利润 ... 192
- 第四节　收入分配的不平等及其政策 ... 204

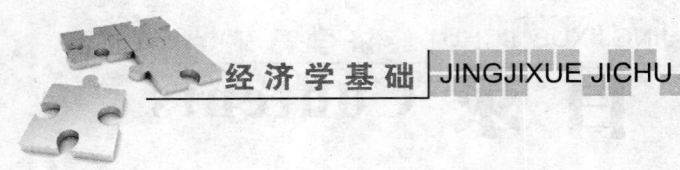

第六章	市场失灵	218
第一节	引导性实验	218
第二节	市场失灵	226
第三节	微观经济政策	235

第七章	宏观经济水平的度量及其决定	250
第一节	引导性实验	250
第二节	宏观经济流程	254
第三节	宏观经济水平的度量	257
第四节	均衡国民收入的决定及其变动	267

第八章	物价和就业	282
第一节	引导性实验	282
第二节	物价	290
第三节	失业	302
第四节	失业与通货膨胀的关系	309

第九章	宏观经济政策	323
第一节	引导性实验	323
第二节	宏观经济政策目标	330
第三节	财政政策	333
第四节	货币政策	338
第五节	财政政策和货币政策的综合运用	347

第十章	开放经济	357
第一节	引导性实验	357
第二节	国际贸易原理和政策	368
第三节	国际收支和汇率	375
第四节	开放经济中的国民收入均衡	383

主要参考文献 ……………………………………………… 396

第一章 概 述

本章主要目的

通过本章的学习,你应当能够:
1. 掌握稀缺性假设的含义
2. 理解稀缺性假设与选择的关系
3. 明确经济学的定义
4. 熟知经济学的基本问题
5. 了解资源配置的基本方式
6. 弄懂生产可能性曲线的内涵
7. 阐明经济学的构成
8. 搞清实证经济学与规范经济学的区别
9. 认识经济学的一些基本原理

第一节 引导性实验
——最后通牒博弈实验和独裁者博弈实验

一、实验步骤

1. 布置实验环境

实验器材:一定数量的实验记录单,相应数量的白纸和笔。
实验场地:足够宽敞的多媒体教室。
实验人数:至少8人。

2. 发放实验材料

给每个学生分发"实验记录单"和白纸各1张。

3. 进行学员分组

学生每2人一组以课桌为间隔物,面对面坐成两排。

4. 宣布游戏规则

向学生宣布并在黑板上写出如下的游戏规则:

最后通牒博弈:在各组中,由处于同一排的同学来决定100元钱的分配,该同学在决定分配比例后,应将其写在白纸上,给另一方看。另一方只能表示接受与否,无权讨价还价。如果另一方接受了,那么每人按上述比例记录收益;如果另一方拒绝接受,双方谁也得不到一分钱。每两个人之间只有一次机会,之后同组的两位同学将分开,不会再在同一性质的游戏中交手。

5. 记录游戏结果

让学生稍作考虑,决定分配比例,完成一轮博弈,并按照规则在实验记录单上填写双方编号、和本轮游戏得分。

6. 执行下轮游戏

所有小组完成第1轮游戏后,教师主持下轮游戏分组。为保证每个学生与不同对手展开游戏,可让其中的一排学生站位保持不变,另一排第一位同学换到队列的最后位置,其余同学依次向前一个位置。然后开始第2轮游戏,在第2轮游戏中,分配比例决定权转换到另一排的同学的手中,再重复第5步骤,完成第2轮游戏。再进入第3轮游戏、第4轮游戏……(第3轮分组时,分配比例决定权又转换到第一排同学的手中,以此类推)

7. 改变游戏规则

在第5~8轮游戏中,进入有竞争的最后通牒博弈,将游戏规则变更为:

有竞争的最后通牒博弈:第5轮的分配权又轮换到第一排同学手中,该排同学应该将分配方案写在标有编号的白纸上,并把纸片交给老师。老师将从收集的分配方案中,找出本方目标收益最低的一个方案,交给另一排同学中的排位最前的同学,由其决定是否接受。如果他不接受,则每个人都得0分。如果他接受,那么方案的提出者和接受方就按照该方案填写对方编号和本轮游戏得分。其他方案的提出者只能得0分。

第6轮的分配权则轮换到另一排同学手中,再遵循上述规则,完成第6轮游戏。第7、8轮游戏也依此类推,只是应让第7轮游戏中分配方案的接受方人选不同于第5轮中的人选,第8轮的人选与第6轮的人选也属于同理。

8. 再次改变规则

在第9~12轮游戏中,进入独裁者博弈,将游戏规则又一次变更为:

独裁者博弈:在各组中,由处于同一排的同学来决定100元钱的分配,该同学在决定分配比例后,将其写在白纸上,给另一方看。另一方只能表示接受,无权拒绝。每两个人之间只有一次机会,之后同组的两位同学将分开,不再安排进同一个组里。

宣布以上变更的游戏规则,并重复第5、6步骤,完成最后4轮游戏。

9. 解释实验结果

游戏结束后,让每个学生计算各自的总得分,上交实验记录单。教师根据汇总的

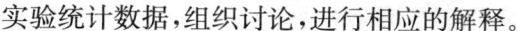

第一章 概 述

实验统计数据,组织讨论,进行相应的解释。

二、实验指南

1. 学生实验指南

我们做分100元钱的游戏,这个游戏的名称叫最后通牒博弈。每位同学都有决定分配比例的机会,每一个同学都会与另一位同学结成对手。游戏中每人都会拿到一张白纸,你首先应在白纸上写上你的编号和名字。当老师宣布你掌握分配比例决定权时,你可以在白纸上写下一个0~100之间的任意数字,代表你的收益。而用100减去你写下的数字,就代表你的对手将获得的收益。

你做出决定后,应将写好数字的白纸向对方展示,对方只能表示接受与否,不能讨价还价。如果对方接受了,那么你们各按上述数字记录收益;如果对方拒绝接受,你们各得0分。每两个人之间只有一次机会,之后同组的两位同学将分开,不会再交手。完成1轮游戏后,你应该在实验记录单中上填写对方编号和本轮游戏得分。

接下来的3轮游戏中,你将分别先后与另3位学生配成三组,来完成三次博弈,并填写对方编号和各轮游戏收益。

在第5~8轮的游戏中,当老师宣布你所在的一排同学具有分配权时,你和你所在这一排的其他同学应该将分配方案写在标有你编号的白纸上,并把纸片交给老师。老师将从你们制定的分配方案中,找出本方目标收益最低的一个方案,选出另一排同学中的任意一位,由其决定是否接受。如果他不接受,则每个人都得0分。如果他接受的方案,正好是你提出的方案,你和他就按照该方案填写对方编号和本轮游戏得分。如果他接受的方案是别人提出来的,那么你只能得0分。

在第9~12轮游戏中,你仍然将分别先后与四位同学配对成四组,进行四次博弈。不过,从第9轮开始,进入独裁者博弈,游戏规则也将变更为:你在决定分配比例后,将其写在白纸上,给对方看。对方只能表示接受,无权拒绝。

与前8轮一样,你应完整地填写实验记录单,记录各轮游戏中对方的编号,并记录自己的收益。

2. 教师实验指南

(1) 布置环境:在实验之前,教师首先应该提前到教室去进行场所的布置。其次,对电脑、投影仪、话筒等多媒体设备进行调试,并准备好黑板擦、白纸、实验记录单等资料。

(2) 分发材料:向每个学生分发一份"学生实验指南"和一张白纸。

(3) 编排组别:当场进行座位的调整,让学生每2人一组以课桌为间隔物,面对面坐成两排,并记录学生的组别和编号。

表 1-1　收益矩阵实验记录单

项目	轮次	对手的编号	分配权归属（本方/对方）	无分配权方的选择（接受/拒绝）	分配方的目标收益	分配方的实际收益	你的收益
最后通牒博弈	1						
	2						
	3						
	4						
	5						
	6						
	7						
	8						
独裁者博弈	9			接受			
	10			接受			
	11			接受			
	12			接受			

各轮总收益：_____　编号：_____　姓名：_____

（4）告知规则：教师应将游戏规则准确无误地告知学生，尤其应强调收益规则。在确信每个学生都弄懂实验步骤之后，教师才允许学生开始游戏。

（5）统计信息：在整个一排的学生都做出分配比例的决定后，教师下达指令，要求该排学生同时向对方展示写在白纸上的数字，并按照规则在实验记录单填写对方编号、决定和本轮游戏己方得分。……在所有 12 轮游戏完成后，教师应该让学生上交记录单，统计学生每一轮的选择结果，再将其汇集成实验记录总表，并在黑板上或幕布上公布实验数据。

（6）组织讨论：根据公布的实验数据，提出相关的问题，让学生讨论作出选择时考虑的有关因素。

（7）阐述理论：通过问答，形成相应的结论，阐述最后通牒博弈和独裁者博弈的相关理论，要求学生独立完成实验报告。

表1-2 各轮实验数据统计工作表(共12张)

轮次	分配方的编号	分配方的目标收益	分配方的实际收益	无分配权方的选择(接受/拒绝)	目标收益区间段的频数									
					1	2	3	4	5	6	7	8	9	10
1														
	......	......	......	......										
小计														
无分配权者对方案的接受率														
分配方目标收益平均数														
分配方实际收益平均数														
目标收益区间段的所占比例														

注：目标收益所处间段的划分以10分为一阶段。1间段为0~10分，2间段为10~20分，以此类推。

表1-3 实验记录总表

项目	最后通牒博弈								独裁者博弈			
轮次	1	2	3	4	5	6	7	8	9	10	11	12
分配方目标收益平均数												
分配方实际收益平均数												
目标收益分布比例最大区段												
目标收益分布最大区段所占比例												
无权方对方案的接受率									100%	100%	100%	100%

第二节　经济学的研究对象

一、经济学的定义

1. 经济学的基本前提：稀缺性假设

经济学被人们称为"社会科学的皇后，最古老的艺术，最新颖的科学"。人们对经济学并不陌生，我们在日常生活中所遇到的各种问题都与经济学有关。无论一个人是否学过经济学，他总是自觉不自觉地按经济规律办事。

经济学的研究有其自身的基本前提，也就是稀缺性假设。稀缺性假设可以从资源有限和欲望无限这两个方面去理解。

(1) 资源有限

生产资源也就是生产要素，通常包括：

①土地：自然资源，大自然赋予人类的物质力量，包括土地、矿藏、森林、水域、空气等。

②劳动：人力资源，包括人的体力劳动和智力劳动。随着人类社会生产力水平的不断提高，社会形态沿着畜牧社会、农业社会、手工业社会、大工业社会、信息社会的路径不断演进，在经济活动中对人的体力要求逐渐下降，对人的智力要求逐渐提高。

③资本(物品)：在生产过程中使用的厂房、建筑物、机器设备、原材料等物品。这是一种派生要素，是用土地和劳动两种原始要素生产出来并可用于生产的资本物品。

④企业家才能(管理能力)：是一种特殊的人力资源，是对上述三要素进行有机组织使之产生最大效益的能力。

经济学把满足人类欲望的物品分为"自由物品"和"经济物品"。前者指人类无需通过努力就能自由取用的物品，如阳光、空气等，其数量是无限的；后者指人类必须付出代价方可得到的物品，即必须借助生产资源通过人类加工出来的物品，其数量是有限的。其实，过去认为可以取之不尽，用之不竭的阳光、空气和水等等，也是有限的，滥用的结果也必然带来明亮阳光的减少、空气的污染和可用水资源的缺乏。人类赖以生存的地球，其自然资源是有限的，而人力资源无论从个体上说，还是从总体上说，也是有限的，而这两大类原始要素的有限性决定了人类的资源在总体上是有限的。

(2) 欲望无限

欲望是一种缺乏的感受与求得满足的愿望。欲望是与生俱来的，欲望的基本特点在于无限性，即人们的欲望永远没有完全得到满足的时候。一种欲望满足了，又会产生新的欲望，永无止境。欲望产生于人们的肉体或精神，所以它是主观的、多样的、多变的。美国的经济学家马斯洛将欲望或需要分为生理需要、安全需要、社交需要、尊重需要、自我实现需要五个层次，这五个层次的需要除了第一种是最基本的物质需要外,其余四种都是心理需要。欲望无止境,人的需要由低到高,不断发展,永远没有穷尽之日。

回顾人类社会的发展历程,我们可以看到人类社会的经济活动沿着食—衣—住—行—玩的轨迹在发展。每一次的产业革命、在每一个不同的社会形态中,人类的经济活动都有着鲜明的主题,旨在满足不同的欲望。农业社会解决的是食的问题;工业社会中的第一次产业革命,主要着眼于解决衣的问题,主导产业为纺织业;第二次产业革命,主要着眼于解决大机器生产、建筑业发展所引发的钢铁需求问题,主导产业为钢铁工业;第三次产业革命,旨在解决现代化生产所需要的能源问题,主导产业为石油、重化工业;第四次产业革命,目的在于解决行的问题,主导产业为汽车工业;第五次产业革命,旨在降低信息沟通的成本,从而节约能源,主导产业为信息工业。

(3) 稀缺性的相对性和绝对性

在社会生产和消费之间,消费是目的,生产则是实现目的的手段。如果在一个社会中,人们的欲望是有限的,而满足需要的手段是取之不尽用之不竭的,那就不需要研究经济问题,也就不需要学习经济学。但事实并非如此,人的欲望无限多样、永无饱和之日,而用来满足这些无限欲望的手段,也就是用来提供这些物品和劳务的生产资源却是有限的。于是,怎样使用有限的资源来满足无限的需要,就成为人类必须要面对的问题,这就是人类社会面临的基本经济问题,也就是经济学要研究和回答的问题。

相对于人类社会的无穷欲望而言,生产所需要的资源总是不足的,这种资源的相对有限性被称为稀缺性。

这里所说的稀缺性是指相对的稀缺性,即从相对的意义上来谈资源的多寡的,它产生于人类欲望的无限性与资源的有限性这一矛盾。这也就是说,稀缺性强调的不是资源的绝对数量的多少,而是相对于欲望无限性的有限性。

然而,这种稀缺性的存在又是绝对的。这就是说,稀缺性存在于人类历史的各个时期和各个社会。稀缺性是人类社会永恒的问题,只要有人类社会,就会有稀缺性。

正是由于稀缺性的存在,经济学产生了。没有稀缺性就没有经济学存在的必要性。整个经济学就是为了解决稀缺性问题而存在的。

2. 资源配置的问题

面对稀缺性的事实,人类社会必须决定如何利用既定的资源去生产经济物品,去更好地满足人类的需求。也就是说,我们必须作出选择,以便最有效地运用有限的资源,使人类的欲望得到尽可能大的满足。为此,我们必须面对以下三个基本的经济问题:

(1) 生产什么物品与生产多少。有限的资源怎样在不同的用途上、时段上进行选择。人的需要是无限的,永无饱和之日,而生产资源是稀缺的。目的与达到目的的手段之间的矛盾迫使人们在各种需要之间权衡比较,有所取舍。其次,人们还必须决定每种产品的产量应各为若干?

今天,我们应当生产比萨饼还是衬衫?生产少量优质衬衫还是大批普通衬衫?我们应当利用有限的资源生产更多的消费品,还是应当生产较少的消费品和较多的资本品,从而让明天有更多的产出和消费?

在市场经济体制下生产什么,取决于消费者最迫切的需要,生产多少,取决于消费者的反应,即以需定产,以销定产。

(2) 如何生产,更多地运用哪一种资源来进行生产,即确定生产方式。

每种生产要素一般有多种用途,而任一种产品一般也可采用多种生产方法。例如,用石油发电,还是用煤炭发电,或是用太阳能发电?设备是由人还是由机器人来操作?同一种产品,既可采用多用劳动少用资本的方法,也可采用多用资本少用劳动的生产方法。这里有一个生产效率的问题,即如何组织生产使生产要素能够最有效率地被使用的问题。

在市场经济体制下,怎样生产取决于厂商之间的竞争状况,归根到底取决于各种生产方式的成本。

(3) 为谁生产即分配问题,每个消费者能获得怎样的物品,获得多少物品。被生产出来的产品怎样在社会成员之间进行分配,根据什么原则,采用什么机制进行分配,分配的数量界限如何把握等。经济学所说的收入分配问题,也就是为谁生产的问题。

我们知道,人是社会的人,就是说,每个人总是生活于组成一定社会形式的人群之中,所以生产总是社会生产。就是说,社会的人作为劳动的主体,在有目的地作用于劳动的客体——自然物质时,总是在一定的社会形式下进行劳动的。所以经济分析必然包括生产出来的产品归谁享用以及享用多少的问题。

在市场经济体制下,为谁生产取决于人们的收入水平及商品价格水平,人们的收入水平又取决于生产要素的价格水平,即整个价格体系的状况。

上述三个基本经济问题在经济学中被称为资源配置问题。经济学是为解决稀缺性问题而产生的。经济学所研究的对象就是由资源的稀缺性而产生的选择问题,即资源配置问题。

3. 资源利用的问题

在现实的社会中,一方面资源是稀缺的,必须作出最优的选择,去研究生产资源的合理配置问题;另一方面,稀缺的资源还得不到充分的利用,劳动者失业、生产设备和自然资源闲置的状态,也会经常出现。这就给经济学提出另一个问题,经济学必须要进一步研究,造成这种状况的原因是什么,用什么办法来改进这种状况,从而实现充分就业,使实际的国民收入接近或等于潜在的国民收入,这就是要研究稀缺经济资源的充分利用问题。所谓资源利用的问题是指如何更好地利用现有的稀缺资源,生产出更多的物品。

资源利用包括这样三个相关的问题:

(1) 为什么资源得不到充分利用,为什么有时社会生产的资本品和消费品的组合达不到在最高水平。换句话说,也就是如何能使稀缺资源得到充分利用,如何使各种消费品和资本品的产量达到最大。这就是一般所说的"充分就业"问题、

(2) 在资源既定的情况下为什么产量有时高有时低,即尽管资源数量没变,但消费品和资本品的产量为什么不能始终保持在最高水平。这也就是经济中为什么会有周期性波动。与此相关的是,如何用既定的资源生产出更多的消费品和资本品,即实现经济增长。这就是一般所说的"经济波动与经济增长"问题。

(3) 现代社会是一个以货币为交换媒介的商品社会,货币购买力的变动对由稀缺性所引起的各种问题的解决都有很大影响。这样,解决经济问题就必然涉及货币购买力的问题。这也就是一般所说的"通货膨胀或通货紧缩"问题。

4. 经济学的定义

可见,稀缺性不仅引起了资源配置问题,而且还引起了资源利用问题。经济学的定义是:研究在一定制度下稀缺资源配置和利用的科学。

二、生产可能性曲线

由资源的稀缺性所引发的一系列经济问题可以由生产可能性曲线表示出来。

1. 生产可能性曲线的含义

生产可能性曲线用来表示经济社会在既定资源和技术条件下所能生产的各种商品最大数量的组合。

考虑一个经济社会使用它的全部资源生产粮食和钢铁两种产品的情形。由于社会用于生产的资源是有限的,因而社会可以生产的粮食和钢铁的数量就是有限的,多生产了钢铁就得少生产粮食。如表1-4所示:如果社会全部资源都用于生产钢铁,最多生产5万吨;如果全部资源都用于生产粮食,最多生产15万吨;如果社会生产3万吨钢铁,那它最多只能生产9万吨粮食。

表1-4 生产可能性表

最大数量的组合	A	B	C	D	E	F
钢铁/万吨	0	1	2	3	4	5
粮食/万吨	15	14	12	9	5	0

将表1-4描述在几何图形上,可以得到图1-1所示的生产可能性曲线或称生产可能性边界。图中横轴表示社会生产钢铁的数量,纵轴表示社会生产粮食的数量。A点和F点表示社会只生产粮食和只生产钢铁的极端情形,其他各点表示社会同时生产粮食和钢铁的不同组合点。把这些点连接起来可以得到一条曲线,这条曲线上

的点都表示在生产资源与技术既定的条件下,社会生产粮食与钢铁两种产品的最大可能的组合。

这个例子表明:由于资源的稀缺性,因此,用于生产某一种物品的资源多了,用于生产其他物品的资源就会减少。假如一个国家可以利用的资源,当年全部用来生产消费品,那么这个国家只能维持简单再生产。如果要实现扩大再生产,就要用一部分资源生产资本品,这样,尽管以后会有更多的消费品被生产出来,但当年的消费品数量就会相应减少。这里就存在着眼前利益与长远利益之间的矛盾,一个国家如何兼顾眼前利益与长远利益,把有限的资源分配于消费品和资本品的生产,这是经济学必须要回答的问题。

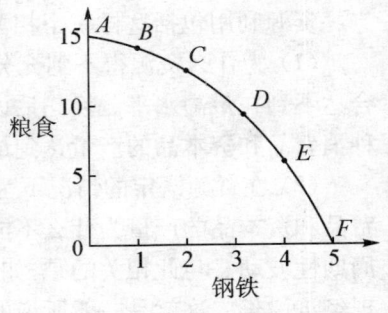

图1-1 生产可能性曲线

生产可能性曲线表明,由于人的需要是无限多样化的,但满足这些需要的手段,即制造或提供人们所需物品和劳务的生产资源是相对稀缺的。有限的资源用来多生产某种物品就要少生产其他物品,在此可以有多种组合。比如一个社会为了不断扩大再生产,所需要的资本物品是无限的,为了提高当前生活水平,所需要的消费品也是无限的。但是,能够用于生产资本品与消费品的资源是有限的。由于资源的相对稀缺性,在一定技术条件下,在生产可能性曲线的多种可能性组合中,究竟该选择哪一种,即一个国家关于消费品和资本品这两大部类的生产组合,到底选择 C 点还是 E 点?或者 AF 线上的任何其他一点?这就有个选择问题。

2. 生产可能性曲线的运用——机会成本

生产可能性曲线反映了资源稀缺性与选择性的经济学特征。究竟生产多少钢铁、多少粮食更能满足人类的需要呢?资源的稀缺性使得社会不得不作出选择。选择之所以成为经济活动的重要问题,是因为不同的选择带来资源的不同配置。例如在上面的例子中,如果社会选择 C 点而不是 B 点,即多生产 1 万吨钢铁,则社会必须因此放弃 2 万吨粮食的生产。这意味着选择是有代价的。这个代价就是机会成本。

所谓机会成本是指由于对具有多种用途的资源进行选择而牺牲的其他用途的机会所放弃的最大利益或代价。例如,上述生产可能性曲线上的 A、B 两点表示,多生产 1 万吨的钢铁就要以牺牲 1 万吨粮食的生产为代价,因此就 A、B 两点来说,社会选择生产 1 万吨钢铁的机会成本就是 1 万吨粮食。

只要资源是稀缺的,并且只要人们对稀缺资源的使用进行选择,就必然会产生机会成本。运用机会成本概念,可以对一定资源的不同使用所达到的经济收益进行比较,以便在运用稀缺资源时,达到最大的可能收益。

三、资源配置与经济体制

经济学是研究稀缺资源配置和利用的科学,而资源能否得到合理配置和充分利用,这还涉及经济制度和经济体制问题。这是因为经济资源配置和利用的方式是在一定的经济制度下进行的。不同的经济制度所具有的经济体制必然各不相同,由此所选定的社会经济目标及其决策方式也就千差万别。另外,不同的经济体制,由于本身的机制不同,其经济效率也有差异,因而研究经济体制对资源配置和利用的方式及其运行机制的作用,就成为经济学研究中回避不了的问题。

经济体制是组织和管理经济的一整套具体制度和形式。从历史上看,经济体制大体分成四种类型:自给经济、计划经济、市场经济和混合经济。

1. 自给经济

自给经济的基本特征是每个家庭或部落生产他们消费的大部分物品,极少数消费品从外界交换得来。在这种体制下,决策权掌握在家长、部落酋长、庄园主手里,依靠习惯和强制力决策。由于生产不是为了交换,因而经济封闭,信息贫乏,经济的刺激力限于求生的需要。土地资源的配置和利用由居民的直接消费决定,经济效率差,经济发展缓慢,水平低下。

2. 计划经济

这一经济体制的基本特征是:资源基本归政府所有,经济的组织和管理由政府负责,经济社会发展的决策权高度集中在政府手中,政府依靠对资源的所有权、依靠强制力及其自身掌握的信息作出决策。这种高度集中的经济体制不仅不能实现资源的有效配置,还可能造成资源的严重浪费。当然,它也有集中力量办大事、应付突发事件等优点。

3. 市场经济

市场经济是借助于市场交换关系,依靠供求、竞争、价格等机制,组织社会经济运行,以调节社会资源配置和分配经济收入的经济。简言之,市场经济就是在市场调节下运行的机制。市场经济体制的基本特征是:资源基本归具有产权的自然人或法人所有。各经济主体都是独立的、平等的,可以自由进出市场,自由地开展竞争与合作。

与自然经济体制和计划经济体制相比,市场经济能优化资源配置和充分利用资源,提高经济效率,推动经济发展。但市场经济并不是完美无缺的。单纯的市场经济不能很好地解决资源利用问题、社会收入分配的公平问题、自然环境的保护问题。

4. 混合经济

混合经济是指市场条件下政府干预的经济。混合经济的基本特征是:资源的民间所有和国家所有相结合,市场和计划相结合,自由竞争和国家干预相结合。在混合经济中,通过市场机制的自发作用,经济社会解决生产什么和生产多少、如何生产、为谁生产的基本问题。当市场机制失灵时,则通过政府的干预促进资源使用的效率,增进社会平等,维持经济的稳定和增长。换言之,在混合经济中,凭借市场制度来解决资源配置问题,依靠国家干预来解决资源利用问题。实际上,这种国家干预的市场经济正是现代市场经济制度。

当前世界上解决资源配置和资源利用问题的经济体制基本有两种。一种是市场经济体制,即通过市场上价格的调节来决定生产什么,如何生产与为谁生产,资源的优化配置和充分利用依靠价格的调节与刺激来实现。一种是计划经济体制。即通过中央计划来决定生产什么,如何生产和为谁生产。资源的优化配置和充分利用依靠计划来实现。这两种经济体制的差别体现在决策机制、协调机制、激励机制上。决策机制方面:计划经济采用集中决策的方式,市场经济采用分散决策的方式;协调机制方面:计划经济通过实物数量信号进行协调,市场经济通过价格信号进行协调;激励机制方面:计划经济强调以集体主义为中心,市场经济强调以个人利益为中心。

当然,在现实中,许多国家的经济制度都是市场与计划不同程度的结合,但这种结合并不是一半对一半,总是以一种经济制度为主,以另一种为辅的。现在越来越多的人认识到,市场经济从总体上看比计划经济效率高,更有利于经济的发展。

四、市场经济体制的人性假设

1. 理性人假设的含义

理性人假设是指居民、厂商、政府等经济决策主体都充满理智,既不会感情用事,也不会轻信盲从,而且精于判断和计算,其行为符合始终如一的偏好原则。即消费者、厂商、政府都是以利己为目的的理性人,他们自觉地按利益最大化的原则行事,既能把最大化作为目标,又知道如何实现最大化。

2. 在理性人假设下,市场经济体制更合乎逻辑

(1) 亚当·斯密的论述

经济学家亚当·斯密在他 1776 年的著作《国富论》中是这样表述的:

"每个人都在力图应用他的资本,来使其生产品能得到最大的价值。一般地说,他并不企图增进公共福利,也不知道他增进的公共福利为多少。他所追求的仅仅是他个人的安乐,仅仅是他个人的利益。这样做时,有一只看不见的手引导他去促进一种目标,而这种目标决不是他所追求的东西。由于他追逐他自己的利益,他经常促进了社会利益,其效果要比他真正想促进社会利益所得的效果为大。"

在这里,亚当·斯密首先指出人以追求个人利益的实现为目标,即人都是经济人;其次,他认为在"看不见的手"引导下,对个人利益的追求,最后会极大地促进社会利益。而这只"看不见的手"实际上指的就是市场经济机制。

(2) 制度重于人性

第一章 概 述

古今中外,有关人性问题的探讨一直没有停止过。人性本善还是人本性恶?人是天使还是野兽?相互对立的观点似乎都是那么有理有据,始终互不服气,争论不休。有人认为人性本善,所以会做善事,同情、怜悯他人,乐善好施,助人为乐,善良得像个天使。也有人认为人性本恶,所以会有恶行,懒惰、贪婪,过于自信,虐待同类,邪恶得像个魔鬼。其实人"一半是天使,一半是野兽",既会做善事,也会有恶行。所以人是既善又恶,半善半恶的。

人的本性到底是什么呢?人的本性是利己的,人主观上总是为自己着想,想方设法要谋求自己利益的最大化。当做出善事可以增加自己的利益时,人就会行善;而当做坏事可以提高个人利益时,人同样也会干出罪恶的勾当。从利己出发,人可以做出善事从而推动历史进步;而一切的罪恶也都来自于利己之心的驱使。因此,争论人性本善还是人性本恶不会有结果,也没有什么意义。人的这种利己心是无法改变的,无论是道德说教还是严刑峻法,所谓"江山易改,本性难移"。人性不能靠说教来改变,只能用制度来引导。人的利己之心是不变的,关键在于用什么制度去引导人们弃恶从善抑或弃善从恶。如果只有人斗人、人吃人,损人才能实现利己,人就比野兽还要坏。如果只有人为人、人帮人,利人才能实现利己,人就比天使还要好。

著名经济学家哈耶克曾经说过,一种坏的制度会使好人做坏事,而一种好的制度会使坏人也做好事。制度并不是要改变人利己的本性,而是要顺从人的本性,做到让人们从利己出发,主观为我,事实上却多做对他人有益的事,客观为社会,建立人人为我,我为人人的美好社会。人性不变,制度可变,制度重于人性,经济学家强调要用制度来引导和制约人性。制度是人们的行为规则,也是一种社会激励机制。它规范人们的行为,把人们的行为引导到有利于整个社会的方向。经济学家认为,理性人做任何事情时都会进行成本—收益分析,只有收益大于成本,人们才会去做这些事。制度的作用就在于,使那些对社会不利的事,对个人也是成本大于收益;使那些对社会有利的事,对个人也是收益大于成本。这样的制度就能起到有效制约与引导人们行为的作用。

市场经济体制的核心在于承认人的"为我"之心。在市场经济中财产权利清晰、经济决策分散、个人选择自由,每个经济主体都可以独立地权衡每项决策的利弊得失,盘算着自身的收益、成本,从利己出发作出理性的选择。在一个法制健全的市场经济中,只有利人才能实现利己。因而,当每个经济主体做出利己的决策、主观为我时,客观上结果也必然就是有利于社会,会促进社会利益提高的。从本质上说,市场经济体制是一种符合人性的经济体制。正是由于这样,世界各国最终都会走上市场经济之路。

当然,一种制度对人的行为的影响是多方面的,既有直接影响,也有间接影响;既有有利影响,也有不利影响。世界上没有只有好影响而没有坏影响的十全十美的制度。我们所追求的是好影响大于坏影响的制度。一种制度的好坏不在于动机如何,而在于效果如何。如果一种制度好的影响大于坏的影响,就应该肯定,至于它的不足,可以通过相关的制度去弥补。但如果一种制度坏的影响大于好的影响,就非取消不可。设计制度时,一定要全面分析其效果:直接的与间接的,有利的与不利的,短期的与长期的。否则,好的动机可能会引出不利的结果。

第三节　经济学的研究内容

现代经济学由微观经济学和宏观经济学两部分构成。

一、微观经济学

1. 微观经济学的含义

微观经济学是以单个经济单位为研究对象,通过研究单个经济单位的经济行为和相应的经济变量单项数值的决定,来说明价格机制如何解决社会的资源配置问题的经济理论。

在理解微观经济学的上述含义时,要注意以下几点:

(1) 微观经济学研究的对象是单个经济单位的经济行为

单个经济单位指组成经济的最基本的单位:家庭与企业。家庭是商品和劳务的消费者和生产要素的提供者。企业是商品和劳务的生产者和生产要素的需求者。在微观经济学的研究中,假设家庭与企业经济行为的目标是实现最大化,即家庭要实现满足程度(即效用)最大化,企业要实现利润最大化。家庭(居民户)如何支配收入,怎样以有限的收入获得最大的效用和满足,即实现效用最大化;单个企业(厂商)如何把有限的资源分配在各种商品的生产上以取得最大利润,即实现利润最大化。

(2) 微观经济学解决的问题是资源配置

资源配置即前面所说的生产什么和生产多少、如何生产、为谁生产的问题。解决资源配置问题就是要使资源配置达到最优化,社会经济福利最大化。微观经济学从研究单个经济单位的最大化行为入手,来解决社会资源的最优配置问题。

微观经济学实际上要涉及两大类市场:

①是考察产品市场怎样决定着每一种产品的产销数量和价格:消费者对各种产品的需求与生产者对产品的供给,会怎样决定着每一种产品的产销数量和价格。

②是考察要素市场怎样决定着生产要素的使用量和生产要素价格:生产要素所有者的要素供给与生产者对生产要素的需求,会怎样决定着生产要素的使用量和生产要素价格(工资利息与地租)。

而对于上述问题的理论分析,实际上涉及一个社会既定的生产资源被用来生产哪些产品,每种产品的产量和采用的生产方法,以及生产出来的产品怎样对社会成员进行分配,所以我们可以把微观经济学的内容,看作是考察既定的生产资源总量如何被分配使用于各种不同用途的问题,即前面所说的资源配置问题。

(3) 微观经济学的中心理论是价格理论

在市场经济中,家庭和企业的行为要受价格的支配,生产什么、如何生产和为谁生产都由价格决定。价格像一只看不见的手,调节着整个社会的经济活动,通过价格的调节,社会资源的配置实现了最优化,微观经济学正是要说明价格如何使资源配置达到最优化。市场经济的资源配置,归根到底涉及价格问题,因而微观经济理论可以统称为价格理论,这包括产品的价格和生产要素的价格。而生产要素的价格也就是用货币表示的工资、利息、利润和地租,所以微观经济理论可以看作就是传统的价值理论和分配理论。

(4) 微观经济学的研究方法是个量分析

微观经济学所涉及的变量,同以研究单个经济单位为对象相适应;微观经济学的研究方法是个量分析,个量分析是研究经济变量的单项数值如何决定、变动及相互间的关系。例如,微观经济学中研究的价格是某种商品的价格,即价格这种经济变量的单项数值。美国经济学家萨缪尔森指出,微观经济学是"关于经济中单个因素——诸如一种产品价格的决定或单个消费者行为或单个企业行为的分析"。

由此,我们可以了解,微观经济学的研究对象是单个经济单位的经济行为;微观经济学解决的问题是资源配置;微观经济学的核心理论是价格理论;微观经济学的研究方法是个量分析。

2. 微观经济学的内容

微观经济学包括的内容相当广泛,其中主要有:

(1) 均衡价格理论,也称价格理论。研究某种商品的价格如何决定,以及价格如何调节整个经济的运行。

(2) 消费者行为理论。研究消费者如何把有限的收入分配到各种物品的消费上,以实现效用最大化。

(3) 生产理论,即生产者行为理论。研究生产者如何把有限的资源用于各种物品的生产,从而实现利润最大化。

(4) 厂商均衡理论,或称市场结构理论。研究企业在不同市场结构下的行为与市场均衡。

(5) 生产要素价格理论。研究产品按什么原则分配给社会各集团与个人,即工资、利息、地租和利润如何决定。

(6) 市场失灵与微观经济政策。传统微观经济学理论以完全竞争、完全理性与完全信息为前提。但在现实中,由于公共物品、外部性、垄断与信息不对称等原因,价格调节并不总能实现资源最优配置,这被称为市场失灵。解决市场失灵问题就需要政府的微观经济政策。

3. 微观经济学的假设前提

微观经济学的理论是以如下三个基本假设条件为前提的:

(1) 市场出清

即坚信在价格可以自由而迅速升降的情况下,市场上一定会实现充分就业的均衡状态。在这种状态下,资源可以得到充分利用,不存在资源闲置或浪费问题。

(2) 完全理性

即消费者和厂商都是以利己为目的的理性人,他们自觉地按利益最大化的原则行事,既能把最大化作为目标,又知道如何实现最大化。

(3) 完全信息

即消费者和厂商可免费而迅速地获得各种市场信息。只有在这种条件下,微观经济学关于价格调节实现资源配置最优化,以及由此引出自由放任的经济政策,才是正确的。

4. 微观经济学中的一些基本原理

(1) 交替关系原理

在资源一定的前提下,人们在经济生活中面临着交替关系,正如谚语所说:"天下没有白吃的午餐"。为了得到我们喜爱的一件东西,通常就不得不放弃另一件我们喜爱的东西。作出决策要求我们在一个目标与另一个目标之间有所取舍。

①学生在配置其最宝贵的时间资源时,面临着交替关系。

每一个学生的时间资源都是有限的,他必须在学习、休息、打工之间,对时间作出合理的配置。他可以把所有的时间用于学习经济学;也可以把所有的时间用于学习心理学;或者可以把时间分配在这两个学科上。当他把 1 个小时用于学习经济学时,他就必须在心理学少花 1 小时。当他将 6 个小时时间用于学习时,他就要放弃本来可用于睡眠、骑车、看电视或打工赚点零花钱的时间。

②在居民安排有限的货币收入时,面临着交替关系。

在一定时期内,每一个家庭的货币收入都是有限的。父母必须决定如何使用自己的家庭收入:他们可以购买食物、衣服;或全家外出旅游度假;又或者他们也可以为退休或孩子的大学教育储蓄一部分收入。当他们选择在某一种物品中多花 1 元时,他们在其他物品上就要少花 1 元。

③一个社会面临着各种不同的交替关系。

典型的交替关系是"大炮与黄油"之间的交替。当我们把更多的钱用于国防,生产更多大炮之类的军工用品,以保卫国家免受外国入侵时,能提供给人们的黄油之类的消费品就少了,国内的生活水平就会下降。

社会面临的另一种交替关系是效率与平等之间的交替。效率是指社会能从其稀缺资源中得到最多东西。平等是指这些资源的成果公平地分配给社会成员。换句话说,效率是指经济蛋糕的大小,而平等是指如何分割这块蛋糕。当政府把富人的收入再分配给穷人时,就减少了对辛勤工作的奖励;结果,人们工作少了,生产的物品与劳务也少了。换句话说,当政府想要把经济蛋糕切成更均等的小块时,这块蛋糕也就变小了。政府实施失业保障制度或个人所得税制度,确实提高了社会收入分配的平等程度,但它以降低效率为代价。

(2) 机会成本原理

机会成本是指由于对具有多种用途的资源进行选择而牺牲的其他用途的机会所放弃的最大利益或代价。简言之,一种东西的机会成本,是为了得到这种东西所放弃的东西。当作出任何一项决策时,人们应该认识到伴随每一种可能的行动而来的机会成本。

例如,考虑是否上大学的决策。上大学的收益是使知识丰富和一生拥有更好的工作机会。但成本是什么呢?要回答这个问题,你会想到把你用于学费、书籍、住房和伙食的钱加总起来。但这种总和并不真正地代表你上一年大学所放弃的东西。

一方面,这里包括的某些东西并不是上大学的真正成本。即使你离开了学校,你也需要有睡觉的地方,要吃东西。只有在大学的住宿和伙食比其他地方贵时,贵的这一部分才是上大学的成本。实际上,大学的住宿与伙食费可能还低于你自己生活时所支付的房租与食物费用。在这种情况下,住宿与伙食费的节省是上大学的收益。

另一方面,它忽略了上大学最大的成本——你的时间。当你把一年的时间用于听课、读书和写文章时,你就不能把这段时间用于工作。对大多数学生而言,为上学而放弃的工资是他们受教育的最大单项成本。

那些体育明星、文艺明星在年轻时,从事其职业活动往往有成百上千万元的收入。如果在其职业生涯的黄金周期求学,会有很大的损失。他们认识到此时上大学的机会成本极高,不值得付出这种代价来获得上大学的收益,因此难怪明星都会选择在退出原先的职业圈之后再去上大学。

(3) 激励反应原理

人们会对激励作出反应。人们通过成本与收益的比较,来作出理性的决策,所以,当成本或收益变动时,人们的行为也会改变。这就是说,人们会对激励作出反应。例如,当苹果的价格上升时,人们就决定多吃梨少吃苹果,因为购买苹果的成本高了。同时,苹果园主决定雇佣更多工人来多摘些苹果,因为出售苹果的收益也提高了。

对设计公共政策的人来说,激励在行为决定中的作用是重要的。公共政策往往改变了私人行动的成本或收益。当决策者没能考虑到由于政策原因而引起的行为变化时,他们的政策就会产生他们意想不到的效果。在分析任何一种政策时,不仅应该考虑直接影响,而且还应该考虑激励发生作用的间接影响。如果政策改变了激励,它就将使人们改变自己的行为。

例如,为了保障司机的安全,交通法规制定了有关安全带的条款,安全带之类的安全设备成为汽车的标准配置。这种法规的直接影响是显而易见的,由于所有汽车都有安全带,更多的人系安全带,司机发生重大车祸时存活的概率提高了。从这种意义上说,安全带拯救了一些人的生命。但是,在该法规的实施后,出现司机车祸的次数增加和行人死亡人数增加的现象,这种间接影响却是人们未曾预料到的。

人们由于他们所面临的激励而改变了自己的行为。在这个例子中,相关的行为是司机开车时的速度和谨慎程度。缓慢而小心地开车要耗费司机更多的时间和精力,这就是小心开车的成本,而小心开车的收益则是安全程度的提高,这体现在为少出车祸或出车祸时人身损伤较小。因为有了安全带的保护,司机小心开车的收益下降了,即使开快车也不大会出致命车祸。于是,他们对安全带的反应,就是更快更放肆地开车,最终的结果是更多的车祸次数和更多的行人死亡数量。

(4)"看不见的手"原理

经济学家亚当·斯密指出:家庭和企业在市场上相互交易,它们仿佛被一只"看不见的手"所指引,引起了合意的市场结果。价格就是看不见的手用来指引经济活动的工具。企业在决定生产什么、生产多少和如何生产时,受到价格的指引;家庭在决定购买什么、购买多少、何时购买时,同样也会关注价格的变动。在价格的引导下,千百万个家庭和企业基于利己的目的,理性地考虑其行动的收益与成本,分散决策,作出看似无序的自由选择,却在不知不觉之间、在大多数情况下实现了整个社会福利最大化的结果。

当政府阻止价格根据供求自发地调节时,它就限制了看不见的手协调经济的能力。这能够解释为什么税收对资源配置有不利的影响:税收扭曲了价格,从而扭曲了家庭和企业的决策。这也能解释计划经济的失败。当价格不是在市场上决定的,而是由中央计划机关指定时,计划者把市场上那只看不见的手缚起来了,因为没有充分、及时的供求信息,集中决策的结果必然是一场灾难。

二、宏观经济学

1. 宏观经济学的含义

宏观经济学以整个国民经济为研究对象,通过研究经济中各有关总量的决定及其变化,来说明资源如何才能得到充分利用的经济理论。

在理解宏观经济学的上述含义时,要注意这样几点:

(1)宏观经济学的研究对象是整个经济

这就是说,宏观经济学所研究的不是经济中的各个单位,而是由这些单位所组成的整体;不是树木,而是由这些树木所组成的森林。这样,宏观经济学就要研究整体经济的运行方式与规律,从总体上分析经济问题。

(2)宏观经济学解决的是资源利用问题

宏观经济学把资源配置作为既定的前提,研究现有资源未能得到充分利用的原因,达到充分利用的途径,以及如何增长等问题。而微观经济学则把资源的充分利用作为既定的前提,但20世纪30年代的经济大危机打破了这个神话。这样,资源利用就成为经济学的另一个组成部分——宏观经济学所要解决的问题了。

(3) 宏观经济学的中心理论是国民收入决定理论

宏观经济学研究经济的整体,它所要考察的内容很广。诸如国民收入的大小,一般物价水平的高低及其变化,全社会就业和失业人数,以及经济增长和经济周期等等问题,因而诸如国民收入理论和就业理论、货币理论、通货膨胀理论、经济增长理论和经济周期理论等等,还有在经济科学国际贸易与国际金融等分支学科中,有关进出口贸易额和国际收支的大小以及外汇汇率的高低怎样决定的问题,都属于宏观经济分析,都是宏观经济学所要研究的问题。而中心理论则是国民收入决定理论。国民收入决定理论是宏观经济学的核心,其他理论则是运用这一理论来解释整体经济中的各种问题,宏观经济政策则是这种理论的运用。

(4) 宏观经济学的研究方法是总量分析

总量是指能反映整个经济运行情况的经济变量,在宏观经济分析中使用的经济变量一般都是由微观的个量加总而成的宏观的总量或个量加总的平均数。

这种变量有两类:

一类是个量的总和。例如:由各个家庭一定时期(如1年)的消费和储蓄加总而成的全社会的消费支出和储蓄总额,各个厂商一年期间的投资加总而成的全社会的投资支出,政府在预算年度的收入和支出,一个国家一年期间的进口和出口总额,国际收支总额,货币供应量和货币流通量(货币供应量和货币流通速度之乘积),国民收入和各行各业的就业人数加总而成的全社会就业量,等等。另一类是个量加总的平均数。例如,价格水平是由各种产品的价格汇总计算出来的一般物价水平。

宏观经济学涉及的总量很多,其中主要有:国内生产总值、总投资、总消费、价格水平、经济增长率、利率、汇率、货币供给量等。总量分析就是分析这些总量的决定、变动及相互关系,并通过这种分析说明经济的运行状况,决定经济政策。因此,宏观经济学也被称为"总量经济学"。与此相对应,微观经济分析和微观经济学也可以译为个量分析和个体经济学。

2. 宏观经济学的内容

宏观经济学的内容相当广泛,包括宏观经济理论、宏观经济政策以及宏观经济计量模型。其中主要有:

(1) 国民收入决定理论

国民收入或称国内生产总值是衡量一国经济资源利用情况和整个国民经济状况的基本指标。宏观经济学要研究长期与短期中总体经济的运行。在长期中说明潜在国民收入、物价水平和自然失业率的变动。在短期中用总需求—总供给模型,即从总需求和总供给的角度出发,分析国民收入和物价水平的决定及变动的规律。这是宏观经济学的中心理论。

(2) 失业与通货膨胀理论

失业与通货膨胀是各国经济中最主要的问题。宏观经济学把失业与通货膨胀和国民收入联系起来,分析其原因及相互关系,以便找出解决这两个问题的途径。

(3) 宏观经济政策

宏观经济学是为国家干预经济服务的,宏观经济理论要为这种干预提供理论依据,而宏观经济政策则要为这种干预提供具体的措施。政策问题包括政策目标,即通过宏观经济政策的调节要达到什么目的;政策工具,即用什么具体办法来达到这些目的;政策效应,即宏观经济政策对经济的作用。

(4) 开放经济理论

现实的经济都是开放型的经济。开放经济理论是分析一国国民收入的决定与变动如何影响别国,以及如何受到别国的影响;同时也要分析在开放经济下一国经济的调节问题。

3. 宏观经济学的一些基本原理

(1) "看得见的手"原理

市场这只看不见的手通常能够有效地配置资源。但是,由于各种原因,有时看不见的手不起作用。当市场本身不能有效配置资源,即市场失灵时,政府运用其"看得见的手",从宏观上对经济进行干预,有时可以改善市场结果。

虽然市场通常是组织经济活动的一种好方法,但这个规律也有一些重要的例外。市场失灵的一个可能原因是外部性。外部性是一个人的行动对旁观者福利的影响。污染是一个典型的例子。如果一家化工厂并不承担它排放烟尘的全部成本,它就会大量排放。在这种情况下,政府就可以通过环境保护来增加经济福利。

市场失灵的另一个可能原因是完全垄断力量的存在。例如,小镇上惟一一口水井的所有者,就垄断了井水的销售。在这种情况下,这口井的所有者并不面临残酷竞争的限制,而正常情况下正是依靠残酷的竞争来制约个人私利的。在这种情况下,对垄断者收取的价格作出规定,就有可能提高经济效率。

看不见的手也不能确保公平地分配经济成果。市场经济根据人们对经济活动的贡献来给予报酬。由于每个人的天赋、机遇都不相同,因此必然会形成社会收入和财富分配上的两极分化。看不见的手并没有保证每个人都有充足的食品,体面的衣服和充分的医疗保健。于是就需要政府制定诸如所得税和福利制度的政策,来缩小收入差距,缓和残酷竞争所导致的社会矛盾,以实现更平等的经济福利分配。

政府有时可以改善市场结果并不意味着政府万能。由于信息不充分、政治程序不完善等原因,政府干预也有可能使结果更坏而不是更好,出现市场失灵,政府也失灵的局面。

(2) 生产率决定收入原理

生产率是指一国的生产物品与劳务的能力。各国生产率的差异决定了各国人均收入和生活水平的差异。世界各国生活水平的差别是惊人的。1993年,美国人的平均收入为2.5万美元,同年,墨西哥人的平均收入为7 000美元,而尼日利亚人的平均收入为1 500美元。毫不奇怪,平均收入的巨大差异会反映在生活质量的差异上。高收入国家的公民比低收入国家的公民拥有更多电视机、更多汽车、更好的营养、更好的医疗保健以及更长的预期寿命。所有生活水平的差异都可以归因于各国生产率的差别,就是一个工人1小时所生产的物品与劳务量的差别。在那些生产率较高的国家,大多数人享有高生活水平;在那些生产率较低的国家,大多数人必须忍受贫困的生活。

（3）比较优势原理

贸易能使每个人状况更好。考虑交换对于家庭的影响,把一个家庭与所有其他家庭隔绝开来并不会过得很好。因为那样的话,这个家庭就必须自己种粮食,自己做衣服,盖自己住的房子。显然,一个家庭在与其他家庭的交换中受益匪浅。无论是在耕种、做衣服或盖房子方面,贸易使每个人可以专门从事自己最擅长的活动。通过与其他人交易,人们可以按较低的价格买到各种各样的物品与劳务。对于国家来说,两国之间的贸易并不像体育比赛一样,一方赢而另一方输。实际上,事实正好相反：两国之间的贸易可以使每个国家的状况都变得更好,即实现双赢。通过贸易,各国可以专门从事自己最擅长的活动,并享有更多的各种各样物品与劳务。

（4）通货膨胀与失业短期交替关系原理

通货膨胀是经济中物价总水平的持续上升。货币量的增长、货币流通速度的加快和生产率的大幅度下降都会导致通货膨胀。失业是指劳动力积极寻找工作但仍没有工作的经济现象。人们通常认为降低通货膨胀率会引起失业暂时增加,而降低失业率又会使通货膨胀率上升。通货膨胀与失业之间的这种交替关系被称为菲利普斯曲线。菲利普斯曲线能否成立,在经济学家中仍然是一个有争议的问题,但大多数经济学家认为：在短期菲利普斯曲线是成立的,即通货膨胀与失业之间存在短期交替关系。

三、微观经济学和宏观经济学的关系

微观经济学与宏观经济学,两者各有其研究的课题和相应的分析工具,存在着区别。但它们作为一门科学的一套理论体系或知识体系的两大组成部分,又是密切联系的。

1. 它们是整体与整体由以构成的个体之间的关系

如果把宏观经济学形象地看作是考察一只大"象"的整个体积、形态和活动,微观经济学则是考察大象的各个器官的形状、大小和作用。如果说宏观经济学研究森林的特征,微观经济学则是考察构成森林的树木。

2. 微观经济学与宏观经济学两者是互为前提互相补充的

微观经济学以经济资源的最佳配置为目标，采取个量分析方法，而假定资源利用已经解决；宏观经济学以资源的有效利用为目标，采取总量分析的方法，而假定资源配置已经解决。所以都互相把对方所考虑的对象作为自己的理论前提，互相把对方的理论前提作为自己的研究对象。作为一个经济社会，不仅有资源配置问题，也有资源利用问题，只有把这两方面都解决了，才能解决整个社会的经济问题。所以它们是各具功效、彼此补充，不可分离的整体。

3. 微观经济学与宏观经济学使用同样的分析方法

例如两者都使用科学的抽象方法，都使用静态均衡分析和动态过程分析的分析方法，都可以用经济计量学的方法进行经验的、统计的数量分析；而在进行数量分析时两者都使用边际分析这样的分析工具，等等。

4. 微观经济学是宏观经济学的基础

就是说，宏观经济行为的分析总要以一定的微观分析为其理论基础。如果对宏观经济现象的解释不能与单个经济单位的行为相一致，那么它就缺乏现实的基础，就有可能脱离实际。寻找宏观经济学的微观基础，也已经成为最近三四十年以来经济学文献中最令人瞩目的提法。

比如说，就业或失业理论以及通货膨胀或通货紧缩理论等宏观经济理论，必然涉及劳动的供求与工资决定的要素收入理论，以及商品价格如何决定的价格理论。又如，充分就业的宏观经济模型的建立，是以完全竞争、完全理性、市场出清等微观经济理论为前提的。而对非自愿失业和"滞胀"等宏观经济现象的圆满解释，则是以垄断存在、价格刚性、工资刚性等微观经济行为为前提，以产量调整代替价格调整，来描述真实世界的经济运行机制。不同的宏观经济理论和政策主张，源自于不同的微观经济学理论基础。

第四节　经济学的研究方法

一、实证分析法与规范分析法

根据研究中所用的不同方法，经济学一般分为实证经济学和规范经济学两种。

1. 实证分析法

（1）实证经济学的含义

实证经济学是指研究者事先不提出任何价值判断，只是先对研究的变量的含义作出明确规定，然后在一定的假设条件下进行逻辑推理、提出假说，最后用事实来进行验证，并据此对未来进行预测。被事实证明了的假说就是正确的假说。实证分是对社会各种经济活动或经济现象进行解释、分析、证实或预测,并归纳出一定的理论、观点,用现实加以验证,得出有关的规律。

(2) 实证经济学的特点

①实证分析力求说明"是什么"的问题,也就是陈述规律,这与人们的是非观、道德观、价值观无关。实证经济学所要回答的问题是经济现象"是什么"或国民经济"实际上是如何运行"。这种研究事先并不以一定的价值判断作为出发点。

②实证分析的内容具有客观性,可以用事实进行证实或证伪,最终形成规律。实证经济学把经济学当成自然科学那样的硬科学,是可以用客观事实加以证实的学问,从事这种研究的经济学家尽量把自然科学的一些分析方法应用到经济研究领域。现代经济学家对大部分经济问题,都是运用实证分析方法去研究的。

(3) 实证经济分析的示例

在非充分就业、存在资源闲置的前提下,政府财政赤字的增加会使失业率下降,同时也会使物价有所上涨。

2. 规范经济学

(1) 规范经济学的含义

规范经济学是指研究者以一定的价值判断作为出发点,首先提出人们经济行为的标准,然后研究怎样达到或符合这些标准。

(2) 规范经济学的特点

①规范分析力求说明"应该是什么"的问题,也就是要建立标准,它与人们的是非观、道德观、价值观有关。由于各人的价值判断不同,对同一事物会有不同的看法。

②规范分析的内容不具有客观性,无法用事实来验证。对于同一事物存在不同观点,无法形成一致公认的规律。

(3) 规范经济分析的示例

在失业与通胀之间,我们应该更加关注哪个问题,答案一定会不一致。我们对财政赤字、失业率、物价这三个变量做进一步的分析会发现如下的关系:

表 1-5 财政赤字、失业率、物价之间的关系及状态分析

状态	财政赤字	失业率	物价	状态分析	利弊
1	扩大	降低	上涨	当收入增长率大于物价上涨率时,实际生活水平上升。反之,则下降	利:失业率低 弊:物价高
2	缩小	升高	下跌	当收入下降率小于物价下降率时,实际生活水平上升。反之,则下降	利:物价低 弊:失业率高

判断 1 状态、2 状态的优劣除了经济因素方面的考虑以外,还应该考虑非经济的

因素:看重低失业率有利于社会稳定的人,会认为1状态优,他们会主张采取扩大财政赤字的政策;看重低物价有利于对外贸易的人,会认为2状态优,他们会主张采取缩小财政赤字的政策。

3. 实证分析法与规范分析法的区别

(1) 对待"价值判断"的态度不同

所谓价值判断是指对经济事物社会价值的判断,即对某一经济事物是好还是坏的判断。

实证经济学企图超脱和排斥一切价值判断,只研究经济本身的内在规律,并根据这些规律,分析和预测人们经济行为的效果。规范经济学则以一定的价值判断为基础,是以某些标准作为分析处理经济问题的规范,树立经济理论的前提,作为制定经济政策的依据,并研究如何才能符合这些标准。

(2) 回答的问题不同

实证经济学企图排斥一切价值判断,只研究经济本身的内在规律,因此它要回答"是什么"的问题。而规范经济学则以一定的价值判断为基础,是以某些标准作为分析处理经济问题的标准,因此它要回答的是"应该是什么"的问题。

(3) 结论的可检验性不同

实证经济学排斥一切价值判断,只研究经济本身的内在规律,因此实证经济的内容具有客观性,即不以人们的意志为转移,所得的结论可以根据事实来进行检验。规范经济学则没有客观性,它所得的结论要受到不同价值观的影响,处于不同阶级地位,具有不同价值判断标准的人,对同一事物的好坏会作出截然相反的评价,谁是谁非没有什么绝对标准,从而也就无法进行检验。在一些经济学的研究中,有时实证方法与规范方法需要同时并用。假设要研究一个政府的关于控制通货膨胀、失业和经济增长的政策,实证经济学就要研究各种不同外部环境和政策措施对宏观经济必然会有什么影响。而规范经济学则要比较分析这些不同的后果或目标是否符合社会的利益,是否合适。

二、经济学的实证化:经济理论的形成

在现代经济学中,实证经济学是主流,经济学的实证化是经济学科学化的惟一途径,只有这样才能使经济学像物理学、化学一样的真正科学。实证方法是经济分析中的最基本方法。

在运用实证分析法研究经济问题时,就要对经济现象进行高度的简化抽象,以便更好地理解问题的本质。这需要提出经济理论,用于解释经济现象,分析经济变量之间的因果关系,预测经济行为。

1. 理论的组成

一个完整的理论包括定义、假设、假说和预测四个部分。

(1) 定义

定义是对各种变量所规定的明确的含义。变量是一些可以取不同数值的量。在经济分析中常用的变量有内生变量与外生变量,存量与流量。

①内生变量是"一种理论内所要解释的变量"。外生变量是"一种理论内影响其他变量,但本身由该理论外的因素所决定的变量"。内生变量又称因变量,外生变量又称自变量。

②存量是指一定时点上存在的变量的数值。其数值大小与时间维度无关。流量是指一定时期内发生的变量的数值。其数值大小与时间维度相关,带有明确的时间量纲。

(2) 假设

假设是某一理论所适用的条件。因为任何理论都是有条件的、相对的,所以在理论的形成中假设非常重要,离开了一定的假设条件,分析与结论就是毫无意义的。例如需求定理是在假设消费者的收入、嗜好、人口量、社会风尚等的前提下,来分析需求量与价格之间的关系。消费者收入、嗜好、人口量、社会风尚等不变就是需求定理的假设。离开这些假设,需求定理所说明的需求量与价格反方向变动的真理就没有意义。在形成理论时,所假设的某些条件往往不现实,但没有这些假设就很难得出正确的结论。

(3) 假说

假说是两个或更多的经济变量之间关系的阐述,也就是未经证明的理论。在理论形成中提出假说是非常重要的,这种假说往往是对某些现象的经验性概括或总结。但要经过验证才能说明它是否能成为具有普遍意义的理论。因此,假说并不是凭空产生的,它仍然来源于实际。

(4) 预测

预测是根据假说对未来进行预期。科学的预测是一种有条件性的说明,其形式一般是"如果……就会……"。预测是否正确,是对假说的验证。正确的假说的作用就在于它能正确地预测未来。

2. 理论的形成

在形成一种理论时,首先要对所研究的经济变量确定定义,并提出一些假设条件。然后,根据这些定义与假设提出一种假说。根据这种假说可以提出对未来的预测。最后,用事实来验证这一预测是否正确。如果预测是正确的,这一假说就是正确的理论;如果预测是不正确的,这一假说就是错误的,要被放弃,或进行修改。

3. 理论的表述方式

同样内容的理论可以用不同的方法表述。一般说来,经济理论有四种表述方法:

①口述法,或称叙述法。用文字来表述经济理论。

②算术表示法,或称列表法。用表格来表述经济理论。
③几何等价法,或称图形法。用几何图形来表述经济理论。
④代数表达法,或称模型法。用函数关系来表述经济理论。

从总体上讲,理论的表达方法可以分成定性分析和定量分析两类。定性分析是说明经济现象的性质及其内在规定性与规律性,定量分析则分析经济现象之间的数量关系。许多经济现象是可以用某种标准来衡量的,可以表示为一定的数量,各种经济现象之间的数量关系可以更为精确地反映经济运行的内在规律。因此,实证经济分析中特别注重定量分析,广泛运用数学工具,采用复杂的数学模型来表达经济思想,甚至出现了经济学研究数学化的倾向。

三、边际分析法

1. 边际分析法的原理

它是利用边际这个概念对经济变量进行数量分析的方法。"边际"的原意是边界、增量。在经济分析中,边际是指经济变量的每一次增加或减少。进行边际分析就是分析自变量的某一微小变动对因变量产生的影响或变动。设某一经济函数为 $Y=f(X)$,当 X 变动为 $X+\Delta X$ 时,Y 便变为 $Y+\Delta Y$。ΔX 和 ΔY 便是 X 和 Y 的边际增量。根据数值就可以判断当 X 变动时,Y 的变动情况。边际分析方法使高等数学和经济学紧密地结合起来,并出现若干分支学科,如数理经济学等。

2. 边际分析法的运用事例:理性人考虑边际量

生活中的许多决策涉及到对现有行动计划进行微小的增量调整。经济学家把这些调整称为边际变动。在许多情况下,人们可以通过考虑边际量来作出最优决策。

例如,假设一位朋友请教你,他应该在学校上多少年学。如果你给他用一个拥有博士学位的人的生活方式与一个没有上完小学的人进行比较,他会抱怨这种比较无助于他的决策。你的朋友很可能已经受过某种程度的教育,并要决定是否再多上一两年学。为了作出这种决策,他需要知道,多上一年学所带来的额外收益和所花费的额外成本。通过比较这种边际收益与边际成本,他就可以评价多上一年学是否值得。

再举一个考虑边际量如何有助于作出决策的例子,考虑一个航空公司决定对等退票的乘客收取多高的价格。假设一架 200 个座位的飞机横越国内飞行一次,航空公司的成本是 10 万美元。在这种情况下,每个座位的平均成本是 10 万美元/200,即 500 美元。有人会得出结论:航空公司的票价决不应该低于 500 美元。

但航空公司可以通过考虑边际量而增加利润。假设一架飞机即将起飞时仍有 10 个空位。在登机口等退票的乘客愿意支付 300 美元买 1 张票。航空公司应该卖给他票吗? 当然应该。如果飞机有空位,多增加一位乘客的成本是微乎其微的。虽然一位乘客飞行的平均成本是 500 美元,但边际成本仅仅是这位额外的乘客将消费的一包花生米和一罐汽水的成本而已。只要等退票的乘客所支付的钱大于边际成本,卖给他机票就是有利可图的。

正如这些例子说明的,个人和企业通过考虑边际量将会作出更好的决策。只有一种行动的边际收益大于边际成本,一个理性决策者才会采取这项行动。

四、均衡分析法

均衡是从物理学中引进的概念。在物理学中,均衡是表示,同一物体同时受到几个方向不同的外力作用而合力为零时,该物体所处的静止或匀速运动的状态。英国经济学家马歇尔把这一概念引入经济学中,主要指经济中各种对立的、变动着的力量处于一种力量相当、相对静止、不再变动的境界。这种均衡与一条直线所系的一块石子所保持的机械均衡大体上一致。均衡一旦形成后,如果有另外的力量使它离开原来的均衡位置,则会有其他力量使它恢复到均衡,正如一条线所悬着的一块石子如果离开了它的均衡位置,地心引力立即有使它恢复均衡位置的趋势一样。

均衡又分为局部均衡与一般均衡。局部均衡分析是假定在其他条件不变时,来分析某一时间、某一市场的某种商品(或生产要素)供给与需求达到均衡时的价格决定。一般均衡分析把整个经济看作一个整体,来分析所有商品、所有生产要素的价格、供给和需求如何同时被决定。它认为某种商品的价格,不仅仅取决于它本身的供给和需求,而且还要受到其他商品供求与价格的影响,而它的变化也会影响到其他商品的价格与供求。一般均衡分析是当各种商品和生产要素的供给、需求、价格相互影响的条件下,关于整个经济体系的价格和产量结构的分析,是一种比较周到、全面的分析方法。但由于一般均衡分析涉及到经济活动的各个方面,情况错综复杂、瞬息万变,实际运用起来非常复杂和耗费时间。所以在经济学中,大多采用局部均衡分析。

五、静态分析、比较静态分析和动态分析

1. 静态分析

静态分析主要是一种横断面分析,完全抽掉了时间因素和具体变动的过程,是一种静止地、孤立地考察某些经济现象的方法。静态分析就是分析经济现象的均衡状态以及有关的经济变量达到均衡状态所需要具备的条件。例如,微观经济学中均衡价格的决定,它并不考虑供求关系在时间上的变化以及如何形成均衡价格的过程,而仅仅对供求必然趋于平衡这一结果感兴趣。

2. 比较静态分析

当已知条件发生变化时,均衡状态会有相应变化。比较静态分析就是分析均衡状态的这种变化及有关经济变量在新均衡状态时的相应变化,即对有关经济变量一次变动的前后进行比较。也就是比较一个经济变动过程的起点和终点,而不涉及具

体转变期间和变动过程本身的情况,实际上只是对两种既定的自变量和它们各自相应的因变量的均衡值加以比较。凯恩斯在《就业、利息和货币通论》一书中采用的主要是比较静态分析方法。

3. 动态分析

动态分析是对经济变动的实际过程进行分析,其中包括分析有关变量在一定时间内的变动,这些变量在变动过程中的相互影响和制约的关系,以及它们在每一时点上变动的速率等等。这种分析考察时间因素的影响,并把经济现象的变化当作一个连续的过程来看待。在微观经济学中的蛛网定理是动态分析的范例,在凯恩斯之后发展起来的经济增长理论和经济周期理论,主要运用动态分析方法。

本章小结

1. 稀缺性假设是经济学的基本前提。稀缺性假设可以从资源有限和欲望无限两个方面去理解。正是由于稀缺性的存在,人类社会必须要作出选择,必须要研究经济学。以便利用既定资源来更好地满足人类的需求。稀缺性假设所引发的基本经济问题可以用生产可能性曲线表示出来。生产可能性曲线用来表示在既定资源和技术条件下,社会所能生产的各种商品最大数量的组合。

2. 经济学是研究在一定制度下稀缺资源配置和利用的科学。无论是决定家庭的消费量,企业的生产量,还是决定一国经济整体的消费量和储蓄量,都可以看作是对有限资源进行配置和利用的结果。

3. 经济体制是指一个社会经济活动的协调机制,不同的经济体制具有不同的运行机制。完全的市场经济可以通过价格机制与供求机制的相互作用来解决问题;完全的计划经济仅仅通过行政指令的作用,来代替价格机制与供求机制来解决问题。这两种经济体制的差别体现在决策机制、协调机制、激励机制上。理性人假设是市场经济的人性假设,在此假设下,市场经济体制是合乎逻辑的。

4. 经济学分为两个基本领域:微观经济学和宏观经济学。微观经济学是研究居民、企业的经济行为及其相互作用,阐明企业、居民经济决策的种类、原因,通过对居民、企业行为之间的相互作用,揭示产品市场和要素市场的运行机制。宏观经济学研究影响整体经济的力量和趋势,在对失业和通货膨胀问题的探索中,利用总需求—总供给的理论框架,对消费、投资、储蓄、进出口、政府收支、货币供应量等因素及其相互作用进行分析。

5. 经济学的分析方法包括实证分析法和规范分析法。实证方法是一种描述和解释性的方法,它不提倡或尽量避免价值判断,作出关于世界是什么的描述。规范分析的内容不具有客观性,它通过一定的价值判断,作出关于世界"应该是什么"的描述。现代经济学的实证化趋势日益明显,经济学的实证分析工具有均衡分析、边际分析、静态分析、比较静态分析和动态分析。

第一章 概 述

本章案例

本章案例1：制度重于人性

　　1770年，库克船长带领船队来到了澳洲，随即英国政府宣布澳洲为它的领地。开发澳洲的事业开始了。谁来开发这个不毛之地呢？当地的土著居民人数不多，且尚未开化，只有靠移民。当时英国人主要向美国移民。于是，政府就把判了刑的罪犯向澳洲运送，既解决了英国监狱人满为患的问题，又给澳洲送去了丰富的劳动力。运送罪犯的工作由私人船主承包，这种移民活动一直持续到19世纪末。

　　开始时英国私人船主向澳洲运送罪犯的条件和美国从非洲运送黑人差不多。船上拥挤不堪，营养与卫生条件极差，死亡率高。据英国历史学家查理·巴特森写的《犯人船》一书记载，1790年到1792年间，私人船主运送犯人到澳洲的26艘船共4 082名犯人，死亡为498人，平均死亡率为12%。其中一艘名为"海神号"的船，424个犯人死了158个，死亡率高达37%。这么高的死亡率不仅经济上损失巨大，而且在道义上引起社会强烈的谴责。

　　死亡率高的制度原因：按上船时运送的罪犯人数付费给私人船主。私人船主敢于乘风破浪，冒死亡的风险把罪犯送往澳洲当然是为了暴利。他们尽量多装人，给最坏的饮食条件，以降低成本增加利润，都是无可厚非的理性行为。而且，私人船主之间也存在竞争，大家都在拼命压低成本，谁要大发善心，恐怕在激烈的竞争中无法生存下去。当按上船时人数付费时，船主拼命多装人，而且不给罪犯吃饱，把省下来的食物在澳洲卖掉再赚一笔，至于多少人能活着到澳洲与船主无关。

　　当然在这种付费制度下，也可以由政府进行干预，强迫私人船主善待犯人。这就是由政府以法律形式规定最低饮食和医疗标准，并由政府派官员到船上负责监督实施这些规定。市场经济应该有秩序，这种正常秩序的建立离不了政府的干预，离不了立法和执法。但政府的干预也并不是万能的。这种做法成本很高，要派官员到运送罪犯的船上去执法，当然是一件苦差事，不给高薪没人肯干。但有了这些官员，罪犯的待遇就可能改善了吗？千万别忘记，官员的本性也是利己的。不要把奉公守法无私奉献作为官员的本性。官员无论头上有什么光环，也毕竟是人。让个把官员有超群的品质，证明人性善的观点是可以的，但要让所有官员都这样，就不可能了。如何去监督船上的官员秉公执法呢？即使派了监督官员的官员，这些官员也还是人，改变不了人利己的本性。面对贪婪成性又有点海盗作风的船主，官员面临两种选择：一种是与船主同流合污，分享利润；一种是坚决执法，使自己或亲人的生命受威胁。在无法无天的海上把那些不识相的官员干掉，扔到海里，诡称他们暴病而亡，对船主不是什么难事。面对船主的利诱和威迫，官员的最优选择只能是与船主合作。

　　最终的解决方法是改变付费制度：不按上船时运送的罪犯人数付费，而按下船时实际到达澳洲的罪犯人数付费。1793年，3艘船到达澳洲，这是第一次按从船上走下来的人数支付运费。在422个犯人中,只有1个死于途中。以后这种制度普遍实施,按到澳洲的人数和这些人的健康状况支付费用,甚至还有奖金。这样,运往澳洲罪犯的死亡率下降到1‰至1.5‰。当时既没乞求船主们发善心,也没派什么官员,就是找到了这样一种简单易行的制度,问题就解决了。当按实际到达澳洲的人数付费时,装多少人与船主无关,能到多少人才至关重要。这时船主就不想方设法多装人了。要多给每个人一点生存空间,要保证他们在长时间海上生活后仍能活下来,要让他们吃饱,还要配备医生,带点常用药。罪犯是船主的财源,当然不能虐待了。

新制度在这里显现出强大的动力:私人船主的人性没变,政府也不用去立法或监督,只是改变一下付费制度,一切就都解决了。要建立一个美好的社会,不能靠人性改善,所谓人的思想觉悟极大提高,斗私批修云云,只能靠一套把利己变为有利于社会的制度。

本章案例2:理性成就快乐——像经济学家那样思考

在日常生活中,每个人其实都在自觉不自觉地运用着经济学知识。比如在自由市场里买东西,我们喜欢与小商小贩讨价还价;到银行存钱,我们要想好是存定期还是活期。经济学对日常生活到底有多大作用,有一则关于经济学家和数学家的故事可以参考。

故事说的是3个经济学家和3个数学家一起乘火车去旅行。数学家讥笑经济学家没有真才实学,弄出的学问还摆了一堆诸如"人都是理性的"之类的假设条件;而经济学家则笑话数学家们过于迂腐,脑子不会拐弯,缺乏理性选择。最后经济学家和数学家打赌看谁完成旅行花的钱最少。3个数学家于是每个人买了1张票上车,而3个经济学家却只买了1张火车票。列车员来查票时,3个经济学家就躲到了厕所里,列车员敲厕所门查票时,经济学家们从门缝里递出1张票说,买了票了,就这样蒙混过关了。3个数学家一看经济学们这样就省了2张票钱,很不服气,于是在回程时也如法炮制,只买了1张票,可3个经济学家1张票也没有买就跟着上了车。数学家们心想,1张票也没买,看你们怎么混过去。等到列车员开始查票的时候,3个数学家也像经济学家们上次一样,躲到厕所里去了,而经济学家们却坐在座位上没动。过了一会儿,厕所门外响起了敲门声,并传来了查票的声音。数学家们乖乖地递出车票,却不见查票员把票递回来。原来是经济学家们冒充查票员,把数学家们的票骗走,躲到另外一个厕所去了。数学家们最后还是被列车员查到了,乖乖的补了3张票,而经济学家们却只掏了1张票的钱,就完成了这次往返旅行。这个故事经常被经济学教授们当作笑话讲给刚入门的大学生听,以此来激发学生们学习经济学的兴趣。但在包括经济学初学者在内的大多数人看来,经济学既枯燥又乏味,充满了统计数字和专业术语,远没有这则故事生动有趣;而且经济学总是与货币有割舍不断的联系,因此,人们普遍以为,经济学的主题内容是货币。其实,这是一种误解。经济学真正的主题内容是理性,其隐而不彰的深刻内涵就是人们理性地采取行动的事实。经济学关于理性

第一章 概述

的假设是针对个人而不是团体。经济学是理解人们行为的方法,它源自这样的假设:每个人不仅有自己的目标,而且还会主动地选择正确的方式来实现这些目标。这样的假设虽然未必总是正确,但很实用。在这样的假设下发展出来的经济学,不仅有实用价值,能够指导我们的日常生活,而且这样的学问本身也由于充满了理性而足以娱人心智,令人乐而忘返。尽管我们在日常生活中时常有意无意地运用了一些经济学知识,但如果对经济学知识缺乏基本的了解,就容易在处理日常事务时理性不足,给自己的生活平添许多不必要的烦扰。比如,刚刚买回车子,没过两天,这款车子却降价了,大部分人遇到这种情况的时候都垂头丧气,心里郁闷得很;倘若前不久刚刚买了房子,该小区的房价最近却上涨了,兴高采烈是一般购房者的正常反应。这些反应虽然符合人之常情,但跌价带来的郁闷感觉却是错误的。

经济学认为,正确的反映应该是:无论是跌价,还是涨价,都应该感觉更好。经济学认为,对消费者而言,最重要的是你消费的是什么——房价、车价是多少以及其他商品的价格是多少。在价格变动以前,你所选择的商品组合(房子、车子加上用收入余款购买的其他商品)就是对你来说是最好的东西。如果价格没有改变,你会继续这样的消费组合。在价格变化以后,你仍然可以选择消费同样的商品,因为房子、车子已经属于你了,所以,你不可能因为价格变化而感觉更糟糕。但是,由于房子、车子与其他商品的最佳组合取决于房价、车价,所以,过去的商品组合仍然为最佳是不可能的。这就意味着现在还有一些更加吸引人的选择,因此,你的感觉应该更好。新的选择虽然存在,但你却更钟情于原来的最佳选择(原来的商品组合)。

在日常生活中,我们还常常烦扰于别人为什么挣得比我多,总是觉得自己得到的比应得的少,而经济学却告诉我们这样的感觉是庸人自扰,也是错误的。经济学认为别人比自己挣得多是正常的,自己得到的就是应得的,如果自己不能理性地坦然面对,只会给自己的生活带来不必要的烦扰和忧愁。

我们之所以在日常生活中遇到这样那样的烦扰,主要还是因为对经济学有一些误解,这可能是经济学说起来比较简单的缘故。"供给与需求"、"价格"、"效率"、"竞争"等都是大家耳熟能详的经济学词汇,而且这些的词汇的意思也是显而易见的,因此,很多时候,似乎人人都是经济学家。人们不敢随便在一个物理学家或数学家面前班门弄斧,但在一个经济学家面前,谁都可以就车价跌了该高兴还是该郁闷等实际问题随意发表自己的见解。其实,经济学中有许多并非显而易见的内容,并不是每个人想象的那么简单。在经济学领域,要想从"我听说过"进入到"我懂得"的境界并不是件轻而易举的事情。

因此,掌握正确的经济学知识,将经济学思考问题的方法运用到日常生活中来,使我们能够更加理性地面对生活中的各种琐事,小到油盐酱醋,大到谈婚论嫁,就会减少生活中的诸多郁闷和不快,多一些开心,多一些欢笑。

本章案例 3:经济学家的赌博

经济学家都爱认死理儿。争论中双方各自坚持自己的观点,针尖对麦芒,各不相让,谁也无法说服谁,于是就打赌,正确者赢,错误者输。

这次打赌的两位美国经济学家,一位是马里兰州立大学的朱利安·西蒙(Julian Simon),另一位是斯坦福大学的保罗·埃尔里奇(Pawl Ehrltch)。在关于人类前途问题上,埃尔里奇是悲观派,认为由于人口爆炸、食物短缺、不可再生性资源的消耗、环境污染等原因,人类前途不妙。西蒙是乐观派,认为人类社会的技术进步和价格机制会解决人类发展中出现的各种问题,人类前途光明。他们两人的这些观点代表了学术界对人类未来两种根本对立的观点。这个争论事关人类的未来,也格外受世人关注。

他们谁也说服不了谁,于是决定赌一把。他们争论涉及的问题太多,赌什么呢?他们决定赌不可再生性资源是否会消耗完的问题。不可再生性资源是消耗完就无法再有的资源,如石油、煤及各种矿石等。这种资源在地球上的储藏量是有限的,越用越少,总有一天这种资源会用完。悲观派埃尔里奇的观点是,这种资源迟早会用完,这时人类的末日就快到了。这种不可再生性资源的消耗与危机,表现为其价格大幅度上升。乐观派西蒙的观点是,这种资源、不会枯竭,价格不但不会大幅度上升,还会下降。

他们两人选定了 5 种金属:铬、铜、镍、锡、钨。各自以假想的方式买入 1 000 美元的等量金属,每种金属各 200 美元。以 1980 年 9 月 29 日的各种金属价格为准,假如到 1990 年 9 月 29 日,这 5 种金属的价格在剔除通货膨胀的因素后果然上升了,西蒙就把总差价支付给埃尔里奇。

这场赌博需要的时间真长。到 1990 年,这 5 种金属无一例外地跌了价,埃尔里奇输了,教授还是守信的,埃尔里奇把自己输的 57 607 美元交给了西蒙。

本章背景资料 1:经济学的定义

在西方,经济学被称为"社会科学的皇后,最古老的艺术,最新颖的科学"。人们对经济学并不陌生,我们在日常生活中所遇到的各种问题都与经济学有关。无论一个人是否学过经济学,他总是自觉不自觉的按经济规律办事。

古希腊人最早创造了经济学这个名字,但只赋予了它齐家之道,即家庭管理法则的意思。而到了 1935 年莱昂内尔的《论经济科学的性质和意义》问世之后,经济学是"研究如何将稀缺的资源有效的配置给相互竞争的用途的科学"这一定义才开始在英美等国的教科书中占统治地位。19 世纪以后,经济学把现存的制度当作外在的、既定的或从来就有的社会秩序,强调将复杂的社会现象简约成某种可以像物理学那样准确把握的东西进行研究,试图以此达到拨正经济学科的目的。经济学科从本来具有道德、政治和规律热点的政治经济学转换成有工具、科学和实证特点的经济学的过程。其间,一方面,是经济学从传统意义的伦理哲学中分离出来,只研究可以纯粹用

第一章 概述

目的和手段刻画和判断的人类理性行为。就是说,经济学中的人,不再是有丰富情感,有爱人之心的活生生的人,而是帕累托称呼的那种有动机、有能力寻求自己最大利益的抽象的"经济人",趣语"经济学节约了爱"就是这个意思。另一方面,经济学是分析和论证尽量仿效精密科学尤其是数学和物理学的做法。市场交换关系被看作方程组表达的自发趋于和谐的一致的系统,经济活动从这里得到解释。

本章背景资料2:亚当·斯密——微观经济学创始人

亚当·斯密是一位对伦理学、法理学和经济学都做出过贡献的大学者。他1723年出生于苏格兰爱丁堡附近的一个小渔村克尔卡迪,斯密是该镇一个海关官员(他在斯密出生之前去世)的惟一儿子。他在28岁时的第一个学术职务是哥拉斯格大学逻辑学教授。他以后成为富有的苏格兰公爵的私人教师,陪公爵到欧洲大陆旅行了2年,此后他获得了一年300磅的年金——这是当时平均收入的10倍。依靠这份年金在经济上的保障,斯密用10年的时间写作《国民财富的性质与原因的研究》,并于1776年出版。在亚当·斯密之前有许多人写过经济问题著作,但他使经济学成为一门学科。斯密的考虑如此广泛和权威,以至于以后研究经济学的学者不追溯到他们与亚当·斯密这些贡献的联系就无法推进思想。

本章背景资料3:凯恩斯——现代意义上的宏观经济学创始人

约翰·梅纳德·凯恩斯1883年出生于英国,他是20世纪杰出的思想家之一。他写出了概率论与经济学著作,作为英国的代表参加一战结束时的凡尔赛和会,是国际金融市场上的投机高手(他很早就进行这项活动,而且,这种活动使他大赚特赚),并在国际货币基金的创建中起了显著作用。他是布伦斯百里集团的成员,这是一个杰出艺术家和作家的小圈子。他是一个有争议而机敏的人物。曾经有一种批评抱怨:凯恩斯在一些重要问题上向自己的观点挑战,凯恩斯对此的回答是:"当我发现错了时,我就改变我的观点,你怎么做呢?"

本章习题

一、实验报告题

1. 在最后通牒博弈中,如果拥有分配权的一方和拥有否决权的另一方,都是完全自利的人,那么,分配方的最优目标收益是多少?对方会接受他提出的分配方案吗?

2. 在最后通牒博弈中,A方拥有分配权,B方拥有否决权,双方对B方的权力重要程度的认识,对分配提案及其结果有什么影响?请填写下列矩阵来表示分配提案及其结果。

双方对 B 方权力重要程度的认识及其行为

A方的认识 B方的认识	重要	不重要
重要		
不重要		

注：矩阵的每一个空格中应该填写(a,b)两个行为变量,其中 a 在前,用于表示 A 方的行为,a 的备选项目为分配方高目标收益方案和分配方低目标收益方案。b 在后,用于表示 B 方的行为,b 的备选项目为接受和拒绝。

3. 在第 5～8 轮的有竞争的最后通牒博弈中,要在具有分配权的一排中胜出,分配方的最优目标收益是多少？实验结果与第 1～4 轮的简单的最后通牒博弈有什么差异？市场竞争能增强人的理性行为吗？为什么？

4. 在最后 4 轮的独裁者博弈中,实验结果能说明人是只关心自己利益的理性人吗？通过这个实验你对"理性人假设"有什么看法？

二、选择题

1. 经济学可定义为　　　　　　　　　　　　　　　　　　　　　　　　（　　）
   A. 政府对市场制度的干预
   B. 企业取得利润的活动
   C. 研究如何最合理地配置稀缺资源于诸多用途
   D. 人们靠收入生活

2. 经济物品是指　　　　　　　　　　　　　　　　　　　　　　　　　（　　）
   A. 有用的物品　　　　　　　　B. 稀缺的物品
   C. 要用钱购买的物品　　　　　D. 有用且稀缺的物品

3. "资源是稀缺的"是指　　　　　　　　　　　　　　　　　　　　　　（　　）
   A. 世界上大多数人生活在贫困中
   B. 相对于资源的需求而言,资源总是不足的
   C. 资源必须保留给下一代
   D. 世界上的资源最终将由生产更多的物品和劳务而消耗完

4. 下列哪一种资源是最接近于自由物品？　　　　　　　　　　　　　　（　　）
   A. 医生　　　　　　　　　　　B. 苹果
   C. 铁矿石　　　　　　　　　　D. 经济学课程
   E. 空气

5. 一国生产可能性曲线以内的一点表示　　　　　　　　　　　　　　　（　　）
   A. 通货膨胀
   B. 失业或者说资源没有被充分利用

C. 该国可利用的资源减少以及技术水平降低
D. 一种生产最适度水平

6. 下列各项中哪一项会导致一国生产可能性曲线向外移动？ （ ）
A. 失业
B. 通货膨胀
C. 有用性资源增加或技术进步
D. 消费品生产增加，资本物品生产下降

7. 经济学研究的基本问题是 （ ）
A. 如何生产　　　　　　B. 生产什么，生产多少
C. 为谁生产　　　　　　D. 以上都包括

8. 市场经济中，解决生产什么、怎样生产和为谁生产这类问题的是 （ ）
A. 计划委员会　　　　　B. 政府
C. 价格机制　　　　　　D. 消费者

9. "理性人假设"是由_____首先提出来的。 （ ）
A. 亚当·斯密　　　　　B. 凯恩斯
C. 李嘉图　　　　　　　D. 俄林

10. 以下问题中哪一个不是微观经济学所考察的问题？ （ ）
A. 一个厂商的产出水平
B. 失业率的上升或下降
C. 联邦货物税的高税率对货物销售的影响
D. 某一行业中雇用工人的数量

11. 经济学根据研究对象所包括的范围大小不同，可划分为 （ ）
A. 宏观经济学和微观经济学
B. 个量经济学和总量经济学
C. 实证经济学和规范经济学
D. 古典经济学和新古典经济学

12. 微观经济学解决的问题是 （ ）
A. 资源利用问题　　　　B. 失业问题
C. 政府政策问题　　　　D. 资源配置问题

13. 研究个别居民与厂商决策的经济学称为 （ ）
A. 宏观经济学　　　　　B. 微观经济学
C. 实证经济学　　　　　D. 古典经济学

14. 宏观经济学的核心理论是 （ ）
A. 价值理论　　　　　　B. 价格理论
C. 生产理论　　　　　　D. 国民收入决定理论

15. 微观经济学的核心理论是 （   ）
    A. 价值理论   B. 价格理论
    C. 生产理论   D. 国民收入决定理论
16. （   ）不是宏观经济学的内容。
    A. 收入决定   B. 物价水平
    C. 经济增长   D. 厂商均衡
17. 实证经济学与规范经济学的根本区别是 （   ）
    A. 研究方法不同   B. 研究对象不同
    C. 研究范围不同   D. 研究人员不同
18. 下列哪一项属于规范分析 （   ）
    A. 2008年货币当局连续降息，以拉动经济增长
    B. 从去年开始，持续下降的物价开始回升
    C. 个人所得税征收起点太低，不利于公平原则
    D. 在短短的5年内，政府的财政支出扩大了1倍
19. 在研究消费与收入的关系时，内生变量是 （   ）
    A. 政府政策的变动   B. 人口的变动
    C. 收入的变动
20. 在研究投资与利率和产量的关系时，外生变量是 （   ）
    A. 政府政策的变动   B. 利率的变动
    C. 产量的变动

三、判断题

1. 经济学可以定义为政府如何干预市场。 （   ）
2. 如果社会不存在资源的稀缺性，也就不会产生经济学。 （   ）
3. 只要有人类社会，就会存在稀缺性。 （   ）
4. 资源的稀缺性决定了资源可以得到充分利用，不会出现资源浪费现象。 （   ）
5. "生产什么""如何生产"和"为谁生产"这3个问题被称为资源利用问题。 （   ）
6. 一般认为，我国现在的经济体制是计划经济体制。 （   ）
7. 微观经济学要解决的问题是资源利用，宏观经济学要解决的问题是资源配置。 （   ）
8. 微观经济学是研究整体经济的。 （   ）
9. 微观经济学的基本假设是市场失灵。 （   ）
10. 被称为"宏观经济学之父"的经济学家是凯恩斯。 （   ）
11. 宏观经济学包括对通货膨胀原因的研究。 （   ）

12. "理性人"就是一切行为的目标为个人利益最小化的人。　　　　（　）
13. 实证经济学要解决"应该是什么"的问题,规范经济学要
    解决"是什么"的问题。　　　　　　　　　　　　　　　　（　）
14. "人们的收入差距大一点好还是小一点好"的命题属于实证
    经济学问题。　　　　　　　　　　　　　　　　　　　　（　）
15. 实证经济学家永远都不会说,我们"应该"做什么。　　　　（　）
16. "中国应该限制私人轿车的发展",这是一个规范表述的例子。（　）
17. 假说是两个或更多的经济变量之间关系的阐述,也就是未经
    证明的理论。　　　　　　　　　　　　　　　　　　　　（　）
18. 2009 年 12 月 31 日的人口数是存量。　　　　　　　　　（　）
19. 2009 年的出口量是流量。　　　　　　　　　　　　　　（　）
20. 动态分析主要是一种横断面分析,完全抽调时间因素和具体
    变动的过程,是一种静止的、孤立的考察某些经济现象的方法。（　）

四、分析题

1. 稀缺性同经济学的关系如何？怎样理解经济学是关于稀缺资源配置和利用的科学？
2. 稀缺性同经济体制的关系如何？当今世界上基本的经济体制有哪两种？
3. 什么是微观经济学？什么是宏观经济学？两者之间的关系如何？
4. 实证经济学和规范经济学的区别与联系是什么？
5. 每天你有 14 小时在娱乐和工作(学习)之间分配,设娱乐时间为变量 X,工作或学习时间为变量 Y。请用坐标图表示工作(学习)与娱乐此消彼长的关系；如果你每天 8 小时用于工作(学习),请在坐标图上找出你选择的点及对应的娱乐时间,假定你每天 6 小时用于工作(学习),请找出新的位置点；如果你减少睡眠的时间,你每天 18 小时分配在工作(学习)和娱乐上,请画出新的曲线。

经济学基础 JINGJIXUE JICHU

第二章 居民的经济行为

本章主要目的

通过本章的学习,你应当能够:
1. 理解效用的含义和分析方法
2. 明确总效用、边际效用的含义
3. 掌握消费者均衡条件及有关推论
4. 熟知居民储蓄的影响因素
5. 了解居民储蓄的基本方式
6. 弄懂居民对收入和闲暇的选择
7. 认识居民的人力资本决策

第一节 引导性实验
——消费行为实验

一、实验步骤

1. 确定实验条件

实验器材:教师事先为每组准备好1副纸牌,黄色乒乓球和白色乒乓球各24只,围棋1副。再为每组学生准备好学生实验指南6张、收益记录单4张、实验登记表6张、实验记录总表2张。

实验场地:需要准备可以容纳50人左右的宽敞的普通教室或多媒体教室,以便教师、学生讨论、走动。

实验人数:本实验参与人数为每组6人。

2. 实施人员分组

由教师从学生中选出6人,参加实验。其中2人担任实验工作人员,4人充当消费者。将整个教室分成前后两个区域,中间留出较大的空间,以便教师和学生走动,让参与交易的学生分布在教室前部的交易区内,并面向黑板就座。教师对参与交易的学生进行编号,编号为 B_1、B_2、B_3、B_4。2名实验工作人员各取一张课桌,分左、右站在黑板与课桌之间。实验工作人员的分工为:一人站在黑板与课桌之间,负责分发纸牌和购买决策单、收回纸牌和购买决策单、发放乒乓球、收回围棋子。另一人站在黑板与课桌之间负责收回乒乓球、记录购买量、发放围棋子、记录效用数量。这两位工作人员应该引导消费者到课桌前登记,并注意维护市场秩序;当到达预设的时间长度时,这两位工作人员还应该向所有学生收回纸牌。

3. 宣布游戏内容

教师向学生宣布如下的游戏内容及收益规则:

模拟消费者的购买决策。每个参与交易的人,在实验中将扮演消费者,去购买商品。每个消费者在每一轮中都将拿到相同数量的纸牌,代表在每一时期的货币收入水平,每一张纸牌代表1元钱。纸牌上的具体数字无关紧要,货币收入水平是由拿到的纸牌数量决定的。在游戏中,我们分别用黄色乒乓球和白色乒乓球来代表 X 商品和 Y 商品,X 商品的价格为1元,Y 商品的价格为2元。我们采用围棋子来代表 X 商品和 Y 商品的效用,其中黑色围棋子代表 X 商品的效用,白色围棋子代表 Y 商品的效用,每一颗围棋子都表示1单位的效用。

在每一轮的游戏中,扮演消费者的学生应该根据每一时期的货币收入水平,X 商品和 Y 商品的价格,两商品不同购买量时的总效用来作出决策,选择购买多少 X 商品、多少 Y 商品。在每一轮约为5分钟的游戏时间内,学生应该听从教师和实验工作人员的指令,按照编号次序依次购买商品,所有的购买过程都会被详细地记录下来。

每个消费者的目标都是在实验期间获得更多的总效用以及由总效用决定的收益,各轮实验中每人的总效用决定于以下表格。

如果在一轮游戏中,学生没有购买商品,则其效用和收益都等于0,并且必须交出手上所有的纸牌。

4. 分发实验材料

教师和实验工作人员向每个学生分发一份"学生实验指南",向扮演消费者的每个学生分发7张纸牌,并告知每一张纸牌代表1元钱。

5. 进行商品购买

教师宣布即将进入第1轮的交易过程,提醒学生准备购买。教师首先请编号为 B_1 的消费者第一个进入市场进行购买。而在这一编号之后的其他消费者也依次进行市场交易。所有的购买都必须按照之前公布的 X 商品1元、Y 商品2元的价格进行。每个消费者必须在大约1分钟的时间内完成以下任务:作出购买决定,将纸牌和购买决策单交给主管发放乒乓球的实验工作人员,再到主管发放围棋子的工作人员处,用乒乓球换取相应数量的围棋子,计算好自己的收益并做相应的记录。

表 2-1 X 商品和 Y 商品的总效用

购买的商品数量	X 商品的总效用(黑子数量)	Y 商品的总效用(白子数量)
0	0	0
1	6	10
2	11	18
3	15	24
4	18	28
5	20	30
6	21	30

此时主管发放围棋子的工作人员应该把消费者编号、商品购买量、各商品效用、总效用填写在实验登记表中。然后,进入下一编号消费者的交易,直至预设的时段结束,或所有参与者都已经购买为止。

6. 执行多轮游戏

当第1轮游戏结束时,无论是否购买商品,学生都应该将纸牌交给工作人员。工作人员将所有收回的纸牌顺序打乱,再次随机地给每个学生分发7张纸牌。然后重复第5步骤,执行第2轮游戏。按照上述的流程,完成第2~3轮的游戏。

7. 变更货币收入

进入第4轮游戏时,教师宣布改变货币收入,宣布从第4轮起,每一轮消费者的货币收入为13元,其他条件不变,继续进行游戏,在此货币收入下实施第4~6轮游戏。

8. 统计交易数据

当每位学生完成交易后,工作人员应该及时将学生的消费者编号、商品购买量、各商品效用、总效用填写在实验登记表中。当每一轮的游戏结束时,学生应该根据购买状况,在自己的收益记录单上按照规则填写本轮游戏的收益。在第3轮和第6轮游戏完成后,教师应该统计每个学生的总效用、总收益数字,将其汇集成实验记录总表,并在黑板上公布实验数据。

9. 讲解实验结果

游戏结束后,教师根据汇总的实验统计数据,组织讨论,作有关理论的讲解。

二、实验指南

1. 学生实验指南

我们做有关消费行为的实验。在实验中,大家将通过购买两种不同的商品来获得最大的效用。我们将选出2位同学作为工作人员,再选出4位同学充当商品的消费者。

(1) 消费者须知

在实验中,你们都将拿到一定数量的纸牌,代表在每一时期的货币收入水平,每一张纸牌代表1元钱。纸牌上的具体数字无关紧要,纸牌的数量就是你的收入数字。在游戏中,分别用黄色乒乓球和白色乒乓球来代表 X 和 Y 两种商品,X 商品的价格为1元,Y 商品的价格为2元。我们还采用围棋子来代表 X 商品和 Y 商品的效用,其中黑色围棋子代表 X 商品的效用,白色围棋子代表 Y 商品的效用,每一颗围棋子都表示1单位的效用。此外,你们还会拿到一定数量的、实验专用的购买决策单。

你的目标是在实验期间购买一定数量的商品,以获得更多的效用。实验分成两个阶段,每个阶段包含3轮游戏,总共要进行6轮游戏。在每一轮的游戏中,你应该根据每一时期的货币收入水平,两种商品的价格,两种商品不同购买量时的总效用来作出决策,选择购买多少 X 商品、多少 Y 商品。当老师宣布由你来进行购买时,你应该

第二章 居民的经济行为

将 X 商品和 Y 商品的购买数量决定填写在购买决策单和收益记录单上,向左边的工作人员展示购买决策单,交出一定数量的纸牌,买到相应数量的 X 商品(黄色乒乓球)和 Y 商品(白色乒乓球),再到右边的工作人员处,递交购买决策单,用乒乓球换取相应数量的围棋子,计算出自己的收益并做好相应的记录。当每一轮游戏结束时,无论是否购买了商品,你都应该将纸牌交给工作人员。工作人员会将所有收回的纸牌顺序打乱,再次随机地给每个学生分发额定数量的纸牌。在每一轮约为 5 分钟的游戏时间内,你们应该听从教师和实验工作人员的指令,按照编号次序依次购买商品,所有的购买过程都会被详细地记录下来。

每个消费者的目标都是在实验期间获得更多的总效用以及由总效用决定的收益,各轮实验中每人的总效用取决于以下表格:

在第一个阶段的实验中,即第1~3轮的游戏中,你的货币收入为 7 元,而在第二个阶段的实验中,即第 4~6 轮的游戏中,你的货币收入为 13 元。

其他实验条件是完全一样的,逐轮进行游戏。

最后,你应完整地填写收益记录单,计算各轮游戏中自己的总收益,上交纸牌、围棋子及收益记录单。

在第 1~3 轮中,你的收益由下列公式决定:收益=总效用×100/33;

在第 4~6 轮中,你的收益由下列公式决定:收益=总效用×100/48。

购买的商品数量	X 商品的总效用(黑子数量)	Y 商品的总效用(白子数量)
0	0	0
1	6	10
2	11	18
3	15	24
4	18	28
5	20	30
6	21	30

表 2-2 收益记录单

轮次	X 商品购买量(黄球数)	Y 商品购买量(白球数)	总支出	X 商品的总效用(黑子数量)	Y 商品的总效用(白子数量)	总效用(黑子数量加白子数量)	收益
1							
2							
3							
			小计				
4							
5							
6							
			小计				
			合计				

各轮收益平均值:_____   学号:_____   姓名:_____

(2) 工作人员须知

非常感谢你们两位同学接受我的邀请,来担任市场工作人员。在整个实验的过程中,你们的任务是传递实验器具、控制游戏进程、监督交易秩序、记录实验数据。简言之,需要你们协助老师完成每一轮的游戏。

你们各取一张课桌,分左、右站在黑板与课桌之间,具体分工为:一人站在黑板与课桌之间,负责分发纸牌和购买决策单、收回纸牌、发放乒乓球、收回围棋子。另一人站在黑板与课桌之间负责收回乒乓球、记录购买量、发放围棋子、记录效用数量。

表 2-3 购买决策单(3张)

编 号	轮次	X 购买量	Y 购买量
编 号	轮次	X 购买量	Y 购买量
编 号	轮次	X 购买量	Y 购买量
编 号	轮次	X 购买量	Y 购买量
编 号	轮次	X 购买量	Y 购买量
编 号	轮次	X 购买量	Y 购买量
编 号	轮次	X 购买量	Y 购买量
编 号	轮次	X 购买量	Y 购买量

位于左方的同学首先应该将纸牌和购买决策单发放给每个消费者,当消费者做出购买决定到课桌前登记时,再查看对方的购买决策单,清点、回收相应数量的纸牌,发放黄、白两色的乒乓球给消费者。位于右方的同学,则要等消费者把购买决策单和乒乓球送来,再将消费者编号、商品购买量、各商品效用填写在实验登记表中,并根据各商品的效用,发放相应数量的黑、白两色围棋子。其后,由消费者将围棋子交给位于左方的同学。此后,进入下一编号消费者的交易,直至预设的时段结束,或所有参与者都已经购买为止。待一轮游戏宣告结束,位于右方的同学应该将手上的乒乓球全部交付给位于左方的同学;而位于左方的同学则应该将手上的围棋子全部交付给位于右方的同学。

在第 3 轮和第 6 轮游戏完成后,你们应该协助老师统计每轮实验的总效用、收益数字,将其汇集成实验记录总表,并在黑板上公布实验数据。

表 2-4 实验登记表(6张)

轮次_____

交易序号	X 商品购买量(黄球数)	Y 商品购买量(白球数)	X 商品的总效用(黑子数量)	Y 商品的总效用(白子数量)	总效用(黑子数量加白子数量)	收 益
B_1						
B_2						
B_3						
B_4						
合计						
平均						

第二章 居民的经济行为

表 2-5 实验记录总表

班级：_____ 人数：_____ 时间：_____ 地点：_____

轮次	X商品平均购买量	Y商品平均购买量	总效用平均值	收益平均值

2. 教师实验指南

（1）准备实验：在开始实验之前，教师首先应该事先设计好实验所需的总效用、边际效用的数据，并预先确定均衡时 X 商品和 Y 商品的购买数量。

由此，教师可以推导出如表 2-1 的总效用表。

如果教师对课堂实验的组织工作非常有把握，那么可以采用更富于戏剧性的做法。事先向学生宣布你将预言消费行为实验的结果，包括 X 商品、Y 商品的购买数量及最大总效用，然后在实验开始之前将你的预言封在信封中交给某位学生。在实验结束之后，要求这名学生打开信封向全班宣读你的预言，学生们将会对这一预言留下深刻的印象。

表 2-6 边际效用的数据

购买的商品数量	X商品的边际效用	Y商品的边际效用
0	0	0
1	6	10
2	5	8
3	4	6
4	3	4
5	2	2
6	1	0

其次，教师应该对教室的空间进行适当的调整，留出足够的空间让教师和学生自由走动。

再次教师还应该事先为每组准备好 1 副纸牌，黄色乒乓球和白色乒乓球各 24 只，围棋 1 副。再为每组学生准备好学生实验指南 6 张、收益记录单 4 张、实验登记表 6 张、实验记录总表 2 张。还需要有粉笔、黑板擦、计算器、纸和笔、电脑等器材和资料。

（2）实施分组：从学生中选出 6 人，参加实验。其中 2 人担任实验工作人员，4 人充当消费者。将整个教室分成前后两个区域，中间留出较大的空间，以便教师和学生走动，让参与交易的学生分布在教室前部的交易区内，并面向黑板就座。教师对参与交易的学生进行编号，编号为 B_1、B_2、B_3、B_4。2 名实验工作人员各取一张课桌，分左、右站在黑板与课桌之间。实验工作人员的分工为:一人站在黑板与课桌之间左端,负责分发纸牌和购买决策单、收回纸牌、发放乒乓球、收回围棋子;另一人站在黑板与课桌右端之间右端负责收回乒乓球、记录购买量、发放围棋子、记录效用数量。这两位工作人员应该引导消费者到课桌前登记,并注意维护市场秩序;当到达预设的时间长度时,这两位工作人员还应该向所有学生收回纸牌。教师可以让不参加交易的学生在教室后部的观察区内就座,并将事先准备好的实验数据、总效用表、边际效用表、学生实验指南、实验报告等资料发给他们,让没有参加游戏的学生观察交易过程,思考实验报告上的有关问题。

(3) 宣读规则:教师和工作人员将学生实验指南发到每个消费者手中,并由教师大声宣读游戏内容并向学生解释不够清楚的地方,尤其应强调收益规则。可以让学生提出疑问,老师及时释疑,还可考虑让学生复述收益规则。教师在确信每个学生都搞清实验步骤之后,宣布开始游戏。

(4) 控制进程:由工作人员将纸牌发到每个消费者手中,由教师宣布1分钟后将开始第1轮游戏,让消费者做好准备,然后开始计时。在每一轮5分钟的交易时间中,教师及工作人员应该观察和监督整个交易过程,提醒消费者遵守交易规则,做好各项实验数据记录,并维持好现场秩序。

(5) 汇总数据:当每位学生完成交易后,工作人员应该及时将学生的消费者编号、商品购买量、各商品效用、总效用填写在实验登记表中。当每一轮的游戏结束时,学生应该根据购买状况,在自己的收益记录单上按照规则填写本轮游戏的收益。在第3轮和第6轮游戏完成后,教师应该让学生各花半分钟的时间对收益状况作一次汇总,并进行公告。将其汇集成实验记录总表,并在黑板上公布实验数据。

(6) 提出问题:根据公布的实验数据,提出问题,引导学生分析消费行为的内在规律,思考应该如何解释实验结果。

(7) 阐述理论:通过问答,形成相应的结论,阐述消费者均衡的理论,督促学生独立完成实验报告。

第二节　居民的消费行为

一、效用的含义及分析方法

1. 效用的含义

(1) 定义

效用就是人们通过消费某种商品或劳务所获得的满足程度,并且这种满足程度纯粹是消费者的主观心理感受。例如,吃一个面包得到物质上的满足,或看一场电影得到精神上的满足。

某种商品满足消费者欲望的程度高就是效用大;反之,就是效用小。换言之,效用不同于使用价值:它不仅在于商品本身具有的客观的物质属性,能够用来满足人们的欲望,如面包可以充饥,衣服可以御寒等等,而且还在于人们对于商品或劳务主观评价,有无效用和效用大小,还依赖于消费者的主观感受。简言之,使用价值是客观的范畴,而效用是人们的主观心理感受。

(2) 效用的特点

①效用是多变的。效用因人、因时、因地而异。效用完全是消费者的主观感觉,取决于个人的偏好,没有什么客观标准。不同消费者消费同样的东西得到的效用并不同。同一种商品或劳务对不同的消费者,其效用缺乏可比性。比如酒对于嗜酒如命的酒鬼效用很大,但对于高血压病人来说只有负效用,高血压病人感到喝酒是一种负担,甚至痛苦。同一种商品或劳务对同一的消费者,其效用因时间、地点的不同而不同,冷饮在炎夏具有很高的效用,而在严冬,冷饮对人们不但没有效用,反而会变成一种负担。

②效用是一个中性词。效用仅仅是商品满足人们欲望的能力,而不涉及欲望本身是否符合社会伦理观、价值观、道德观等。比如,吸毒是一种违法行为,这种欲望也是违反社会公德的,但毒品对于吸毒者是一种致命的诱惑,具有无限大的效用。

2. 效用的分析方法

既然效用有大有小,怎样来比较效用大小呢?

(1) 基数效用分析法

一些经济学家认为,效用的大小是可以用基数来计量和比较的。例如,对于某个消费者来说,一杯咖啡和一杯牛奶的效用,可以分别用 10 和 5 来表示。这意味着这个消费者从一杯咖啡所得到的满足是一杯牛奶的 2 倍。可将一商品各单位消费量的效用加总起来得到消费该商品的总效用,再将各商品的总效用相加得到消费者的总效用。

(2) 序数效用分析法

序数效用论者认为,效用仅是次序概念,而不是数量概念。在分析商品效用时,消费者无需确定商品效用的具体数字是多少,只需说明各种商品效用谁大谁小或相等就足够了。通过用第一、第二、第三的序数来表达自己对商品的选择偏好,人们可以避免使用基数效用所存在的计算上的困难。

二、基数效用论

1. 总效用、边际效用

(1) 含义及计算

①含义。总效用是在消费若干单位商品时所感受到的满足程度的总和,用 TU

来表示。

边际效用是指增加或减少一单位商品的消费量所感觉到的总满足程度的变化,即每增加或减少一单位商品的消费时总效用的增减量。或者换一种说法,边际效用是指所消费的商品之中,最后的那个单位商品提供的效用。

如果用 ΔTU 表示总效用的增减量,用 ΔQ 表示商品的增减量,用 MU 表示边际效用,那么 $MU=\Delta TU/\Delta Q$。

②计算。$MU=$总效用的增减量/商品的增减量$=\Delta TU/\Delta Q$

当商品的增减量$(\Delta Q)=1$时,$MU=$总效用的增减量(ΔTU)。

计算的例子如表 2-7 和表 2-8 所示。

表 2-7　已知总效用求边际效用

消费数量(Q)	总效用(TU)	边际效用(MU)
0	0	—
1	10	10－0＝10
2	18	18－10＝8
3	24	24－18＝6
4	28	28－24＝4
5	30	30－28＝2
6	30	30－30＝0
7	28	28－30＝－2

表 2-8　已知边际效用求总效用

消费数量(Q)	边际效用(MU)	总效用(TU)
0	—	0
1	10	10＋0＝10
2	8	10＋8＝18
3	6	18＋6＝24
4	4	24＋4＝28
5	2	28＋2＝30
6	0	30＋0＝30
7	－2	30＋(－2)＝28

这里 $MU(n)=TU(n)-TU(n-1)$。

例如 $MU(1)=TU(1)-TU(0)=TU(1)=10-0=10$;
$MU(2)=TU(2)-TU(1)=18-10=8$,以此类推。

这里 $TU(n)=TU(n-1)+MU(n)$。

例如 $TU(1)=TU(0)+MU(1)=TU(1)=10$;
$TU(2)=TU(1)+MU(2)=10+8=18$,以此类推。

或者说 $TU(n)=MU(1)+MU(2)+MU(3)+\cdots+MU(n)$。

例如 $TU(6)=MU(1)+MU(2)+MU(3)+MU(4)+MU(5)+MU(6)=10+8+6+4+2+0=30$。

一般来说，人们消费的某种商品数量增加时，在一定范围内所获得的总效用也会增加。如表 2-1 所示，某人消费量为 1 个单位时，所获得的总效用为 10，边际效用也是 10；消费量为 2 个单位时，所获得的总效用为 18，边际效用（即第二个单位所增加的效用）是 8；消费量为 3 个单位时，所获得的总效用为 24，边际效用（即第三个单位所增加的效用）是 6；消费量为 4 个单位时，所获得的总效用为 28，边际效用（即第四个单位所增加的效用）是 4；消费量为 5 个单位时，所获得的总效用为 30，边际效用（即第五个单位所增加的效用）是 2。但当他消费量为 6 个单位时，所获得的总效用就没有增加，仍为 30，边际效用（即第六个单位所增加的效用）是 0。而第七个单位的消费不但不能增加总效用，反而使总效用减少了 2 个单位，即边际效用为 -2。

2. 边际效用递减规律

（1）含义

所谓边际效用递减规律是指在一定时间段内，随着个人消费的某种商品数量的不断增加，其总效用的增加量，即商品的边际效用存在着递减的趋势。当边际效用递减到等于零以至变为负数时，总效用就不再增加以至于减少。

当边际效用是零或负数时，意味着某种商品的消费量超过一定数量以后，就不能再增加消费者的满足和享受，或者会给消费者带来痛苦和损害。

不仅商品的边际效用是递减的，货币收入的边际效用也是递减的。货币收入的边际效用是指每增加或减少 1 单位货币收入所增加或减少的效用。显然，一个人在年收入为 1 万元的时候增加或减少 100 元，比他在年收入为 2 万元时候显得更重要，或说具有更高的效用。

（2）原因

在一定时间段内，人们某一方面的欲望的强度是有限的。而商品的边际效用大小与欲望强度成正比，与消费数量成反比。效用或满足是一种生理或心理上的兴奋，当消费商品时，就有了外界刺激，人们产生的兴奋就是满足或效用。但当同一种商品的消费量增加，同一种刺激反复进行时，兴奋程度会越来越低，这就是效用递减。消费一种商品的数量越多，生理上得到满足或心理上对重复刺激的反应就递减了。

例如，某人在享用食物的时候，一开始食欲最强，所以第 1 单位食物给他带来的满足程度最高。随着食物数量的增加，食欲逐渐得到满足，欲望强度下降。虽然总效用仍在增加，但每增加 1 单位食物所增加的效用即边际效用却在递减。当这个人对食物的欲望从生理上和心理上都得到完全的满足以后，食物数量的继续增加将使他感觉不适，边际效用就成为负数。

（3）事例

边际效用递减反映了人类消费过程的普遍特点，在人们的现实生活中，边际效用递减的现象俯拾皆是，这里稍作例举。

①吃3个面包的感觉。美国总统罗斯福连任三届后，曾有记者问他有何感想。总统一言不发，只是拿出一块面包让记者吃。这位记者不明白总统的用意，又不便问，只好吃了。接着总统拿出第二块，记者还是勉强吃了。紧接着总统拿出第三块，记者为了不撑破肚皮，赶紧婉言谢绝。这时罗斯福总统微微一笑，说："现在你知道我连任三届总统的滋味了吧。"

②《杰米扬的鱼汤》：寓言中的边际效用递减现象。俄罗斯作家克雷洛夫写过一首题为《杰米扬的鱼汤》的寓言诗。这个寓言讲的是一个叫杰米扬的人做得一手好汤，"上面飘着一层油，像琥珀一样"，"这是鳊鱼，这是鲟鱼片和鱼内脏"。他的朋友福卡已经喝了三碗，他还要朋友"再喝一碗何妨"。可怜的福卡再也喝不下，"赶紧抓起腰带和帽子逃回家，从此不敢再去找杰米扬"。

边际效用是消费者多消费1单位某种商品所增加的满足程度，在这寓言中是福卡多喝一碗杰米扬的汤增加的满足程度。尽管效用是主观的，但所有人的消费都遵循一个共同规律，这就是随着所消费同一种商品的增加，给消费者带来的满足程度是递减的。福卡喝杰米扬的第一碗汤时，一定感到味道鲜美，满足程度高；喝第二碗汤的感觉不如第一碗汤那么好，满足程度减少了。当不断喝下去时，满足程度越来越低，最后成为痛苦，产生负效用，以至于不得不逃之夭夭。经济学家把这种普遍现象概括为边际效用递减规律。

③收入再分配："雪中送炭"胜于"锦上添花"。货币收入的边际效用是递减的，同样的100元钱，对于一个贫穷的街头流浪者的效用要远大于对于一个亿万富翁的效用。如果你有100元钱要送人，送给流浪者，就属于"雪中送炭"的行为；而送给亿万富翁，就做了一件"锦上添花"的事。"雪中送炭"远胜于"锦上添花"，因此中国人常说要多做"雪中送炭"的事，不要只想着"锦上添花"。

正因为如此，政府实行收入再分配的政策，将富人的一部分收入再分配给穷人，可以在国民收入不变时增加整个社会的福利。收入分配越平等，社会福利越大。实行累进所得税，增加社会福利，有利于收入分配平等和社会福利增加。当然，这不是说收入要绝对平等，因为收入平等有降低效率的"漏桶效应"。

④个别的反例：毒品的边际效用递增。吸毒就接近于边际效用递增，毒吸得越多越上瘾。吸毒者觉得毒品给他的享受超过了其他的各种享受。所以吸毒的人会卖掉家产，抛妻弃子，宁可食不充饥，衣不遮体，毒却不可不吸。如果全世界的人都在吸毒，所有的人都从事与毒品相关的活动，那么其他活动就不会有人干。

（4）边际效用与总效用的关系

随着商品数量的增加,人们从消费中得到的总效用开始的时候不断增加,逐渐达到最大值,然后又逐渐减少。但是即使在总效用增加的时候,其增量也在逐渐减少,所以边际效用趋于下降,并在总效用到达最大值后成为负数。总效用和边际效用的变化情况如图2-1所示。

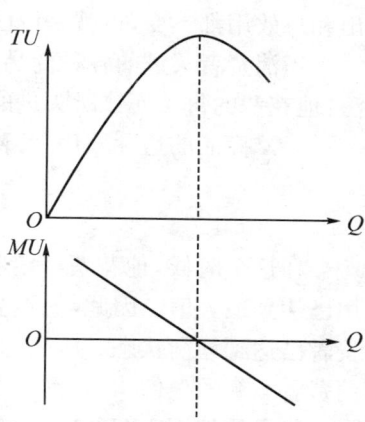

图2-1 总效用与边际效用的关系

3. 消费者均衡

（1）消费者均衡的含义

消费者均衡是指消费者在货币收入一定、各种商品价格一定、对各种商品的偏好一定的条件下,购买一定数量的各种商品,使总效用达到最大的状态。当消费者购买的各种商品提供的总效用达到最大化的时候,消费者就不再改变他的购买方式,也就是消费者的需求行为达到了均衡状态,即消费者均衡。

（2）消费者均衡的条件

假定:①消费者的嗜好与偏好是给定的,就是说,消费者对 X、Y 和 Z 等各种商品的总效用或边际效用是已知和既定的;②消费者决定买进 X、Y 和 Z 等各种商品, X 商品的价格 P_X、Y 商品的价格 P_Y、Z 商品的价格 P_Z 是已知和既定的;③消费者的收入 M 是既定的。

还假定他的收入全部用来购买这几种商品。于是问题归结为:X、Y 和 Z 的购买量应各为多少,才能使他支出 M 元后,总效用达到最大值?

当货币收入固定不变时,消费者购买某种商品的数量多了,其他商品的购买量就要减少。而随着商品数量的增加,该种商品的边际效用递减;与此同时,其他商品购买量减少,其边际效用递增。为了能够获得最大的总效用,理性的消费者将进行权衡取舍,充分地调整各种商品的购买量,以便让每1元钱的支出都能产生最大的效用。

当 X 商品的购买支出增加1元钱而增加的总效用大于 Y 商品的购买支出减少1元钱而减少的总效用时,消费者会把这1元钱用于购买 X 商品,同时在 Y 商品上减少1元钱的支出。这时消费者 X 商品购买量增加,Y 商品购买量减少,总支出不变而总效用提高。

当 Y 商品的购买支出增加1元钱而增加的总效用大于 X 商品的购买支出减少1元钱而减少的总效用时,消费者会把这1元钱用于购买 Y 商品,同时在 X 商品上减少1元钱的支出。这时消费者 Y 商品购买量增加,X 商品购买量减少,总支出不变而总效用提高。

当 X 商品的购买支出增加1元钱而增加的总效用等于 Y 商品的购买支出减少1元钱而减少的总效用时,这时消费者增加 X 商品购买量,减少 Y 商品购买量,总支出和总效用都不变,也就是说已经取得了最大总效用。

当消费者买进的各种商品的边际效用之比等于它们的价格之比,或者换一种说法:他花费的每1元钱所买进的每种商品之边际效用都相等时:即

X 商品的边际效用$/X$ 商品的价格 $=Y$ 商品的边际效用$/Y$ 商品的价格
$=Z$ 商品的边际效用$/Z$ 商品的价格
$=1$ 单位货币(1元钱)的边际效用

在这个时候,他花费一定收入用于购买 X 商品、Y 商品和 Z 商品所得到的总效用已达到最大值。因此,他不会再改变 X 商品、Y 商品和 Z 商品的购买量,也就是消费者已达到均衡状态。所购各种商品的边际效用之比等于它们的价格之比,这就是消费者均衡的条件。

如果我们用 MU_X、MU_Y、MU_Z 分别代表 X 商品的边际效用、Y 商品的边际效用、Z 商品的边际效用;用 P_X、P_Y、P_Z 分别代表 X 商品的价格、Y 商品的价格、Z 商品的价格,那么上述分析可以表达成:

当 X 商品的边际效用$(MU_X)/X$ 商品的价格$(P_X)>Y$ 商品的边际效用$(MU_Y)/Y$ 商品的价格(P_Y)时,消费者应该增加 X 商品购买量,减少 Y 商品购买量。因为这样做会使总效用提高而总支出不变。

当 Y 商品的边际效用$(MU_Y)/Y$ 商品的价格$(P_Y)>X$ 商品的边际效用$(MU_X)/X$ 商品的价格(P_X)时,消费者应该增加 Y 商品购买量,减少 X 商品购买量。

当 X 商品的边际效用$(MU_X)/X$ 商品的价格$(P_X)=Y$ 商品的边际效用$(MU_Y)/Y$ 商品的价格(P_Y)时,增加 X 商品购买量,减少 Y 商品购买量,总效用不变。此时就实现了消费者均衡。

用更一般的形式表示,消费者均衡的条件为:在 $P_X \cdot X + P_Y \cdot Y + P_Z \cdot Z + \cdots = M$ 的限制条件下,

$$MU_X/P_X = MU_Y/P_Y = MU_Z/P_Z = \cdots = MU_m$$

式中,P_X、P_Y、$P_Z\cdots$为各种物品的价格,X、Y、$Z\cdots$为各种商品的购买量,M 为消费者的货币收入,MU_X、MU_Y、$MU_Z\cdots$为各种商品的边际效用。MU_m 为每一单位货币的边际效用。

(3) 消费者均衡的示例

例1 已知 X 商品的价格 $P_X=1$,Y 商品的价格 $P_Y=2$,Z 商品的价格 $P_Z=3$;货币收入 $M=10$;X 商品的边际效用为 MU_X、Y 商品的边际效用为 MU_Y、Z 商品的边际效用为 MU_Z,如表 2-9 所示。求消费者均衡时,X、Y、Z 的购买量各为多少?最大总效用是多少?

第二章 居民的经济行为

表 2-9　X、Y、Z 三种商品的边际效用

商品数量(Q)	X 商品的边际效用 (MU_X)	Y 商品的边际效用 (MU_Y)	Z 商品的边际效用 (MU_Z)	1元钱购买 X 商品的边际效用 (MU_X/P_X)	1元钱购买 Y 商品的边际效用 (MU_Y/P_Y)	1元钱购买 Z 商品的边际效用 (MU_Z/P_Z)
1	10	18	24	10	9	8
2	9	16	21	9	8	7
3	8	14	18	8	7	6
4	7	12	15	7	6	5
5	6	10	12	6	5	4
6	5	8	9	5	4	3
7	4	6	6	4	3	2

解:为了验证消费者均衡条件,在这里我们用表 2-10 来分析一下消费者的购买选择过程。

表 2-10　消费者的购买选择过程

支出过程	1元钱购买 X 商品的边际效用 (MU_X/P_X)	1元钱购买 Y 商品的边际效用 (MU_Y/P_Y)	1元钱购买 Z 商品的边际效用 (MU_Z/P_Z)	购买决策	备注
第一元	$1/1×10=10$	$1/2×18=9$	$1/3×24=8$	购买 X 商品 1 单位	
第二元	$1/1×9=9$	$1/2×18=9$	$1/3×24=8$	购买 X 商品 1 单位	也可以购买 Y 商品,不影响最终结果
第三、四元	$1/1×8=8$	$1/2×18=9$	$1/3×24=8$	购买 Y 商品 1 单位	Y 商品不可分割
第五元	$1/1×8=8$	$1/2×16=8$	$1/3×24=8$	购买 X 商品 1 单位	也可以购买 Y 商品或 Z 商品,不影响最终结果
第六、七元	$1/1×7=7$	$1/2×16=8$	$1/3×24=8$	购买 Y 商品 1 单位	也可以购买 Z 商品,不影响最终结果
第八、九、十元	$1/1×7=7$	$1/2×14=7$	$1/3×24=8$	购买 Z 商品 1 单位	Z 商品不可分割

在购买的选择过程中,消费者进行反复的比较,比较 1 元钱购买不同商品的边际效用,从中选择最大者进行购买:

当 1 元钱购买 X 商品的边际效用(MU_X/P_X)>1 元钱购买 Y 商品的边际效用(MU_Y/P_Y)时,消费者就购买 X 商品;

当 1 元钱购买 X 商品的边际效用(MU_X/P_X)<1 元钱购买 Y 商品的边际效用(MU_Y/P_Y)时,消费者就购买 Y 商品;

当 1 元钱购买 X 商品的边际效用(MU_X/P_X)= 1 元钱购买 Y 商品的边际效用(MU_Y/P_Y)时,消费者购买 X 商品或 Y 商品均可。

最终该消费者购买 X 商品 3 单位、购买 Y 商品 2 单位、购买 Z 商品 1 单位,即 $X=3, Y=2, Z=1$。

$$P_X \times X + P_Y \times Y + P_Z \times Z = 1 \times 3 + 2 \times 2 + 3 \times 1 = 10;$$
$$MU_X(3)/P_X = 8/1 = 8; MU_Y(2)/P_Y = 16/2 = 8; MU_Z(1)/P_Z = 24/3 = 8$$
$$MU_X(3)/P_X = MU_Y(2)/P_Y = MU_Z(1)/P_Z = MU_m = 8$$

最大总效用

$$TU\max = TU_X(3) + TU_Y(2) + TU_Z(1) = (10+9+8) + (18+16) + 24 = 85$$

例 2 在上例中货币收入 M 变成 22 元,其他条件不变,求消费者均衡时,X、Y、Z 的购买量各为多少?最大总效用是多少?

解:直接运用消费者均衡条件:
$$P_X \times X + P_Y \times Y + P_Z \times Z = M$$
即 $1 \times X + 2 \times Y + 3 \times Z = 22$,
$$MU_X/P_X = MU_Y/P_Y = MU_Z/P_Z = MU_m$$

假设 $MU_m = 6$,从表 2-9 中可以看出此时 $X=5, Y=4, Z=3$,即
$$MU_X(5)/P_X = MU_Y(4)/P_Y = MU_Z(3)/P_Z = MU_m = 6$$

而此时的消费支出
$$X + 2 \times Y + 3 \times Z = 1 \times 5 + 2 \times 4 + 3 \times 3 = 22$$

因此,$X=5, Y=4, Z=3$ 就是消费者均衡时 3 种商品的购买量。

最大总效用
$$TU\max = TU_X(5) + TU_Y(4) + TU_Z(3)$$
$$= (10+9+8+7+6) + (18+16+14+12) + (24+21+18) = 163$$

4. 边际效用价值论

(1) 边际效用价值论的内容

现代经济学的价值论是主观价值论,或者说边际效用价值论。这种理论认为商品的价值是主观的,是由商品给消费者带来的效用或边际效用决定。换言之,价值就是消费者对某种物品的主观评价。消费者根据他从消费某商品中所得到的效用或满足程度,来确定对该商品支付意愿的大小,消费者对商品的评价就是我们所说的主观

价值。主观价值决定了需求,是解释价格的重要因素。消费者为每一单位的某种商品所愿意付出的最高代价(即需求价格)取决于该商品的边际效用,商品的边际效用越高,需求价格越大。

需求取决于消费者的支付意愿,无论商品生产者付出了多少劳动,如果消费者认为它不能给自己带来效用,就谈不上有价值。例如,杰米扬为自己的每一碗汤都付出了劳动,但那一碗让福卡喝不下去的汤,在福卡看来就没有一点价值。

(2)边际效用价值论的推导

实现消费者均衡时,$MU_X/P_X=MU_Y/P_Y=MU_Z/P_Z=MU_m$,一般地可以写成 $MU/P=MU_m$。

或者 $MU=P\times MU_m$,即商品边际效用=商品的需求价格×每一单位货币的边际效用。

在一定时间段内,消费者的货币收入不变,那么他所持货币的边际效用就不变,MU_m 为一常数。这样商品的需求价格=商品边际效用/每一单位货币的边际效用,$P=MU/MU_m$。

消费者对一单位商品的需求价格取决于商品的边际效用。边际效用大,需求价格高;边际效用小,需求价格低。根据边际效用递减规律,随着商品消费数量的增加,该商品给消费者带来的边际效用是递减的,而货币的边际效用是不变的。这样,随着商品数量的增加,消费者所愿付出的价格也在下降。

这一状况可以从表 2-11 中得以体现。

表 2-11 商品的需求价格与边际效用

商品数量(Q)	X 商品的边际效用(MU_X)	Y 商品的边际效用(MU_Y)	Z 商品的边际效用(MU_Z)	货币的边际效用(MU_m)	X 商品的需求价格(MU_X/MU_m)	Y 商品的需求价格(MU_Y/MU_m)	Z 商品的需求价格(MU_Z/MU_m)
1	10	18	24	5	2	3.6	4.8
2	9	16	21	5	1.8	3.2	4.2
3	8	14	18	5	1.6	2.8	3.6
4	7	12	15	5	1.4	2.4	3
5	6	10	12	5	1.2	2	2.4
6	5	8	9	5	1	1.6	1.8
7	4	6	6	5	0.8	1.2	1.2

5. 消费者剩余

(1)消费者剩余的含义

消费者按照商品边际效用的大小来决定他愿意支付的价格,但市场上的实际价格并不一定等于他愿意支付的价格。消费者剩余就是消费者愿意对某商品支付的价格与他实际支付的价格的差额,也就是消费者对每单位商品的需求价格与实际价格的差额。

在理解这一概念时要注意两点:

①消费者剩余并不是实际收入的增加,只是一种心理感觉,是消费者购买商品时所感受到的额外受益。这一概念经常被用来分析社会福利水平高低的问题。消费者剩余大,意味着社会福利水平高;反之,则代表社会福利水平低。

②生活必需品的消费者剩余大。因为消费者对这类商品的效用评价高,愿付出的价格也高,但这类商品的市场价格一般并不高。

(2)消费者剩余的计算

根据前面的资料,我们可以用表2-12来计算X、Y、Z三类商品的消费者剩余。

表2-12 消费者剩余的计算

商品数量(Q)	X商品需求价格	Y商品需求价格	Z商品需求价格	X商品实际价格	Y商品实际价格	Z商品实际价格	X商品消费者剩余	Y商品消费者剩余	Z商品消费者剩余
1	2	3.6	4.8	1	2	3	1	1.6	1.8
2	1.8	3.2	4.2	1	2	3	0.8	1.2	1.2
3	1.6	2.8	3.6	1	2	3	0.6	0.8	0.6
4	1.4	2.4	3	1	2	3	0.4	0.4	0
5	1.2	2	2.4	1	2	3	0.2	0	—
6	1	1.6	1.8	1	2	3	0	—	—
7	0.8	1.2	1.2	1	2	3	—	—	—
合计	—	—	—				3	4	3.6

三、序数效用论

1. 序数效用的含义

序数效用是指用序数即第一、第二、第三等次序表示的效用。序数效用论者认为,效用是消费者主观上感觉到的满足程度,它的大小是无法确定的,因而它不可用确切的数值来计量。不同的商品给消费者带来的满足程度是不同的,消费者对不同商品的偏好顺序与效用水平,可以用序数来表示。如果某个消费者从商品X得到的满足程度高于商品Y,即对商品X的偏好强于商品Y,那么就可以说商品X的效用在次序上先于商品Y。

2. 消费者偏好公理

所谓偏好就是一种排列关系,偏好可以分为强偏好、弱偏好和无差异三种情形。在经济学中假定偏好是稳定的,消费者以一种理性的、可信赖的和可预见的方式行事。理性偏好必须满足 3 个公理假定:

(1) 偏好完备性公理

对于任何两种商品 X 和 Y,消费者都知道他对商品 X 偏好强于对商品 Y 偏好,或者对商品 Y 偏好强于对商品 X 偏好,或者对两种商品的偏好是无差异的,三者必居其一,且仅居其一。

(2) 偏好传递性公理

如果消费者对商品 X 偏好强于对商品 Y 偏好,对商品 Y 偏好强于对商品 Z 偏好,那么他对商品 X 偏好强于对商品 Z 偏好。

(3) 偏好非饱和性公理

全部商品都是值得拥有的,消费者对于数量较多的商品组合的偏好强于数量较少的商品组合的偏好。

3. 无差异曲线

(1) 无差异曲线的含义

无差异曲线表示在偏好不变的条件下,曲线上任意一点所代表的商品组合都能给消费者带来相同的效用水平。

表 2-13 是 X 商品和 Y 商品的不同组合表,它表示商品 X 和商品 Y 的各个组合给消费者带来的满足程度是无差异的。我们将此表转化为图形,以横轴表示 X 商品消费量、纵轴表示 Y 商品的消费量,在坐标系中作图,可以得到无差异曲线 U,如图 2-2 所示。无差异曲线上任何一点所代表的商品组合都给消费者带来相同的效用水平,因此,无差异曲线又称为等效用线。

表 2-13 无差异表

商品消费组合	X 商品消费量	Y 商品消费量
A	1	6
B	2	3
C	3	2
D	4	1.5
E	5	1.2

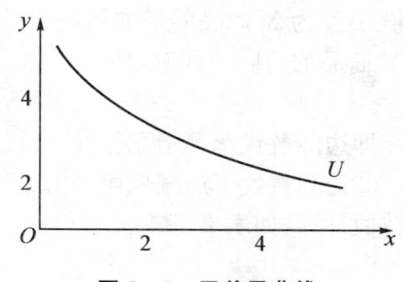

图 2-2 无差异曲线

(2) 无差异曲线的特点

①无差异曲线族具有密集性。

同一坐标系中存在无数条无差异曲线,不同的无差异曲线代表不同的满足程度,越靠近右上方的无差异曲线代表的效用水平越高。

同一条无差异曲线表示同一种满足程度。在偏好一定的条件下,消费者增加商品消费量时,其效用水平就会发生变化。例如,在表 2-13 中,假定商品 X 消费量增加 1 单位,商品 Y 的消费量不变;或者商品 Y 消费量增加 1 单位,商品 X 的消费量不变,那么商品 X 和 Y 的新组合代表着更高的满足程度。因此,对于消费者来说,坐标系中任意一点都在一条无差异曲线上,而且只在惟一的无差异曲线上。这就是说,它只代表了一种满足程度。无差异曲线有无限多条,它们构成消费者的无差异曲线图,在无差异曲线图里,离原点越远的无差异曲线代表越高

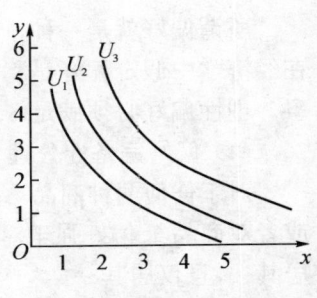

图 2-3 无差异曲线族

的满足程度。如图 2-3 中,无差异线 U_3 代表的效用水平大于无差异线 U_2 代表的效用水平;无差异线 U_2 代表的效用水平大于无差异线 U_1 代表的效用水平。

②无差异曲线不能相交。假设两条无差异曲线相交,那么交点同时在两条无差异曲线上。由于不同的无差异曲线代表不同的满足程度,这就意味着对于同一个消费者来说,交点所代表的同一个商品组合有不同的满足程度,这显然是不可能的。因此,无差异曲线不可能相交。

③无差异曲线向下倾斜,它的斜率为负数。这是因为,在收入和价格既定的条件下,消费者要得到相同的总效用,在增加一种商品的消费时,必须减少另一种商品的消费,两种商品不能同时增加或减少。如果用 X 和 Y 表示两种商品消费量,ΔX 为 X 商品的变动量,ΔY 为 Y 商品的变动量,则无差异曲线的斜率为 $\Delta Y/\Delta X$,$\Delta Y/\Delta X < 0$。

(3) 边际替代率及其递减规律

①边际替代率的含义。边际替代率是指在满足程度不变的前提下,消费者增加一单位某种商品就必须减少另一种商品的数量。如果用 X 和 Y 表示两种商品的消费量,ΔX 为 X 商品的增加量,$-\Delta Y$ 为 Y 商品的减少量,用 MRS_{xy} 表示以 X 商品代替 Y 商品的边际替代率,那么:

$$MRS_{xy} = -\Delta Y/\Delta X > 0$$

即边际替代率等于无差异曲线的斜率的绝对值。

②边际替代率递减规律。由边际效用递减规律的另一种表现形式,边际替代率的数值计算,如表 2-14 所示。

第二章 居民的经济行为

表 2-14 边际替代率的计算

商品消费组合	X 商品消费量	Y 商品消费量	X 商品的增加量(ΔX)	Y 商品的减少量($-\Delta Y$)	MRS_{xy} ($-\Delta Y/\Delta X$)
A	1	6	—	—	—
B	2	3	2−1=1	6−3=3	3
C	3	2	3−2=1	3−2=1	1
D	4	1.5	4−3=1	2−1.5=0.5	0.5
E	5	1.2	5−4=1	1.5−1.2=0.3	0.3

从表 2-14 数据可以看出，随着 X 商品消费量的不断增大，每增加 1 单位 X 商品所能替代的 Y 商品数量不断减少，即以 X 商品代替 Y 商品的边际替代率递减。

边际替代率之所以呈递减趋势，这是因为无差异曲线存在的前提是总效用不变，因此，X 商品增加所增加的效用必须等于 Y 商品减少所减少的效用，用数学公式表示就是：

$\Delta X \cdot MU_X = -\Delta Y \cdot MU_Y$，或者 $-\Delta Y/\Delta X = MU_X/MU_Y$，否则总效用就会改变。

由于边际效用递减规律的作用，随着 X 商品数量的增加，它的边际效用在递减；而随着 Y 商品数量的减少，它的边际效用在递增，因而每增加一定量的 X，所能代替的 Y 的数量便越来越少，由此可见若 X 以同样的数量增加时，所减少的 Y 越来越少，因而 MRS_{XY} 也就必然是递减的。

4. 预算线：消费可能线

（1）预算线的含义

预算线是一条表明在消费者收入与商品价格既定的条件下，消费者所能购买到的两种商品数量最大组合的线。

在收入一定的条件下，消费者用他的收入能够购买多少商品，主要取决于商品的价格。假定某个消费者的收入为 60 元，他需要购买 X 和 Y 两种商品：商品 X 的价格是 20 元，商品 Y 的价格是 10 元。该消费者用 60 元所能购买的商品如表 2-15 所示。

表 2-15 预算线表

商品购买组合	X 商品购买量	Y 商品购买量	总消费支出
A	0	6	10×6=60
B	1	4	20×1+10×4=60
C	2	2	20×2+10×2=60
D	3	0	20×3=60

我们将表 2-15 转化为图形，以横轴表示 X 商品购买量、纵轴表示 Y 商品的购买量，在坐标系中作图，便可以得到预算线 AB 如图 2-4 所示。在图 2-4 中，连接 AB 两点的直线就是预算线。在预算线上的任何一点都是在收入与价格既定的条件

下,能购买到的 X 商品与 Y 商品的最大数量的组合。

如果用 X 表示把全部收入都用于购买 X 商品所能买到的数量,用 Y 表示把全部收入都用于购买 Y 商品所能买到的数量,用 P_X 和 P_Y 分别表示 X 商品和 Y 商品的价格,那么 $P_X X = P_Y Y$,即单独购买 X 商品或单独购买 Y 商品都花掉了消费者的全部收入。上式又可以写成 $Y/X = P_X/P_Y$。这意味着,预算的斜率(Y/X)的绝对值等于 X 商品与 Y 商品的价格比率(P_X/P_Y)。

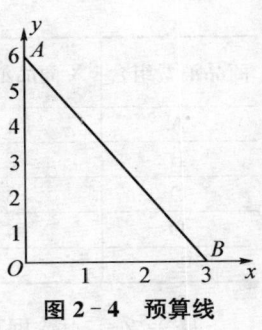

图 2-4 预算线

预算线表明了居民消费行为的限制条件。这种限制就是购买物品所花的钱不能大于收入,也不能小于收入。大于收入是在收入既定的条件下无法实现的,小于收入则无法实现效用最大化。

(2) 预算线的表达式

$$收入 = 消费支出$$

即

$$M = P_X \cdot X + P_Y \cdot Y$$

上式也可写为

$$Y = M/P_Y - P_X/P_Y \cdot X$$

这是一条直线的方程式,其斜率为 $-P_X/P_Y$。

例 与表 2-15 对应的预算线表达式为 $20 \times X + 10 \times Y = 60$。或者可以写成 $Y = 60/10 - 20/10 \times X = 6 - 2 \times X$。

(3) 预算线的变动

预算线是在收入和价格为一定的条件下的消费可能性曲线,如果收入或价格变了,预算线将发生移动。

如果商品价格不变而消费者的收入变动,或者收入不变而两种商品的价格同比例上升(或下降),则消费可能性曲线会平行移动,如图 2-5 所示。

如果消费者收入不变而两种商品的价格一种不变,另一种上升或下降,则消费可能性曲线变动如图 2-6 所示。

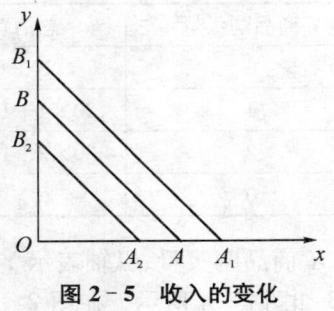

图 2-5 收入的变化

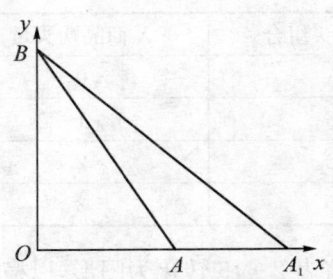

图 2-6 X 商品价格的变化

5. 消费者均衡

（1）预算线与无差异曲线的关系

在消费者收入和商品价格不变的条件下，消费者的预算线是惟一确定的。另外，在偏好不变的前提下，消费者的无差异曲线图也是惟一确定的。如果把消费者的预算线与他的无差异曲线结合起来，就可以从图2-7看到，预算线与无差异曲线的关系无非有下面三种情况：

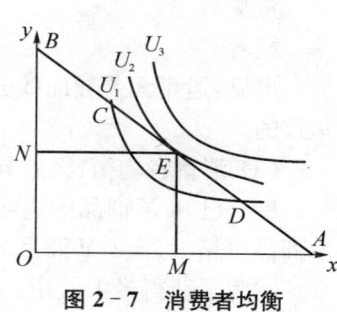

图2-7 消费者均衡

①预算线与无差异线相交。预算线 AB 与无差异曲线 U_1 相交于 C、D 两点。这意味着消费者用他的收入可以得到无差异曲线 U_1 代表的效用水平。但是消费者并没有得到最大效用。当点 C 和 D 移向点 E 的时候，它们仍在预算线上，即按照消费者目前的购买力水平，是能够实现相应的商品组合的。但它们已经离开 U_1，而到达代表更高效用水平的无差异曲线。

②预算线与无差异线相离。无差异曲线 U_3 所代表的效用大于无差异曲线 U_2 代表的效用，预算线 AB 与无差异曲线 U_3 没有任何交点，即预算线 AB 与无差异曲线 U_3 相离。这说明按照消费者现有的购买水平，要购买达到 U_3 效用水平的商品消费组合还是不现实的。在这种情况下，虽然无差异曲线 U_3 表示的满足程度高于 U_2，但它是消费者在目前的收入水平上所不能实现的。

③预算线与无差异曲相切。当我们把预算线与无差异曲线结合在一个图上时，预算线必定与某一条无差异曲线相切于一点，在这个切点上就实现了消费者均衡。在图2-7中，预算线 AB 与无差异曲线 U_2 相切于 E 点。E 点同时在预算线 AB 和无差异曲线 U_2 上，这意味着由商品价格和现实收入决定的消费者购买力水平正好达到了这一商品购买量组合，而 E 点的商品组合给消费者带来的是无差异曲线 U_2 所表示的满足程度。这就是说，在收入与价格既定的条件下，消费者购买 OM 的 X 商品，ON 的 Y 商品，就能获得最大的效用。在无差异曲线 U_2 上除 E 点之外的其他各点也都在 AB 线之外，即所要求的 X 商品与 Y 商品的数量组合在既定的收入与价格下是无法实现的。

因此切点 E 是在收入和价格一定的条件下，给消费者带来最大效用的商品组合。

（2）消费者均衡的条件：无差异曲线分析法

上述分析表明，预算线与无差异曲线相切是消费者获得最大效用的条件。这个结论的经济意义在于：当预算线和无差异曲线相切时，预算线的斜率等于无差异曲线的斜率，即：

$$-P_X/P_Y = \Delta Y/\Delta X;\text{或者 } P_X/P_Y = -\Delta Y/\Delta X$$

而边际替代率　　　　　　$MRS_{xy}=-\Delta Y/\Delta X=MU_X/MU_Y$
因此预算线的斜率与无差异曲线的斜率相等,
意味着　　　　　　　　　$P_X/P_Y=MU_X/MU_Y$,
或者　　　　　　　　　　$MU_X/P_X=MU_Y/P_Y$

可见,运用无差异曲线分析法与边际效用分析法得出的消费者均衡条件是完全一致的。

(3) 消费者均衡:无差异曲线分析法的例题

例　已知 X 商品的边际效用函数 $MU_X=Y$;Y 商品的边际效用函数 $MU_Y=X$;X 商品价格 $P_X=2$;Y 商品的价格 $P_Y=3$,消费者货币收入 $M=120$。求:

①为了获得最大效用,X 商品购买量和 Y 商品购买量各应该是多少?

②当 X 商品价格 $P_X=2.88$,Y 商品的价格 $P_Y=3$,消费者货币收入 $M=144$ 时,为了获得最大效用,X 商品购买量和 Y 商品购买量各应该是多少?

③当 X 商品价格 $P_X=2.88$,Y 商品的价格 $P_Y=3$,消费者货币收入 $M=120$ 时,为了获得最大效用,X 商品购买量和 Y 商品购买量各应该是多少?

解:①根据均衡条件 $M=P_X\times X+P_Y\times Y$;$MU_X/MU_Y=P_X/P_Y$ 可得
$$2\times X+3\times Y=120;Y/X=2/3$$
结果应该是:　　　　　　$X=30,Y=20$

②根据均衡条件 $M=P_X\times X+P_Y\times Y$;$MU_X/MU_Y=P_X/P_Y$ 可得
$$2.88\times X+3\times Y=144;Y/X=2.88/3$$
结果应该是:　　　　　　$X=25,Y=24$

③根据均衡条件 $M=P_X\times X+P_Y\times Y$;$MU_X/MU_Y=P_X/P_Y$ 可得
$$2.88\times X+3\times Y=120;Y/X=2.88/3$$
结果应该是:　　　　　　$X=20.8,Y=20$

第三节　居民的储蓄行为

一、居民储蓄与消费的决策

1. 储蓄与消费的实质

在居民消费行为的分析中,我们设定消费者会将其当期所有的货币收入都用于当期消费,并在此基础上导出了消费者均衡的条件。虽然,在现实生活中不能排除有人"今朝有酒今朝醉",赚多少就花多少,但大多数人并不会如此目光短浅。实际上,居民如果预期明年的收入会减少,也许就会压缩今年的消费,存一些钱,以便使明年的生活水平不至于下降。居民如果确信未来收入会增加,就会借些钱来提高消费水平。

第二章 居民的经济行为

居民获得收入以后,要把收入分为消费和储蓄两部分。居民必须决定将多少收入用于消费,多少收入用于储蓄。居民把收入用于现在购买商品和劳务,以获得欲望的满足,是现期的消费。居民把收入用于储蓄,其目的仍然是为了消费,只不过是为了未来的消费。所谓储蓄与消费的决策,实质上就是居民在未来消费与当前消费之间进行的选择。如果居民倾向于"先吃苦,后享福",即偏好于未来消费,那么,他就会把当前的收入更多地用于储蓄,而减少当前消费,以便未来可以多消费。反之,如果居民倾向于"人生几何,及时行乐",即偏好于当前消费,那么,他就会把当前的收入乃至未来的收入更多地用于当前消费,而减少储蓄,在未来只能少消费。

2. 储蓄决策的无差异曲线分析

人们的储蓄决策可以利用预算线和无差异曲线来分析。

(1) 跨期选择的居民预算线

在图 2-8 中横轴 X 表示居民第一个时期的消费支出,纵轴 Y 表示居民第二个时期的消费支出。假定某人第一个时期的收入是 OW,在不考虑他第二个时期收入的情况下,他可以有多种选择。

① 极端选择一:吃光用光型。他把第一个时期的收入全部用于消费支出,那么在第二个时期中,从上一个时期留下的收入为零,第二个时期的消费支出为零。这种选择类型处于图中的 A 点。

② 极端选择二:只存不花型。他把第一个时期的收入全部用于储蓄,第一个时期的消费支出为零。第二个时期的消费支出是第一个时期的储蓄以及储蓄的利息。设 i 表示利息率,第二个时期的消费支出就是 $W(1+i)$。这种选择类型处于图中的 B 点。

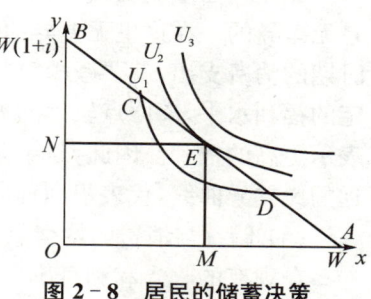

图 2-8 居民的储蓄决策

吃光用光型和只存不花型都属于极端的类型,只是出于理论分析的方便而设置的类型。当我们把 A、B 两点连结起来,就能得到这个居民的预算线 AB。

③ 正常选择:既花又存型。大多数情形下,居民总是既进行消费,又进行储蓄。换言之,居民对储蓄与消费的选择,总在预算线上 A、B 两点之间的某一个位置作出。

在这个跨期选择模型中居民的预算约束为:

第一个时期的收入=第一个时期的消费支出+第一个时期储蓄
第二个时期的消费支出=第一个时期储蓄×(1+利息率)
　　　　　　　　　　=(第一个时期的收入-第一个时期的消费支出)
　　　　　　　　　　　×(1+利息率)

即: $$Y=(W-X)\times(1+i)$$

当他把第一个时期的收入全部用于消费支出,即第一个时期的消费支出等于全

部收入时,$X=W$,从公式可以看出 $Y=0$,第二个时期的消费支出为零,也就是图 2-8 中的 A 点;

他把第一个时期的收入全部用于储蓄,即第一个时期的消费支出为零时,$X=0$,从公式可以看出 $Y=W(1+i)$。

在一般情况下,消费者必须在储蓄与消费之间寻求平衡。人们减少了当前消费而进行储蓄,付出了推迟自身欲望满足的代价,储蓄所应得到的利息正是这种痛苦等待的补偿。人们进行储蓄,减少当前消费的目的是为了将来能够消费更多的商品。居民怎样在预算线上进行选择,取决于他对现在消费和未来消费的偏好。如果他偏好于现在消费,那么他将选择预算线 AB 上接近 A 点的点,他的决策就是减少储蓄;如果他偏好于未来消费,那么他将选择预算线 AB 上接近于 B 点的点,他的决策就是增加储蓄。

(2) 跨期选择的居民无差异曲线

在居民对两个时期消费支出偏好一定的条件下,可以得到他对两个时期消费支出的无差异曲线,如图 2-8 中的曲线 U 所示。

无差异曲线表明,它所表示的两个时期消费支出的不同组合对于这个居民来说是无差异的。在这里无差异曲线仍然是向右下方倾斜的曲线,这表明要增加第一个时期的消费支出,就要减少第二个时期的消费支出。一条特定的无差异曲线表示特定的福利水平,离原点较远的无差异曲线表示两个时期消费支出的更大的组合,也就表示更高的福利。因此,对于某一个居民来说,存在着一个无差异曲线族,离原点越远的无差异曲线,代表福利程度越高。

(3) 储蓄与消费的均衡点

在现有的收入和利息率条件下,居民对两个时期消费支出的偏好用图 2-8 无差异曲线族 U_1,U_2,U_3 表示,无差异曲线 U_2 与预算线 AB 的切点 E,就是他现在消费和未来消费的最优组合点。这就是说,这个人在第一个时期消费支出是 OM,储蓄是 MA,第二个时期的消费支出是 ON,这样决策该居民就可以获得最大的福利。

二、居民储蓄的影响因素

在市场经济运行中,居民的消费和储蓄决策过程本质上都是居民根据自身的生理需求、意愿和偏好,独立地对自己当前消费与未来消费关系作出的长期平衡安排,即每一家庭的消费储蓄方式均由该家庭根据自身消费偏好决定。居民储蓄的动机主要是考虑当前消费与未来消费的平衡,主要消费项目包括养老需求、应付紧急情况、购买住房及耐用消费品、为子女教育投资以及留下遗产等等。理性的消费者在决定储蓄从而消费的多少时,会考虑以下因素。

1. 收入因素

人们一致认为,收入是决定储蓄和消费的一个重要因素。然而,对于储蓄和消费究竟主要由什么时段的收入来决定,却存在着许多分歧,也由此形成了不同的收入假说,比较典型的有以下几种。

(1) 绝对收入假说

凯恩斯认为,当期消费是当期收入的稳定函数,随着居民当前收入的增加,增加的收入不是全部用于消费,也不是全部用于储蓄;而是一部分用于消费,另一部分用于储蓄。当前消费在绝对量上会增加的,但增加的幅度却是递减的;当前的储蓄在绝对量上也会增加的,而且增加的幅度也是递增的。

这里我们可以用 C 表示消费支出,S 表示居民储蓄,Y 表示当前收入,引入消费倾向和储蓄倾向的概念来说明这一收入假设。

消费倾向包括边际消费倾向和平均消费倾向。边际消费倾向(MPC)是指消费增量与收入增量之比,它表示每增加1个单位的收入时消费支出的变动情况。其公式是:

$$MPC=\Delta C/\Delta Y$$

平均消费倾向(APC)是指任一收入水平上消费在收入中的比率,其公式是:

$$APC=C/Y$$

由于消费增量只是收入增量的一部分,因此边际消费倾向总大于零而小于1。凯恩斯提出,边际消费倾向随收入 Y 的增加而递减,平均消费倾向也随收入的增加有递减趋势。

储蓄倾向包括边际储蓄倾向和平均储蓄倾向。边际储蓄倾向(MPS)是储蓄增量和收入增量之比,它表示每增加1个单位的收入时储蓄的变动情况。即

$$MPS=\Delta S/\Delta Y$$

平均储蓄倾向 APS 是指任一收入水平上储蓄在收入中的比率,其公式是:

$$APS=S/Y$$

边际储蓄倾向随收入 Y 的增加而递增,平均储蓄倾向也随收入的增加有递增趋势。

因为收入一部分用于消费,另一部分用于储蓄;增加的收入也是一部分用于增加消费,另一部分用于增加储蓄,所以平均消费倾向(APC)与平均储蓄倾向(APS)之和恒等于1,边际消费倾向(MPC)与边际储蓄倾向(MPS)之和也恒等于1。

$$APC+APS=1$$
$$MPC+MPS=1$$

根据绝对收入假设,随收入的增加,储蓄倾向有递增的趋势。这也就意味着高收入家庭当前收入的储蓄率比低收入家庭高,相关的研究比较了其他条件相同的高收入家庭与低收入家庭的储蓄率,其结果支持了这一假说。

(2) 持久收入假说

美国经济学家弗里德曼把居民的收入划分为"暂时性收入"和"持久性收入"。持久性收入是指居民可以预料到的长期性的收入。一般来说,假定利率为零,那么平均

每年的持久性收入等于预期今后全部收入之和与年数的商。暂时性收入是指临时性的偶然性的收入。弗里德曼又把居民消费分为"暂时性消费"和"持久性消费"。持久性消费是指正常的、计划中的消费支出;暂时性消费是指非经常性的、不在计划中的消费支出。弗里德曼认为持久性消费取决于持久性收入,两者之间存在着稳定的函数关系。经济学家对于持久收入假说的计量验证表明,居民的确对不同类型的收入变动会作出不同的反应。永久性的收入增加会使人们花掉所增加的大部分收入;而暂时性的收入增加,其增加的收入中相当大的部分会被储蓄起来。

(3) 生命周期假说

由美国经济学家莫迪里安尼提出。莫迪里安尼从整个人生角度研究居民如何分配他们的消费。这种理论的基本思路可以概括为:每个人总想根据自己毕生的收入最合理地安排各个时期的消费支出,以求得到一生的最大满足。根据生命周期假说人的一生可分为两个阶段,即赤字阶段和盈余阶段。在童年、少年和老年时期,没有收入或收入小于支出,处于赤字状态;在青壮年时期,有收入或收入大于支出,处于盈余状态。居民可以用盈余阶段的储蓄来弥补赤字阶段的消费所需。比如,居民当前收入为零而今后预期收入不为零,他仍然可以靠负储蓄来维持一定的消费支出。这样,个人当前的消费支出水平取决于当前财富状况和整个生命周期的预期收入状况。莫迪里安尼认为人们通常把他们的收入均分于生命周期的各个时期上,而不是在工作的时期消费很多,在退休的时期消费很少。也就是说当收入相对高于一生平均收入时,储蓄额会多一些;反之,当收入相对低于一生平均收入时,储蓄额会少一些的。

2. 利率因素

在利息理论中,西尼尔的节欲论是最著名的。西尼尔认为储蓄来自于节欲。节欲,也就是节约、节俭,即放弃现期消费而着眼于未来消费。人们普遍有看重现在而忽视未来的倾向:认为未来是不确定的,同样的商品未来的效用总是小于现在的效用。在人们对现期消费的评价要高于未来消费的情况下,放弃现期消费就意味着要承受很大的痛苦,因而必须要得到相应的补偿,或者称为"时间贴水"。这种补偿就是为储蓄者的延迟消费行为提供报酬,即提供利息收入。

利率会影响居民的消费和储蓄决策。当利率达到一定程度时,人们就会用储蓄来代替消费。例如,如果年利率为5%,现在的100元储蓄起来,到第二年只可以消费105元。而居民认为第二年消费105元所得到的效用小于现在消费100元的效用,他就会将这100元用于现在消费,而不是用于储蓄。如果年利率上升为10%,现在的100元储蓄起来,到第二年就可以消费110元。居民认为第二年消费110元所得到的效用大于或至少等于现在消费100元的效用,他就会放弃现在消费100元,而把这100元用于储蓄。

由于利息是储蓄行为的未来收入,是当前消费的机会成本,利率的变化会影响储蓄行为。古典经济学认为,利率的提高会导致储蓄增加,从而减少当前的消费,因而认为利率水平是影响储蓄决定最重要的因素,但这一判断为凯恩斯主义所拒绝。凯恩斯主义理论把着重点从利率水平转移到收入水平,认为利率水平只有较小的影响。现代经济学家认为,利率变化会同时对储蓄产生替代效应和收入效应,利率提高是否会增加储蓄,减少消费要视利率变动对储蓄的替代效应和收入效应而定。

利率变动对储蓄的替代效应是指:当利率提高时,意味着当前消费的机会成本增加,而储蓄变得更具有吸引力,人们会认为减少目前消费,增加将来消费是有利的,从而导致居民改变消费计划,减少目前消费,增加储蓄,从而导致储蓄增加。利率变动对储蓄的收入效应是指:当利率提高时,会使消费者将来的利息收入增加,使居民感觉自己变得较为富有,从而增加目前的消费,导致储蓄减少。利率变化对储蓄变化的双重效应,使利率变化对储蓄的影响,必须视利率变化对储蓄的替代效应和收入效应的总和来决定。

对于处于不同收入层次的消费者来说,利率变化对储蓄的替代效应和收入效应是不同的。对低收入者来说,替代效应大于收入效应,利率变化产生的主要是替代效应。因为低收入者并没有多少储蓄来获得利息收入,利率提高对他将来收入的提高不会产生大的影响,因此,利率提高对低收入者主要产生替代效应,使低收入者减少目前消费,增加储蓄。但对于高收入者来说,情况则正好相反,利率提高的收入效应大于替代效应,利率变化产生的主要是收入效应,因此,在利率提高的情况下,高收入者会增加目前消费,减少储蓄。就整个社会来说,利率提高究竟是增加储蓄还是减少储蓄,则必须由这些人的储蓄增加额和储蓄减少额的总和来决定。

据大多数统计分析显示:替代效应大于收入效应,利率的提高对储蓄有着正效应。即当利率提高时,人们会选择增加当期储蓄,推迟消费。

3. 时间偏好因素

不同的人们有着不同的时间偏好。倾向于"先吃苦,后享福"的居民,即偏好于未来消费,那么,他就会把当前的收入更多地用于储蓄,而减少当前消费,以便未来可以多消费。乃至为了增加下一代的消费而牺牲自己的消费。换言之,他们的当前消费和未来消费的无差异曲线较为平坦,重视未来的生活质量,为了增加未来的消费愿意牺牲更多的当前消费,放弃当前消费并不要求很高的利息补偿,利率再低,也要储蓄。反之,倾向于"及时行乐"的居民,即偏好于当前消费,会把当前的收入乃至未来的收入更多地用于当前消费,而减少储蓄,在未来只能少消费。换言之,他们的当前消费和未来消费的无差异曲线更为陡峭,看重当前的享受,必须要用更多的未来消费才能替代现在的消费。放弃当前消费要求,有更高的利息补偿,很高的利率,才会储蓄。

比如,相对于西方民族而言,东方民族往往具有更高的储蓄倾向,其中儒家文化的影响是任何人都无法否认的因素。中国人崇尚简朴,信奉"居安思危",更将"前人栽树、后人乘凉"誉为美德,这自然导致较高的储蓄倾向和较低的消费倾向。从消费与储蓄比例的长期基本态势考察,我国的储蓄率远远高于世界平均水平、消费率远远低于世界平均水平,主要原因是由历史和文化传统因素决定的时间偏好所致。美国人的生活哲学信条之一是"明天的生活将更美好",因此所谓"现在"一代总是追求"及时行乐",选择更高的当前消费水平和更低的储蓄水平,也就不足为奇了。

4. 消费金融因素

斯蒂格利茨在讨论美国的低储蓄率问题时曾指出"低储蓄率还可归因于现代经济中资本市场运作的改善"。他这里所说的资本市场运作的改善是指消费者可以更便宜、更容易地获得消费信贷。确实,消费信贷的发展和完善意味着消费者可以用较低的利率和简便的手续得到消费贷款,更加灵活地安排其长期的消费储蓄比例,在某种程度上可将未来的收入用于支持当前的消费,使原本只能在将来才有可能发生的消费提前到当前消费。因此,消费信贷有利于促进消费,提高当前的消费水平,抑制储蓄。当人们可以用更小的代价来获得住房贷款、汽车贷款、教育贷款等消费信贷时,出于特定的目标而进行的目标储蓄就会减少。当然从长期来看,对居民个体而言,消费信贷的完善仅仅是使其年度间的消费倾向发生变化,即高消费倾向的年份提前,似乎并没有什么其他本质性的影响;如果把观察的角度从居民个体扩大到居民整体,由于各个居民高消费年份分布不同,形成相互抵补,因此似乎也很难说消费信贷的完善到底能在多大程度上降低全社会的长期平均储蓄率。

5. 社会保障因素

人们往往认为完善的社会保障制度会使储蓄率下降。虽然从理论上可以确定,一般意义上的社会保障制度的完善将有助于储蓄率的下降、消费率的提高,但在实践中这个问题远比想象的要复杂。从没有社会保障制度到建立现收现付制性质的社会保障制度,以及从现收现付制性质的保障制度转型到完全积累制或部分积累制性质的社会保障制度,对居民储蓄消费行为的激励效果大相径庭:前者有助于降低储蓄、提高消费;而后者则因意味着劳动者对自己未来的消费保障要直接承担更多的责任,从而使消费意愿弱化,储蓄意愿加强。比如,我国现阶段的社会保障制度改革恰恰是从现收现付制向部分积累制转型。在现收现付制下的社会保险金实质上并不是银行账户式的储蓄,而是一种税收计划,它通过对当前的在职人员征税来筹集资金,再支付给退休人员。而积累制性质的社会保障制度则是居民个人银行账户式的储蓄资金。因此,推行积累制性质的社会保障制度,会使人们出于预防未来意外事件的发生而进行谨慎储蓄大大增加。

三、居民的储蓄方式

居民的储蓄是指没有用于目前消费的收入的储存。在现实的经济里,居民储蓄的方式是多种多样的。

第二章　居民的经济行为

1. 银行存款

居民可以把收入存入银行的定期存款账户或者购买银行的存款单据。存款单据是银行发行的定期存款凭证，它与银行定期存款账户在性质上是相似的，不同的地方在于银行定期存款账户不能转让而存款单据可以转让。在许多国家里，银行存款保险机构对银行存款提供保险，假如银行倒闭，居民可以得到存款的某个比例或某个限额的赔偿，所以居民承担的风险较小。居民选择银行存款的储蓄方式得到的收益是存款利息。

2. 共同基金

共同基金是一种投资方式，它通过发行基金单位筹集资金，由基金托管人保管并由基金管理人用于投资，投资收益在扣除管理费用以后分派给基金单位的购买者。因此，居民可以选择购买基金单位的方式进行储蓄。由于共同基金管理机构聘请专家来进行投资，同时又可以利用分散投资的方法减少风险，居民选择这种储蓄方式承担的风险较小，得到的收益一般高于银行存款利息。

3. 政府证券

政府证券主要包括国库券和政府债券。国库券是政府发行的短期债务凭证，它的期限是1年或1年以下。政府债券是政府发行的长期债务凭证，它的期限是1年以上。国库券通常按低于面额的价格发行，按面额偿还，两者的差额构成购买国库券的利息。政府债券按面额发行，并标明确定的利息率，持有政府债券可以定期得到利息。由于政府的债务是以政府税收为担保的，居民购买政府证券的风险为零，但是所获得的利息也较低。

4. 公司债券

公司债券是公司发行的长期债务凭证，它具有确定的利息率和偿还日期，居民购买公司债券以后可以定期得到利息。由于在公司破产以后，拍卖公司资产偿还公司债务的次序是银行贷款、公司债券持有者、优先股票持有者、普通股票持有者，购买公司债券有可能出现到期不能取回本金和利息的风险。发行公司的经营状况越差，购买该公司债券的风险就越大。为了使人们了解各公司不能定期支付利息和到期偿还本金的可能性，公司债券市场定期公布各公司信誉的评价等级。以美国标准普尔评价公司为例，它把各公司的信誉分为 AAA，AA，A，BBB，BB，B，CCC，CC，C，D，共10个等级。前4个等级称为投资等级，表示风险较小；后6个等级称为投机等级，表示风险较大。那些具有较大风险的债券称为垃圾债券。一般来说，购买债券所承担的风险越大，所得到的收益越高。

5. 公司股票

公司股票包括普通股票和优先股票。普通股票是具有投票权，其股息随着公司利润的变化而变化的股票。优先股票是没有投票权,或仅具有限的投票权,其股息不随着公司利润变化而变化的股票。公司在获得利润以后,需要把一部分利润用于扩大再生产,这部分利润称为未分配利润;另一部分利润分配给股票持有者,这部分利润构成股息。公司股票和公司债券不同:公司股票持有者与发行股票的公司的关系是所有者与被所有者的关系。公司债券持有者与发行债券公司的关系是债权人与债务人的关系。股票没有偿还的日期,它的股息是可变的;债券有确定的偿还日期,它的利息是不变的。由于在公司破产的时候,股东最后得到赔偿,而公司只有在资产不足以抵补债务时才会破产,所以股票持有者一般得不到赔偿。因此,购买股票存在较大的风险,但是购买股票可以得到较高的收益。

第四节 居民的就业行为

一、居民的劳动供给决策

1. 对收入和闲暇的选择

居民所拥有的时间是有限的,每个人一天只有 24 个小时。居民必须将时间在工作与闲暇之间进行配置,这种配置就决定了提供多少劳动。这里所说的工作是指一切有报酬的活动;闲暇是指一切无报酬的活动,包括家务劳动、其他社会义务劳动和休闲。劳动供给的决策实际上是在收入和闲暇之间进行选择:如果居民选择获得更多的收入,那么他将减少闲暇的时间,而增加他的劳动供给量;如果居民选择享受更多的闲暇,那么他就会减少劳动,而失去本来可以获得的工资收入。闲暇没有收入,闲暇以放弃工作为代价,因此工资收入是闲暇的机会成本。

在决定如何在工作与闲暇之间配置自己的时间时,居民要权衡从闲暇和收入中可以得到的效用。一方面,劳动获得的工资收入可以用于购买商品而增加效用;另一方面,时间用于闲暇也会带来效用的增加。居民的决策是为了效用的最大化,因此,就要综合考虑商品的效用与闲暇的效用。当收入增加而增加的商品效用大于减少闲暇而减少的效用时,居民就会将时间配置于劳动;反之,当闲暇增加而增加效用大于收入减少而减少的商品效用时,居民就会将时间配置于闲暇活动。不同的居民对收入与闲暇的偏好是不同的:一般来说,处于社会富有阶层的居民偏好于闲暇,为了得到一定的闲暇他们愿意放弃较多的收入,而处于社会贫困阶层的居民偏好于收入,为了得到一定的收入他们愿意放弃较多的闲暇。

2. 替代效应与收入效应

提高工资率对劳动供给量有两种相互抵消的效应:替代效应与收入效应。

替代效应是指,在其他条件不变的情况下,工资率越高,人们也就愿意减少更多的闲暇活动,并增加用于工作的时间。因为工资收入是闲暇的机会成本,随着工资率提高,居民从事闲暇活动的机会成本上升,居民会更多地工作。例如,当居民每小时工资为 8 元,而请人煮饭和洗衣服每小时要付 10 元钱,居民会用一些时间来煮饭和洗衣服,这些是闲暇活动。如果居民每小时工资提高到 12 元,他们就会认为多工作 1 小时,并用 10 元去购买这些服务是值得的。高工资率使时间从闲暇活动转向劳动。

收入效应是指,工资率越高,居民的收入也就越多。在其他条件不变的情况下,收入高就会使居民对大多数商品的需求增加。如果把闲暇活动也看作这些商品中的一种,那么,由于收入增加就会引起对闲暇需求的增加,所以,这也会引起用于工作的时间减少,从而劳动的供给量减少。

替代效应与收入效应按相反的方向发生作用。工资率越高,一方面由于替代效应,劳动供给量也越多;但另一方面又由于收入效应,劳动供给量在减少。在工资率低时,替代效应大于收入效应。这样,随着工资率提高,居民供给的劳动增加。但当工资率继续提高时,收入一定会达到使替代效应与收入效应相互抵消的水平。这时,工资率的变动对劳动供给量就没有影响了。如果工资率继续提高,收入效应就要大于替代效应,从而劳动供给量减少了。

由于居民不同的收入与闲暇偏好,因此替代效应与收入效应的数量关系也是不同的。一般来说,对于偏好于收入的贫困居民来说,商品带来的效用大于闲暇带来的效用,为了收入他们愿意放弃较多的闲暇,工资提高的替代效应大于收入效应,随着工资增加,这部分居民的劳动增加。对于偏好于闲暇的富裕居民来说,商品带来的效用小于闲暇带来的效用,为了闲暇他们愿意放弃较多的收入,工资提高的收入效应大于替代效应,随着工资增加,这部分居民的劳动减少。

当家庭收入较低时,随着工资提高,妇女走出家庭参加工作,家庭劳动人口增加,每个人劳动时间延长,这就增加了劳动供给。当家庭收入达到一定水平时,进一步提高工资反而使妇女返回家庭,每个人的劳动时间缩短。在现代社会中,劳动供给增加主要是由于人口增长引起的劳动者增加,而不是每个劳动者劳动时间的延长。中彩票者,获得了巨大的奖金相当于工资收入突然极大提高,因此收入效应远远大于替代效应,居民可以选择完全不工作。从整个社会来看,在经济发展的初期,劳动供给随工资增加而增加。但在经济发展到一定阶段之后,劳动供给就会随工资增加而减少。

二、人力资本的投资决策

对人力资本进行研究,始于 20 世纪 60 年代。为什么人们从那时开始重视人力资本呢?套用研究人力资本理论的著名经济学家贝克尔的话来说,是物质资本的增长,只能够解释大多数国家收入增长的一个相对小部分,于是经济学家便将目光射向技术变革和人力资本上。美国《现代经济词典》对人力资本含义的解释也从一个侧面反映了这一背景。《现代经济词典》对人力资本一词的释义是:在一国居民的教育与技术上的投资。人力资本的发展是美国经济制度最突出的特点之一。人力资本的增长,特别是教育投资的增长,是过去和未来经济增长的源泉之一。按照某些权威的看法,人力资本的收益对美国经济增长所作的贡献比物质的厂房设备要大。

1. 人力资本的含义

在经济学家眼中,有两类资本:一是物质资本;二是人力资本。人力资本是与物质资本相对应的概念,它是由美国经济学家沃尔什最早应用,进而由舒尔茨首先给予理论阐述而获得特定含义的。舒尔茨在《论人力资本投资》中,曾对人力资本的概念作出了解释:人力资本是通过对人力资源的投资而形成于人体中,并通过生产劳动交换其价值的智力、技能、体力的总和。

2. 人力资本的特征

同物质资本相比,人力资本具有以下三个方面的特征:

(1) 人力资本具有收益递增性

舒尔茨对美国在 1900—1957 年间的物质资本收益和人力资本收益作了统计和比较,其结果是物质资本投资额增加 4.5 倍,收益额增加 3.5 倍;人力资本投资额增加 3.5 倍,收益额增加 17.5 倍。在 20 世纪 80 年代中期,罗默和卢卡斯通过量化分析,得出结论:由于人力资本的积累,不仅能弥补物质资本收益递减的效应,而且对其经济增长呈现出收益递增的特性,即随着人力资本存量的增长,能给劳动者个人和社会带来递增的收益。基于此,卢卡斯称人力资本为"经济增长的发动机"。

(2) 人力资本具有不可分性和时效性

人力资本与它的所有者不可分离,其形成和使用有时间的限制。一个人的生命周期是有限的,而且劳动年限一般只有 18—60 岁的 42 年左右,同时人力资本若得不到适时适当的利用,就会随时间的流逝而降低或丧失其价值。

(3) 人力资本具有社会性

人力资本的物质载体是人本身,而人是生存在特定的社会中并受各种社会条件的制约,因此,人力资本的变化,不仅受人类生育和生存条件的限制,更受社会经济条件和特定生产方式的制约。同时,人力资本的作用也具有明显的社会性,它不仅影响经济增长,而且对收入分配及社会的文明进步等产生作用。

3. 人力资本的投资方式

对人力资本投资一般强调六个方面:

①各级正规教育,即受初等、中等和高等教育;

②在职训练活动,包括企业采用的旧式学徒制;

③医疗和保健,包括影响一个人的寿命、力量强度、耐久力、精力和生命力的所有费用;

④父母在家用于照看孩子的时间；
⑤个人寻找工作的活动时间；
⑥个人和家庭适应于变换就业机会的迁移。

这些人力资本投资形式中前四项主要是增加个人人力资本的数量，后面两项则是涉及生产效率。人力资本投资形式中，各级正规教育是最重要的，对人力资本形成所起的作用也最大。教育是人力资本投资的一个明显形式。研究表明，学校教育确实提高了个人的技能，因而提高了生产效率，促进了经济增长。但学校教育是有成本的，用经济学的均衡原理来比较教育成本的收益率就成为人力资本理论的核心和基本方法。

一般认为，在均衡条件下，教育增加的收入使教育成本的收益率与投资于物质资本的收益率正好相等；如果收益率较大，较多的人会选择接受教育；如果收益率太小，则情况正好相反。这种分析无疑对个人和社会的投资决策具有指导意义，而且有助于进一步提高对教育战略地位的认识。

4. 人力资本的投资决策

人力资本投资的决策标准是：人力资本的未来收益要大于它的成本，即大于对人力资本的投资。收益率的高低，关系到人们进行人力资本的投资决策。每个理性人，都会根据收益和成本，去决定对教育、在职培训、医疗（健康资本）等投资的多少。所谓收益，除了货币收入外，还有职位提升、工作满足感及文化等非货币收入；至于成本，则主要取决于花在这些投资上的时间所被放弃的价值。譬如，一个每天晚上花1小时读夜校而放弃了用这一个小时工作赚钱所得的收入。

显然，当其他条件不变时，投资的未来收益流量持续时间愈长，期间投资的回报率愈高。因此，人力资本的投资，越年轻越好。这道理其实很容易理解，因为一个18岁的年轻人，学习到一门知识和技能，应用的时间很长，他的投资回报就很大。如果年岁大了才学习，将所学习的知识和技能能够应用的时间就很短，他的投资到最后就可能不划算。

关于教育投资效益的测算，是舒尔茨人力资本理论的实证依据。舒尔茨首次完成了对人力投资的收益测算，这种测算及其结果，成为20世纪60年代教育经济主义思潮风行各国的重要支柱。按照舒尔茨的观点，收益测算的方法必须以市场经济为前提，一个人受什么教育，受教育后的报酬如何，收入怎样，只能通过市场经济的过程才能得出。舒尔茨认为，受教育将会给个人带来收益。对教育的收益要做长期的计算。一个人受教育后的收益，除了看他每年可以有多少收入，还需要看受教育后能工作多少年，以及工作后能力的不断提高程度。从理论上讲，教育的个人收益主要有五项：未来较高的收入；未来较健康的身体；未来较强的企业工作能力；未来合理安排家庭活动的能力以及未来较大的职业机动性。舒尔茨并不是单纯以工资收入的数量来确定教育的收益率的，而主张用具有同等教育程度而实际上得不到同等薪金的各种社会因素,对教育收益率计算值做进一步的调整,以使所确定的教育收益率更为准确。并且他认为,衡量教育收益时,还应该考虑一些非金钱收入的因素,如工作环境。

在新经济环境中,由于计算机、互联网和生物科技发展一日千里,这些新投入因素的广泛应用,一方面将生产力提升;同时,知识的变化非常迅速。因此,相比传统的机器、土地等生产要素对经济成长的贡献,需要重新探索。事实上,在今日的社会,人力资本对经济成长的影响更大。经济学家贝克尔估计,未来50年内,人力资本将是任何经济体系中最重要的资本。

本章小结

1. 效用是指对商品满足人们欲望的能力,是消费者的主观心理感受。基数效用理论用边际效用和总效用概念来分析消费者的行为,其分析工具是边际效用和边际效用递减规律。总效用是在消费若干单位商品时所感受到的满足程度的总和,边际效用是指每增加或减少1单位商品的消费时总效用的增减量。或者说,边际效用是指所消费的商品之中,最后的那个单位商品提供的效用。序数效用理论认为商品或劳务给人们提供的满足程度只能用第一、第二、第三等序数来表示,其分析工具是无差异曲线和预算线。

2. 消费者均衡是指在货币收入、商品价格、对商品的偏好既定的条件下,消费者购买一定数量的各种商品,使总效用达到最大的状态。消费者均衡的条件是:消费者买进的各种商品的边际效用之比等于它们的价格之比,也就是他花费的每一元钱所买进的每种商品之边际效用都相等时。

3. 边际效用价值论认为商品的价值是主观的,是由商品给消费者带来的效用或边际效用决定。消费者为每1单位的某种商品所愿意付出的最高代价(即需求价格)取决于该商品的边际效用,商品的边际效用越高,需求价格越大。消费者剩余就是消费者愿意对某商品支付的价格与他实际支付的价格的差额,也就是消费者对每单位商品的需求价格与实际价格的差额。

4. 无差异曲线表示在偏好不变的条件下,给消费者带来相同效用水平的各种不同商品组合形成的曲线。边际替代率是指在满足程度不变的前提下,消费者增加1单位某种商品就必须放弃另一种商品的数量。预算线是一条表明在消费者收入与商品价格既定的条件下,消费者所能购买到的两种商品数量最大组合的线。当预算线与无差异曲线相切时,也就是预算线的斜率等于无差异曲线的斜率时,消费者获得最大的效用。无差异曲线分析法得出的消费者均衡条件是 $MU_X/MU_Y=P_X/P_Y$。

5. 居民获得收入以后,要把收入分为消费和储蓄两部分。储蓄与消费的决策,实质上就是居民在未来消费与当前消费之间进行的选择。理性的消费者在决定储蓄时,会受到收入、利率、时间偏好、消费金融、社会保障等因素的影响。在现实中,居民可以在银行存款、共同基金、政府证券、公司债券、公司股票等金融产品之间选择合适的储蓄方式。

6. 居民的劳动供给决策实际上就是对收入和闲暇的选择。工作是指一切有报酬的活动;闲暇是指一切无报酬的活动。闲暇以放弃工作为代价,工资收入是闲暇的机会成本。提高工资对劳动供给量有两种相互抵消的效应:替代效应与收入效应。替代效应是指工资越高,闲暇的机会成本越大,人们就越愿意增加劳动供给以替代闲暇。收入效应是指当工资收入增加到一定程度后,商品带来的效用小于闲暇带来的效用,劳动就会减少。一开始随着工资率的提高,替代效应大于收入效应,居民供给的劳动增加。到一定程度时,工资率继续提高,收入效应就会大于替代效应,劳动供给量减少。

7. 人力资本是与物质资本相对应的概念,人力资本是通过对人力资本的投资而形成于人体中,并通过生产劳动交换其价值的智力、技能、体力的总和。同物质资本相比,人力资本具有收益递增性、不可分性和时效性、社会性的特征。人力资本投资包括各级正规教育、在职训练活动、医疗和保健、变换就业机会等形式。每个理性人,都会根据收益和成本,去进行人力资本投资的决策。人力资本投资的决策依据是:人力资本的未来收益要大于它的投资成本。

本章案例和背景资料

本章案例:青花瓷器的边际效用

中国号称瓷器大国,但在市场上几乎是图案与造型相似的青花瓷一统天下。这样的瓷器你要多少呢?大概一套够用就可以,相同的瓷器再多一套就成了杰米扬的鱼汤,边际效用递减了,甚至没地方放,都成负效用了。但是不是瓷器市场就这样有限呢?事实并非如此。在一对美国老夫妇家里,就有两大柜子瓷器。有人问他们要这么多瓷器干什么。他们说,不同的瓷器有不同的用途。英国瓷器高贵典雅,招待朋友用,日本瓷器结实耐用,自己日常用。特别是有一柜花色、造型各不同的儿童瓷器专门给小孙女用。孙女这次来了用米老鼠瓷器,下次来了用白雪公主瓷器……每次都有不同的瓷器,孙女来了爱吃饭,也愿意来。老人岂不从中享受到了天伦之乐?不同的瓷器造型和图案给老人带来了不同享受——也就是不同的效用。不同的瓷器边际效用不会递减,老人当然乐于购买。这样各种各样的瓷器能没有市场吗!

避免商品的边际效用递减,使消费者有支付意愿,关键就是创造产品差别。这里边际效用价值论的意义就体现出来了。制作一件有米老鼠图案和白雪公主图案的瓷器,与制造两件青花瓷器所用的劳动量是相同的,也就是说它们的劳动价值或用劳动量来衡量的客观价值相等。但消费者对它们的评价不同。两件相同的青花瓷器,边际效用肯定递减。这就是说,消费者对第二件的评价低于第一件。然而,消费者对一件米老鼠图案和白雪公主图案的瓷器的评价不会递减——因为它们是不同的,给消费者能带来同样的效用。这就是说,它们按消费者主观评价的主观价值不相同。我们在生产经营中应该关注哪一种价值呢？关注客观价值,生产相同的东西,像杰米扬的汤一样令人生厌;关注主观价值,生产不同的东西,消费者评价高,支付意愿高,愿意出高价购买,产品能没市场吗？你觉得哪一种价值论有用呢？

本章背景资料1:价值悖论

亚当·斯密的"价值之谜",或称"价值悖论"。斯密注意到,水是生活必需品,对人的价值极高,但价格很低;钻石是奢侈品,对人的价值并不高,但价格很高。这种矛盾现象,斯密没有办法作出解释,称为经济学史上的"价值之谜"。现代经济学已经解开了价值之谜。19世纪70年代的边际革命之后,用边际效用价值论解开了这个价值之谜。

边际学派认为,决定商品价值的不是它所包含的社会必需劳动量,而是消费者从消费一种商品中得到的效用,即消费该商品带来的满足或享受程度。一种商品的价值大小不取决于它有多大用途(使用价值)或所包含的劳动量,而是消费者对它的主观评价。商品的价值取决于边际效用。商品的市场价格是由供求关系决定的,某种商品数量多(供给多),需求少,则边际效用低,价格低;反之,价格就高。

根据这种理论,价值之谜就不再是谜了。尽管水是必需品,效用大,但其数量极多,边际效用几乎是零,如果不是在沙漠这类缺水的地方,水的供给大于需求,价格低是正常的。钻石虽然效用不大,但数量极少,边际效用高,钻石供给极小,总远远少于需求,价格高当然正常。这种解释已在经济学中得到公认。

本章背景资料2:经济学帝国中的大师——美国经济学家加里·贝克尔

加里·贝克尔1930年出生在美国。1951年美国普林斯顿大学文学学士,其后到芝加哥大学攻读,1953年取得文学硕士;1957年获芝加哥大学经济学博士学位。1954年至1957年,任芝加哥大学经济学助理教授。1960年,年仅30岁,出任哥伦比亚大学教授。1967年,获美国经济学会颁发优秀克拉克奖章。1970年后,便一直在芝加哥大学任教。1992年获诺贝尔经济学奖。

1960年贝克尔发表了名为《出生率经济分析》的文章。他把孩子比之为耐用消费品,用成本—收益方法解释出生率的变化。他认为,决定出生率的关键是抚养孩子的成本。这种成本包括直接支出的成本(购买衣物,教育等)以及间接的机会成本(为抚养孩子而放弃的收入)。传统社会中出生率高是因为收益(作为家庭劳力)大于成本,尤其是机会成本极低。在现代社会中生孩子的收益(家庭欢乐或传宗接代)少了,但成本(尤其是机会成本)随收入增加而增加。这正是现代社会出生率低于传统社会、高收入家庭出生率低于低收入家庭的原因。也许用成本—收益来分析抚养孩子这种社会行为有点太惊人了,但他的结论解释了出生率的本质特点,不得不让人敬佩。

对出生率的分析成为贝克尔经济学中最重要贡献——人力资本理论的出发点。1964年,贝克尔发表的《人力资本》一书成为这一理论的经典之作。人力资本指体现

第二章 居民的经济行为

在人身上的资本,如知识、技能、经验和健康状况等。人力资本与物质资本一样能带来收益。他建立了计算人力资本投资和收入效应与收益率的方式,并进行了检验。他证明了,人们收入差别的最基本原因是人力资本投资的不同。人们的收入与其受教育程度正相关,失业与受教育程度负相关。他用这一理论解释了收入分配模式、年龄与收入的关系、失业持续时间等问题。现在这一理论已被广泛运用于解释各国经济增长差别、国际贸易、以新技术为先导的新经济等广泛问题。

1965年,贝克尔发表了《时间配置理论》,建立了时间经济学。他认为,人的时间用于工作和闲暇。工作是有酬劳动,闲暇包括一切无酬活动。这两种时间的分配取决于工资率。工资率上升会引起两种相反的效应——用工作替代闲暇的替代效应(因为闲暇的机会成本高了)和用闲暇替代工作的收入效应(闲暇是一种正常物品,其需求随收入增加而增加)。这两种效应的共同作用决定了劳动供给。这对解释节省家务劳动(闲暇)和发明(如快餐或各种家用电器)的经济意义以及妇女劳动力参工率提高等问题都有理论意义。

20世纪70年代后,贝克尔发表了《婚姻理论》、《家庭论》等著作,把经济分析用于婚姻、家庭这类传统上属于社会学问题。在社会学家看来由人性或爱情决定的婚姻,在贝克尔看来是成本—收益分析的结果。这就是说,一个人只有在预期婚姻的收益大于成本的情况下才会结婚。家庭也与企业同样是一个生产单位。他用这种分析解释了为什么一夫一妻是典型的婚姻制度、家庭中男性与女性地位的决定、离婚等问题。

本章习题

一、实验报告题

如果消费者的总效用水平由下表决定:

购买的商品数量	X商品的总效用(黑子数量)	Y商品的总效用(白子数量)
0	0	0
1	6	10
2	11	18
3	15	24
4	18	28
5	20	30
6	21	30

1. 当X商品的价格为1元,Y商品的价格为2元,消费者的货币收入为2元时,有哪些可能的购买组合,应该如何购买?

2. 当消费者的货币收入为3元时,有哪些可能的购买组合,应该如何购买?

3. 当X商品的价格为2元,Y商品的价格为1元,消费者的货币收入为3元时,有哪些可能的购买组合,应该如何购买?

4. 当X商品的价格为1元,Y商品的价格为2元,消费者的货币收入为13元时,有哪些可能的购买组合,应该如何购买?

二、选择题

1. 边际效用是指 （　　）
   A. 王某吃了第二个面包,满足程度从10个效用单位增加到15个单位,增加了5个效用单位
   B. 王某吃了2个面包,共获得满足15个效用单位
   C. 王某吃了4个面包后再不想吃了
   D. 王某吃了2个面包,平均每个面包带给张某的满足程度为7.5个效用单位
   E. 以上都不对

2. 若某消费者消费了两个单位某物品之后,得知边际效用为零,则此时 （　　）
   A. 消费者获得了最大平均效用
   B. 消费者获得的总效用最大
   C. 消费者获得的总效用最小
   D. 消费者所获得的总效用为负
   E. 以上都不对.

3. 消费者剩余是消费者的 （　　）
   A. 实际所得　　　　　　　B. 主观感受
   C. 没有购买的部分　　　　D. 消费剩余部分

4. 当消费者的真实收入水平上升时,他将 （　　）
   A. 购买更少的低档商品　　B. 增加消费
   C. 移到更高的无差异曲线上　D. 以上都是

5. 两种完全互补商品的无差异曲线 （　　）
   A. 是一条向右下方倾斜的曲线
   B. L型的
   C. 边际替代率是可变的
   D. A与C都对

6. 无差异曲线任一点上商品X和Y的边际替代率等于它们的 （　　）
   A. 价格之比　　　　　　　B. 数量之比
   C. 边际效用之比　　　　　D. 边际成本之比

7. 无差异曲线的形状取决于 （　　）

第二章　居民的经济行为

　　A. 消费者偏好　　　　　　　　B. 消费者收入
　　C. 所购商品的价格　　　　　　D. 商品效用水平的大小

8. 某个消费者的无差异曲线群包含　　　　　　　　　　　　　（　　）
　　A. 少数几条无差异曲线
　　B. 许多但数量有限的无差异曲线
　　C. 无数的无差异曲线

9. 预算线的位置和斜率取决于　　　　　　　　　　　　　　　（　　）
　　A. 消费者的收入
　　B. 消费者的收入和商品的价格
　　C. 消费者的偏好、收入和商品的价格

10. 已知消费者的收入是 50 元，商品 X 的价格是 5 元，商品 Y 的价格是 4 元。假定这个消费者打算购买 6 单位商品 X 和 5 单位商品 Y，商品 X 和 Y 的边际效用分别是 60 和 30。如要取得最大效用。他应该　　　　　　　　　　　　　　　　　　　　　　　　　（　　）
　　A. 增购 X 和减少 Y 的购买量
　　B. 增购 Y 和减少 X 的购买量
　　C. 同时减少 X 和 Y 的购买量
　　D. 同时增加 X 和 Y 的购买量

11. MRS_{XY} 递减，意味着当 X 商品的消费量不断增加时，能代替的 Y 商品的数量　　　　　　　　　　　　　　　　　　　　　　　（　　）
　　A. 越来越多　　　　　　　　B. 越来越少
　　C. 保持不变　　　　　　　　D. 以上均不正确

12. 设对某一消费者有 $MU_X/P_X < MU_Y/P_Y$，为了得到最大的效用，他将在　　　　　　　　　　　　　　　　　　　　　　　　　（　　）
　　A. X、Y 的价格不变，增加 X 的购买量，减少 Y 的购买量
　　B. X、Y 的价格不变，增加 Y 的购买量，减少 X 的购买量
　　C. 仅当 Y 的价格降低时，才有可能增加 Y 的购买

13. 预算线向右上方平行移动的原因是　　　　　　　　　　　　（　　）
　　A. 商品 X 的价格下降了
　　B. 商品 Y 的价格下降了
　　C. 商品 X 和 Y 的价格按同样的比率下降

14. 基数效用论的基本假设条件有　　　　　　　　　　　　　　（　　）
　　A. 效用是可以衡量的　　　　B. MU 递减
　　C. MRS_{XY} 递减　　　　　　D. 货币边际效用不变

15. 序数效用论对消费者偏好的假设为　　　　　　　　　　　　（　　）

A. 边际效用递减　　　　　　B. 货币边际效用不变
C. 非传递性　　　　　　　　D. 非饱和性

16. 同一条无差异曲线上的不同点表示　　　　　　　　　　　　　（　　）
    A. 效用水平不同,但所消费的两种商品组合比例相同
    B. 效用水平相同,但所消费的两种商品组合比例不同
    C. 效用水平不同,两种商品的组合比例也不相同
    D. 效用水平相同,两种商品的组合比例相同

17. 对一位消费者来说古典音乐磁带对流行音乐磁带的边际替代率
    是 1/3,如果　　　　　　　　　　　　　　　　　　　　　　（　　）
    A. 古典音乐磁带的价格是流行音乐磁带价格的 3 倍,他可以获得最大的效用
    B. 古典音乐磁带的价格与流行音乐磁带价格相等,他可以获得最大的效用
    C. 古典音乐磁带的价格是流行音乐磁带价格的 1/3,他可以获得最大的效用
    D. 他用 3 盘流行音乐磁带交换 1 盘古典音乐磁带,他可以获得最大的效用
    E. 以上各项均不准确

18. 人们工资的上升会引起的替代效应是指　　　　　　　　　　　（　　）
    A. 用较短的时间得到同样多的收入
    B. 用较长的时间得到同样多的收入
    C. 要求用收入替代闲暇
    D. 上述说法都有道理

19. 在西方国家的年轻一代中,主张及时行乐的人数增加了,假定其他条件不
    变,这些年轻人与注重均匀消费的前辈相比,　　　　　　　　（　　）
    A. 无差异线的位置发生了变化
    B. 预算线的位置发生了变化
    C. 无差异线和预算线的位置都发生了变化

20. 如果边际储蓄倾向为负,则　　　　　　　　　　　　　　　　（　　）
    A. 边际消费倾向等于 1
    B. 边际消费倾向大于 1
    C. 边际消费倾向和边际储蓄倾向之和小于 1
    D. 边际消费倾向小于 1
    E. 平均储蓄倾向一定为负

三、判断题

1. 同样一种商品的效用将因人、因地、因时的不同而不同。　　　（　　）
2. 只要商品的数量在增加,消费者得到的总效用就一定增加。　　（　　）
3. 只要总效用是正数,边际效用就不可能是负数。　　　　　　　（　　）
4. 基数效用分析法包括边际效用分析和无差异曲线分析方法。　　（　　）

第二章 居民的经济行为

5. 消费者均衡就是消费者获得了最大边际效用。( )
6. 消费者剩余是指消费者所获得的边际效用最大。( )
7. 在同一条无差异曲线上,不同的消费者所得到的总效用是无差别的。( )
8. 消费者均衡点应该是无差异曲线与预算线的交点。( )
9. 预算线上的每一点代表了当收入一定时,消费者可能购买的不同数量的商品组合。( )
10. 如果 $MU_X/P_X > MU_Y/P_Y$,作为一个理性的消费者则要求增加购买 X 商品,减少购买 Y 商品。( )
11. 对所有人来说,货币的边际效用是不会递减的。( )
12. 如果消费者从每一种商品中得到的总效用与它们的价格之比分别相等,他将获得最大利润。( )
13. 用商品 X 代替商品 Y 的边际替代率等于 3,意味着 1 单位商品 X 和 3 单位商品 Y 具有同样的总效用。( )
14. 国库券和政府债券都是按面额发行,并且明确标明利率的。( )
15. 理论分析表明,利率提高产生的替代效应一定大于收入效应,从而储蓄会增加。( )
16. 偏好于当前消费的居民,他们的当前消费和未来消费的无差异线较为平坦。( )
17. 跨期选择的居民储蓄与消费的均衡条件为当前消费对未来消费的边际替代率等于(1+利息率)。( )
18. 闲暇没有收入,闲暇以放弃工作为代价,因此工资收入是闲暇的机会成本。( )
19. 工资率提高一定会导致劳动供给增加。( )
20. 对人力资本进行投资可以增进人的工作能力但不能增加人的收益。( )

四、分析或计算题

1. 假定某人在消费商品 X、Y 时的边际效用如下表所示,$P_X=2$,$P_Y=2$,货币收入为 20 元,求

Q	1	2	3	4	5	6	7	8	9	10	11
MU_X	16	14	11	10	9	8	7	6	5	3	1
MU_Y	15	13	12	8	6	5	4	3	2	1	0

(1) 说明消费者均衡时,其 X 商品和 Y 商品的购买量各是多少?
(2) 消费者均衡时的最大总效用是多少?
(3) 假定当此人消费更多的 X 时,MU_X 是递增的,而 Y 的边际效用仍如表,此时,消费者将如何安排他的消费以使其达到效用最大化?

2. 已知 X 商品的价格 $P_X=1$,Y 商品的价格 $P_Y=2$;货币收入 $M=10$;X 商品的

边际效用 MU_X、Y 商品的边际效用 MU_Y 如下表所示。求消费者均衡时，X、Y 的购买量各为多少？最大总效用是多少？

商品数量(Q)	X 商品的边际效用 (MU_X)	Y 商品的边际效用 (MU_Y)	1元钱购买 X 商品的边际效用 (MU_X/P_X)	1元钱购买 Y 商品的边际效用 (MU_Y/P_Y)
1	10	18		
2	9	16		
3	8	14		
4	7	12		
5	6	10		
6	5	8		
7	4	6		

3. 已知 X 商品的边际效用函数 $MU_X=Y$；Y 商品的边际效用函数 $MU_Y=X$；X 商品价格 $P_X=1$；Y 商品的价格 $P_Y=2$，消费者货币收入 $M=40$，求：

(1) 为了获得最大效用，X 商品购买量和 Y 商品购买量各应该是多少？

(2) 当 X 商品价格 $P_X=4$，Y 商品的价格 $P_Y=2$，消费者货币收入 $M=80$ 时，为了获得最大效用，X 商品购买量和 Y 商品购买量各应该是多少？

(3) 当 X 商品价格 $P_X=4$，Y 商品的价格 $P_Y=2$，消费者货币收入 $M=40$ 时，为了获得最大效用，X 商品购买量和 Y 商品购买量各应该是多少？

4. 已知 X 商品的边际效用函数 $MU_X=2XY^2$；Y 商品的边际效用函数 $MU_Y=2X^2Y$；X 商品价格 $P_X=2$；Y 商品的价格 $P_Y=5$，消费者货币收入 $M=500$，求：

(1) 为了获得最大效用，X 商品购买量和 Y 商品购买量各应该是多少？

(2) 当 X 商品价格 $P_X=1$，Y 商品的价格 $P_Y=5$，为了获得最大效用，X 商品购买量和 Y 商品购买量各应该是多少？

(3) 当 X 商品价格 $P_X=1$，Y 商品的价格 $P_Y=5$，消费者货币收入 $M=400$ 时，为了获得最大效用，X 商品购买量和 Y 商品购买量各应该是多少？

5. 一位大学生将要参加 3 门课程的期终考试，他能用来复习功课的时间只有 6 天。假设每门功课占用的复习时间和相应的成绩如表所示：运用消费者均衡理论分析该同学应该如何分配复习时间才能使三门课程的总成绩最高？

复习天数	0	1	2	3	4	5	6
经济学分数	30	44	65	75	83	88	90
英语分数	40	52	62	70	77	83	88
统计学分数	70	80	88	90	91	92	93

第三章 厂商的经济行为

本章主要目的

通过本章的学习,你应当能够:
1. 熟知厂商的含义及其组织形式
2. 搞清生产函数的概念、边际产量递减规律的含义
3. 掌握边际技术替代率含义、生产要素最优组合的法则
4. 阐明厂商短期成本的种类及其变动规律
5. 了解厂商长期成本的种类及其变动规律
6. 理解规模报酬的含义及其与长期平均成本曲线的关系
7. 明确投资的概念及投资的决定因素
8. 学会现值和净现值的计算

第一节 引导性实验
——沉没成本实验

一、实验步骤

1. 准备实验器材

实验器材:10元硬币、一定数量的实验记录单。
实验场地:足够宽敞的多媒体教室。
实验人数:至少10人。

2. 告知游戏内容

教师向学生宣读并在黑板上写出如下的游戏内容及收益规则:

拍卖商品为10元硬币,以1元钱起价拍卖,请学生稍作考虑后为商品喊出报价,并由老师或其助手将学生的报价及其编号写在实验记录单上。其后再询问是否有人加码喊价,每次至少加价1元。经过反复多次的喊价后,当报价超过10元时,出价最高的竞价者就以他的出价获得这10元硬币,其余的学生则必须上缴与自己最高报价相等的钱币。完成1轮英式拍卖后,无论学生最终是否拍得硬币,都要按照规则在收

益记录单上填写本轮游戏的收益。

收益规则——各轮实验中每人的收益决定于以下公式：

中标者的收益＝10－拍卖时个人的最高报价

落标者的收益＝0－拍卖时个人的最高报价

未投标者的收益＝0－中标者的报价

3. 分发实验材料

向每个学生分发一份"学生实验指南"和1张实验记录单。

4. 进行硬币拍卖

按照第2步的游戏内容及收益规则，实施第1轮硬币拍卖游戏。当报价超过10元约2分钟后，宣布第1轮拍卖结束，让学生按照规则在收益记录单上填写本轮游戏的收益。其后，再实施第2～5轮的硬币拍卖游戏。

5. 讲解实验结果

游戏结束后，要求每个学生计算各自的总收益，上交收益记录单。教师汇总实验的统计数据后，组织课堂讨论，讲解有关的理论。

二、实验指南

1. 学生实验指南

我们做有关拍卖的实验，拍卖的物品是10元硬币。每位同学都有机会来赢得这10元硬币，游戏中每人都会收到1张收益记录单。在第一个阶段的实验中，我们采用英式拍卖实验，大家在一起公开竞标，往上喊价，直到其他人全部退出，只剩下一个竞价者时，这个出价最高的竞价者就以他的出价获得这10元硬币。

当老师选出一位同学让其喊价时，第1轮的实验就正式开始了，请注意每一位同学喊出的报价，并注意把握喊价的时机和加价的幅度。如果最后你有幸中标了，请将实验专用纸条交给老师，并在自己的收益记录单上按照规则填写本轮游戏的收益。如果最后你没有中标，那么，你该轮次的收益就是拍卖时个人最高报价的相反数。如果你没有投标，你该轮次的收益就是拍卖时中标者报价的相反数。

各轮实验中每人的收益决定于以下公式：

当你因出价最高而获得商品时，你可以用这个公式来计算收益：

中标者的收益＝10－拍卖时个人的最高报价

如果你没有竞得商品，则你该轮次的收益为：

落标者的收益＝0－拍卖时个人的最高报价

如果你没有投标，你可以用这个公式来计算收益：

未投标者的收益＝0－中标者的报价

结束第1轮英式拍卖游戏后，依次完成第2～5轮的硬币拍卖游戏。

最后,你应完整地填写实验记录单,计算各轮游戏中自己的总收益,上交收益记录单。

表 3-1 收益记录单

轮 次	你的喊价	胜出者的喊价	本轮的利润
1			
2			
3			
4			
5			

各轮总收益:_____   编号:_____   姓名:_____

2. 教师实验指南

(1) 准备实验:在开始实验之前,教师首先应该准备好 10 元硬币、一定数量的实验记录单。其次还应该准备好粉笔、黑板擦、计算器、纸和笔、电脑、收益记录单等器材和资料。

(2) 宣布内容:

教师向学生宣布并在黑板上写出如下的游戏内容及收益规则:

拍卖商品为 10 元硬币,以 1 元钱起价拍卖,请学生稍作考虑后为商品喊出报价,并由老师或其助手将学生的报价及其编号写在实验记录单上。其后再询问是否有人加码喊价,每次至少加价 1 元。经过反复多次的喊价后,当报价超过 10 元时,出价最高的竞价者就以他的出价获得这 10 元硬币,其余的学生则必须上缴与自己最高报价相等的钱币。完成 1 轮英式拍卖后,无论学生最终是否拍得硬币,都要按照规则在收益记录单上填写本轮游戏的收益。

收益规则——各轮实验中每人的收益决定于以下公式:

中标者的收益=10-拍卖时个人的最高报价

落标者的收益=0-拍卖时个人的最高报价

未投标者的收益=0-中标者的报价

(3) 分发材料:向每个学生分发一份"学生实验指南"和一张实验记录单。

(4) 告知规则:教师应明确无误地将各种拍卖的游戏规则告知学生,尤其应强调收益规则和喊价原则。教师在确信每个学生都搞清实验步骤之后,才允许学生开始拍卖。

(5) 汇总信息:每一轮游戏结束后,教师应当公布最终的胜出价格,并将有关数据登记在相应拍卖类型的实验数据统计工作表中。在所有 5 轮游戏完成后,教师应该让所有学生上交收益记录单,统计每个学生的总收益,将其汇集成实验记录总表,并在黑板上公布实验数据。

表3-2 硬币拍卖实验数据统计工作表(共5张)

轮次	学生的编号	本轮最高喊价	本轮中标者及其喊价	本轮中标者的利润
	...	...	...	...

表3-3 实验记录总表

轮次	中标者的编号	中标者的喊价	中标者的利润
1			
2			
3			
4			
5			

（6）提出问题：根据公布的实验数据，提出问题，让学生讨论有关的最优拍卖策略。

（7）阐述理论：通过问答，形成相应的结论，阐述沉没成本的相关理论，督促学生独立完成实验报告。

第二节 厂商的生产决策

一、厂商及其组织形式

1. 厂商的含义

厂商就是我们通常所说的企业，它是指为了一定的目的从事某种经济活动的、独立的经济组织，是将投入转化为产出的生产经营单位。

在市场经济中，厂商的独立性可从两个方面理解：

①厂商作为一个整体，以独立生产者的面目与其他厂商发生关系，而这种联系的基础就是市场；市场交易通过不同经济主体间的合约实现，由价格机制从外部进行调节，即市场价格机制这只看不见的手指挥着人们生产什么，生产多少，如何生产等活动。

②厂商内部的各个组成部分是不独立的，企业家运用权威协调人们的活动，节省

交易成本,降低市场风险。因此,厂商的规模也要由市场交易成本和厂商内部的交易成本的对比来决定。

2. 厂商的法定组织形式

厂商按照其法律组织形式可分为三类:单人业主制、合伙制和公司制。

(1) 单人业主制

单人业主制是最原始的、最常见的企业组织形式。它是指一个人所有并负责经营管理的企业,盈亏由其业主本人负责。一般情况下,这种企业的利润仅仅是单人业主收入的一部分。他们的收入中还要加上其他收入,并扣除应交纳的个人所得税。业主要对企业的一切债务负无限责任。无限责任是指业主要用自己的全部财产为企业的所有债务承担法律上的责任。如果用企业财产不能偿还其债务,企业的债权人就有权占有业主的其他个人财产。典型的单人业主制有街头商店、计算机程序员、个体经营者、艺术家。例如,美国的小食品店、加油站、个人开业的医生、艺术家等。这种单人业主制企业在美国有1 000多万家。

业主制企业一般结构简单,规模较小。其优点是进入和退出的程序简便,产权清晰并能自由转让,经营灵活,责任与权益明确。其缺陷是财力有限,融资和偿债的能力较差,抗风险能力较弱,经营规模难以迅速扩张,并且企业的寿命在很大程度上取决于业主个人能力的状况。

(2) 合伙制

合伙制是指两个或两个以上的业主合伙组成的企业,合伙人就管理体制和分享利润方面达成一致意见,收益由合伙人共享,责任和风险亦由合伙人分担。与单人业主制一样,合伙者的利润收入也要作为个人所得税纳税。由于共同筹资,它的经营规模和融资、偿债能力都优于业主制。大多数合伙制企业具有无限责任,并且合伙人之间对企业债务还负有连带责任,一旦亏损且其他合伙人无力偿债时,即使投资1%也负有赔偿100%债务的连带责任。由于产权上不够明晰,合伙人之间责任和权益不易划分,合伙协议订立、变更的程序比较复杂、执行比较困难,因此,合伙制企业的稳定性往往不高。一般,只有律师事务所和会计事务所采用合伙制的形式。

(3) 公司制

这是一种现代企业组织形式,是指具有法人资格和独立的法人财产并能独立承担民事责任的组织机构。

公司制企业按其所承担的责任情况分成:

①有限责任公司,是指由一定人数的股东组成,股东以其出资额为限对公司承担责任,公司以其全部资产对公司债务承担责任。

②股份有限公司,是指公司由若干股东组成,公司全部资本分成等额股份,股东以其所认股份对公司承担责任,公司以其全部资产对公司债务承担责任。

公司制企业实行法人治理结构,即形成由股东大会、董事会、监事会以及经理层组成并相互制衡的管理机制。其中,股东大会是公司最高权力机构,决定公司的经营方针、投资计划等重大事项,并选举董事和监事。董事会由股东选出,代表股东利益和意志;董事会是公司的经营决策和业务执行机构,向股东负责,并聘任经理。经理层是董事会聘任的负责公司日常经营管理的人员,负责组织实施董事会决议和日常经营管理。监事会是公司内部的监督机构,对大股东、董事、经理层违反法律、法规或公司章程的行为进行监督。

由于公司制企业是企业法人,它具有一系列优点:通过发行股票和债券,可以迅速筹集大量资金,有利于组织大规模生产经营;股票可以自由转让,公司不因股东变动而能够长期持续经营;股东和公司只承担有限责任,便于分散市场风险。正因如此公司制尤其是股份有限公司已成为现代企业最重要的组织形式。美国的国民生产总值80%以上都来自公司制企业。当然公司制企业也存在一些缺点:公司设立比较复杂,要通过一系列法定程序;股东购买股票往往是获取股利和价差,并不直接关心企业经营;由于所有权与经营权分离,也产生委托人与代理人之间一系列复杂的授权与控制关系。

二、厂商的根本目标

1. 厂商的根本目标

厂商的行为是由其目标决定的。在现实中,厂商可能有各种目标,但在进行经济分析时,我们通常假定理性的厂商从事各种生产经营活动的惟一目标是利润最大化。利润最大化就是要赚取最大限度的利润。

利润最大化的假定比较真实地反映了市场经济体制下厂商的行为。应该说,在现实中厂商也会有其他目标,如销售量最大化、为社会谋福利等等。但利润最大化是一个合理的假设。如果我们对不同的厂商进行调查,我们就会发现,就绝大多数厂商而言,利润最大化是基本目标。因此,利润最大化的目标符合现实情况,并不是脱离现实的假设。由这一假设出发来分析厂商行为才能得出正确的结论。根据竞争生存的原则,一个追求利润最大化的厂商才有机会在竞争中存在并发展下去,不以利润为目标的厂商在竞争中最终将因亏本而被淘汰。

此外,就整体而言厂商利润最大化的目标与社会利益是一致的。因为只有每个厂商的利润都达到最大化,整个社会资源的利用才会最优化。这是因为利润最大化目标的实现意味着厂商最有效地运用了稀缺资源;当每个厂商都达到利润最大化时,整个社会的稀缺资源也就得到了最有效的运用。从这种意义上说,利润最大化是厂商的理性行为。

2. 厂商利润最大化行为的约束:市场约束和技术约束

利润最大化意味着企业的总收益与总成本之间的差额最大值。企业的总收益取

决于产销量及其价格,总成本则取决于要素投入数量和要素价格。

(1) 市场约束

市场约束是厂商购买投入品与出售产品条件的约束。

就产品销售条件而言,人们对每种商品与劳务的需求都是有限的,只有在价格低时,人们才会增加购买量。厂商必然会认识到,这种需求的有限性就对其产品和劳务销售量构成了约束。一个小厂商无法通过自己的行为来影响市场价格,于是当它在市场上与其他厂商竞争时,除了按照市场价格销售产品之外,别无他法。一个大厂商控制了某种商品的市场,它就可以使价格朝着有利于自己的方向变动。然而若这样做时,大厂商也必须接受这样一个事实:价格高,销售量就少。

就投入品的购买而言,人们拥有并能提供的生产要素也是有限的,只有在价格高时,他们才愿意提供更多的生产要素。每一个厂商都要在生产要素市场上与其他厂商竞争,除了按与其他人相同的价格购买投入品之外,别无他法。除非在特殊情况下,厂商很难通过自己的行动来控制生产要素的市场价格。

(2) 技术约束

技术约束是指厂商面临的资源和技术水平的约束。

生产需要投入各种生产要素,生产也就是把投入变为产出的过程。任何一种可行的、把投入变为产出的方法就是一种技术。各种不同技术之间的差别在于使用的劳动与资本量不同。有些技术是资本密集的,有些是劳动密集的。资本密集型技术是用较多资本和较少劳动的技术。例如,电脑控制的自动化生产技术。劳动密集型技术是用较多劳动和较少资本的技术。例如,依靠人力的传统农业生产技术。为了实现利润最大化,厂商要选择技术上有效率的生产方法。技术上有效率并不一定要用最先进或最复杂的设备,哪一种技术有效率要取决于具体条件。为此,厂商必须根据要素投入与产出之间的物质技术关系,决定使用哪一种技术,因为各个厂商情况的不同,也并不是所有技术上有效率的生产方法在经济上都有效率。厂商必须合理选择生产要素投入的种类和数量,力争实现产量既定情况下的成本最小,或成本既定情况下的产量最大。

三、生产函数

1. 生产函数的定义

生产函数表示在一定时期内,在技术水平不变的条件下,各种生产要素的投入量与所能达到的最大产量之间的关系。

生产要素是指生产中投入的各种经济资源,包括劳动、土地、资本和企业家的才能,这是所谓的"生产四要素"。任何一个社会都面临着资源稀缺的问题,即一个社会所能生产的商品和劳务的总量受制于社会可利用的资源总量和技术状况。对任何一个厂商来说,也面临同样的约束,不管厂商是从事什么样的生产、经营活动,它投入的生产要素总是有限的,在它所能掌握的生产技术条件下,能够提供的产量肯定会有一个上限,这种约束关系可以用生产函数来表述。

假定各种生产要素投入量为劳动(L)、资本(K)、土地(N)等,目前的技术状况为T,则生产函数可表达为

$$Q = f(L, K, N, T \cdots)$$

其中Q代表所考察产品的产量。

为了简单起见,我们研究产量与劳动投入和资本投入之间的关系,则生产函数可以写为$Q = f(L、K)$。

它表明,在一定技术水平时,生产的产量Q需要一定数量劳动与资本的组合。或者说,在劳动与资本数量的组合为已知时,就可以推算出最大的产量。

2. 生产函数的特征

(1) 生产函数取决于技术水平

生产函数是一定技术水平下,投入与产出之间的数量关系。每一种既定的技术条件下,都存在着一个生产函数。当技术条件发生变化时,生产函数也会发生变化。这里的"技术"具有广泛的含义,譬如,厂商设备的差别、管理水平的高低和劳动者素质的优劣等都会对厂商的"技术"产生影响,都将影响该厂商的投入与产出关系。

(2) 生产函数表示的产出量是最大的

为了生产某种商品,厂商通常可以选择不同的生产技术,因此厂商面临的生产函数总是有好几种。但是不论厂商选择哪一种生产函数,一旦采用,就确定了厂商可能产量的最大限度。生产函数所反映的投入与产出关系是以企业经营管理完善,一切投入要素的使用都非常有效为前提的。

3. 技术系数

技术系数是指生产一定量商品所需要的不同生产要素的配合比例。

它可分为固定技术系数和可变技术系数。前者指各种生产要素的配合比例不变,后者指各种生产要素的配合比例可以变化。属于固定技术系数的生产要素之间是不可替代的,属于可变技术系数的生产要素之间是可以替代的,如果多用某种生产要素,就可以少用另一种生产要素,而产量水平可以保持不变。

生产不同的产品时,各种生产要素的配合比例是不同的。如果生产某种产品所需要的各种生产要素的配合比例不能改变,相应的生产函数就称为固定技术系数的生产函数。如果生产某种产品所需要的各种生产要素的配合比例可以改变,相应的生产函数就称为可变技术系数的生产函数。

生产函数有多种具体的形式,著名的有美国经济学家柯布和道格拉斯在研究了美国1899年到1922年之间的历史数据后,于1934年提出的柯布—道格拉斯生产函数。其函数表达式为

第三章 厂商的经济行为

$$Q = A L^\alpha K^\beta$$

式中 A 代表技术水平；K,L 分别代表资本与劳动；α,β 分别表示劳动和资本在生产过程中的相对重要性。他们通过研究得出结论：产量增加中约有 3/4 是劳动的贡献（即 $\alpha=3/4$），1/4 是资本的贡献（即 $\beta=1/4$）。

四、短期生产分析

1. 短期和长期

（1）短期和长期的含义

经济学中根据在一定时期内，生产要素投入量能否随产量变化而全部调整来划分短期和长期。短期指在这个时期厂商不能根据它所要达到的产量来调整其全部生产要素，也就是厂商只能调整部分生产要素投入量的时期。具体来说，厂商只能调整原材料、燃料及工人的数量，而不能调整固定设备、厂房和管理人员的数量。在短期内，厂商不能根据市场状况调整生产规模，而只能改变部分生产要素的投入量。在这种情况下，如果市场繁荣，厂商可通过充分利用原有设备，开足马力，多投入劳动、原材料，加班加点来增加产量以满足需求。如果市场萧条，厂商就减少劳动、原材料的投入量，使产量减少。在产量的这些变动中，生产规模并没有改变。所以短期生产理论意味生产规模既定条件下的产量决策。长期指在这个时期内厂商可以根据它所要达到的产量来调整其全部生产要素，也就是厂商能够调整全部生产要素投入量的时期。在长期中，厂商的生产规模是可以调整的，厂商可以根据市场状况调整所有生产要素的投入量。如果市场对某产品的需求是由于人们对这种产品偏好普遍变大而长期地增加，则厂商就会增加设备，扩大生产规模来满足增长了的市场需求。这就是长期生产调整的问题。

这里需要强调的是，经济学中所说的长期与短期并不能仅以时间的长短来判断，对于不同的行业、不同的厂商而言，长期与短期时间的长短是不一样的。譬如，变动一个大型炼油厂的规模可能需要 5 年的时间，而变动一个豆腐作坊的规模可能仅需要 1 个月的时间。

（2）短期生产函数和长期生产函数的表达式

①短期生产函数的表达式。生产中两种最重要的投入是劳动与资本，因此，在经济分析中，通常假定企业只使用这两种要素。在短期内，可以认定资本投入数量不变，只有劳动可随产量变化，则生产函数可表示为

$$Q = f(K_0, L) = f(L)$$

其中 K_0 表示固定的资本投入量，L 表示可变的劳动投入量。

这种生产函数可称为短期生产函数。短期生产函数要研究的是：在资本固定不变的情况下，可变投入的不同数量与产出之间的关系。

在研究总产量、边际产量、平均产量的关系时，我们用的就是这种形式的生产函数。

②长期生产函数的表达式。在长期中,资本和劳动的投入量都可以改变,则生产函数可表示为

$$Q=f(L,K)$$

这种生产函数就称为长期生产函数。

2. 总产量、平均产量、边际产量及其关系

总产量是指投入一定量的生产要素之后,所得到的产出量总和一般用 TP 或 Q 表示。

平均产量是指平均每单位生产要素投入的产出量,一般用 AP 表示。

边际产量是指增加或减少 1 单位生产要素投入量所带来的产出量的变化,一般用 MP 表示。

从前面分析可知,短期生产函数是指劳动投入量与产量之间的一种技术联系。总产量、平均产量、边际产量三者之间的关系用公式表示为

平均产量(AP)=总产量(TP)/劳动投入量(L)

边际产量(MP)=总产量变动量(ΔTP)/劳动变动量(ΔL)

例:某厂商的资本投入量不变,均为 20 个单位。连续增加劳动后其总产量、平均产量、边际产量、劳动的增长率、总产量的增长率的数据,如表 3-4 所示。

表 3-4 总产量、平均产量、边际产量、劳动的增长率和总产量的增长率

L	TP(Q)	AP$_L$(Q/L)	MP$_L$($\Delta Q/\Delta L$)	L 的增长率	Q 的增长率
0	0	/	/	/	/
1	36	36	36	/	/
2	94	47	58	100	161.11
3	162	54	68	50	72.34
4	236	59	74	33.33	45.67
5	300	60	64	25	27.12
6	360	60	60	20	20
7	417	59.57	57	16.67	15.83
8	471	58.88	50	14.29	12.95
9	471	52.33	0	12.5	0
10	468	46.8	−3	11.11	−0.64

从表 3-4 可以看出:

当劳动的增长率小于总产量的增长率时,平均产量是递增的,边际产量大于平均产量;

当劳动的增长率等于总产量的增长率时,平均产量是不变的,边际产量等于平均产量;

当劳动的增长率大于总产量的增长率时,平均产量是递减的,边际产量小于平均产量。

平均产量的变化经历了递增、不变、递减的三个阶段,当平均产量取得最大值时,

边际产量等于平均产量。

从表3-4还可以看出：

当边际产量大于零时,总产量上升；

当边际产量等于零时,总产量最高；

当边际产量小于零时,总产量下降。

3. 边际产量递减规律

(1) 边际产量递减规律的含义

从上述劳动投入量 L 的变动对总产量、平均产量和边际产量的影响中可见,在开始阶段劳动的边际产量随劳动量的增加而增加,即边际产量处于递增阶段；但当 $L=4$ 以后,即边际产量处于递减阶段,这时总产量以递减的比率上升；当 $L=9$ 时,边际产量为0,总产量最大。若再增加劳动 L 的投入,总产量反而逐渐减少。

综合上述,我们可以得出如下的规律：在一定技术水平时,若其他生产要素不变,连续地增加某种生产要素的投入量,在达到某一点之前,总产量以递增的速度增加；在达到某一点之后,总产量的增加量即边际产量会递减,最终还会使产量绝对减少。这就是边际产量递减规律。

(2) 边际产量递减规律成立的原因

边际产量递减规律成立的原因是：在任何产品的生产过程中,可变要素和固定要素之间都存在着最佳配合的比例。当固定要素投入不变,可变要素的连续投入量达到一定量之前,固定要素的数量相对于可变要素显得过多,这一方面会因部分厂房、机械设备闲置而限制固定要素效率的充分发挥；另一方面相对不足的劳动力无法在生产中实行有效的分工协作,这使可变要素的效率不能得到充分发挥。所以,初始阶段,随着可变投入量的不断增加,过多的固定要素与逐渐增多的可变要素相配合,各要素的使用效率不断提高,可变要素的边际产量不断增加。但是,当既定的固定要素已经得到最充分的利用后,再持续增加可变要素的投入量,必然会出现固定要素相对不足,可变要素相对过多,越来越多的可变要素与相对较少的固定要素相配合,必然使要素的使用效率下降,可变要素的边际产量将不断减少。

(3) 有关边际产量递减规律的注意点

关于这个规律,应当注意几点：

①边际产量递减规律不是从其他经济规律中得出的推论,而是一个经验的总结。实际上,现实中的绝大多数生产活动都符合这个规律。例如,给一亩玉米施肥,开始随着肥料的增加,土壤结构得到改善,增加了其肥力,产量会以递增的比率上升。但所施的肥料增加到一定程度,超过玉米的需要,产量不仅不能增加,反而会下降。

②生产要素投入量的比例是可变的,即技术系数是可变的。边际产量递减规律只存在于可变技术系数的生产函数中。边际产量递减规律研究的是：其他生产要素不变,不断增加可变生产要素时,对产量或收益所产生的影响。这种情况也是普遍存

在的。在农业中,当土地等生产要素不变时,增加施肥量;或者在工业中,当厂房、设备等生产要素不变时,增加劳动力都属于这种情况。

对于固定技术系数的生产函数,由于各种生产要素不可相互替代,其组合的比例是不可改变的。因而,当改变其中一种生产要素的投入量时,边际产量等于零,不存在依次递减的趋势。

③它是假设技术水平保持不变的条件下得出的结论。如果技术条件进步,在保持其他生产要素不变而增加某种生产要素时,边际产量可能会增加。但相对于新的技术条件而言,边际收益仍然是递减的。

④所增加是生产要素具有同样的效率。如果增加的第二个单位的生产要素比第一个单位的更为有效,则边际产量不一定递减。

(4) 边际产量递减规律的事例

边际收益递减规律是从科学实验和生产实践中得出来的,在农业中的作用最明显。早在 1771 年英国农学家杨格进行的施肥实验就验证了这个规律。在实验中,杨格在若干相同的地块上施以不同量的肥料,证明了肥料施用量与产量增加之间存在着这种边际产量递减的关系。以后,国内外学者又以大量事实证明了这一规律。我国 1958 年的大跃进中,有些地方在有限的土地上盲目密植,造成减产的事实也证明了这一规律。

这一规律同样存在于其他部门。工业部门中劳动力增加过多,便会生产率下降。行政部门中机构过多,人员过多也会降低行政办事效率,造成官僚主义。我国俗话所说的"一个和尚担水吃,两个和尚抬水吃,三个和尚没水吃",正是对边际收益递减规律的形象表述。

边际产量递减规律是研究可变生产要素合理投入的出发点。

4. 一种可变要素的合理投入

通常根据总产量曲线、平均产量曲线、边际产量曲线,把产量的变化分为三个区域。现通过实例说明。

根据表 3-4 可画出总产量、平均产量和边际产量的曲线,如图 3-1 所示。

(1) 三个阶段的划分

第一阶段:平均产量递增直到最大值的阶段。在这个阶段中边际产量始终大于平均产量,从而总产量和平均产量都是递增的。其区间为 $0 < L \leq 6$。

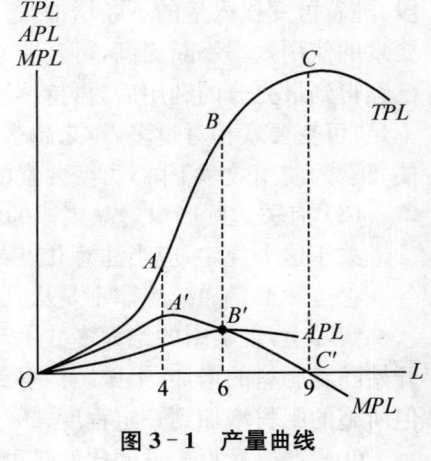

图 3-1 产量曲线

第二阶段：平均产量递减，但总产量继续上升直到最大值的阶段。在这个阶段中边际产量始终小于平均产量，从而平均产量下降；但边际产量大于、等于零，使总产量上升。其区间为 $6<L\leqslant 9$。

第三阶段：边际产量小于零且继续下降的阶段。在该阶段中，平均产量和总产量也不断下降。其区域为 $L>9$。

(2) 厂商可变要素投入的合理范围

那么，厂商应如何合理地选择他的要素投入进行生产呢？

在第一阶段，增加劳动投入不仅能增加总产量，还能增加平均产量，从而增加劳动能带来产量更大比例的增长，所以厂商的生产不会停留在第一阶段。而在第三阶段，增加劳动反而减少了总产量，显然厂商不会发展到第三阶段。因此，通常情况下，厂商总是在第二阶段中进行生产。

具体选择投入多少劳动，则要视厂商成本、产品价格等因素而定。注意厂商的目标是利润最大化，而不是使平均产量或者总产量达到最大。如果厂商的目标是使平均产量达到最大，那么，劳动量增加到 $L=6$ 就可以了。如果厂商的目标是使总产量达到最大，那么，劳动量就可以增加到 $L=9$。但是，厂商是以利润最大化为惟一目标的，平均产量最大时，并不一定是利润最大；总产量为最大时，利润也不一定最大。劳动量增加到哪一点所达到的产量能实现利润最大化，还必须结合成本和产品价格来作具体分析。

例：在表 3-4 中，不变的资本投入量 $K=20$，再假设产品的价格 $P=2$，劳动的价格 $P_L=100$，资本的价格 $P_K=1$，用 Z 表示厂商的利润，则

利润$(Z)=$总收益$-$总成本$=P\times Q-(P_L\times L+P_K\times K)$

如下表 3-5 反映了厂商的劳动投入量与总产量及利润的关系，从表格中可以看出，该厂商能够获得的最大利润为 134，此时的劳动投入量为 $L=8$，正好处于第二阶段 $6<L\leqslant 9$ 的区间内。

表 3-5 劳动投入量、总产量、利润的关系

L	$TP(Q)$	$P\times Q$	$P_L\times L+P_K\times K$	Z
1	36	72	120	-48
2	94	188	220	-32
3	162	324	320	4
4	236	472	420	52
5	300	600	520	80
6	360	720	620	100
7	417	834	720	114
8	471	942	820	122
9	471	942	920	22
10	468	936	1 020	-84

五、长期生产分析

在长期内,所有生产要素的投入量都是可变的,因而对于厂商来说,在利用多种生产要素生产一种产品时,就面临着确定生产方式的问题。即找到生产要素投入量的最优配置,从而实现既定成本下最大的产量,或既定产量下最小的成本。为简化起见,假定厂商只使用劳动和资本两种可变要素生产一种产品的情况。这种分析对两个以上的可变要素投入也适用,因为可以把这两个可变要素中的一种看成是所有其他的可变投入要素的组合。

1. 等产量曲线

(1) 等产量曲线含义

等产量曲线表示在技术水平不变的条件下,生产同一产量的两种生产要素投入量的各种可能组合的轨迹。

例:设有生产函数 $Q=1/8KL$,当产量 $Q_1=100$,则 $100=1/8KL$ 为一条等产量曲线。生产要素的各种组合如表 3-6 所示。

表 3-6 两种生产要素投入的等产量组合

组合方式	A	B	C	D	E	F
劳动量(L)	10	20	40	60	80	100
资本量(K)	80	40	20	13.33	10	8

把表 3-6 的数据绘制在坐标轴上,可得到一条产量为 100 的等产量曲线,在这条曲线上的每一点都代表生产 100 个单位产品时,两种生产要素可能的各种组合。

假设产量由 100 增加到 200、300 等等,则在坐标图上可以绘制出无数条等产量曲线,如图 3-2 所示。

(2) 等产量曲线的特点

①在同一坐标图上可以有许多条等产量曲线,不同曲线所表示的产量水平不同,离原点越远的等产量曲线所对应的产量越大。这是因为,在一般情况下,厂商较多地投入生产要素,就能够获得较大的产出。这也就意味着厂商每一种生产要素的边际产量都大于零。

②同一等产量曲线图上的任意两条等产量曲线不能相交。因为两条等产量曲线的交点代表两种投入要素的同一种组合,而同一种组合的投入要素不可能生产出两个不同的产量。

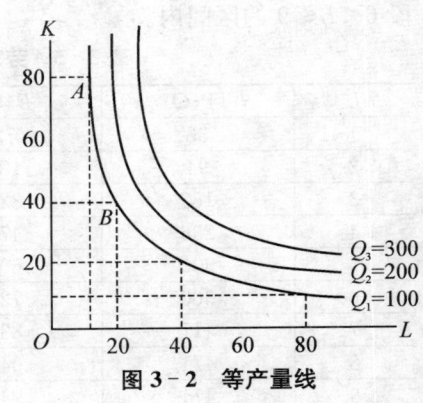

图 3-2 等产量线

③等产量曲线向右下方倾斜。这是因为生产要素的边际产量大于零,在产量不变的情况下增加一种生产要素的投入量,必然要减少另一种生产要素的投入量。等产量曲线的斜率为负数,即等产量曲线向右下方倾斜。

④等产量曲线凸向原点。这是因为受边际产量递减规律的作用,生产要素的边际技术替代率递减。

2. 边际技术替代率递减规律

(1) 边际技术替代率的含义

边际技术替代率是指维持产量水平不变时,一种生产要素的增加数量与另一种生产要素的减少数量之比,一般用 MRTS 表示。

等产量线代表生产要素的不同投入组合能够得到相同水平的产量,即为了生产等量产品,既可以采用多用劳动,少用资本的生产方法;也可采取少用劳动,多用资本的生产方法。劳动与资本之间存在着相互替代关系,增加劳动投入可以相应地减少资本的投入,增加资本投入则可减少劳动的投入,这种投入互相替代的比率就称为生产要素的边际技术替代率。

劳动对资本的边际技术替代率可表示为

$MRTS_{LK}$ = 资本的减少量或增加量/劳动的增加量或减少量

$= -\Delta K/\Delta L > 0$

等产量曲线上某一点的边际技术替代率就是在该点切线的斜率的绝对值,它等于两种要素的边际产量之比率,即

$$MRTS_{LK} = -\Delta K/\Delta L = MP_L/MP_K$$

根据表 3-6 的数据资料,可以算出每两点之间劳动对资本的边际技术替代率,如表 3-7 所示。

表 3-7 等产量线上劳动对资本的边际技术替代率

组合点	A	B	C	D	E	F
劳动量(L)	10	20	40	60	80	100
资本量(K)	80	40	20	13.33	10	8
ΔL	/	10	20	20	20	20
$-\Delta K$	/	40	20	6.67	3.33	2
$MRTS_{LK}$	/	4	1	0.3335	0.1665	0.1

(2) 边际技术替代率递减规律

①内容。边际技术替代率递减规律是指在维持产量水平不变的条件下,当一种生产要素的投入量不断增加时,每一单位这种生产要素所能替代的另一种生产要素数量越来越少。

②原因。边际技术替代率递减的原因是:以劳动对资本的替代为例,随着劳动投入量的增加,劳动的边际产量逐渐下降,而资本的边际产量逐渐上升,劳动对资本的边际技术替代率为劳动的边际产量与资本的边际产量之比。因此,随着劳动的增加劳动对资本的边际技术替代率不断递减。换言之,作为边际产量递减规律的一种表现形式,边际技术替代率递减规律是由边际产量递减规律决定的。

3. 等成本线(厂商的预算线)

等产量线表明厂商投入的生产要素越多,能够获得的产量越大。然而在生产过程中,厂商拥有的资源是有限的,其生产活动必然受到自身资源状况的约束。作为生产要素的需求者,厂商会在要素市场上直接面临着预算的约束,因此要讨论生产要素的最优组合,需要引入等成本线的概念。

(1)等成本线的含义

等成本线表示在既定的成本和生产要素价格条件下,生产者所能购买到的两种生产要素的不同数量组合的轨迹。

例:设厂商总成本为2 000元,每单位资本为25元,每单位劳动为20元。这样,在成本既定时,所能购买的资本量和劳动量组合方式如表3-8所示。

表3-8 购买两种生产要素的等成本组合

组合方式	a	b	c	d	e	f	g
劳动量(L)	0	20	40	50	60	80	100
资本量(K)	80	64	48	40	32	16	0

(2)等成本线的表达式

假定厂商使用劳动和资本两种生产要素,则等成本线方程为

$$C = L \cdot P_L + K \cdot P_K$$

式中:C是购买生产要素的全部成本;

L和K是生产要素购买量;

P_L和P_K分别是劳动和资本的单位数量的单价。

其图形如图3-3所示。

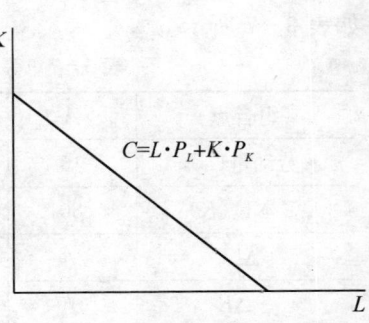

图3-3 等成本线

等成本曲线表示一定成本所能购买的两种生产要素数量的各种组合的轨迹。它在横轴上的截距表示全部成本C可以买到的劳动L的数量,在纵轴上的截距表示全部成本C所能买到的资本K的数量,而两个端点之间的各点,则表示全部成本C所能购买的L与K的各种组合。等成本曲线的斜率为负数,它等于两种生产要素价格比率的相反数。

例 设厂商总成本为 2 000 元,每单位资本为 25 元,每单位劳动为 20 元。则该厂商等成本线的表达式为 $C=L \cdot P_L + K \cdot P_K$ 即,

$$20L + 25K = 2\,000$$

在横轴上的截距为 100;在纵轴上的截距为 80。该等成本曲线的斜率为 $-4/5$。

4. 生产要素的最优组合

(1) 成本既定,产量最大的生产要素组合

一个追求利润最大化的厂商在其成本支出既定的情况下,应选择什么样的资本和劳动组合,以使产量最大。显然,厂商应该选择其等成本曲线所能达到的最高等产量曲线上的某一点,这也就是等成本曲线与等产量曲线相切的那一点,即图 3-4 中的 E 点。

等成本线的斜率是要素价格之比的相反数,等产量曲线的斜率等于边际技术替代率的相反数,所以,生产要素的最优组合是要素的价格之比与边际技术替代率相等的那一点。即:

$$P_L / P_K = MP_L / MP_K$$

变换后可得到如下的公式:

$$MP_K / P_K = MP_L / P_L$$

(2) 产量既定,成本最小的生产要素组合

我们可以用上述方法说明厂商在产量既定的条件下,应选择什么样的资本和劳动组合,从而使成本最小。一般来说,一条既定的等产量曲线可以和许多条等成本曲线相交,但只能和一条等成本曲线相切,这条等成本曲线代表的就是获得既定产量需支付的最低成本水平,即图 3-5 中的 E 点。

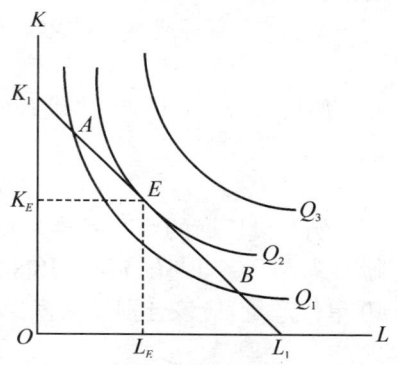

图 3-4 成本既定时的最大产量

总之,厂商要使以最小的成本生产既定的产量,或在成本既定时获得最大的产量,就必须使投入要素的边际技术替代率等于投入要素的价格比率。

$$P_L / P_K = MP_L / MP_K$$

即 $MP_K / P_K = MP_L / P_L$

其经济含义是价值 1 元的资本投入的边际产量等于价值 1 元的劳动投入的边际产量,或者说使花在劳动和资本上的最后 1 元所提供的边际产量相等。即投放在各种要素上的每一元钱所带来的边际产量相等。

如果 $MP_L / P_L > MP_K / P_K$,这意味着厂商用 1 单

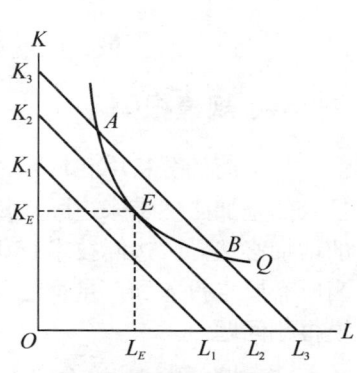

图 3-5 生产既定产量的最小成本

位货币购买的劳动所获得的边际产量,比厂商用 1 单位货币购买的资本所获得的边际产量大。因此,厂商就会增加对劳动的购买,而减少对资本的购买。又由于厂商总是面临边际产量的递减,所以劳动的边际产量 MP_L 会随着劳动投入量的不断增加而递减,资本的边际产量 MP_K 会随着资本投入量的不断减少而递增,最后厂商会将劳动和资本的投入量调整到 $MP_L/P_L=MP_K/P_K$ 的均衡点。相反,如果 $MP_L/P_L<MP_K/P_K$,厂商就会减少对劳动的购买,而增加对资本的购买。在边际产量递减规律的作用下,最后也要将两要素的投入组合调整到 $MP_L/P_L=MP_K/P_K$ 的均衡点上。

例 设厂商的生产函数为 $Q=1/8KL$、劳动的边际产量 $MP_L=1/8K$、资本的边际产量 $MP_K=1/8L$、资本的价格 $P_K=25$ 元、劳动的价格 $P_L=20$ 元、厂商总成本 $C=2\,000$ 元,求厂商应该分别投入多少单位劳动和资本才能使产量最大?最大产量又是多少?

解:该厂商等成本线的表达式为
$$20L+25K=2\,000$$
$MP_L/MP_K=P_L/P_K$,即 $K/L=20/25$,也就是 $20L=25K$
$$L=50, K=40$$
最大产量 $Q=1/8KL=250$

例 设厂商的生产函数为 $Q=1/8KL$、劳动的边际产量 $MP_L=1/8K$、资本的边际产量 $MP_K=1/8L$、资本的价格 $P_K=25$ 元、劳动的价格 $P_L=20$ 元,问厂商要获得 40 单位产量,应该分别投入多少单位劳动和资本才能使成本最小?最小成本又是多少?

解:该厂商要获得 40 单位产量,即
$$1/8KL=40, KL=320$$
$MP_L/MP_K=P_L/P_K$,即 $K/L=20/25$,也就是 $K=0.8L$
$$L^2=400, L=20, K=16$$
最小成本 $C=20L+25K=2*20*20=800$ 元

六、规模报酬

从上面的分析中我们知道,在短期内由于其他一些要素无法增加,某一可变要素投入的增加必然带来边际产量递减现象;而在长期中假定产量不变,某一种要素投入的增加必然导致边际技术替代率递减现象。而现在我们考虑的问题是,在长期中当所有要素投入和产量都能改变时,投入变化与产量变化存在什么关系?这就是规模报酬问题。

1. 规模报酬的含义

规模报酬是指在技术水平和要素价格不变的条件下,当厂商所有投入要素都按同一比例增加或减少时,生产规模变动所引起产量的变动情况。规模报酬反映了厂商所有投入要素成比例变动与相应产出变动之间的生产技术关系。也就是说，规模报酬仅与厂商内部发生的技术现象有关。

如果把讨论的范围扩大到厂商外部可能的变动情况，就是通常所说的规模经济问题。规模报酬问题与规模经济有关，但又不完全相同。前者是后者的技术基础。规模报酬递增反映了产出的增长比例大于各种投入的增长比例，而规模经济则反映出长期平均成本线下降的趋势。因此，在行业或厂商生产规模扩大时，如果厂商所需投入的要素价格上涨了，这有可能出现规模报酬递增，但不存在规模经济的情况。

2. 规模报酬变动的规律

当生产规模变动时，规模报酬的变动依次出现递增、不变和递减三种类型。

如果某厂商有 A、B、C、D 四种可供选择的规模，每一种规模的要素投入量及产出如表 3-9 所示，当厂商不断扩张规模时，就会面临规模报酬变动的三种不同类型或者说三个不同阶段。

表 3-9 企业的四种规模

生产规模	L（劳动）	K（资本）	Q（产量）
A	10	5	100
B	20	10	250
C	40	20	500
D	80	40	900

①如果厂商所有投入要素按同比例增加，产出以较大的比例增加，产出增加的比例大于投入要素增加的比例，这被称为规模报酬递增，表明此时厂商每单位要素投入的报酬（产量）逐渐增加。如表 3-9 中从 A 到 B 的变化，投入的劳动和资本各增加了 1 倍，而产出增加 1.5 倍。

②如果所有的投入要素按同比例增加，产出也以完全相同的比例增加，产出增加的比例等于投入要素增加的比例，则称为规模报酬不变。此时，厂商每单位要素投入的报酬固定不变。如表 3-9 中从 B 到 C 的变化，投入的劳动和资本各增加 1 倍，产出也增加了 1 倍。

③如果所有的投入要素按同比例增加，产出以较小的比例增加，产出增加的比例小于投入要素增加的比例，这被称为规模报酬递减。此时，厂商每单位要素投入所带来的产量逐渐减少。如表 3-9 中从 C 到 D 的变化，投入的劳动和资本各增加 1 倍，产出只增加了 0.8 倍。

3. 规模报酬变动的原因

就规模报酬递增来说，一般认为主要有以下几个方面的原因。

（1）一定的几何关系

某些几何尺度的因素暗含着规模经济。例如，一个 4 米×4 米×4 米的木箱的容量是一个1米×1米×1米的木箱容量的64倍,但因为4米×4米×4米的木箱的6个面的面积为96平方米,而1米×1米×1米的木箱的6个面的面积为6平方米,所以,制造前一个木箱所需的木材只相当于后一个木箱的16倍。再比如,一个100米×100米的厂房,其使用面积为10 000平方米,需要的围墙为400米;而一个100米×200米的厂房,其使用面积比前一个大1倍,但所需建立的围墙只有600米,或者说,比前一个只需增加50%的材料。如果管道的直径增大2倍,其流量的增加会大于2倍,载重汽车装载能力的增加也大于其自身重量的增加。

(2) 生产要素的不可分割性

机器设备这类生产要素有其不可分割性。当生产规模小时,无法购置先进的大型设备,即使购买了也无法充分发挥效用。只有在大规模生产中,电子计算机、生产流水线等大型先进设备的作用才能充分发挥出来,从而使产量有更大幅度地增加。所以,一个较大的工厂可能比规模相同的两个小工厂更有效率,因为它可以利用小工厂不能利用的某些技术和投入。

(3) 劳动的专业化分工

在大规模生产中,工人可进行更加有效的分工协作,每个人专门从事某项具体工作。通过更细的专业划分和分工,就能够提高工人的技术水平,提高生产效率。

(4) 财务方面的因素

厂商活动的大规模化会给它带来筹措资金、购买原材料、销售等方面的好处。例如,在购买原材料时,由于数量大,除了运输上有利,还可以利用规定质量、打折扣等有利条件,使生产成本降低。

但是,带来规模经济的各种因素都是有一定极限的,当生产规模达到一定程度后,规模不经济的因素开始占上风。例如生产要素的专业化分工不可能无限加以细分,分工太细也会带来副作用;一旦工人的工作成了一种机械式的运动,久而久之,就会产生厌烦的情绪,失去创造性思维,从而降低劳动生产率。

规模不经济的主要原因是过大规模的生产带来管理上的低效率。对于任何一个企业而言,生产规模越大,管理层次越多,企业内的协调和控制也就越加困难;信息在上下的传递过程中容易被扭曲,管理者之间、管理者与工人之间的联系与交流也越困难。由于决策机构,不能及时得到正确的信息,就无法做出正确的决策;即使决策已定,真正付诸实施也需要更长时间。这种管理上的局限性带来规模报酬递减。

一般来讲,正如表格3-9所显示的那样,厂商在规模扩张的开始阶段其规模报酬是递增的,然后经历规模报酬不变阶段,最后达到规模报酬递减阶段。最优规模应该在一定阶段中产生,但并不一定是最大规模。因此投入一产出规模报酬的三种情况并不是相互独立和隔绝的,而是贯穿于厂商整个生产过程中的、有内在联系的三个阶段。

4. 适度规模

一个行业或一个厂商生产规模过大或过小都是不利的,每个行业或厂商都应根据自己生产的特点确定一个适度规模。如果一个厂商的规模报酬是递增的,则说明该厂商的生产规模过小,此时应扩大规模以取得规模报酬递增的利益直到规模报酬不变为止。如果一个厂商的规模报酬是递减的,则说明厂商的生产规模过大,此时应缩小生产规模以减少规模过大的损失,直到规模报酬不变为止。

(1) 适度规模的含义

适度规模就是使两种生产要素的增加,即生产规模的扩大正好使报酬递增达到最大。当报酬递增达到最大时就不再增加生产要素,并使这一生产规模维持下去。

(2) 确定适度规模应考虑的因素

对于不同行业的厂商来说,适度规模的大小是不同的,并没有一个统一的标准。在确定适度规模时应该考虑到的因素主要如下。

①本行业的技术特点。一般来说,需要的投资量大,所用设备复杂的先进行业,适度规模也就大。例如,冶金、机械、汽车制造、造船、化工等重工业厂商,生产规模越大,经济效益越高。相反,需要投资少,所用的设备比较简单的行业,适度规模也小。例如,服装、餐饮这类行业生产规模小,能更灵活地适应市场需求的变动,对生产更有利,所以适度规模也就小。

②市场条件。一般来说,市场需求量大、标准化程度高的产品的生产厂商,适度规模也应该大一些,这也是重工业行业适度规模大的原因。相反,市场需求小、标准化程度低的产品的生产厂商,适度规模也应该小一些。所以,服装行业的厂商适度规模就要小一些。

③其他因素。在确定适度规模时要考虑的因素还有很多。例如,在确定某一采矿企业的规模时,还要考虑矿藏量的大小。其他诸如交通条件、能源供给、原料供给、政府政策等等,都是在确定适度规模时必须考虑到的。当然各国、各地,由于经济发展水平、资源、市场等条件的差异,即使同一行业,规模经济的大小也并不完全相同。

第三节 厂商的成本决策

一、成本的含义及其种类

成本是指厂商为生产一定数量的产品或提供一定数量的劳务所耗费的生产要素价格的总额,即生产中投入的生产要素数量与单位生产要素价格的乘积。

从不同的角度来考察,可将成本划分为不同的种类。在决策分析时所运用的成本概念也并非全是一般意义的成本概念,而有一些特殊的成本概念。

1. 机会成本

(1) 机会成本的含义

机会成本是指使用某一投入要素而必须放弃的该要素其他用途上可能获得的收益中的最大收益。机会成本又称为选择成本。

(2) 机会成本产生的前提

①生产要素是稀缺的,这是构成机会成本概念的基础;

②生产要素具有多种用途。

例如:修建道路要占用土地,土地本来可用于种植小麦、种植果树或玉米,但土地资源是有限的,选择了修建道路就必须放弃其他用途。假定在这些其他用途中,种植玉米带来的效益最高,那么土地用作修筑道路的机会成本就是这块土地种植玉米可能带来的收益。因此,当我们选定了某种资源的用途,也就意味着放弃了从这些用途中可能得到的其他收益的机会,这个机会就构成了我们选择这种用途的成本即机会成本。

(3) 机会成本的性质和作用

机会成本的作用是人们作出选择时,必须考虑的成本,即选择成本。严格地说,机会成本不是人们实际支出的成本,而是在选择资源用途时所产生的观念上的成本,这种观念上的成本能够促使各种生产要素用于最佳途径,从而实现资源的最优配置,是决策者进行决策时必须考虑的现实因素。

机会成本不仅影响着厂商的决策,而且也影响着个人的决策。例如,一名大学本科毕业生如果准备报考全日制研究生,他要考虑的成本不仅包括学费、书费、生活费等,而且还要考虑,如果读研究生就要放弃直接就业给他带来的收入,这就是读研究生的机会成本。因此,当预期研究生毕业后能够增加的工资水平小于读研究生的机会成本时,这名学生就会放弃读研究生的机会。

以上考虑的是每一种单项资源的机会成本。由于经济学研究的对象是资源的最佳配置,因此经济学中的经济成本是同机会成本联系在一起的,它是指投入的全部生产要素的机会成本。根据"四要素"理论,工资是劳动的报酬,利息是资本的报酬,地租是土地的报酬,正常利润是企业家才能的报酬。因而经济成本不仅包括工资、利息、地租,而且还包括正常利润。

2. 显性成本与隐性成本

(1) 显性成本

显性成本是指厂商从事一项经济活动时所花费的货币支出:如支付给员工的工资,银行的利息,租赁公司的租金,购买原材料、辅助材料、燃料和动力的费用,保险费、广告费等。这些成本都会在企业的会计账册上反映出来,因此,又称为会计成本。

(2) 隐性成本

隐性成本是指厂商使用自己拥有的生产要素的机会成本,即厂商自有要素的应得报酬。

使用厂商的自有生产要素在形式上没有形成合同规定支付报酬的义务,但实际上会产生一种无形的代价。因为看起来厂商使用自有要素时不用花钱,即不发生货币支出,例如使用自有设备不用计折旧费,使用自己的原材料、燃料不用花钱购买,使用自有资金不用付利息,厂商为自己的企业劳动服务时不用付工资,使用自有的房产不用付房租等等。然而,不付费用使用自有要素不等于没有成本。因为这些生产要素如不自用,完全可以给别人使用而得到报酬。资金借给别人用可得到利息,土地、厂房租给别的企业可得到租金,厂商到别的企业打工可得到工资。现在这些要素都被自己企业所使用了,失去了被别的厂商所用可得到的报酬,这种报酬就是厂商使用自有要素的机会成本。厂商自己的资金、土地、厂房、人力的应有报酬应列入成本,这种成本就是隐性成本。

在经济学的分析中,显性成本和隐性成本的总和就是厂商经营活动所付出的全部代价,即厂商所有的投入要素的经济成本。

经济成本＝显性成本(会计成本)＋隐性成本

二、会计利润与经济利润

有了经济成本的概念,我们就可以进一步了解经济利润的概念。

一般来讲,厂商的利润等于厂商的总收益减去总成本。总收益等于产量与价格的乘积,但由于成本概念不同,从而在使用不同的成本概念时,就会得到不同的利润概念:

会计利润＝总收益－会计成本

经济利润＝总收益－经济成本＝会计利润－隐性成本

正常利润＝经济成本－会计成本＝隐性成本

从上面的分析可知,由于经济学家对成本的考虑比会计师涉及的范围更广,经济学上的成本就会比会计成本大,因为通常的会计成本仅仅考虑显性成本;而经济成本不仅包括显性成本,而且也包括隐性成本。因此,经济利润就会比会计利润要小。在一般的情况下,我们把经济成本超过会计成本的部分称为正常利润,也就是厂商投入经营活动的各项自有要素的机会成本。

在经济学的分析中,正常利润通常是资金的平均收益率,这种平均收益率就是厂商使用资金的机会成本,也就是厂商如果将资金投资于其他领域所得到的正常收益。因此,正常利润包括在经济成本之中,因为它是机会成本的组成部分。当厂商的会计利润恰好等于正常利润的时候,其经济利润等于零,厂商正好补偿投入要素的全部机会成本,包括投入资金的正常回报率。因此,如果我们说厂商的利润为零,并不是说该厂商没有会计利润,而是指它处在一种正常的经营状况之中。因此,当厂商的会计利润超过正常利润,其经济利润为正时,我们就说厂商获得了超额利润;而当厂商的会计利润低于正常利润时,这一厂商在经济学意义上就是亏损的。在本书以下各章节中,如果不是特别指出,我们提到的利润都是指经济利润。

三、短期成本分析

在上节中,我们区分了厂商经营的长期与短期。在短期内,厂商使用的生产要素有固定生产要素和可变生产要素之分,因而厂商总成本也是由总固定成本和总变动成本构成,并且相应地还有平均成本、平均固定成本、平均变动成本以及边际成本的概念。

1. 短期成本的种类

(1) 总量成本

总固定成本是指那些短期内无法改变的固定投入带来的成本,主要包括购置机器设备和厂房的费用、资金的利息、企业的各种保险费用、管理人员的工资等。这部分成本无法随产量变化而变化,也就是说,固定成本是产量为零时仍需要支付的费用,固定成本与厂商的产量无关,因此它是一个常数。总固定成本一般用 TFC 表示。

总变动成本是指短期内可以改变的可变投入带来的成本,是一定时期内随着产量变动而变动的成本。总变动成本通常包括工人工资、原材料成本、日常运营费用等,它随厂商的产量变化而变化,总变动成本一般用 TVC 表示。

短期总成本是厂商在一定时期内投入的全部生产要素的费用之和,是总固定成本与总变动成本之和,它也与产量有关。短期总成本一般用 STC 表示。

总量成本之间的关系

$$\text{短期总成本(STC)} = \text{总固定成本(TFC)} + \text{总变动成本(TVC)}$$

(2) 平均成本

平均固定成本是每单位产品分摊的固定成本,它等于总固定成本除以产量所得之商,平均固定成本一般用 AFC 表示。

$$\text{平均固定成本(AFC)} = \text{总固定成本(TFC)} / \text{产量}(Q)$$

平均变动成本是每单位产品分摊的变动成本,它等于总变动成本除以产量所得之商,平均变动成本一般用 AVC 表示。

$$\text{平均变动成本(AVC)} = \text{总变动成本(TVC)} / \text{产量}(Q)$$

短期平均成本是每单位产品的成本,它等于短期总成本除以产量所得之商,短期平均成本一般用 SAC 表示,也就等于平均固定成本与平均变动成本之和。

$$\text{短期平均成本(SAC)} = \text{短期总成本(STC)} / \text{产量}(Q)$$
$$= \text{平均变动成本(AVC)} + \text{平均固定成本(AFC)}$$

(3) 短期边际成本

边际成本是指每增加 1 单位产量所增加的总成本,也就是每增加 1 单位产量所增加的总变动成本,一般短期边际成本用 SMC 表示。

短期边际成本(SMC)=短期总成本变动量(ΔSTC)/产量变动量(ΔQ)

或者

短期边际成本(SMC)=总变动成本变动量(ΔTVC)/产量变动量(ΔQ)

例 某企业的短期总成本(STC)、总固定成本(TFC)、总变动成本(TVC)与短期平均成本(SAC)、平均固定成本(AFC)、平均变动成本(AVC)、短期边际成本(SMC)如表 3-10 所示。

表 3-10 某厂商每月的短期成本表

产量 Q (1)	TFC (2)	TVC (3)	STC (4)	SMC (5)	AFC (6)	AVC (7)	SAC (8)
0	60	0	60	/	/	/	/
1	60	30	90	30	60.00	30.00	90.00
2	60	49	109	19	30.00	24.50	54.50
3	60	65	125	16	20.00	21.70	41.70
4	60	80	140	15	15.00	20.00	35.00
5	60	100	160	20	12.00	20.00	32.00
6	60	124	184	24	10.00	20.70	30.70
7	60	150	210	26	8.60	21.40	30.00
8	60	180	240	30	7.50	22.50	30.00
9	60	215	275	35	6.70	23.90	30.60
10	60	255	315	40	6.00	25.50	31.50
11	60	300	360	45	5.50	27.30	32.80
12	60	360	420	60	5.00	30.00	35.00

注:表中(4)=(2)+(3),(6)=(2)/(1),(7)=(3)/(1),(8)=(4)/(1),(5)=Δ(4)/Δ(1)=Δ(3)/Δ(1)。

2. 短期边际成本、平均变动成本、短期平均成本的关系

(1) 短期边际成本与平均变动成本的关系

从表 3-10 的资料中,摘录出有关的数据,并整理成如下的表 3-11。

表 3-11 总变动成本、短期边际成本、平均变动成本、总变动成本增长率、产量增长率

产量 Q (1)	TVC (3)	SMC (5)	AVC (7)	Q 增长率	TVC 增长率
0	0	/	/	/	/
1	30	30	30.00	/	/
2	49	19	24.50	100	63.33
3	65	16	21.70	50	32.65
4	80	15	20.00	33.33	23.08
5	100	20	20.00	25	25
6	124	24	20.70	20	24
7	150	26	21.40	16.67	20.97
8	180	30	22.50	14.29	20
9	215	35	23.90	12.5	19.44
10	255	40	25.50	11.11	18.60
11	300	45	27.30	10	17.65
12	360	60	30.00	9.1	20

从表 3-11 中可以看出：

当总变动成本增长率小于产量增长率时，平均变动成本下降，短期边际成本小于平均变动成本；

当总变动成本增长率等于产量增长率时，平均变动成本不变，短期边际成本等于平均变动成本；

当总变动成本增长率大于产量增长率时，平均变动成本上升，短期边际成本大于平均变动成本。

平均变动成本的变化经历了递减、不变、递增的三个阶段，当平均变动成本取得最小值时，短期边际成本等于平均变动成本。

(2) 短期边际成本与平均成本的关系

从表 3-10 的资料中，还可以整理出如下的表 3-12。

表 3-12 短期总成本、短期边际成本、短期平均成本、短期总成本增长率、产量增长率

产量 Q (1)	STC (4)	SMC (5)	SAC (8)	Q 增长率	STC 增长率
0	60	/	/	/	/
1	90	30	90.00	/	50
2	109	19	54.50	100	21.11
3	125	16	41.70	50	14.68
4	140	15	35.00	33.33	12.00
5	160	20	32.00	25	14.29
6	184	24	30.70	20	15.00
7	210	26	30.00	16.67	14.13
8	240	30	30.00	14.29	14.29
9	275	35	30.60	12.5	14.58
10	315	40	31.50	11.11	14.55
11	360	45	32.80	10	14.29
12	420	60	35.00	9.1	16.67

从表 3-12 中可以看出：

当短期总成本增长率小于产量增长率时，短期平均成本下降，短期边际成本小于短期平均成本；

当短期总成本增长率等于产量增长率时，短期平均成本不变，短期边际成本等于短期平均成本；

当短期总成本增长率大于产量增长率时，短期平均成本上升，短期边际成本大于短期平均成本。

平均短期成本的变化经历了递减、不变、递增的三个阶段，当平均短期成本取得最小值时，短期边际成本等于平均短期成本。

(3) 平均变动成本与短期平均成本的关系

同一产量时的短期平均成本一定大于平均变动成本，两者的差额为平均固定成本；随着产量的不断增加，短期平均成本越来越接近平均变动成本，但永远也不会相等。

短期平均成本(SAC) = 短期总成本(STC)/产量(Q)
              = 平均变动成本(AVC) + 平均固定成本(AFC)

四、长期成本分析

在长期中，厂商所有生产要素的投入量都是可以改变的，厂商通过调整包括厂房、设备在内的一切生产要素，来改变生产规模，以实现某一目标产量。因此，在长期

中也就没有固定成本与可变成本之分,一切生产要素都是可以调整的,一切成本都是可变的。所谓长期成本就是厂商用调整生产规模的方法来达到某种产量时所发生的成本。长期成本包括长期总成本、长期平均成本、长期边际成本。

1. 长期总成本

在长期中,厂商可任意选择生产规模,对于某个事先确定的产量水平,厂商要计算在各种可供选择规模上生产的总成本,并选择总成本最小的那个规模。长期总成本是各个不同的产量所对应的最低总成本。换言之,在长期中厂商一定能以最低的成本来获得所需的目标产量,生产同样的产量长期中的总成本一定不大于短期的总成本。长期总成本随产量的变动而变动,没有产量时没有总成本。随着产量的增加,总成本增加。长期总成本一般用 LTC 表示。

例:一个工厂建厂做了三种可供选择的规模方案,每种方案的短期总成本(STC)如表 3-13 所示。

STC_1、STC_2、STC_3 分别表示与三种规模的工厂相对应的三种短期总成本状况。显然,厂商究竟要选择哪一种规模的工厂,这要取决于厂商所希望获得的产量水平,而何种产量水平是合适的,这又取决于需求状况。假设厂商确信 5 单位产量是合适的产量,则厂商会建立第二种规模的工厂组织生产。因为建立第一种规模的工厂组织生产,生产 5 单位产量时,其总成本是 65;如果建立第三种规模的工厂组织生产,生产 5 单位产量时,其总成本是 50;只有当建立第二种规模的工厂组织生产时,生产 5 单位产量时,其总成本最低为 47.50。同理,从上表中可得出,当市场需求量为 6 个单位时,厂商会选择第三种规模的工厂组织生产,总成本最低,这时 6 个单位产量的总成本为 51。

总之,从长期看,厂商会建立能使它以最低的总成本生产既定产量的工厂。这一既定产量所对应的最低总成本就是这一产量所对应的长期总成本。

表 3-13 不同规模的短期总成本

STC_1		STC_2		STC_3	
Q	STC	Q	STC	Q	STC
1	15.50	2	30.00	5	50.00
2	26.00	3	36.00	6	51.00
3	36.00	4	40.00	7	56.00
4	47.00	5	47.50	8	68.00
5	65	6	66.00	9	90.00
6	90	7	87.5	10	115.00

2. 长期平均成本

(1) 长期平均成本的含义

长期平均成本是长期中平均每个单位产品的成本。某一产量时的长期平均成本是生产这一既定产量时,厂商的最低平均成本。各个不同的产量所对应的最低平均成本,就构成厂商的长期平均成本函数。长期平均成本一般用 LAC 表示。

$$\text{长期平均成本(LAC)} = \text{长期总成本(LTC)} / \text{产量}(Q)$$

(2)长期平均成本的变化

长期平均成本函数表示当所有投入都可变,即当任何规模的工厂都可以建立时的产量与可能得到的最低平均成本之间的关系。长期平均成本 LAC 曲线的形状呈"U"形,即先递减,达到最低,再递增。这一点可用表 3-14 来说明。

例:如果某厂商有 A、B、C、D 四种大小不同的规模可供选择,每一种生产规模的要素投入量及产出如表 3-14 所示,假设劳动的单位价格 $P_L = 1$,资本的单位价格 $P_K = 2$。当该厂商不断扩张规模时,可以从表 3-14 中看到:

当规模报酬递增时,比如从 A 规模扩张到 B 规模时,长期平均成本递减;

当规模报酬不变时,比如从 B 规模扩张到 C 规模时,长期平均成本不变;

当报酬递减时,比如从 C 规模扩张到 D 规模时,长期平均成本递增。

表 3-14　厂商的四种规模及长期平均成本的变化

生产规模	L	K	Q	LTC	LAC
A	10	5	100	20	0.20
B	20	10	250	40	0.16
C	40	20	500	80	0.16
D	80	40	900	160	0.18

3. 长期边际成本

长期边际成本是指长期中每增加一单位产量所增加的长期总成本,一般用 LMC 表示。长期边际成本也是随着产量的增加先递减后递增的。

$$\text{长期边际成本(LMC)} = \text{长期总成本增加量}(\Delta \text{LTC}) / \text{产量增加量}(\Delta Q)$$

需要指出的是,长期边际成本与长期平均成本的关系和短期边际成本与短期平均成本的关系一样,即在长期平均成本下降时,长期边际成本小于长期平均成本;在长期平均成本上升时,长期边际成本大于长期平均成本;在长期平均成本的最低点,长期边际成本等于长期平均成本。

第四节 厂商的投资决策

一、投资的含义

1. 投资的定义

经济学中的投资是指企业维持原有的生产规模或扩大生产规模对投资物品的实际购买。具体来说,企业投资包括:(1)对机器设备等投资品的购买;(2)对厂房或住宅的建筑投资;(3)存货投资。

2. 有关的说明

可以从以下三个方面来理解投资。

①这里讲的投资是实物投资,是相对于证券投资而言的。我们可以把企业投资看成由两个步骤组成:第一步是企业通过发行债券、股票等方法筹集资金。这就是企业有价证券的投资。第二步是企业利用筹集到的资金购买投资品,新建厂房进行实际的资本积累扩大再生产。经济学中的投资是第二步投资。

②其次,从形成潜在生产能力的方面看,投资分为更新投资和净投资。更新投资和净投资之和称为总投资。更新投资是指企业为补偿机器、厂房、设备等的损耗而进行的投资品购买支出。净投资是指企业为扩大生产规模而进行的投资品购买支出。如果总投资的量正好等于更新投资的量,那么,企业通过投资仅仅维持了原有生产规模或潜在生产能力。如果总投资的量大于更新投资的量,即净投资大于零,那么,企业通过投资实现了生产规模的扩大或潜在生产能力的扩张。显然,只有净投资才是经济增长源泉。

③最后,投资是一个流量的概念。投资总是就一定的时期而言的。例如,净投资总是指一定时期内增加的机器、设备、厂房等。与投资相对应的资本是存量,一般称之为资本存量。资本存量是在一定时点上机器、设备、厂房等投资品的数量。经过一定时期的投资,资本存量增加了。因此,也可以把投资看成是资本存量的变化量。

二、投资的预期利润率

资本投资作为资本积累的过程,其目的在于增加将来的产出,增加的这部分产出称为投资回报。经济体中的投资决定归根结底是由单个厂商作出的。厂商为了扩大当前产品的生产规模,或者涉足一个新的生产领域,就需要增加实物资本,也就是进行投资。由于从投资到工厂建成、生产产品以及一直到资本品报废是一个较长的过程,投资不可能在当期就立即获得全部产出,所以在决定是否投资时,需要将现在投资的费用与该项投资在将来产生的总收益即投资回报进行比较。

1. 贴现的原理

为了对现在投入的资本品的价值与该项投资在未来的收益作一比较,必须计算未来收益的现值,下面说明什么叫现值。

假定今天把 R_0 元存入银行,年利率为 r,按复利计算,则：

一年后的本利和为 $R_1 = R_0(1+r)$；

二年后的本利和为 $R_2 = R_1(1+r) = R_0(1+r)^2$；

三年后的本利和为 $R_3 = R_2(1+r) = R_0(1+r)^3$；

n 年后的本利和为 $R_n = R_0(1+r)^n$。

由此可知,今天把 R_0 元存入银行,则在 n 年后可得到 $R_0(1+r)^n$ 元。因此,n 年后的 $R_0(1+r)^n$ 元是今天 R_0 元的未来收益。反过来说,当年利率为 r 时,n 年后的 $R_0(1+r)^n$ 元的现值为 R_0 元。

若以 r 表示利息率、R 表示未来价值、V 表示 R 的现值,则贴现公式如下：

$$V = \frac{R}{(1+r)^n}$$

由贴现公式可见:若利息率不变,则未来价值越高,现值就越高；若未来价值不变,则利息率越高,现值就越低。现值随着未来价值的变化而发生同方向变化,随着利息率的变化发生反方向的变化。

假设价值 V 增值 n 年,其中各年都有收益流回 R_i,那么,各年收益的现值为

$$V = \frac{R_1}{1+r} + \frac{R_2}{(1+r)^2} + \cdots + \frac{R_n}{(1+r)^n} \tag{1}$$

式(1)即为未来收益的贴现公式。

2. 投资的预期利润率

当企业进行投资决策,将投资成本与投资收益比较时,必须将投资的未来收益通过上述的贴现程序转化为当期价值,然后才能与投资成本进行比较。不过,需注意的是投资的未来收益不是通过市场利息率贴现为现值的,而是通过企业预期的投资利润率贴现为现值的。其原因很简单,贴现过程是增值过程的逆过程,因此,贴现率也就是倒过来的增值率。资金投入银行增值,那么,未来收益就必须按照银行的增值率即利息率贴现。投入扩大再生产,那么,未来收益就必须按照该投资项目的增值率即预期利润率贴现。

若 r 表示投资预期利润率、R_i 表示预期各年的投资未来净收益、V 表示预期投资总收益(总的净收益)的贴现值,n 表示投资项目的使用年限,则

$$V = \frac{R_1}{1+r} + \frac{R_2}{(1+r)^2} + \cdots + \frac{R_n}{(1+r)^n} \tag{2}$$

式(2)即为投资收益的贴现公式。

选择某一个贴现率,若恰使企业确定的预期投资各年收益的现值等于给定的投

资品购价(以 P_K 表示投资品购价),即若满足下式:

$$R_K = \frac{R_1}{1+r} + \frac{R_2}{(1+r)} + \cdots + \frac{R_n}{(1+r)} \qquad (3)$$

则该贴现率 r 就是投资的预期利润率。

在投资品购价 P_K 给定的情况下,如果预期的投资利润率 r 能够实现,那么该项投资每年将流回 R_i 收益。也可以这样理解:在投资品购买价格 P_K 给定的情况下,如果该项投资每年能够带来 R_i 的收益,那么投资的利润率为 r。

由(3)式可知,投资预期利润率 r 取决于两个因素:投资品购买价格 P_K 和投资净收益 R。在投资品购买价格不变的情况下,投资的预期利润率随着投资净收益的增加而提高;在投资净收益不变的情况下,投资的预期利润率随着投资品购买价的增加而下降。换言之,投资的预期利润率是投资净收益的增函数,是投资品购买价格的减函数。

三、资本投资的决策

以上考察了影响投资决策的两个重要因素,即投资品购买价格和预期投资净收益。投资品购买价格主要是由投资品市场决定的。对企业而言,可以看成主要是由外部因素确定的。预期投资净收益是企业在进行投资决策时必须计划好的,也是确定的。在投资品购买价格和预期投资净收益给定或确定情况下,投资预期利润率就被确定了。

前面已经提到,当企业进行投资决策,需将投资成本与投资收益进行比较。投资的收益是投资预期利润率。投资资本的成本是利率。企业通过向银行借贷或向社会公众发行债券的方式来募集资金,作为使用这些资金的代价,企业在偿还贷款并兑现债券本金时,还要支付利息。所以,一般把借贷利率或债券利率作为投资的成本。只有当预期利润率高于利率时,投资才是值得的。因此,利率对厂商的投资决策具有决定性的作用,并将最终影响整个社会的资本需求。

一般来说,随着利率的下降,厂商的资本需求量在增加;随着利率的上升,厂商的资本需求量在下降。厂商对资本的需求量的变动与利率变动的方向相反,因此厂商的资本需求曲线是向下倾斜的,如图3-6所示。将所有厂商的资本需求水平叠加,就得到整个市场的厂商资本需求曲线。

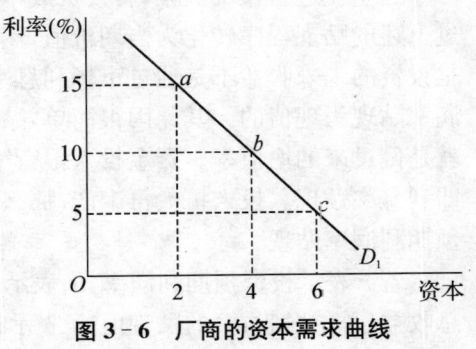

图3-6 厂商的资本需求曲线

第三章 厂商的经济行为

本章小结

1. 厂商就是我们所说的企业。它是指为了一定的目的从事某种经济活动的、独立的经济组织,是将投入转化为产出的生产经营性单位。厂商按照其法律组织形式可分为单人业主制、合伙制和公司制三类组织形式。在微观经济学中,通常假定厂商从事各种生产经营活动的目的是为了赚取最大限度的利润。

2. 生产函数表示在一定时期内,在技术水平不变的条件下,生产中所使用的各种生产要素的数量与所能达到的最大产量之间的关系。经济学中,根据某一期限内厂商是否来得及调整全部生产要素,将生产函数分为短期生产函数和长期生产函数。

3. 短期是指厂商只能调整部分要素投入而不能调整全部生产要素投入的时期。短期生产函数研究的是当存在固定投入时,可变投入的不同数量所能带来的最大产出。在短期中,当劳动的增长率小于总产量的增长率时,平均产量是递增的;当劳动的增长率等于总产量的增长率时,平均产量是不变的;当劳动的增长率大于总产量的增长率时,平均产量是递减的。当边际产量等于零时,总产量最高。

4. 在长期中,所有的生产要素投入量都是可变的。一个追求利润最大化的厂商,如何选择其生产要素的投入取决于两个因素:等产量曲线和等成本曲线。等产量曲线表示在技术水平不变的条件下,生产同一产量的两种生产要素投入量的各种可能组合的轨迹;等成本曲线表示在既定的成本和生产要素价格条件下,生产要素购买数量的各种不同组合的轨迹。厂商应该选择等成本曲线与等产量曲线相切的那一点进行投入,即使得投入要素的边际产量之比等于要素的价格之比。其经济含义是,价值1元的资本投入的边际产量等于价值1元的劳动投入的边际产量,或者说使花费在劳动和资本上的最后1元所提供的边际产量相等。

5. 规模报酬是指在技术水平和要素价格不变的条件下,当厂商所有投入要素都按同一比例增加或减少时,生产规模变动所引起产量的变动情况。当生产规模变动时,规模报酬的变动依次出现递增、不变和递减三种情况。

6. 成本是指厂商为生产一定数量的产品或提供一定数量的劳务所耗费的生产要素的价格总额,即生产中投入的生产要素的数量与单位生产要素的价格的乘积。从不同的角度来考察,可将成本划分为不同的种类。本章主要涉及机会成本、会计成本、显性成本和隐性成本,以及在成本分析中用到的总成本、平均成本、边际成本等概念。

7. 成本函数反映厂商一定量的产出与生产成本之间的关系。在长期,厂商可任意选择生产规模,那么,对于某个事先确定的产量水平,厂商会计算在各种可供选择的规模上的生产总成本,并选择总成本最小的那个规模。长期总成本是各个不同的产量所对应的最低总成本,从长期看,厂商会建立能使它以最低的平均成本生产既定产量的工厂。这一既定产量的最低平均成本就是该产量所对应的长期平均成本。

8. 厂商为了扩大其生产规模，需要进行投资，投资是指企业维持原有的生产规模或扩大生产规模对投资物品的实际购买。具体来说，企业投资包括：①对机器设备等投资品的购买；②对厂房或住宅的建筑投资；③存货投资。

9. 投资最终取决于资金的成本和投资的收益。投资的收益是投资的预期利润率。投资资本的成本是利率，一般把借贷利率或债券利率作为投资的成本。只有当预期利润率高于利率时，投资才是值得的。因此，利率对厂商的投资决策具有决定性的作用，并将最终影响整个社会的资本需求。

本章案例

本章案例1：中国人养活自己靠的是农业技术进步

边际产量递减规律早在18世纪就由经济学家提出，有人把这一规律应用到农业领域描述出一幅人类前景悲惨的画面来。因为耕地等自然资源毕竟是有限的，要增产粮食最终只能依靠劳动力的增加，但边际产量递减规律表明，劳动力投入带来的边际粮食产量递减，于是人口不断增长的必然结果是，人类不能养活自己。无独有偶，1994年，一位叫莱斯特·布朗的人重复类似悲观的预言，发表了一本题为《谁来养活中国》的小册子，宣称人口众多的中国将面临粮食短缺，进而引发全球粮价猛涨的危机。杞人忧天的布朗是否知道袁隆平的名字，他利用科学技术发明了杂交水稻，使每亩单产达到了405公斤，小麦从50公斤提高到目前的700公斤。中国有出色的农业科学家，中国人养活自己靠的是农业技术进步。布朗先生实在是用错了边际产量递减规律，要记住边际产量递减规律是有条件的。

边际产量递减规律提示我们，在一定的条件下，高投入未必带来高产出，因此要注意投入的合理限度，寻找最佳的投入数量。

本章案例2：生产过程中的分工

亚当·斯密在其名著《国民财富的性质和原因的研究》中根据他对一个扣针厂的参观描述了一个例子。斯密所看到的工人之间的专业化和引起的规模经济给他留下了深刻的印象。他写道：

"一个人抽铁丝，另一个人拉直，第三个人截断，第四个人削尖，第五个人磨光顶端以便安装圆头；做圆头要求有两三道不同的操作；装圆头是一项专门的业务，把针涂白是另一项；甚至将扣针装进纸盒中也是一门职业。"

斯密说，由于这种专业化，扣针厂每个工人每天生产几千枚针。他得出的结论是，如果工人选择分开工作，而不是作为一个专业工作者团队，"那他们肯定不能每人每天制造出20枚扣针，或许连1枚也造不出来"。换句话说，由于专业化，大扣针厂可以比小扣针厂实现更高人均产量和每枚扣针更低的平均成本。

斯密在扣针厂观察到的专业化在现在经济中普遍存在。例如，如果你想盖一个房子，你可以自己努力去做每一件事。但大多数人找建筑商，建筑商又雇佣木匠、瓦

第三章　厂商的经济行为

匠、电工、油漆工和许多其他类型工人。这些工人专门从事某种工作,而且,这使他们比作为通用型工人时做得更好。实际上,运用专业化实现规模经济是现代社会繁荣的一个原因。

本章案例3:经济学家与会计师眼中的利润差异

王先生用自己的银行存款30万收购了一个小企业,如果不支取这30万元钱,在市场利息5%的情况下他每年可以赚到1.5万元的利息。王先生为了拥有自己的工厂,每年放弃了1.5万元的利息收入。这1.5万元就是王先生开办企业的机会成本之一。

经济学家和会计师以不同的方法来看待成本。经济学家把王先生放弃的1.5万元也作为该企业的成本,尽管这是一种隐性成本。但是会计师并不把这1.5万元作为成本表示,因为在会计的账面上并没有货币流出企业去进行支付。

为了进一步了解经济学家和会计师之间的差别,我们假设王先生没有30万元这么多钱,自己只有储蓄10万元,另外再以5%的利息从银行借了20万元。王先生的会计师只衡量显性成本,将把每年为银行贷款支付的1万元利息作为成本,因为这是从企业流出的货币量。与此相比,根据经济学家的看法,所有的机会成本仍然是1.5万元。

由于经济学家和会计师用不同方法衡量企业的成本,他们也会用不同的方法衡量利润。经济学家衡量企业的经济利润,即企业总收益减生产所销售物品与劳务的所有机会成本。会计师衡量企业的会计利润,即企业的总收益只减去企业的显性成本。

本章案例4:格兰仕的成功之道

在中国也许找不出第二个像微波炉这样"品牌高度集中"、甚至可以说是进入了"寡头垄断"的行业:第一军团格兰仕一下占去市场份额的60%左右,第二军团LG占去25%左右,而排第三、第四的松下和三星都只有5%左右。因为这种特殊性,微波炉行业的"成本壁垒"站到了"技术壁垒"的前面。年生产能力达1500万台的格兰仕以其总成本的领先优势,高筑了行业的"门槛"。

面临着越来越广阔的市场,每个企业都有两种战略选择:一是多产业、小规模、低市场占有率;二是少产业、大规模、高市场占有率。格兰仕选择的是后者。

格兰仕的成功就运用了规模经济的理论,即某种产品的生产,只有达到一定的规模时,才能取得较好的效益。微波炉生产的最小经济规模为100万台。早在1996—1997年间,格兰仕就达到了这一规模。随后,规模每上一个台阶,生产成本就下降一个台阶。这就为企业的产品降价提供了条件。格兰仕的做法是,当生产规模达到100万台时,将出厂价定在规模80万台企业的成本价以下;当规模达到400万台时,将出厂价又调到规模200万台的企业的成本价以下;而规模达到1000万台以上时,又把出厂价降到规模为500万台的企业的成本价以下。这种在成本下降的基础上所进行的降价,是一种合理的降价。降价的结果是将价格平衡点以下的企业一次又一次大规模淘汰,使行业的集中度不断提高,使行业的规模经济水平不断提高,由此带动整个行业社会必要劳动时间不断下降,进而带来整个行业的成本不断下降。格兰仕从1996年开始屡屡掀起"降价风暴"以来,大量小规模的厂家被迫退出市场。几年后,能与格兰仕一争高下的仅剩下处于市场第二位的韩国LG。目前格兰仕垄断了国内60%、全球35%的市场份额,成为中国乃至全世界的"微波炉大王"。

本章背景资料:马尔萨斯与食品危机

马尔萨斯人口论的一个主要依据便是报酬递减定律。他认为,随着人口的膨胀,越来越多的劳动耕种土地,地球上有限的土地将无法提供足够的食物。最终劳动的边际产出与平均产出下降,但又有更多的人需要食物,因而会产生大的饥荒。幸运的是,人类的历史没有按马尔萨斯的预言发展(尽管他正确地指出了"劳动边际报酬"递减)。

在20世纪,劳动技术改变了许多国家(包括发展中国家,如印度)的生产方式,劳动的平均产出因而上升。这些进步包括高产抗病的良种,更高效的化肥,更先进的收割机械。在二战结束后,世界上总的食物生产的增幅总是或多或少地高于同期人口的增长。

粮食产量增长的源泉之一就是农用土地的增加。例如,从1961—1975年,在非洲,农业用地所占的百分比从32%上升至33.3%,拉丁美洲则从19.6%上升至22.4%,在远东地区,该比例则从21.9%上升至22.6%,但同时,北美的农业用地则从26.1%降至25.5%,西欧由46.3%降至43.7%。显然,粮食产量的增加更大程度上是由于技术的改进,而不是农业用地的增加。

在一些地区,如非洲的撒哈拉,饥荒仍是个严重的问题,劳动生产率低下是原因之一。虽然其他一些国家存在着农业剩余,但由于食物从生产率高的地区向生产率低的地区的再分配的困难和生产率低地区收入也低的缘故,饥荒仍威胁着部分人群。

本章习题

一、实验报告题

1. 在硬币拍卖中,你的报价是 B_i,而所有其他人的最高报价为 X 时,你中标的条件是什么?你盈利的条件又是什么?

2. 在硬币拍卖中,你的最高报价是 B_i,中标者报价为 Y 时,B_i 与 Y 应该具有什么数量关系?你的盈亏等于多少?中标者的盈亏又等于多少?

3. 在硬币拍卖中,你没有参与投标,中标者报价为 Y,其他参与投标者的最高报价是 B_i 时,你的盈亏等于多少?落标者的最大盈亏又等于多少?

4. 在硬币拍卖中,个体的最优策略是什么?当每个人都采用这一策略时,会造成什么结果?

二、选择题

1. 理性的生产者选择的生产区域应是　　　　　　　　　　　　　(　　)
   A. $MP>AP$ 阶段
   B. MP 下降阶段
   C. $AP>MP>0$ 阶段

2. 下列说法中正确的是　　　　　　　　　　　　　　　　　　　(　　)
   A. 生产要素的边际技术替代率递减是规模报酬递减规律造成的
   B. 生产要素的边际技术替代率递减是边际产量递减规律造成的
   C. 规模报酬递减是边际产量递减规律造成的
   D. 边际产量递减是规模报酬递减造成的

3. 当劳动(L)的总产量下降时　　　　　　　　　　　　　　　　(　　)
   A. AP_L 是递增的　　　　　B. AP_L 为零
   C. MP_L 为零　　　　　　　D. MP_L 为负

4. 边际产量递减规律的适用条件是　　　　　　　　　　　　　　(　　)
   A. 生产技术没有发生重大变化
   B. 不考虑生产技术是否发生变化
   C. 生产技术变化
   D. 以上任意一个都是

5. 如果某厂商增加 l 单位劳动使用量能够减少 4 单位资本,而仍维持同样的产出量,则 $MRTS_{LK}$ 为　　　　　　　　　　　　　　　　　　　(　　)
   A. 0.25　　　　B. 4　　　　C. 1　　　　D. 5

6. 在生产要素的最优组合点上　　　　　　　　　　　　　　　　(　　)
   A. $MRTS_{LK}=P_L/P_K$
   B. $MP_L/P_L=MP_K/P_K$
   C. 等产量曲线与等成本曲线相切
   D. 以上说法均正确

7. 若成本线与生产量线相交,这表示要生产等产量线所表示的生产水平(　　)
   A. 还可以减少成本支出
   B. 不能再减少成本支出
   C. 应该再增加成本支出
   D. 上述都不正确

8. 等产量曲线是指在这条曲线上的各点代表　　　　　　　　　　(　　)
   A. 为生产同等产量投入要素的各种组合比例是不能变化的
   B. 为生产同等产量投入要素的价格是不变的

C. 不管各种要素投入量如何,产量总是相等的

D. 投入要素的各种组合所能生产的产量都是相等的

9. 等成本曲线平行向外移动表明 ( )

　A. 产量提高了

　B. 成本增加了

　C. 生产要素的价格按相同比例提高了

　D. 生产要素的价格按不同比例提高了

10. 随着产量的增加,平均固定成本 ( )

　A. 固定不变

　B. 先下降后上升

　C. 不断下降

　D. 决定一个企业的停止营业点

11. 当 AC 到最低点时,下列正确的是 ( )

　A. $AVC=FC$　　　　　B. $MC=AC$

　C. $P=AVC$　　　　　D. $P=MC$

12. 假设某机器原来生产产品 A,利润收入为 200 元,现在改生产产品 B,所花的人工、材料费为 1 000 元,则生产产品 B 的机会成本是 ( )

　A. 200 元　　　　　　B. 1 200 元

　C. 1 000 元　　　　　D. 无法确定

13. 已知产量为 99 单位时,总成本等于 995 元,产量增加到 100 单位时,平均成本等于 10 元,由此可知边际成本为 ( )

　A. 10 元　　　　　　B. 5 元

　C. 15 元　　　　　　D. 7.5 元

14. 在长期中,下列成本不存在的是 ( )

　A. 固定成本　　　　　B. 平均成本

　C. 机会成本　　　　　D. 隐含成本

15. 下列各因素中不是可变成本的是 ( )

　A. 原材料

　B. 短期贷款的利息

　C. 高层管理者的薪金

　D. 可以无偿解雇的雇佣工人的工资

16. 假设 2 个人一天可以生产 60 单位产品,4 个人一天可以生产 100 单位产品,那么 ( )

　A. AVC 是下降的

　B. AVC 是上升的

第三章　厂商的经济行为

    C. $MP_L > AP_L$

    D. MP_L 是 40 单位

17. 一企业采用最低成本进行生产,若资本的边际产量为 5,单位资本的价格为 20 元,单位劳动的价格为 8 元,劳动的边际产量为　　　　　　(　　)

    A. 1　　　　　B. 2　　　　　C. 3

18. 如果规模报酬不变,单位时间内增加 20% 的劳动使用量,但保持资本量不变,则产出将　　　　　　　　　　　　　　　　　　　　　　(　　)

    A. 增加 20%　　　　　　　　B. 减少 20%

    C. 增加大于 20%　　　　　　D. 增加小于 20%

19. 使用自有资金也应计算利息收入,这种利息从成本角度看是　(　　)

    A. 固定成本　　　　　　　　B. 隐性成本

    C. 会计成本　　　　　　　　D. 生产成本

20. 正常利润的性质　　　　　　　　　　　　　　　　　　　　(　　)

    A. 相当于利息

    B. 相当于企业家出让其才能获得的报酬

    C. 相当于工人得到的工资

三、判断题

1. 如果边际产量递减,那么平均产量一定也是递减的。　　　　　(　　)
2. 只要边际产量减少,总产量也一定在减少。　　　　　　　　　(　　)
3. 如果产量减少到零,短期内成本也等于零。　　　　　　　　　(　　)
4. 生产要素的边际技术替代率递减是规模报酬递减造成的。　　　(　　)
5. 在一种可变投入生产函数条件下,可变要素合理投入区域应在 $AP > MP > 0$ 的阶段。　　　　　　　　　　　　　　　　　　(　　)
6. 经济学中短期与长期的划分取决于可否调整生产的产量。　　　(　　)
7. 假定生产某产品使用两种要素,如果这两种要素的价格相等,该生产者最好用同等数量的两种要素投入。　　　　　　　　　(　　)
8. 在要素 L 和 K 的当前使用水平上,L 的边际产量是 3,K 的边际产量是 2,每单位要素 L 的价格是 5,K 的价格是 4,由于 K 是比较便宜的要素,厂商如减少 L 的使用量而增加 K 的使用量,社会会以更低的成本生产出同样多的产量。　　　　　　　　　　　(　　)
9. 在边际产量发生递减时,如果要增加同样数量的产品,应该同比例增加变动生产要素的投入量。　　　　　　　　　　　　　(　　)
10. 在长期中无所谓固定成本和变动成本之分。　　　　　　　　(　　)
11. 如果一个人选择了上学而不是工作,那他的机会成本等于他在学习期间的学费。　　　　　　　　　　　　　　　　　　　(　　)

12. 边际成本曲线在达到一定产量水平后趋于上升是由边际产
    量递减规律所造成的。   (   )
13. 规模报酬递减是在"按比例连续增加各种生产要素"的情况下发生的。
                                                            (   )
14. 厂商增加 1 单位产量时所增加的变动成本就是边际成本。 (   )
15. 短期内,随着产量的增加,AFC 会变得越来越小,于是,AC 曲
    线和 AVC 曲线之间的垂直距离越来越小,但决不会相交。 (   )
16. 当边际成本递增时,平均成本也是递增的。   (   )
17. 扩大企业规模,可取得规模经济效益,因此,企业规模越大越好。(   )
18. 在总收益等于总成本时,厂商的正常利润为零。   (   )
19. 投资是一个存量的概念,与投资相对应的资本是流量。   (   )
20. 厂商在决定是否投资时,只要投资的预期利润率大于零,就可
    以进行投资。   (   )

四、计算题

1. 填制下表

总资本数 K	总劳动数 L	总产量 Q	劳动的平均产量	劳动的边际产量
12	0	0	/	/
12	1	75		
12	2		100	
12	3			100
12	4	380		
12	5			50
12	6		75	

2. 设厂商生产一定量某种产品需要的劳动(L)和资本(K)的数量可以采用下述
   A、B、C、D 四种组合中的任何一种:

要素组合方式	L	K
A	18	2
B	13	3
C	11	4
D	8	6

(1) 若每单位劳动价格为 6 元,每单位资本价格为 12 元,则该厂商为使成本
    最低宜采用哪种生产方法?

第三章 厂商的经济行为

(2) 若资本价格不变,劳动价格上升到 8 元,该厂商应采用哪种方法生产?

3. 填充下表:

产量 Q	STC	TFC	TVC	AFC	AVC	SAC	SMC
1		100	50				
2							30
3					40		
4	270						
5						70	

4. 假如在一定的技术条件下,有四种方法能生产出 100 单位的产品。试问:
  (1) 哪种生产方法在技术上是无效率的?
  (2) "方法 D 在技术上是最有效率的,因为它一共只耗用了 90 单位的资源。" 这种说法对吗?为什么?
  (3) 如何判断哪种生产方法经济上是否有效?

方 法	资本(单位数)	劳动(单位数)
方法 A	6	200
方法 B	10	250
方法 C	10	150
方法 D	40	50

5. 市场利率为 10%,并预期长期维持在这个水平上,消费者能以这个利率借入和贷出他们想借贷的资金,请在下列每种情况下,确定你的选择,并作出解释。
  (1) 你是要今天的 500 元礼盒,还是要 1 年后 540 元的礼盒?
  (2) 你是要现在的 2 000 元礼盒,还是要连续 4 年每年 500 元的赠款?
  (3) 你买彩票中了奖,可以立即得到一次性奖金 100 万元,也可以永久性地每年得到 5 万元(这一权利可以传给你的继承人),你将选择哪一种?

经济学基础 | JINGJIXUE JICHU

第四章　市场结构及其运行

本章主要目的

通过本章的学习,你应当能够:
1. 弄懂利润最大化原则的内涵
2. 搞清市场类型划分的主要标准
3. 明确完全竞争市场、完全垄断市场、垄断竞争市场与寡头垄断市场的含义及其特征
4. 阐明完全竞争市场上的厂商短期、长期生产规律
5. 掌握完全竞争条件下的价格决定机制
6. 学会需求弹性分析的方法
7. 熟知完全垄断厂商的行为模式、价格策略和经济影响
8. 认识垄断竞争厂商与寡头垄断厂商的行为策略和经济影响

第一节　引导性实验
——完全竞争市场均衡实验

一、实验步骤

1. 确定实验条件

实验器材:教师事先准备好1副剔除花牌、只剩下数字牌的纸牌,并把红牌(红桃或方块)与黑牌(黑桃或梅花)分开。一定数量的学生实验指南、相应数量的收益记录单、实验登记表15张、实验记录总表1张。

实验场地:本次实验应该在宽敞的普通教室或多媒体教室进行,需要准备可以容纳50人左右的宽敞的普通教室或多媒体教室,以便教师、学生讨论、走动,并保证学生的个人供求信息不至于因空间狭小而为人所知。

实验人数:本实验参与人数为10~23人。

2. 实施人员分组

由教师从学生中选出最多为23人,参加实验。其中3人担任实验工作人员,20

人充当交易者。将参与交易的学生分为买入方和卖出方两组。将整个教室分成前后左右四个区域,中间留出较大的空间,以便教师和学生走动,让参与交易的学生分布在教室前部的交易区内,并使买入方和卖出方分别在左右两个区域、面向黑板就座。教师对参与交易的学生按照从前到后、从中间到两边的原则进行编号。买入方的编号为 B1、B2、B3、…,卖出方的编号为 S1、S2、S3、…。实验工作人员或站在黑板与讲台之间,或站在交易区的左右两个分区的中间。3 名实验工作人员的分工为:1 人站在黑板与讲台之间,负责检查达成交易的有效性、公布成交价格、记录买入方和卖出方的保留价格、收回成交者手中的纸牌。另外 2 人站在场地中间,负责发牌,每人负责分发一种颜色的纸牌给买入方或卖出方,并监督买入方或卖出方在交易过程中有无泄密等违规行为;如有多笔交易达成,这 2 位工作人员应该引导成交者到讲台前登记,并注意维护市场秩序;当到达预设的时间长度时,这两位工作人员还应该向所有学生收回纸牌。

3. 宣布游戏内容

教师向学生宣布如下的游戏内容及收益规则:

模拟竞争性市场的交易:每个参与交易的人,在实验中将分别担当商品的买入方或卖出方的角色。每个交易者都将拿到 1 张牌,代表可以买入或卖出 1 单位的特定商品,比如说 1 支圆珠笔。扮演买入方的学生将得到 1 张红色的纸牌(红桃或者是方块),牌的数字大小在 1~10 之间,牌上的具体数字是达成交易时每单位商品对买入方的价值。扮演卖出方的学生将得到 1 张黑色的纸牌,牌的数字大小同样也在 1~10 之间,牌上的具体数字是达成交易时卖出方的货币成本。无论是买入方还是卖出方,除了纸牌的颜色之外,纸牌上的数字信息是保密的,不得向他人透露。

在每一轮的游戏中,扮演买入方的学生应该根据自己红牌上的数字大声出价,申报的价格不能大于红牌上的数字。并且,每个买入方申报的出价必须高于此前已有的出价。扮演卖出方的学生应该根据自己黑牌上的数字公开要价,申报的价格不能小于黑牌上的数字。并且,每个卖出方申报的要价必须低于此前已有的要价。在每一轮约为 5 分钟的游戏时间内,学生应该听从教师和实验工作人员的指令,按照以上的原则进行公开叫价,所有的叫价过程都会被详细地记录下来。当买入方认为对方当前的要价可以接受时,应该举手示意并大声确认。类似地,当卖出方接受对方现有的出价时,也应举手示意、大声确认,这样就达成了一笔交易。

每个学生的目标都是在实验期间达成更多的交易,获得更多的收益,各轮实验中每人的收益决定于以下公式:

买入方的收益=每单位商品对买入方的价值(红牌上的数字)—成交价格
卖出方的收益=成交价格—卖出方生产 1 单位商品的成本(黑牌上的数字)

对于买入方来说,只有红牌上的数字大于成交价格时,交易才带来收益的增加。而对于卖出方来说,只有成交价格大于黑牌上的数字时,才能扩大其利润。

如果在一轮游戏中,学生没能够达成交易,则无论是买入方还是卖出方,其收益都等于0。

4. 分发实验材料

教师和实验工作人员向每个学生分发1份"学生实验指南",向扮演买入方的每个学生分发1张红牌,并告知牌上的数字代表每件商品对购买方的价值。向扮演卖出方的学生每人发1张黑牌,并告知牌上的数字代表每件商品的生产成本。在分发纸牌时,注意掌握随机原则和保密原则,应该将牌面朝下分发出去,并提醒学生不要让别人看到牌上的数字。学生拿到纸牌后,应该立即在收益记录单的相应栏目中填好牌上的数字。

5. 明码叫价交易

教师宣布即将进入第1轮的交易过程,提醒学生准备叫价。学生叫价的表达形式为举手加口头,即举手表达叫价的要求,获得准许后进行口头报价。教师可以首先请代表买入方的学生为商品喊出初始的出价,再让卖出方的学生为商品喊出初始的要价。报价必须是0.5元的倍数。其后,教师再询问是否有人提高出价和降低要价,也就是说出价应该不断提高,要价应该不断降低。实验工作人员必须在黑板上记录每一次的报价数据,以便检验是否符合上述报价规则。每一个卖出方在任何时刻都可以接受一个稍作停滞的出价,每一个买入方也可以接受一个稍作停滞的要价。当一位交易者接受了另一位交易者提出的价格时,第一单位商品的双向拍卖就宣告结束了,即第一笔交易成功。这时,达成交易的买入方或卖出方应该在相应的实验工作人员的引导下,到讲台前将纸牌交给主管成交事务的实验工作人员,并再次大声告知成交价格。经实验工作人员审核确认为有效的交易后,成交的双方可以回到各自的座位上,根据成交的价格和纸牌上的数字计算自己的收益并做好相应的记录。此时主管成交事务的工作人员应该把成交双方的编号和成交价格公布在黑板上,等这2位学生走开后根据收上来纸牌上的数字,将学生的保留价格、成交价格填写在实验登记表中。然后,进入下一单位商品的交易。在此之前形成的、已发布的出价、要价和成交价格的信息便宣告无效,尚未成交的交易者应该按照上述的报价规定,重新申报出价、要价,继续进行双向拍卖,直至预设的时段结束,或所有参与者都已经成交为止。

6. 执行多轮游戏

当第1轮游戏结束时,无论是否达成交易,学生都应该将纸牌交给工作人员。工作人员将所有收回的纸牌顺序打乱,再次随机地分发给买入方的学生和卖出方的学生。注意在第2轮中,每一个学生的角色仍然与第1轮相同,并无任何变化。然后重复第5步骤,执行第2轮游戏。按照上述的流程,完成第2~5轮的游戏。

第四章　市场结构及其运行

7. 变更收益规则

进入第 6 轮游戏时,教师宣布改变收益规则:

宣布单独对卖出方征收生产税,每生产 1 单位商品征税 1 元。

于是买卖双方的收益由以下公式来计算:

卖出方的收益＝成交价格－卖出方生产 1 单位商品的成本(黑牌上的数字)－每单位商品征收的生产税

买入方的收益＝每单位商品对买入方的价值(红牌上的数字)－成交价格

其他步骤不变,继续进行游戏,在此收益规则下实施第 6~10 轮游戏。

8. 再次改变规则

进入第 11 轮游戏时,教师宣布再次改变收益规则:

宣布单独对买入方征收消费税,每购买 1 单位商品征税 1 元。

于是买卖双方的收益由以下公式来计算:

卖出方的收益＝成交价格－卖出方生产 1 单位商品的成本(黑牌上的数字)

买入方的收益＝每单位商品对买入方的价值(红牌上的数字)－成交价格－每单位商品征收的消费税

其他步骤不变,继续进行游戏,在此收益规则下实施第 11~15 轮游戏。

9. 统计交易数据

当学生每成交一笔交易 2 位学生后,工作人员应该及时在黑板上的公告栏中记录成交双方的编号和成交价格,等这 2 位学生走开后根据收上来纸牌上的数字,将学生的保留价格、成交价格填写在实验登记表中。当每一轮的游戏结束时,买入方和卖出方都应该根据成交价格,在自己的收益记录单上按照规则填写本轮游戏的收益。在第 5 轮、第 10 轮游戏结束时,应该让学生各花 1 分钟的时间对收益状况作一次汇总,并进行公告。在第 15 轮游戏完成后,教师应该让所有学生上交纸牌和收益记录单,统计每个学生的总收益,将其汇集成实验记录总表,并在黑板上公布实验数据。

10. 讲解实验结果

游戏结束后,教师根据汇总的实验统计数据,组织讨论,进行有关理论的讲解。

二、实验指南

1. 学生实验指南

我们做有关竞争性市场的交易。在实验中,大家将通过买卖想象中的圆珠笔来赚取利润。我们将选出 3 位学生作为市场工作人员。余下的同学将被分成人数相同的两部分,一部分人担当商品的买入方,另一部分人充当商品的卖出方。卖出方和买入方将分别在教室的左侧和右侧两个区域、面向黑板就座。

(1) 交易者须知

在实验中,在老师右边的同学是买入方,在老师左边的同学是卖出方。另外,老师会选择3位同学帮助记录价格、维护交易秩序。每个交易者都将拿到1张牌,代表可以买入或卖出1单位的特定商品,比如说一支圆珠笔。现在教师会给每位买入方和卖出方1张有数字的纸牌,牌的数字大小在1~10之间,请拿好你自己的牌,不要被其他人看到其中的数字。扮演买入方的同学将得到1张红色的纸牌(红桃或者是方块),牌上的具体数字是达成交易时每单位商品对买入方的价值。扮演卖出方的学生将得到1张黑色的纸牌,牌上的具体数字是达成交易时卖出方的货币成本。

你们的目标都是在实验期间达成更多的交易,尽可能多赚点利润。实验大体上分成三个阶段,每个阶段包含5轮游戏,总共要进行15轮游戏。在每一轮的游戏中,买入方和卖出方在大约5分钟的时间里进行谈判,谈判的内容只有一项,那就是商品的价格。买入方要想办法买到更多数量的商品,并赚取尽可能多的净价值;卖出方要想办法卖出更多数量的商品,并赚取尽可能多的利润。你们能否顺利地买到商品或者卖出商品,并赚到利润,掌握报价规则就非常重要。

你们报价的表达形式为举手加口头,即举手表达叫价的要求,获得准许后进行口头报价。报价必须是0.5元的倍数。如果你是买入方,而在你之前已经有人报出商品的买入价,你的出价应该小于你拿到的红牌上的数字,这能使你赚取收益;同时又应该大于已有的商品出价,这样你才有可能买到商品,因为出价越高,买到商品的可能性越大。如果你是卖出方,而在你之前已经有人报出商品的卖出价,你的要价应该大于你拿到的黑牌上的数字,这样你才能赚取利润;同时又应该小于已有的商品要价,这样你才有可能卖出商品,因为要价越低,卖出商品的可能性越大。如果你是买入方,你手上的红牌数字是5,你的出价既要小于5元,又要大于3元,所以你的报价可以在3.5元、4元、4.5元3个数字中进行选择。当然,为了争取买到商品,你的出价越高越好。因此,你可能会报价4.5元。一旦你报出了4.5元的价格,但没有达成交易,就不能再把报价降下来,因为买入方报价的原则应该是随着时间的推移,不断提高报价,直到达成交易为止。如果你是卖出方,你手上的黑牌数字是3,你的要价既要大于3元,又要小于6元,所以你的报价可以在3.5元、4元、4.5元、5元、5.5元5个数字中进行选择。当然,为了争取卖出商品,你的要价越低越好。因此,你可能会报价3.5元。一旦你报出了3.5元的价格,但没有达成交易,就不能再把报价升上去,因为卖出方报价的原则应该是随着时间的推移,不断降低报价,直到达成交易为止。在这个例子中,如果买入方报价4.5元,而你作为卖出方认为能够接受对方的这一出价时,应举手示意、大声确认。类似地,如果卖出方报价4.5元,而你作为买入方认为能够接受对方的这一出价时,也应举手示意、大声确认,这样1单位商品的双向拍卖宣告结束,买卖双方达成交易。其他同学可以继续进行商品的交易,此时,之前形成的成交价格宣告无效,买入方对商品出价和卖出方对商品要价都可以重新设定。游戏直至预定

第四章 市场结构及其运行

的 5 分钟时间结束,或所有参与者都已经成交为止。

当你们在价格上达成交易时,请在工作人员的引导下,立刻来到讲台前将纸牌交给我们,并大声告知成交价格。以便我们进行登记,并确认成交价格处于有效区间内,也就是成交价格应该大于黑牌上的数字而小于红牌上的数字。如果你的成交价格小于黑牌上的数字或大于红牌上的数字,工作人员将会宣布交易无效并把纸牌归还给你,让你回到座位上去继续交易。假如要登记的人很多,请和你的交易伙伴一起排队等待。当你们的交易价格得到确认后,黑板前的工作人员将写下价格,并大声宣布。然后,两位交易者可以回到你们的座位上,计算你们的收益。

我们的口头双向拍卖实验将分为三个阶段:即无政府控制的实验阶段、政府对生产者征税的实验阶段、政府对消费者征税的实验阶段。

在第一个阶段的实验中,即第 1~5 轮的游戏中,你的收益决定于以下公式:

买入方的收益=每单位商品对买入方的价值(红牌上的数字)-成交价格

卖出方的收益=成交价格-卖出方生产一单位商品的成本(黑牌上的数字)

对于买入方来说,只有红牌上的数字大于成交价格时,交易才带来收益的增加。而对于卖出方来说,只有成交价格大于黑牌上的数字时,才能扩大其利润。如果在一轮游戏中,你拿到了数字较大的黑牌或者数字较小的红牌,那么很有可能在这轮的游戏中不能达成交易,但是请不要失望,没能够达成交易,则无论你是买入方,还是卖出方,你的收益都等于 0。在每一轮游戏结束时,无论你是否达成交易,纸牌都要上交给工作人员,并由老师和工作人员重新洗牌和发牌。

在第二个阶段的实验中,即第 6~10 轮的游戏中,老师将宣布对卖出方征收生产税,每生产 1 单位商品征税 1 元。你的收益决定于以下公式:

卖出方的收益=成交价格-卖出方生产 1 单位商品的成本(黑牌上的数字)-每单位商品征收的生产税

买入方的收益=每单位商品对买入方的价值(红牌上的数字)-成交价格

其他步骤不变,继续进行游戏,在此收益规则下做完第 6~10 轮游戏。

在第三个阶段的实验中,即第 11~15 轮的游戏中,老师将宣布对买入方征收消费税,每购买 1 单位商品征税 1 元。你的收益决定于以下公式:

卖出方的收益=成交价格-卖出方生产 1 单位商品的成本(黑牌上的数字)

买入方的收益=每单位商品对买入方的价值(红牌上的数字)-成交价格-每单位商品征收的消费税

其他步骤不变,继续进行游戏,在此收益规则下做完第 11~15 轮游戏。

最后,你应完整地填写收益记录单,计算各轮游戏中自己的总收益,上交纸牌和收益记录单(见表 4-1)。

表 4-1 收益记录单

轮次	买入方的收益	买入方的商品价值(红牌数字)	每单位商品征收的消费税	成交价格	卖出方的生产成本(黑牌数字)	每单位商品征收的生产税	卖出方的收益
1			0			0	
2			0			0	
3			0			0	
4			0			0	
5			0			0	
6			0			1	
7			0			1	
8			0			1	
9			0			1	
10			0			1	
11			1			0	
12			1			0	
13			1			0	
14			1			0	
15			1			0	

各轮收益总额：_____ 学号：_____ 姓名：_____

（2）工作人员须知

非常感谢你们3位学生接受邀请，来担任市场工作人员。在整个实验的过程中，你们的任务是传递价格信息、控制游戏进程、监督交易秩序、记录实验数据，简言之，需要你们协助老师完成每一轮的游戏。

你们的具体分工为：

有2位同学的位置在场地中间，负责发牌，其中的1位同学负责发红颜色的纸牌给买入方，并监督买入方在交易过程中的报价是否符合规则、有无泄密等违规行为。另一位同学负责发黑颜色的纸牌给卖出方，并监督卖出方在交易中的报价行为是否符合规则。当达成交易时，你们2位同学应该引导本方的成交者到讲台前登记。当要登记的人很多时，你们必须让成交的同学排队等待，并注意维护市场秩序。当每一轮预设的5分钟时间结束时，你们2位工作人员还应该向所有参加交易的同学收回纸牌。

另一位同学的位置在黑板与讲台之间，负责检查达成交易的有效性、公布成交价格、记录买入方和卖出方的保留价格、收回成交者手中的纸牌。你将坐在黑板与讲台之间。当一位买入方和一位卖出方在某一价位上达成交易时，他们将来到讲台前你的工作首先是确认交易的有效性,然后是记录并公布他们的价格。交易的有效性是指成交价格必须是0.5元的倍数,成交价格还应该大于黑牌上的数字而小于红牌上的数字。当成交的买卖双方来到讲台前面时,取回他们的纸牌,询问他们达成的价格。然后,检查这个价格是否处于有效区间内。假如他们的成交价格小于黑牌上的数字或大于红牌上的数字,那么你应该宣布交易不符合规定,把纸牌交还给买卖双方,让他们回到座位上去重新进行交易。如果价格符合规定的要求,那么你应该在记录表(见表4-2、4-3)的相关空格里记录价格,接着收好扑克牌,让交易者回到他们的座位上,然后你可以在记录表左右两侧的相应空格里填好买卖双方纸牌上的数字。请记住要收回成交双方的纸牌,这样他们在每一轮的游戏中只能买进或卖出1单位的商品。收回成交双方的纸牌时,要注意保密,可以将牌面朝下,使参加交易的买入方和卖出方看不到对方牌上的数字。当你确认一个成交价格为有效价格时,要及时、大声、准确地宣读出来,以便让每个人都听得到,并把它写到黑板上,这样所有的达成交易或尚未达成交易的同学都能够得到最新的市场信息。

总结一下:成交价格必须大于黑牌上的数字,成交价格必须小于红牌上的数字。在你确认交易有效后,应该将成交价格、买入方的商品价值和卖出方的生产成本按顺序记录下来,大声宣布成交价格,并把成交价格写在黑板上。此外,不要忘记收回已经成交的同学的纸牌。

表4-2 报价数据记录表(样表)

时点	买入方编号	买入方出价	卖出方编号	卖出方要价	备注
1	B4	3			
2			S1	6	
3	B1	3.5			
4			S3	5.5	
5	B2	4			
6			S2	5	
7	B1	4.5			
8			S1	接受	达成1单位商品交易
9			S4	7	开始下一单位商品交易
10	B3	2.5			
…	…	…	…	…	…

表4-3 实验登记表(15张)

轮次_____

交易序号	买入方的收益	买入方的商品价值(红牌数字,交易者离开后记录)	每单位商品征收的消费税	成交价格	卖出方的生产成本(黑牌数字,交易者离开后记录)	每单位商品征收的生产税	卖出方的收益
1							
2							
3							
4							
5							
6							
7							
8							
9							
10							
11							
12							
合计							

表4-4 实验记录总表

班级:_____ 人数:_____ 时间:_____ 地点:_____

轮次	成交量	平均价格	买入方收益总额	卖出方收益总额	双方收益总额
1					
2					
3					
4					
5					
6					
7					
8					
9					
10					
11					
12					
13					
14					
15					

第四章 市场结构及其运行

2. 教师实验指南

(1) 准备实验:在开始实验之前,教师首先应该事先设计好实验的需求和供给的数据,并勾勒出需求曲线和供给曲线的形状,预先确定成交的数量和成交价格的范围。比如,发给买入方的红牌分别是 10,10,9,8,7,7,5,5,4,3;发给卖出方的黑牌分别是 2,2,3,4,5,5,7,7,8,9。实验的需求和供给的数据整理如下(见表 4-5)。

表 4-5 需求和供给的数据

| 卖出方的成本(黑牌数字) | 2 | 2 | 3 | 4 | 5 | 5 | 7 | 7 | 8 | 9 |
| 买入方的价值(红牌数字) | 10 | 10 | 9 | 8 | 7 | 7 | 5 | 5 | 4 | 3 |

由此,教师可以推导出需求—供给表(见表 4-6)。

这个市场的均衡价格在 5~7 元之间,均衡数量等于 6。

假如对卖出方征税 1 元钱,卖出方的成本增加 1 元,供给曲线向左上方平移,供给表会有变化,而需求表不变。形成新的需求—供给表(见表 4-7)。

表 4-6 需求—供给表

商品价格	需求量	供给量	价格变动趋势
9	2	9	下降
8	3	8	下降
7	4	6	下降
6.5	6	6	均衡
5.5	6	6	均衡
5	6	4	上升
4	8	3	上升

表 4-7 对卖出方征税后的需求—供给表

商品价格	需求量	供给量	价格变动趋势
9	2	8	下降
8	3	8	下降
7	4	6	下降
6.5	6	6	均衡
5.5	6	6	上升
5	6	3	上升
4	8	2	上升

这个市场的均衡价格在 6~7 元之间,均衡数量等于 6。

假如对买入方征税 1 元钱,买入方的价值减少 1 元,需求曲线向左下方平移,需求表会有变化,而供给表不变。形成新的需求—供给表(见表 4-8)。

这个市场的均衡价格在 5~6 元之间,均衡数量等于 6。

如果教师对课堂实验的组织工作非常有把握,那么可以采用更富于戏剧性的做法:事先向学生宣布你将预言双向拍卖实验的结果,包括成交的数量和价格的范围,然后在实验开始之前将你的预言封在信封中交给某位

表 4-8 对买入方征税后的需求—供给表

商品价格	需求量	供给量	价格变动趋势
9	0	9	下降
8	2	8	下降
7	3	6	下降
6.5	4	6	下降
5.5	6	6	均衡
5	6	4	上升
4	6	3	上升

学生。在实验结束之后,要求这名学生打开信封向全班宣读你的预言,学生们将会对这一预言留下深刻的印象。

其次,教师应该对教室的空间进行适当的调整,留出足够的空间让教师和学生自由走动。

再次教师还应该事先准备好1副剔除花牌、只剩下数字牌的纸牌,一定数量的学生实验指南、相应数量的收益记录单、实验登记表15张、实验记录总表1张,还需要有粉笔、黑板擦、计算器、纸和笔、电脑等器材和资料。

(2)实施分组:由教师从学生中选出最多为23人,参加实验。其中3人担任实验工作人员,20人充当交易者。将参与交易的学生分为买入方和卖出方两组。将整个教室分成前后左右四个区域,中间留出较大的空间,以便教师和学生走动,让参与交易的学生分布在教室前部的交易区内,并使买入方和卖出方分别在左右两个区域、面向黑板就座。教师对参与交易的学生按照从前到后、从中间到两边的原则进行编号。买入方的编号为 B1、B2、B3、…,卖出方的编号为 S1、S2、S3、…。实验工作人员或站在黑板与讲台之间,或站在交易区的左右两个分区的中间。3 名实验工作人员的分工为:1人站在黑板与讲台之间,负责检查达成交易的有效性、公布成交价格、记录买入方和卖出方的保留价格、收回成交者手中的纸牌。另外2人站在场地中间,负责发牌,每人负责分发一种颜色的纸牌给买入方或卖出方,并监督买入方或卖出方在交易过程中有无泄密等违规行为;如有多笔交易达成,这两位工作人员应该引导成交者到讲台前登记,并注意维护市场秩序;当到达预设的时间长度时,这2位工作人员还应该向所有学生收回纸牌。教师可以让不参加交易的学生在教室后部的观察区内就座,并将事先准备好的实验数据、需求表、供给表、实验报告等资料发给他们,让没有参加游戏的学生观察交易过程,思考实验报告上的有关问题。

(3)宣读规则:教师和工作人员将学生实验指南发到每个交易者手中,并由教师大声宣读游戏内容并向学生解释不够清楚的地方,尤其应强调报价规则、保密原则和收益规则。可以让学生提出疑问,老师及时释疑,还可考虑让学生复述报价规则和收益规则。教师在确信每个学生都搞清实验步骤之后,宣布游戏开始。

(4)控制进程:由工作人员将纸牌发到每个交易者手中,由教师宣布1分钟后将开始第1轮游戏,让交易者做好准备,然后开始计时。在每一轮5分钟的交易时间中,教师及工作人员应该观察和监督整个交易过程,提醒交易者遵守交易规则,做好各项实验数据记录,并维持好现场秩序。

(5)汇总数据:当学生每成交一笔交易后,工作人员应该及时在黑板上的公告栏中记录成交双方的编号和成交价格,等这2位学生走开后根据收上来纸牌上的数字,将学生的保留价格、成交价格填写在实验登记表中。当每一轮的游戏结束时,买入方和卖出方都应该根据成交价格,在自己的收益记录单上按照规则填写本轮游戏的收益。在第5轮、第10轮游戏结束时,应该让学生各花1分钟的时间对收益状况作一次汇总,并进行公告。在第 15 轮游戏完成后,教师应该让所有学生上交纸牌和收益记录单,统计每个学生的总收益,将其汇集成实验记录总表(见表 4-4),并在黑板上公布实验数据。

(6) 提出问题:根据公布的实验数据,提出问题,引导学生分析口头双向拍卖规则下的价格、成交量的变化规律,思考应该如何解释实验结果。

(7) 阐述理论:通过问答,形成相应的结论,阐述竞争性市场的均衡理论,督促学生独立完成实验报告。

第二节 厂商收益和市场类型

在说明各种不同类型市场中厂商的行为方式之前,我们首先必须知道厂商收益及利润的概念,以及厂商行为的基本准则——利润最大化原则。

一、厂商收益

1. 收益的含义和种类

①含义:厂商收益是指厂商销售产品得到的全部货币收入,即价格与销售量的乘积,也就是厂商的销售收入。

②种类:收益可以分为总收益、平均收益和边际收益。

总收益(Total Revenue 以 TR 表示)是指厂商按照一定价格销售一定量产品所获得的全部收入,它等于产品单价(P)乘以销售数量(Q)。

总收益可用公式表示为:总收益(TR)=产品单价(P)×销售数量(Q)

平均收益(Average Revenue 以 AR 表示),是指厂商每销售一单位产品所得到的平均收入,它等于总收益除以产销量,也就是单位产品的市场价格。

平均收益可用公式表示为

平均收益(AR)=总收益(TR)/销售数量(Q)=

产品单价(P)×销售数量(Q)/销售数量(Q)=产品单价(P)

这就是说:平均收益(AR)=产品单价(P)在任何市场条件下都能成立。

边际收益(Marginal Revenue 以 MR 表示)是指厂商每增加或减少 1 单位产品销售量所增加或减少的收入。可用公式表示为:

边际收益(MR)=总收益增减量(ΔTR)/销售量增减量(ΔQ)

或 $MR = \Delta TR / \Delta Q$。

2. 平均收益与边际收益的关系

从单纯的数量角度来看,平均收益是总收益关于销售量的平均值;而边际收益是总收益关于销售量的边际值,因而两者应该符合平均值与边际值的一般关系。即:

当平均值(平均收益)不变时,边际值(边际收益)＝平均值(平均收益),如表4-9所示。

表4-9　当平均收益不变时,平均收益与边际收益的关系表

销售数量(Q)	价格(P)	平均收益(AR)	总收益(TR)	边际收益(MR)
1	10	10	10	10－0＝10
2	10	10	20	20－10＝10
3	10	10	30	30－20＝10
4	10	10	40	40－30＝10
5	10	10	50	50－40＝10
6	10	10	60	60－50＝10

当平均值(平均收益)下降时,边际值(边际收益)＜平均值(平均收益),如表4-10所示。

表4-10　当平均收益下降时,平均收益与边际收益的关系表

销售数量(Q)	价格(P)	平均收益(AR)	总收益(TR)	边际收益(MR)
1	10	10	10	—
2	9	9	18	18－10＝8
3	8	8	24	24－18＝6
4	7	7	28	28－24＝4
5	6	6	30	30－28＝2
6	5	5	30	30－30＝0
7	4	4	28	28－30＝－2

二、利润及利润最大化原则

1. 利润

利润等于总收益减去总成本。这里所说的成本是指包含显性成本与隐性成本在内的全部经济成本;这里所说的利润是指超过正常利润的超额利润,正常利润是投入到生产过程中的自有要素的应得报酬。当总收益大于总成本时,其差额即为厂商的超额利润;当总成本超过总收益时,其差额即为厂商的亏损。总收益超过总成本最大时,超额利润最大;总成本超过总收益最小时,亏损最小。

利润可以用 π 表示;总收益用 TR 表示;总成本用 TC 表示。

$$利润(\pi)＝总收益(TR)－总成本(TC)$$

2. 利润最大化原则

(1) 内容

厂商的根本目标应该是单一的,厂商从事经济活动的目的,就在于谋求最大的利润,实现利润最大化的最优状态。利润最大化体现的是厂商的行为目标,各行各业的

厂商都会按照利润最大化的原则行动。在主观上厂商总想追求盈利,在客观上厂商行为的结果可能是盈利也可能是亏损。换言之,利润最大化的形式,可以是最大利润,也可以是最小的亏损。

市场经济是法制经济,在一个法制社会里,企业追求利润的手段必须是正当的,应当符合法律的规范。所谓君子爱财,取之有道,这里所说的"道"应该理解为合乎法律规范的经营之道。从根本上说,企业只有向社会提供更多、更好、更便宜的商品与劳务,不断满足消费者的各种物质和精神需求,才能实现利润最大化。利润最大化的重要意义就在于通过市场调节,协调企业的微观利益与社会的宏观利益关系。

对于企业来说,实现利润最大化还要正确处理短期效益与长期效益的关系。利润最大化是厂商的长期目标,利润最大化是长期利润最大化,而不是短期中每时每地的利润最大化。企业只有依靠在长期中的筹划、经营,在内部建立有效的法人治理机制,尤其是激励机制;在外部树立良好的企业形象,善于经营,讲求信誉,才能真正实现利润最大化。

厂商实现利润最大化的产量,也叫均衡产量。均衡产量应该满足的条件,即利润最大化原则是:在均衡产量时其边际收益应该等于其边际成本。

我们用 Q_E 来表示均衡产量,则利润最大化原则可以表达成:
均衡产量时的边际收益=均衡产量时的边际成本。即
$$MR(Q_E)=MC(Q_E)$$

(2) 原因

为什么在边际收益等于边际成本时厂商才能实现利润最大化呢?

当边际收益(MR)大于边际成本(MC)时,如果厂商增加产量,那么厂商多生产1单位产品所增加的收益(即边际收益)会大于为多生产这一单位产品所增加的成本(即边际成本)。这时,对该厂商来说,还有潜在的利润没有得到,增加生产会使利润增加或亏损减少。反之,如果厂商减少产量,那么厂商少生产1单位产品所减少的收益(即边际收益)会大于少生产这1单位产品所减少的成本(即边际成本),减产时,收益的下降大于成本的下降,这时,对该厂商来说,减少产量会使利润下降或亏损上升,不能采取减产的措施。也就是说,当边际收益(MR)大于边际成本(MC)时,厂商没有达到利润最大化状态,应该增加生产。

当边际收益(MR)小于边际成本(MC)时,如果厂商增加产量,那么厂商多生产1单位产品所增加的收益(即边际收益)会小于为多生产这1单位产品所增加的成本(即边际成本)。这时,对该厂商来说,增加生产就会得不偿失,造成利润下降或亏损上升。反之,如果厂商减少产量,那么厂商少生产1单位产品所减少的收益(即边际收益)会小于少生产这1单位产品所减少的成本(即边际成本),减产时,收益的下降小于成本的下降,这时,对该厂商来说,减少产量会使利润增加或亏损减少,有利可图,因此厂商必然要减少产量。也就是说,当边际收益(MR)小于边际成本(MC)时,

厂商也没有达到利润最大化状态,应该压缩产量。

当边际收益(MR)等于边际成本(MC)时,如果厂商增加产量,那么厂商多生产1单位产品所增加的收益(即边际收益)会等于为多生产这1单位产品所增加的成本(即边际成本)。这时,对该厂商来说,增加生产不会使利润有任何变化。反之,如果厂商减少产量,那么厂商少生产1单位产品所减少的收益(即边际收益)会等于少生产这1单位产品所减少的成本(即边际成本),减产时,收益的下降等于成本的下降,这时,对该厂商来说,减少产量也不会使利润变化。也就是说,当边际收益(MR)等于边际成本(MC)时,厂商已经达到利润最大化状态,应该保持产量水平不变。

即当 $MR(Q_E) = MC(Q_E)$ 时,实现利润最大化。

三、市场类型

1. 厂商与行业

①厂商是指根据利润最大化的根本目标而提供商品或劳务的独立经济组织。在具体的组织形式上,它可以采取独资经营、合伙经营、股份公司等形式。而在经营范围或业务内容上,可以从事生产制造、商品销售、劳务提供等活动。

②行业或产业是指制造或提供同一产品或类似产品或劳务的全体厂商的集合,如纺织业、机器制造业、食品加工业、信息技术业、金融业、旅游业、商贸服务业等。每个行业或产业又可以进一步细分为若干个子行业,如纺织业又可分为棉织业、针织业、丝织业;而金融业又可分为银行业、证券业、保险业、信托业等。

2. 市场及其类型

(1) 市场的含义

一说起市场,一般人认为是指场所,是货物买卖或劳务授受的场所。买卖双方集中到一个场所进行洽谈,决定商品交换的价格。实际上,就本质来说,市场是使得供求双方能够达成交易的组织结构和规则体系。市场的作用是让供求双方能够达成交易,为了使得交易能够更快、更省、更好地达成,需要采取各种形式各异、千差万别的组织结构和规则体系。每一种商品都有一个市场,商品在同一市场上通常只有一个价格。从交易方式来看,在现实中既有"一手交钱、一手交货"的现场交易方式;又有更为繁多的通过电话、电传、网络等现代通讯手段买卖成交的非现场交易方式。现实市场中的交换活动,早已经突破了传统的场所概念,更多地着眼于达成交易的一种机制。

(2) 市场的类型

按照不同的分类标志,可以把市场分成不同的类型。在经济学中,通常按照竞争程度这一标准,从厂商数量、产品差别程度、厂商对产量和价格的控制程度及进入行业的难度这些因素,将市场分为4种类型:完全竞争、完全垄断、垄断竞争和寡头垄

断,来分别考察价格决定和厂商均衡问题。这4种类型的市场和厂商的特点可列表如下:

表 4-11 4种市场类型基本特征的比较

市场结构类型	厂商数目	产品差别程度	个别厂商控制价格程度	厂商进入行业难易	现实中接近的行业
完全竞争	很多	无差别	没有	完全自由	农业
垄断竞争	较多	有些差别	一定程度	比较自由	零售业
寡头垄断	几个	有或无差别	较大程度	较难	汽车制造业
完全垄断	一个	惟一产品无替代品	很大程度,但常受政府管制	不能	公用事业

可以看到,市场的竞争程度与厂商的数目成正比,厂商数目则与厂商进入行业的难度成反比。而市场的竞争程度则大体上与产品差别程度成反比,个别厂商控制价格的程度与市场的竞争程度成反比。

第三节 完全竞争的市场结构

一、完全竞争的含义与特征

1. 含义

完全竞争(Perfect Competition)又称为纯粹竞争,是指一种竞争不受任何阻碍和干扰的市场结构。

2. 特征

(1) 价格既定

该产品的市场上存在着大量的消费者和大量的生产者,单个生产者的产销量只占市场总产销量的极小份额,而单个消费者的需求量占市场总交易量也极小。因而,单个厂商、消费者增加或减少生产量、购买量时,对市场供给、需求没有明显的影响,市场价格也不会因此而变化。单个生产者与消费者在市场中的力量是微不足道的,无法通过其生产决策与购买决策来影响、控制、决定市场价格。简言之,任何一个生产者与消费者只是产品市场价格的接受者,而不是价格的制定者。

(2) 产品同质

市场上的该种产品是同质的,不存在产品差别。产品差别不是指不同产品之间的差别,而是指同种产品之间在质量、包装、牌号、销售条件甚至服务质量上的差别。不存在产品差别,对于消费者来说,意味着他所购买的该种产品,无论哪家厂商生产,都具有相同的性能、质量、销售条件、服务方式,因而就不存在对厂商的选择偏好。厂商生产的产品完全可以相互替代,各个厂商也就不能凭借产品差别对市场实行垄断。如果某厂商稍微提高其产品的价格,则顾客会转而购买其他厂商的产品。

(3) 要素自由

资源完全自由流动。当厂商想进入或退出该行业时,不存在任何法律上的、社会上的、资金上的障碍。任何一个厂商都可以自由地扩大或缩小该产品的生产规模;进入该行业从事该产品的生产,或退出该行业停止生产该产品。

(4) 信息充分

市场信息是畅通的,市场中所有的生产者和消费者都拥有充分的供求信息。厂商和消费者对市场价格都了如指掌,每个厂商都不会以低于市场的价格去销售产品,每个消费者也不会以高于市场的价格购买产品。

符合上述条件的市场,称为完全竞争市场。很显然,这只是一种理论上的理想市场,在现实中几乎不存在这种结构的市场,只有小麦、玉米等基本农产品市场在某种程度上符合前面3个条件,但是要符合第4个条件则不太可能。尽管如此,如同在物理学中要研究没有摩擦力的真空环境一样,分析完全竞争市场的厂商行为,对于经济学来说仍然具有重要的理论意义。因为理论是现实的一般抽象,可以用来作为一个参照系,来评价、解释和预测现实的经济活动、经济现象。

二、完全竞争条件下单个厂商的收益状况

在完全竞争市场的条件下,单个厂商无法决定和控制价格,其产量决策不足以影响市场,他是产品市场价格的接受者。当市场价格确定之后,对单个厂商来说,这一价格就是既定的,无论它如何增加产量都不能影响市场价格。按既定的市场价格来销售产品,他可以销售出任意多的产品,没有必要降价。但也不能提价,因为产品是同质的。如果他以高于市场价格的价位去销售产品,那么消费者就会转而购买其他厂商的同质产品,其销售量就会降到等于零。

在完全竞争市场,单个厂商扩大其销售量时无需降低价格,当然也不能提高价格。

当厂商改变产量从而改变销售量时,其产品价格是不变的。于是就如表4-9所示,厂商的边际收益就等于平均收益,也就等于该产品的价格。即

边际收益=平均收益=产品价格

比如鸡蛋的市场价格是每公斤5元,某小贩卖出50公斤鸡蛋,总收益等于250元,其平均收益为5元。如果该小贩多卖出1公斤鸡蛋,在完全竞争条件下鸡蛋的市场价格并不会因为这增加的1公斤鸡蛋而改变,因而每公斤售价仍为5元,该小贩的总收益变为255元,增加的收益即边际收益也为5元。

三、完全竞争市场上厂商的短期生产决策

完全竞争市场上厂商无力改变产品的市场价格,但可以根据产品的市场价格和自身的成本状况来确定产量,以达到利润最大化的目标。

1. 均衡产量的确定

在短期中,厂商尽管不能改变厂房、设备等固定要素的投入量,但可以通过调整劳动力、原材料等可变要素来变动产量,以求得利润最大或亏损最小。当实现利润最大化时,厂商既不增加生产也不减少生产,也就达到了均衡状态。

前面已经证明,当边际收益等于边际成本,即 MR=MC 时,即取得了均衡产量。在完全竞争条件下,边际收益(MR)=平均收益(AR)=产品价格(P),所以,完全竞争厂商的均衡产量应该满足条件:

边际成本(MC)=边际收益(MR)=平均收益(AR)=产品价格(P)

也就是 边际成本(MC)=产品价格(P)

例 某完全竞争厂商的短期成本如表:当价格为(1) $P=66$ 元时,(2) $P=30$ 元时,(3) $P=21$ 元时,(4) $P=18$ 元时,其均衡产量分别应该是多少?

解:(1) 当 $P=66$ 元时,均衡产量应该满足边际成本(MC)=产品价格(P)=66
从表格中可以看出,均衡产量 $Q_E=6$

(2) 当 $P=30$ 元时,均衡产量 $Q_E=4$

(3) 当 $P=21$ 元时,均衡产量 $Q_E=3$

(4) 当 $P=18$ 元时,均衡产量 $Q_E=2$

表 4-12 某完全竞争厂商的短期成本表

产量(Q)	总固定成本 (TFC)	总变动成本 (TVC)	短期总成本 (TC)	边际成本 (MC)	平均成本 (AC)	平均变动成本 (AVC)
0	40	0	40	—	—	—
1	40	24	64	24	64	24
2	40	42	82	18	41	21
3	40	63	103	21	34.33	21
4	40	93	133	30	33.3	23.3
5	40	138	178	45	35.6	27.6
6	40	204	244	66	40.7	34
7	40	297	337	93	48.1	42.4

2. 当取得均衡产量时,厂商盈亏状况的分析

利润(π)=总收益(TR)-总成本(TC)

=产品单价(P)×销售数量(Q)－平均成本(AC)×销售数量(Q)

　　=[产品单价(P)－平均成本(AC)]×销售数量(Q)

当产品单价(P)大于平均成本(AC)时,厂商获得超额利润;当产品单价(P)小于平均成本(AC)时,厂商获得亏损;当产品单价(P)等于平均成本(AC)时,厂商的超额利润为零,只获得正常利润。

例 上例中(1)当 $P=66$ 元时,均衡产量 $Q_E=6$,此时平均成本(AC)=40.7元,厂商盈利=(66－40.7)×6=151.8元。这表明厂商在这一价格时会获得151.8元的超额利润。

(2)当 $P=30$ 元时,均衡产量 $Q_E=4$,此时平均成本(AC)=33.3元,厂商盈亏=(30－33.3)×4=－13.2元。这表明厂商此时处于亏损状态,亏损额为13.2元。

(3)当 $P=21$ 元时,均衡产量 $Q_E=3$,此时平均成本(AC)=34.3元,厂商盈亏=(21－34.33)×3=－40元。这表明厂商此时处于亏损状态,亏损额为40元。

(4)当 $P=18$ 元时,均衡产量 $Q_E=2$,此时平均成本(AC)=41元,厂商盈亏=(18－41)×2=－46元。这表明厂商此时处于亏损状态,亏损额为46元。

3. 在均衡产量时,出现亏损,厂商生产与否的决策

在短期内,如果厂商停止生产,将负担全部的固定成本损失,即厂商亏损额为全部的固定成本。如果继续生产,那么:

　　厂商的亏损额=总成本(TC)－总收益(TR)

　　　　　　　=总固定成本(TFC)+总变动成本(TVC)－总收益(TR)

　　　　　　　=总固定成本(TFC)+[总变动成本(TVC)－总收益(TR)]

　　　　　　　=总固定成本(TFC)+[平均变动成本(AVC)－产品单价(P)]

　　　　　　　　×销售数量(Q)

当产品单价(P)大于平均变动成本(AVC)时,厂商继续生产的亏损额会小于总固定成本,厂商应该继续生产;当产品单价(P)小于平均变动成本(AVC)时,厂商继续生产的亏损额会大于总固定成本,厂商应该停止生产;当产品单价(P)等于平均变动成本(AVC)时,厂商继续生产的亏损额会等于总固定成本,不从事生产所承受的亏损额也等于总固定成本,此时处于生产与停产的临界状态,正好在平均变动成本(AVC)的最小值点,该点也叫停止营业点。

例:上例中,如果停产,则亏损额为全部的固定成本40元。

(1)当 $P=30$ 元时,均衡产量 $Q_E=4$,厂商处于亏损状态,亏损额为13.2元。此时该厂商应该生产。我们应该注意到均衡产量 $Q_E=4$,平均变动成本(AVC)=23.3元,小于产品价格。

(2)当 $P=18$ 元时,均衡产量 $Q_E=2$,厂商处于亏损状态,亏损额为46元。此时该厂商应该停产。我们应该注意到均衡产量 $Q_E=2$,平均变动成本(AVC)=21元,大于产品价格。

(3) 当 $P=21$ 元时，均衡产量 $Q_E=3$，厂商处于亏损状态，亏损额为 40 元。此时该厂商既可以生产也可以停产，处于临界点上。我们应该注意到均衡产量 $Q_E=3$，平均变动成本（AVC）=21 元，等于产品价格；而且此时边际成本（MC）=平均变动成本（AVC）=21 元，即处于平均变动成本（AVC）的最小值上，这正是该厂商的停止营业点。

在短期中，面临亏损仍然继续生产的主要原因是停产时厂商的收益为零，但成本不为零，固定成本的支出依然存在，因此不生产亏损会更大。比如当鸡蛋的市场价格很低时，每个养鸡专业户都会因此而亏损。但是，由于处于短期状态中，养鸡专业户的固定投入诸如鸡舍、蛋鸡等无法改变，可能还要继续投入鸡饲料和劳动力养鸡，才能减少一点亏损。

综上所述，在短期中，完全竞争厂商按照边际成本（MC）=产品价格（P）的利润最大化原则来决定其最优产量。在最优产量厂商获得的可能是最大的利润，可能是正常利润，也可能是最小亏损。当出现亏损时，厂商有时还会继续经营，以免因停产而造成更大的亏损。

四、完全竞争市场上厂商的长期生产决策

在短期中，厂商的利润最大化有 3 种可能，可能获得超额利润，可能只有正常利润，也可能亏损。即使出现亏损，只要产品价格可以弥补平均变动成本，厂商就会继续营业。

在长期中，对于厂商而言，不再有固定成本，所有的生产要素都可以根据市场价格来进行调整，也可以自由进入或退出该行业。当某产品的市场价格偏高，该行业中的所有厂商都能获得超额利润时，新厂商就会加入这一厚利行业，以追逐利润，于是市场上该产品的产量就会增加，产品的市场价格就会下降。只要在该行业中还能获得超额利润，新厂商就会继续加入，现有厂商也会不断扩大生产规模，从而产量持续增加，市场价格也会继续下降，一直到市场价格与长期平均成本相等为止，新厂商不再加入，厂商的超额利润为零。当某产品的市场价格偏低，该行业中的所有厂商都蒙受亏损时，一些厂商就会退出该行业，其他厂商也会减少生产，以避免损失，结果市场上该产品的产量就会减少，产品的市场价格就会上升。只要在该行业中还存在亏损，现有厂商就会不断缩小生产规模、退出经营行列，从而产量持续减少，市场价格也会继续上升，一直到市场价格攀升到与长期平均成本相等为止，厂商能够收支相抵。最终价格水平会达到使各个厂商既无超额利润又无亏损的状态。这时整个产品市场达到均衡状态，各个厂商的产量也不再调整，于是就实现了长期均衡。

比如，在长期中一切投入都是可变的，养鸡专业户虽然不能改变鸡蛋价格，但他可以通过全面、充分的调整来改变自己的产量。当鸡蛋的市场价格偏高，养鸡专业户都能获得超额利润时，就会有更多的人进入市场，成为养鸡专业户，原有的养鸡专业户也会扩大生产规模。于是市场上鸡蛋产量增加，鸡蛋价格下降。反之，如果鸡蛋的

市场价格偏低,养鸡专业户普遍发生亏损时,就会有人杀掉蛋鸡,退出市场不再当养鸡专业户,留下来的养鸡专业户也会减少产量。于是市场上鸡蛋产量减少,鸡蛋价格上升。只有当鸡蛋价格变动到等于长期平均成本时,养鸡专业户既没有超额利润也没有亏损,即收支相抵,市场就处于均衡状态。此时厂商只获得正常利润时,既没有人加入养鸡专业户的行列,也没有人退出养鸡专业户的行列,蛋鸡饲养量既不增加,也不减少,产量不再进行调整。

在完全竞争市场上,厂商在短期可能获得超额利润,也可能遭受亏损,但在长期,厂商只能获得正常利润。厂商按照长期边际成本(LMC)=产品市场价格(P)的利润最大化原则来确定均衡产量。通过不断的调整,产品市场价格(P)又会等于长期平均成本(LAC),即产品市场价格(P)=长期平均成本(LAC)。

于是,长期边际成本(LMC)=产品市场价格(P)=长期平均成本(LAC)。

我们知道,当长期边际成本(LMC)=长期平均成本(LAC)时,正是长期平均成本(LAC)的最小值。由此,厂商长期生产的均衡状态是产品价格等于长期平均成本的最小值。这充分说明了,在完全竞争条件下,可以实现成本最小化,从而也就达到经济效率最高的状态。

第四节 完全竞争下的供求和市场价格

如前所述,在完全竞争的市场中,单个生产者与消费者的力量是微不足道的,他们无法通过其生产决策与购买决策来影响、控制、决定市场价格,所以单个厂商和消费者都是产品市场价格的接受者。那么产品的市场价格又是由什么来决定呢?这就必须学习完全竞争条件下的供求理论。

一、需求理论

1. 需求函数

(1)影响商品购买量的因素

在一种商品市场上,影响该商品购买量的因素多种多样,主要有:

①该商品本身的价格。在收入、偏好等其他因素不变时,商品的价格越高,人们对该商品的购买量越少;价格越低,人们对该商品的购买量越多,商品本身的价格与其需求量之间,存在着相当稳定的反向变动关系。

②相关商品的价格。不同的商品之间存在着相互的联系。相关商品可以分为两类:

一类是相互替代关系,另一类是相互补充的关系。构成相互替代关系的商品是指在效用上能相互代替的商品,如牛肉与羊肉、咖啡与茶叶、棉布与化纤布、公路运输与铁路运输等等。人们经常会观察到这样的现象:对于牛肉与羊肉来说,当羊肉价格既定不变时,羊肉的购买量随牛肉价格的下降而减少,随牛肉价格的提高而增加。构成相互替代关系的商品,其购买量会有此消彼长的变化。当一种商品的替代商品价格变动时,本商品的购买量会同向变动。构成相互补充关系的商品是指在效用上能相互补充的商品,如汽车与汽油、香烟与打火机、照相机与胶卷、钢笔与墨水等等。构成相互补充关系的商品,其购买量会有同增同减的变化。比如当汽车价格不变,汽油价格提高,会使人们减少对汽车的购买量;反之,当汽油价格不变,汽车价格提高,汽油购买量也会减少。当一种商品的互补商品价格变动时,本商品的购买量会反向变动。

③消费者的货币收入。一般说来,在其他条件不变的情况下,人们的收入越高,对商品的需求越大。因此,从市场需求来看,一个市场上消费者的人数和国民收入分配的情况,显然是影响需求的重要因素。

④消费者对该商品的偏好。所谓偏好,在一定程度上产生于人类的基本的需要,如人们需要粮食充饥,衣服御寒等等。在这里所说的偏好及其变化,更多地涉及人们生活所处的社会环境,因而主要取决于当时当地的社会风俗习惯,或者说是社会消费风尚的变化。比如我们对于衣着的颜色、款式需要的变化,主要取决于时尚的变化。各种媒体上的广告宣传提供大量的商品信息,在一定程度上可以影响人们的偏好,从而改变对各种商品的需求。当消费者的偏好增强时,即使消费者收入水平没有增加、商品价格没有下降,该商品的购买量仍然会有提高。

⑤消费者对于该商品未来价格的预期。如果消费者预期其未来收入没有变化,而预期该商品未来价格将上涨,消费者会增加该商品当前的购买量;反之则会减少该商品当前的购买量。

(2) 需求函数

当我们把影响商品购买量的因素看作自变量,把商品的购买量看作因变量,就可以将上述因素分析归纳成一个函数关系,来反映商品的购买量与其影响因素之间的依存作用。这种函数称为需求函数,记作:

$$Q_d = f(P, P_s, P_c, I, T, P_e \cdots)$$

上列方程式中,Q_d 代表对该商品的购买量,$P, P_s, P_c, I, T, P_e \cdots$ 分别代表影响该商品购买量的各种因素。上述方程表示 Q_d 这个变量与 $P, P_s, P_c, I, T, P_e \cdots$ 变量之间存在着函数关系,其中 Q_d 称为因变量,$P, P_s, P_c, I, T, P_e \cdots$ 称为决定因变量的自变量。就是说,Q_d 数值的大小是由 $P, P_s, P_c, I, T, P_e \cdots$ 的数值决定的,并且随着后者的变化而变化。其中 P 表示该商品本身的价格;P_s 表示该商品替代商品的价格;P_c 表示该商品互补商品的价格;I 表示消费者的货币收入;T 表示消费者对该商品的偏好;P_e 表示消费者对于该商品未来价格的预期,等等。

2. 需求的含义与表达方式

(1) 需求的含义

需求的含义是指消费者在一定时期内,在各个不同的价格水平上愿意并且能够

购买的该商品或劳务的数量。在这个概念中,有以下四个要点:
①它是消费者在一定时期内的计划购买量,具有明确的时期限定;
②它是分别与若干个价格对应的若干个购买量;
③它是消费者愿意购买的商品数量,表明消费者有购买动机;
④它是消费者能够购买的商品数量,表明消费者有购买能力。

(2)需求量的含义

需求量的含义是指消费者在一定时期内,在某个价格水平上愿意并且能够购买的该商品或劳务的数量。这里可以看出需求量不同于需求,需求量是与某个价格对应的一个购买量,需求是与若干个价格对应的若干个购买量,也就是说需求是若干个价格与若干个需求量的关系,是一组关系。

(3)需求的表达方式

①需求表是描述在每一可能价格下商品需求量的列表,即需求量与商品价格的对应关系表,它可以直观地表明价格与需求量之间的一一对应关系。

需求可以分为个人需求和市场需求。相应地需求表也有个人需求表和市场需求表之分。描述某人(家庭)与任一价格相对应的需求数量的列表,称为个人需求表。把某一产品(也就是该产品市场)所有个人需求加总,也就是把每一个价格对应的每个人需求量加在一起,就构成市场需求表。如表4-13就描述了一定时期对某种商品的个人需求和市场需求的需求表。

②需求曲线。用图示法将需求表中需求量与商品价格之间的关系表示出来,就可以得到一条曲线。这条表示需求量与商品价格关系的曲线,称为需求曲线。如图4-1所示,将需求表的数据描绘在平面坐标图上,就形成需求曲线。

表4-13 个人需求表和市场需求表

价格(元)	需求量			
	个人需求量(kg)			市场需求量(t)
	甲	乙	丙	…	…
8	3	4	6	…	4
7	4	5	7	…	5
6	5	7	8	…	6
5	6	8	10	…	7
4	7	10	12	…	8
3	8	11	13	…	9
2	9	12	15	…	10
1	10	14	16	…	11

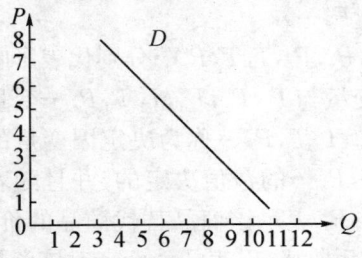

图4-1 需求曲线

需求曲线是需求表的几何图形形式,它是向右下方倾斜的,即它的斜率为负值。

③需求方程。需求表和需求曲线分别用数字表格和图形的形式表达了需求的概念,反映了价格与需求量之间的关系。同时,这一关系还可以用更一般的数学函数的形式来表示。假定其余因素都是给定不变的,那么,此时商品的需求函数就可以写成

$$Q_d = f(P)$$

比如线性的需求方程,其一般形式为 $Q_d = a - bP$,其中 a、b 为大于零的常数。

表 4-13 中的市场需求表可以表达为需求方程,其中 $a=12$,$b=1$,则这一函数可记为

$$Q_d = 12 - P, 或 P = 12 - Q_d$$

如果某商品需求量与其价格之间是非线性关系,即需求曲线不是直线,那么,这种需求函数就是非线性需求函数,非直线型需求曲线的函数式为

$$Q_d = aP^{-b}$$

3. 需求量的变动与需求的变动

(1) 需求量的变动

需求量的变动是指在影响购买量的其他因素不变时,需求量随价格反方向变化。需求量的变动是由于商品自身价格变化引起的购买量变化。需求量表现为需求表中的一行、需求线上的一点,需求量的变动在图形上就体现为在同一条需求曲线上点的位置的移动。

例如在图 4-2 中,在需求曲线 D_0 上,由 B 移到 C 表示需求量的增加,由 B 到 A 的移动表示需求量的减少,其中所指需求量是该曲线上的一点(见图 4-2)。这种变动叫做需求量的变动。

(2) 需求的变动

需求的变动是指在商品自身价格不变的情况下,因其他影响因素的变化所引起的购买量变化。需求表现为整个的需求表、整条的需求线,需求的变动在图形上就体现为整条的需求线左右移动。

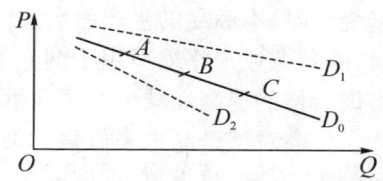

图 4-2 需求量的变动与需求的变动

假设消费者的收入提高,影响需求的其他因素如偏好等不变,人们会发现,与任一价格相应的需求量都比以前增加,或者与购买任一数量的商品相对应,人们愿意支付的价格比以前提高了,这表现为需求曲线向右上方移动。此时购买数量的变化,源于其他因素的变化,它表现为与每一个价格相对应,购买量都比以前增加了。

反之,假如消费者的收入下降,或影响购买量的其他因素发生变化,以致与任一价格相对应,购买量比以前减少,这表明为需求曲线向左下方移动。

图 4-2 的 D_0 线表示原来的需求曲线。D_1 线表示由于收入提高引起了需求状况的变化之后的新需求曲线。它表示与原来任何一个价格相对应的购买数量都比以

前增加了;D_2 线表示收入下降引起的需求曲线向左下方移动,它表示与原来的任一价格相对应,消费者打算购买的产品数量都比以前减少了。

二、供给理论

1. 供给函数

（1）影响商品生产量的因素

影响商品生产量的因素同样也是多种多样的,主要有：

①生产者从事生产的目标。经济分析中一般假定厂商以利润最大化为目标,即耗费一定成本所获得的收益为最大;或者换一种说法,获得一定的收益所花费成本为最小。但是,有时候比如在短期中厂商也会以销售数量或销售金额为最大化、市场占有率最大化、社会声誉最大化为目标。这时厂商愿意供应的产量,很可能不同于以利润极大化为目标的、理性的厂商。但从长期来说,厂商一定以利润最大化为惟一目标,这一点是不言而喻的。

②该商品本身的价格。在影响某种商品生产量的其他因素不变时,如其他有关商品的价格和生产要素的价格不变时,商品售价越高,生产者愿意提供的产量越大;商品售价越低,生产者愿意提供的产量越小。商品本身的价格与其供给量之间,存在着相当稳定的同向变动关系。

③相关商品的价格。两种构成相互补充关系的商品之间,其生产量会有同增同减的变化。比如当汽油价格不变时,汽车价格提高,汽车产量会增加,而汽油产量也会增加。当一种商品的互补商品价格变动时,本商品的生产量会同向变动。两种构成相互替代关系的商品之间,其生产量会有此消彼长的变化。当一种商品的替代商品价格变动时,本商品的生产量会反向变动。比如当羊肉价格既定不变时,牛肉价格提高时,养殖专业户将缩减用于饲养羊群的资源,增加牛的饲养数量,羊肉的生产量会随牛肉价格的提高而减少。这表示牛肉价格的提高会引起羊肉供给的减少。

④厂商对该产品未来价格的预期。如果厂商对未来的经济持乐观态度,预期该商品的未来价格将上涨,厂商就会增加该商品当前的生产量;如果厂商对未来的经济持悲观态度,预期该商品的未来价格将下跌,则会减少该商品当前的生产量。

⑤产品生产成本。当工资、原材料价格等生产要素的价格上升或下降时,会使厂商的单位产品成本出现同向变动,从而使得与任一价格对应的生产量比成本变动以前都有减少或增加。

⑥技术状况和管理水平。技术领先,管理卓越会使厂商具有较高的生产效率,从而在人、财、物投入相同的条件下,获得更高的产量;或者说在同样的产量水平时,减少人、财、物等资源的投入量,降低成本。

⑦政府的微观政策。比如,政府对一种产品的课税,会使厂商的经营成本提高,在商品价格不能变动的情况下,厂商将减少产品的供给。反之,减低商品租税负担或

政府给予补贴,会降低厂商的经营成本,从而引起供给增加。

值得注意的是,影响产品生产量的因素要比影响购买量的因素复杂得多,在不同的时期,不同的市场上,产品生产量要受多种综合因素影响。还应该强调的是,产品生产量的变动与时间因素密切相关。一般来说,在价格变动之后的极短期内,供给只能通过调整库存来做出反应,变动不会很大。在短期内如果通过变更原料、劳动力等生产要素来调节生产量,变动会较大。但只有在长期中才能变更厂房、设备等生产要素,使产量适应价格而充分变动。

(2) 供给函数

当我们把影响商品生产量的因素看作自变量,把商品的生产量看作因变量,就可以将上述因素分析归纳成一个函数关系,来反映商品的生产量与其影响因素之间的依存作用。这种函数称为供给函数,记作

$$Q_s = g(P, P_s, P_c, P^e, C, T\&M, \cdots)$$

上列方程式中,Q_s 代表对该商品的购买量,$P, P_s, P_c, P^e, C, T\&M, \cdots$ 分别代表影响该商品生产量的各种因素。上述方程表示 Q_s 这个变量与 $P, P_s, P_c, P^e, C, T\&M, \cdots$ 变量之间存在着函数关系,其中 Q_s 称为因变量,$P, P_s, P_c, P^e, C, T\&M, \cdots$ 称为决定因变量的自变量。就是说,Q_s 数值的大小是由 $P, P_s, P_c, P^e, C, T\&M, \cdots$ 的数值决定的,并且随着后者的变化而变化。其中 P 表示该商品本身的价格;P_s 表示该商品替代商品的价格;P_c 表示该商品互补商品的价格;P^e 表示生产者对于该商品未来价格的预期;C 表示该商品的生产成本;$T\&M$ 表示厂商的技术和管理水平,等等。

2. 供给的含义与表达方式

(1) 供给的含义

供给的含义是指厂商在一定时期内,在各个不同的价格水平上愿意并且能够提供的该商品或劳务的数量。它是分别与若干个价格对应的若干个生产量。

(2) 供给量的含义

供给量的含义是指厂商在一定时期内,在某个价格水平上愿意并且能够提供的该商品或劳务的数量。这里可以看出供给量不同于供给,供给量是与某个价格对应的一个生产量,供给是与若干个价格对应的若干个生产量,也就是说供给是若干个价格与若干个供给量的关系,是一组关系。

(3) 供给的表达方式

①供给表。是描述在每一可能价格下商品供给量的列表,即供给量与商品价格的对应关系表,它可以直观地表明价格与供给量之间的一一对应关系。

供给可以分为个人供给和市场供给。相应地供给表也有个人供给表和市场供给表之分。描述某厂商与任一价格相对应的供给数量的列表,称为个别供给表。把某一产品(也就是该产品市场)所有厂商供给加总,也就是把每一个价格对应的每个厂

商供给量加在一起,就构成市场供给表。如表4-14,就描述了一定时期某种商品的市场供给表。

②供给曲线。用图示法将供给表中供给量与商品价格之间的关系表示出来,就可以得到一条曲线。这条表示供给量与商品价格关系的曲线,就称为供给曲线。如图4-3所示,将供给表的数据描绘在平面坐标图上,就形成供给曲线。

供给曲线是供给表的几何图形形式,它是向右上方倾斜的,即它的斜率为正值。

③供给方程。供给表和供给曲线分别用数字表格和图形的形式表达了供给的概念,反映了价格与供给量之间的关系。同时,这一关系还可以用更一般的数学函数的形式来表示。假定其

表4-14 某商品的市场供给表

价格(元)	供给量(t)
8	8
7	7
6	6
5	5
4	4
3	3
2	2
1	1

余因素都是给定不变的,那么,此时商品的供给函数就可以写成

$$Q_s = g(P)$$

比如线性的供给方程,其一般形式为 $Q_s = -c + dP$,其中 c、d 为大于零的常数。

表4-14中的市场供给表可以表达为供给方程,其中 $c=0, d=1$ 则这一函数可记为

$$Q_s = P, 或 P = Q_s$$

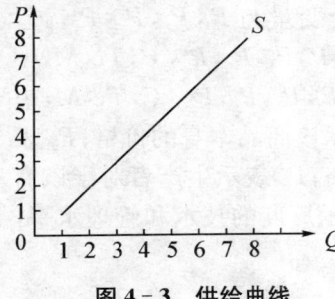

图4-3 供给曲线

如果某商品供给量与其价格之间是非线性关系,即供给曲线不是直线,那么,这种供给函数就是非线性供给函数,非直线型供给曲线的方程式为

$$Q_s = \lambda P^{-\beta}$$

3. 供给量的变动与供给的变动

(1) 供给量的变动

供给量的变动是指在影响生产量的其他因素不变时,供给量随价格反方向变化。供给量的变动是由于商品自身价格变化引起的生产量变化。供给量表现为供给表中的一行、供给线上的一点,供给量的变动在图形上就体现为在同一条供给曲线上点的位置的移动。

例如在图4-4中,在供给曲线 S 上,从 A 移到 B 表示供给量的增加,从 A 移到 C 表示供给量的减少,其中所指供给量是该曲线

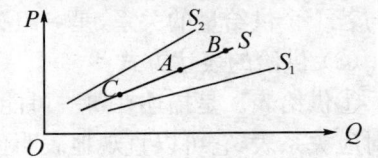

图4-4 供给量的变动与供给的变动

上的一点。这种变动叫做供给量的变动。

（2）供给的变动

供给的变动是指在商品自身价格不变的情况下，因其他影响因素的变化所引起的生产量变化。供给表现为整个的供给表、整条的供给线，供给的变动在图形上就体现为整条的供给线左右移动。

假设由于生产技术进步，或生产要素价格下降，单位产品的成本下降，而影响产量的其他因素如商品本身的价格不变。人们会发现，与任一卖价相对应，生产者愿意供应的产量将增加。或者与商品的任一生产数量相对应，生产者要求的卖价降低了，这表现为供给曲线向右下方移动。在这场合，生产数量的变化，源于其他因素的变化，它表现为与每一个价格相对应，生产量都比以前增加了。

反之，假设由于生产要素价格上升引起了单位产品的成本增加，则与任一给定产量相对应，生产者要求的卖价会较高，这表现为供给曲线向左上方移动。

图4-4的S线表示原来的供给曲线。S_1线表示由于技术水平提高、成本下降引起供给状况的变化之后的新供给曲线。它表示与原来任何一个价格相对应的生产数量都比以前增加了；S_2线表示成本提高引起的供给曲线向左上方移动，它说明与原来的任一价格相对应，生产者打算生产的产品数量都比以前减少了。

三、均衡价格理论

1. 均衡价格的含义

所谓均衡价格，也就是商品的市场价格，是指一种商品的市场需求量与其市场供给量相等时的价格。或者说，一种商品的市场需求曲线与其市场供给曲线相交时的价格。

消费者在各种可能价格时的计划购买量可用需求曲线来反映；而生产者在各种可能价格时的计划生产量可用供给曲线来反映，当我们把消费者与生产者两方面的情况结合起来，就可以知道在完全竞争的市场结构中，商品的市场价格是如何形成的。在市场需求曲线与市场供给曲线交点，生产者卖出一定数量商品所要求的价格与消费者买入一定数量商品所愿意支付的价格相等；生产者愿意提供的数量和消费者愿意买进的数量恰好相等，这时生产者与消费者双方力量均等，市

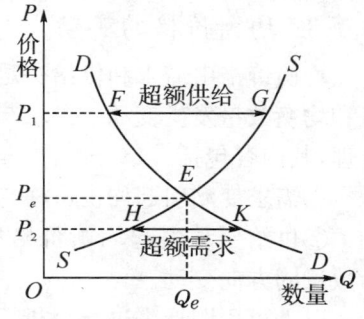

图4-5 均衡价格及其形成

场达到均衡状态，商品的价格稳定不变。这种在需求状况和供给状况为已知和确定不变条件下，市场供求达到平衡状态时的价格，就称为均衡价格；与均衡价格相对应的供给量或需求量，称为均衡数量。如图4-5，DD和SS分别为需求曲线和供给曲

线,两线交点 E 所对应的价格 P_e 和产销量 Q_e 分别为均衡价格和均衡数量。

2. 均衡价格的形成

市场均衡只是一种理想状态,而且是市场竞争的结果。通常,销售者总想提高价格,购买者总想压低价格。但当现行价格高于均衡价格时,产品的供给量大于产品的需求量,就会出现超额供给,生产者之间的竞争最终将迫使销售者降低要价,从而使得价格下跌。反之,当现行价格低于均衡价格时,产品的供给量小于产品的需求量,就会出现超额需求,这种情况下消费者之间进行竞争,导致一部分的确需要商品的人提高其出价,抬价争购,从而使得价格上升。在某一价格时,买卖双方的竞争达到势均力敌的状态,产品的供给量等于产品的需求量,最终价格趋于稳定不变,即取得均衡价格。

用经济模型来表示,均衡价格决定的条件为

$$Q_d = f(P) \tag{1}$$

$$Q_s = g(P) \tag{2}$$

$$Q_d = Q_s \quad f(P) = g(P) \tag{3}$$

(1)式是需求方程,(2)式是供给方程,(3)式是供给量与需求量相等,即均衡价格决定的公式,也就是当 $Q_d = Q_s$ 时,就可以得出均衡价格和均衡数量的数值。

例 已知需求方程为 $Q_d = 12 - P$;供给方程为 $Q_s = P$,求均衡价格和均衡数量的数值。

解:均衡价格 P_e 应满足条件:$Q_d = Q_s$

即 $12 - P = P, P_e = 6$

将 $P_e = 6$ 代入需求方程 $Q_d = 12 - P = 12 - 6 = 6$

均衡数量 $Q_e = 6$

3. 均衡价格的变动

均衡价格由需求和供给决定,因此,需求的变动和供给的变动,就会引起均衡价格和均衡数量发生变动。需求与供给的变动对均衡价格与均衡数量的影响就是供求定理,其内容包括:

①需求变动引起均衡价格与均衡数量同方向变动。

②供给变动引起均衡价格反方向变动,均衡数量同方向变动。

以上可用图形来进行分析:

在图4-6中,DD 与 SS 是代表某商品原来的需求曲线与供给曲线,则由此决定的均衡价格是 OP,均衡产(销)量是 OQ

假设供给状况不变,但由于人们对该商品

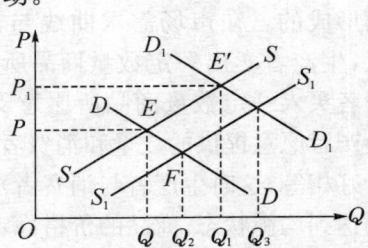

图4-6 需求和供给变动对均衡的影响

的偏好增强了,或者消费者收入提高了,又或者替代商品的价格提高,以致人们对于该商品的任一价格下的购买量比以前增加了,也就是说,需求状况发生了变化,需求扩张了,这表现为需求曲线向右上移动 D_1D_1。显然,由 D_1D_1 和 SS 所决定的均衡价格,将由 OP 升为 OP_1,均衡数量由 OQ 增为 OQ_1。由此可见,需求变动引起均衡价格与均衡数量同方向变动。也就是说,需求的增加,引起均衡价格上升,需求的减少引起均衡价格的下降。同时需求的增加会引起均衡数量增加,需求的减少会引起均衡数量的减少。

再假定需求状况不变,但由于生产技术的提高,或生产要素的价格降低,而使供给状况发生了变化,这表现为供给曲线向右下方移动至 S_1S_1 的位置,与该商品每一价格相应的生产量比以前增加了。S_1S_1 与 DD 交于 F 点,可见,DD 与 S_1S_1 所决定的均衡价格 FQ_2 比 OP 降低,而均衡数量 OQ_2 则比 OQ 增加。由此可见,供给变动引起均衡价格反方向变动,均衡数量同方向变动。也就是说,供给的增加,引起均衡价格下降,供给的减少引起均衡价格的上升。同时供给的增加,引起均衡数量增加,供给的减少引起均衡数量减少。

从图中,还可以看到,当需求和供给都增加时,即需求曲线 DD 移到 D_1D_1,供给曲线 SS 移到 S_1S_1,均衡交易量将增加很多,新的均衡价格则可能高于或低于原来的均衡价格。

但是,当 DD 移至 D_1D_1 后,S_1S_1 移至 SS,均衡价格一定会上涨,新的均衡交易量则可能大于或小于原来的均衡交易量。

四、需求价格弹性

1. 弹性和需求价格弹性的含义

商品的需求随着其影响因素的变化而变化。前面我们讨论了它们之间变化的一般规律,那么这些因素一定幅度的变动所引起的需求会有多大程度的变动呢? 这就要引用弹性的概念。

弹性原是物理学上的概念,意指某一物体对外界力量的反应力。经济学中的弹性是指经济变量之间存在函数关系时,因变量对自变量变动的反应程度,其大小可以用两个变量变动的比率之比,即弹性系数来表示。如,设变量 X 为自变量,Y 为因变量,E 为弹性系数,则:

$$E = Y \text{变动的比率} / X \text{变动的比率}$$
$$= (\Delta Y/Y)/(\Delta X/X) = (\Delta Y/\Delta X) \times X/Y$$

需求弹性一般是指需求价格弹性,它指的是价格变动所引起的需求量变动的程度,或者说需求量变动对价格变动的反应程度,其公式是

$$E_d = \text{需求量变动的比率} / \text{价格变动的比率}$$
$$= (\Delta Q/Q)/(\Delta P/P) = (\Delta Q/\Delta P) \times P/Q$$

在理解需求弹性的含义时要注意：

① 在需求量与价格两个变量中，价格是自变量，需求量是因变量，所以，需求价格弹性是价格变动所引起的需求量变动的程度，或者说需求量变动对价格变动的反应程度。

② 需求价格弹性系数是需求量变动率与价格变动率的比例，而不是需求量变动的绝对量与价格变动的绝对量的比例。

③ 对于任何一种正常商品来说，需求价格弹性都是负数，这是因为价格与需求量成反比关系。但一般取其绝对值。

2. 需求价格弹性的计算

根据需求价格弹性的定义公式，$|E_d|=-(\Delta Q/Q)\div(\Delta P/P)=-(\Delta Q/\Delta P)\times P/Q$，在取了绝对值之后，当然这应该是一个正数。如果求两点之间一段弧的需求价格弹性，无论价格是升还是降，我们都可以采用下面的公式来计算。

需求价格弹性系数的绝对值 $|E_d| = \dfrac{较大的需求量-较小的需求量}{较大的价格-较小的价格}\times\left(\dfrac{初始价格}{初始需求量}\right)$

例 如下表 4-15 中在 $P_1=1, Q_1=11$ 和 $P_2=2, Q_2=10$ 这两点间的弧弹性系数是

当价格上升时，$|E_d|=\dfrac{较大的需求量-较小的需求量}{较大的价格-较小的价格}\times\left(\dfrac{初始价格}{初始需求量}\right)$

$=\dfrac{(11-10)}{(2-1)\times(1/11)}=1/11$。

而当价格下降时，$|E_d|=\dfrac{较大的需求量-较小的需求量}{较大的价格-较小的价格}\times\left(\dfrac{初始价格}{初始需求量}\right)$

$=\dfrac{(11-10)}{(2-1)}\times\left(\dfrac{2}{10}\right)=1/5$。

在这里由于初始价格／初始需求量的数值的变化，会造成同一段弧的需求价格弹性系数会因产品价格的升、降而有不同。为了消除弹性系数值在价格上升与下降时的差别，一般对于价格和需求量都取变动前后的平均值，所以计算需求价格弧弹性的公式一般是：

$$|E_d|=-\Delta Q/\Delta P\times[(P_1+P_2)/2\div(Q_1+Q_2)/2]$$

即 $|E_d|=-\Delta Q/\Delta P\times[(P_1+P_2)/(Q_1+Q_2)]$

也就是说，需求价格弹性系数的绝对值 $|E_d|$ =（较大的需求量-较小的需求量)/（较大的价格-较小的价格)×(两个价格之和／两个需求量之和)。

我们称此公式为需求价格弧弹性系数的中点公式。

例 在 $P_1=1, Q_1=11$ 和 $P_2=2, Q_2=10$ 这两点间的弧弹性系数是

$|E_d|=-\Delta Q/\Delta P\times[(P_1+P_2)/(Q_1+Q_2)]$

$=\dfrac{较大的需求量-较小的需求量}{较大的价格-较小的价格}\times\left(\dfrac{两个价格之和}{两个需求量之和}\right)$

$$= \frac{(11-10)}{(2-1)} \times \frac{(2+1)}{(10+11)} = 1/7$$

在实际中需求价格弧弹性系数的中点公式运用广泛,下面的表 4-15 就是按照此公式来计算的需求价格弹性系数。

3. 需求价格弹性的类型

不同商品的需求价格弹性也是不同的。根据它们的弹性系数绝对值的大小可分为 5 种类型。

(1) 需求完全无弹性,即$|E_d|=0$

在这种情况下,无论价格如何变动,需求量都不会变动。例如,糖尿病人对胰岛素这种药品的需求就是如此。

(2) 需求完全有弹性,即$|E_d|=\infty$

表 4-15 需求表及需求价格弹性系数表

价格(元)	需求量(t)	需求价格弹性系数$|E_d|$
8	4	5/3
7	5	1
5	7	1/2
3	9	5/19
2	10	1/7
1	11	

在这种情况下,当价格为既定时,需求量是无限的。例如,银行以一固定价格收购黄金,无论有多少黄金都可以按这一价格收购,银行对黄金的需求是无限的。

(3) 单位需求弹性,即$|E_d|=1$

在这种情况下,需求量变动的比率与价格变动的比率相等。

以上 3 种情况都是有需求弹性的特例,在现实生活中是很少见的。现实中常见的是以下两种。

(4) 需求缺乏弹性,即$0<|E_d|<1$

在这种情况下,需求量变动的比率小于价格变动的比率。生活必需品,如粮食、蔬菜等属于这种情况。

(5) 需求富有弹性,即$1<|E_d|<\infty$

在这种情况下,需求量变动的比率大于价格变动的比率。奢侈品,如汽车、珠宝、国外旅游等属于这种情况。

4. 影响需求价格弹性的因素

①商品本身的必需程度:必需程度高,需求价格弹性小。
②商品的可替代的程度:该商品的可替代商品多,替代性好,则需求价格弹性大。
③商品本身用途的广泛性:一种商品的用途越多,其需求弹性越大。
④商品使用时间的长短:使用时间越长,消费者就越有条件对价格变动做出反应,需求价格弹性越大。
⑤商品在家庭支出中所占的比例:在家庭支出中所占比例小的商品,价格变动对需求的影响小,需求价格弹性小。

5. 需求的价格弹性与总收益的关系

总收益$(TR)=$ 产品单价$(P)\times$ 销售数量(Q)

(1) 需求富有弹性($|E_d|>1$)的商品

价格下降时,需求量(从而销售量)增加的幅度大于价格下降的幅度,因而总收益会增加。价格上升时,需求量(从而销售量)减少的幅度大于价格上升的幅度,因而总收益会减少。

这个结论可以用来解释"薄利多销"的经济现象。

如表 4-16 中,当价格在 7~8 元之间变动时,该商品的需求价格弹性系数 $|E_d|=5/3$;如果价格从 7 元上涨到 8 元,则总收益会从 35 元下降到 32 元;反之,价格从 8 元下降到 7 元,则总收益会从 32 元上升到 35 元。

表 4-16 需求价格弹性与总收益关系表

价格(元)	需求量(t)	需求价格弹性系数$|E_d|$	总收益(元)
8	4		32
7	5	5/3	35
5	7	1	35
3	9	1/2	27
2	10	5/19	20
1	11	1/7	11

(2) 需求缺乏弹性($|E_d|<1$)商品

价格下降时,需求量(从而销售量)增加的幅度小于价格下降的幅度,所以销售总收益会减少。价格上升时,需求量(从而销售量)减少的幅度小于价格上升的幅度,所以总收益会增加。

这个结论可以用来解释"谷贱伤农"的经济现象。

如表 4-16 中,当价格在 3~5 元之间变动时,该商品的需求价格弹性系数 $|E_d|=1/2$;如果价格从 3 元上涨到 5 元,则总收益会从 27 元上升到 35 元;反之,价格从 5 元下降到 3 元,则总收益会从 35 元下降到 27 元。

(3) 需求单位弹性($|E_d|=1$)的商品

价格下降时,需求量(从而销售量)增加的幅度等于价格下降的幅度;价格上升时,需求量(从而销售量)减少的幅度等于价格上升的幅度,所以无论价格如何变动总收益不变。

如表 4-16 中,当价格在 5~7 元之间变动时,该商品的需求价格弹性系数 $|E_d|=1$;无论价格从 5 元上涨到 7 元,还是价格从 7 元下降到 5 元,其总收益始终保持 35 元不变。

研究商品的需求价格弹性,对于企业的决策有着重大意义。由于各种商品的不同需求价格弹性会影响销售收入,因而调整商品价格时要考虑弹性。例如,为了提高生产者收入,往往对农产品采取提价办法,而对一些高档消费品采取降价办法。同样,给出口商品定价时,如出口目的主要是增加外汇收入,则要对价格弹性大的商品应制定较低价格,对弹性小的商品可制定较高价格。

第五节 完全垄断的市场结构

一、完全垄断的含义与特征

1. 含义

完全垄断是指整个行业的市场处于一家厂商所控制的状态,即一家厂商控制某产品市场的供给,形成"独此一家,别无分店"的局面。

2. 特征

完全垄断市场具有以下4个特征:
①行业即厂商。整个行业中只有一个厂商,它提供了整个行业所需要的全部产量;
②产品无替代品。厂商所生产的产品没有完全的替代品,是独一无二的。
③厂商是产品价格的制定者。厂商可以自行决定自己的产量和销售价格,可根据市场条件实行价格歧视(差别价格)。
④其他厂商难以进入。存在对新厂商进入的限制,其他厂商几乎不可能进入该行业。这是完全垄断市场的关键特征。

当符合这些条件时,厂商就成为一个完全垄断者。与完全竞争厂商截然不同的是,完全垄断厂商不是价格的接受者,而是价格的制定者。一个完全垄断者是没有竞争对手的,市场中完全没有竞争因素的存在,厂商可以通过其产量的调整来控制和操纵市场价格。他可以自行决定自己的产量和销售价格,以使自己利润最大化。

二、完全垄断形成的原因

厂商要成为行业的完全垄断者,必然要求进入该行业有很高的壁垒,正是这些壁垒因素使其他厂商不可能进入该行业。形成完全垄断的主要原因如下。

1. 资源垄断

厂商独家控制了生产某种产品的全部资源或关键资源的供给,由资源和产品的差别形成的垄断。因资源的天赋特性而形成产品差别。比如中国人喜欢的龙井茶、莱阳梨,市场上独一无二,消费者又欢迎,资源所有者就成为独家供应商。

2. 立法垄断

立法垄断包括政府特许经营和专利权保护2种类型。对铁路运输、邮政、供水、供电等部门,政府往往授予某个厂商垄断经营。因专利权的保护而形成的垄断,是指政府作为社会管理者出于鼓励发明和创新的目的,通过法律保护技术发明和商业秘密。在专利权的有效期内,只有拥有生产某种产品的专利权的厂商才能从事该专利产品的生产经营活动。除非得到专利权持有者的许可,其他任何厂商都不能生产、经营同一产品。

3. 自然垄断

自然垄断也就是成本特性产生的垄断,指那些生产的规模效益需要在巨大产量条件下才能呈现或具有明显的规模报酬递增特征的行业。一些产业需要巨大的一次性投资,才能形成供给能力。这些投资一旦发生,就成为"沉没成本"。在公用事业部门中普遍存在着规模经济现象,是指随着产量的增加平均成本不断地趋于下降,因而由一家厂商来提供产品是最有效率的。例如,在一座城市中,由一家自来水厂提供自来水,成本将比多家水厂提供自来水要低。对于这些产业来说,新的竞争对手面临很高的"进入门槛"。因为他们必须支付一笔巨大的投资,才能与现有厂商进行竞争。而且在产量水平较低时,其成本一定会高于原有厂商,并在竞争中败下阵来。这就是通常所说的"自然垄断"。

4. 行政垄断

行政垄断,即强制形成的垄断。这就是运用超经济的强制手段,清除竞争对手,保持对市场的排他性独占。这种强制的势力,可以是高度非制度化的,如欺行霸市、强买强卖;也可以是高度制度化的,如政府管制牌照数量、政府特许经营,或由立法来阻止竞争而产生的行政性垄断。

三、完全垄断厂商的产量和价格决策

1. 完全垄断厂商的收益状况

完全垄断厂商是产品价格的制定者。它可以通过其产量的调整来控制和操纵市场价格。但其价格的决定仍要受制于产品的市场需求。当完全垄断厂商实施单一价格策略时,他必须在高价少销或低价多销之间作出选择。也就是说,它必须考虑市场购买力状况,想要扩大产品销售量,就得降低产品价格;反之,要索取高价,就只能少销售产品。

在完全垄断下,平均收益仍等于价格,但在完全垄断市场上,当销售量增加时,产品的价格会下降,从而边际收益也会减少,平均收益就不会等于边际收益,而是平均收益大于边际收益。

完全垄断厂商的收益状况为:产品价格(P)=平均收益(AR)>边际收益(MR)。

第四章 市场结构及其运行

2. 完全垄断厂商的短期生产决策

(1) 均衡产量的确定

在短期内,完全垄断厂商产量的调整同样要受到固定生产要素(厂房、设备等)无法调整的限制;在完全垄断市场上,厂商仍然根据边际收益与边际成本相等(MR=MC)的原则来决定产量。

均衡产量应该满足:边际收益(MR)=边际成本(MC)。

(2) 当取得均衡产量时,厂商盈亏状况的分析

在短期内,完全垄断厂商对产量的调整也要受到限制。面临不同程度的需求,厂商的盈亏状况会发生变化。这样,当需求旺盛,产品单价(P)大于平均成本(AC)时,厂商获得超额利润;当需求清淡,产品单价(P)小于平均成本(AC)时,厂商发生亏损。

表 4-17 完全垄断厂商的收益状况

销售量(Q)	价格(P)	总收益(TR)	边际收益(MR)	平均收益(AR)
0	—	0	—	—
1	20	20	20	20
2	19	38	18	19
3	18	54	16	18
4	17	68	14	17
5	16	80	12	16
6	15	90	10	15
7	14	98	8	14

(3) 在均衡产量时,出现亏损,厂商生产与否的决策

当产品单价(P)大于平均变动成本(AVC)时,厂商继续生产的亏损额会小于总固定成本,厂商应该继续生产;当产品单价(P)小于平均变动成本(AVC)时,厂商继续生产的亏损额会大于总固定成本,厂商应该停止生产。

例 某完全垄断厂商的收益和短期成本如表 4-18 所示,其均衡产量应该是多少?盈亏如何?

表 4-18 完全垄断厂商的收益和短期成本

销售量(Q)	价格(P)	总收益(TR)	边际收益(MR)	短期总成本(STC)	短期边际成本(SMC)	短期平均成本(SAC)	平均变动成本(AVC)
0	—	0	—	40	—	—	—
1	61	61	61	64	24	64	24
2	51	102	41	82	18	41	21
3	41	123	21	103	21	34.33	21
4	31	124	1	133	30	33.3	23.3
5	21	105	−19	178	45	35.6	27.6

解:该厂商的均衡产量应该满足:边际收益(MR)=边际成本(SMC)。

从表格中可以看出,均衡产量 $Q_E=3$,此时边际收益(MR)=边际成本(SMC)=21。

该厂商的盈亏=总收益(TR)-总成本(STC)=123-103=20

这表明厂商此时会获得 20 元的超额利润。而此时的价格 $P=41$ 元,短期平均成本(SAC)=34.33。

例 某完全垄断厂商的收益和短期成本如表 4-19 所示,其均衡产量应该是多少?盈亏如何?如果亏损是否停产?

表 4-19 完全垄断厂商的收益和短期成本

销售量(Q)	价格(P)	总收益(TR)	边际收益(MR)	短期总成本(STC)	短期边际成本(SMC)	短期平均成本(SAC)	平均变动成本(AVC)
0	—	0	—	40	—	—	—
1	25	25	25	64	24	64	24
2	24	48	23	82	18	41	21
3	23	69	21	103	21	34.33	21
4	22	88	19	133	30	33.3	23.3
5	21	105	17	178	45	35.6	27.6

解: 该厂商的均衡产量应该满足:边际收益(MR)=边际成本(SMC)。

从表格中可以看出,均衡产量 $Q_E=3$,此时边际收益(MR)=边际成本(SMC)=21。

该厂商的盈亏=总收益(TR)-总成本(STC)=69-103=-34

这表明厂商此时会亏损 34 元,如果停产则会亏损 40 元,应该生产。

而此时的价格 $P=23$ 元,短期平均成本(SAC)= 34.33 元,平均变动成本(AVC)=21 元,短期平均成本(SAC)>产品单价(P)>平均变动成本(AVC)。

例 某完全垄断厂商的收益和短期成本如表 4-20 所示,其均衡产量应该是多少?盈亏如何?如果亏损是否停产?

表 4-20 完全垄断厂商的收益和短期成本

销售量(Q)	价格(P)	总收益(TR)	边际收益(MR)	短期总成本(STC)	短期边际成本(SMC)	短期平均成本(SAC)	平均变动成本(AVC)
0	—	0	—	40	—	—	—
1	20	20	20	64	24	64	24
2	19	38	18	82	18	41	21
3	18	54	16	103	21	34.33	21
4	17	68	14	133	30	33.3	23.3
5	16	90	12	178	45	35.6	27.6

第四章 市场结构及其运行

解:该厂商的均衡产量应该满足:边际收益(MR)=边际成本(SMC)。

从表格中可以看出,均衡产量 $Q_E=2$,此时边际收益(MR)=边际成本(SMC)=18

该厂商的盈亏=总收益(TR)-总成本(STC)=38-82=-44

这表明厂商此时会亏损44元,如果停产则会亏损40元,应该停产。

而此时的价格 $P=19$ 元,短期平均成本(SAC)=41元,平均变动成本(AVC)=21元,产品单价(P)<平均变动成本(AVC)。

在表4-18、4-19、4-20中,该垄断产品的市场需求逐渐缩小,但在市场需求如表4-18和表4-19所示时,该厂商的均衡产量 Q_E 都等于3个单位,而其价格则分别为41元、23元;当市场需求减少到如表4-20所示时,该厂商的均衡产量 Q_E 等于2单位,价格为19元。可以看出市场需求大,则完全垄断厂商的定价高;而不同的产品价格却可以对应着同一产量;相似地不同的产量也会对应着同一产品价格。换言之,在完全垄断市场中,厂商的价格与产量之间不再有严格的一一对应关系。

3. 完全垄断厂商的长期生产决策

在短期中,垄断厂商无法调整全部生产要素,因此不一定能取得超额利润。但在长期中,厂商可以调整全部生产要素,因此一定可以实现垄断利润。在长期中,垄断厂商在高价少销与低价多销中进行选择,以便使所达到的产量能实现超额利润。

在长期中,垄断厂商可以通过调节产量与价格来实现利润最大化。这时厂商均衡的条件如下

均衡产量应该满足:边际收益(MR)=长期边际成本(LMC)

存在超额利润: 产品价格(P)>长期平均成本(LAC)

平均成本处于递减阶段:长期平均成本(LAC)>长期边际成本(LMC)

完全竞争厂商总是在平均成本最低点进行生产,而完全垄断厂商因为其垄断地位,没有竞争对手与其争夺用户,不存在外在的压力和内在的动力去进一步降低成本,经常以较高的平均成本进行生产,也就是说其平均成本处于递减阶段,尚有下降的空间。

因此,在长期中,完全垄断厂商的均衡产量满足条件:产品价格(P)>长期平均成本(LAC)>长期边际成本(LMC)=边际收益(MR)。

四、完全垄断厂商的差别定价策略

完全垄断厂商可以决定其产量和价格,为获得尽可能多的垄断利润,可以通过差别价格来增加其总收益。

1. 差别价格的含义

所谓差别价格,是指垄断厂商在同一时间,对同一产品的不同购买者索取不同的价格,以实现利润最大化。垄断者之所以实行价格歧视,是因为这种定价方法比实行

单一价格能获取更多的利润。这种定价的方法不可能出现于完全竞争的市场,因为完全竞争市场的个别厂商的行为不能影响价格,而垄断者却可以做到。

2. 差别价格的类型

差别价格有3种具体类型:

(1) 一级差别定价

所谓一级差别定价或完全价格差别,是指完全垄断厂商在销售其产品时,都以消费者愿意支付的最高价格,来确定每一单位产品的价格,做到每个产品均以不同的价格出售,以获得尽可能大的收入。当实行一级差别定价时,消费者根据其每一单位商品边际效用大小而愿意付出的最高价格与实际付出的价格相等,"消费者剩余"为零。

在第2章分析居民消费行为时,曾介绍过关于边际效用价值论的观点。按此观点,商品的价格是按边际效用的大小来确定的,对边际效用高的商品,愿意支付的价格则高,反之则低。愿意支付的价格也称为需求价格,如表4-21说明了一级差别定价的原理。

一级价格差别假定完全垄断厂商能够做到根据每一个产品对每一个消费者所产生的效用大小来取价,即对销售出1个产品时,定价为7元,销售量为2时定价为6.5元,以此类推。完全垄断厂商通过这种定价方法,将消费者剩余全部剥夺干净,消费者剩余全部转化为垄断厂商的垄断利润。

表4-21 一级差别定价的说明

商品单位	需求价格	厂商要价	销售数量(Q)	实际定价P(元/个)
第一个	7	7	1	7
第二个	6	6	2	6.5
第三个	5	5	3	6
第四个	4	4	4	5.5
第五个	3	3	5	5
第六个	2	2	6	4.5

在实际生活中,采取一级差别定价方法的非常罕见,它只有在2种情况下才有可能:一种情况是完全垄断厂商的产品销售对象数量很少;另一种情况是完全垄断厂商能够精确地知道每个消费者所愿意接受的最高价格。这种差别定价的典型事例是乡村的一个医生,根据不同求医人的能力和愿意支付的最高价格,对于相同的治疗收取不同的医疗费用。

(2) 二级差别定价

所谓二级差别定价,是指垄断者对某特定消费者,按其购买数量的不同制定不同的价格,以榨取一部分消费者剩余,获得较大收益的一种方法。

二级价格差别在实际生活中较为常见。例如在水、电、煤气、邮政、电信等社会公用事业中,多采用这种方法。如电信公司根据每天24小时中不同的时间,按不同的标准收取电话费用。邮政局根据邮件的数量和重量不同所取邮资也不同。

(3) 三级差别定价

所谓三级价格差别，又称市场分割的差别价格，是指垄断者对同样的产品在不同的市场采取不同的价格。

完全垄断厂商要进行市场分割，根据不同市场的需求弹性，分别制定不同的销售价格，从而取得更大利润。在较高需求弹性的市场确定较低的价格；反之，在需求弹性较低的市场确定较高的价格。垄断者在需求弹性较大的市场制定较低的价格，因为定价过高，消费者就不买了；同时在需求弹性较小的市场制定较高的价格，因为即使价格高些，消费者也不得不购买。

例如，航空公司可以在一条飞机航线上，把它的乘客划分为公务乘客和旅游休假乘客，对需求弹性较小的公务乘客收取较高的费用；而对旅游休假乘客收费可能低一些，因为对这部分需求弹性较高的乘客索取高价的结果，只会使需求量大幅度地下降。

这里需要说明的是，垄断者要实现市场分割，根据不同市场的需求弹性分别制定不同的销售价格，从而取得更大利润，需有两个条件：

①垄断者能够把不同市场或市场的各个部分有效地分割开来。否则，不仅全部顾客会集中于低价市场采购，而且低价市场的顾客很可能会将低价购得的产品转向高价市场出售。

②可以用一个客观标准划分不同需求弹性的消费者。例如航空公司可以根据旅客是否在对方城市过周末来区分公务乘客或旅游休假乘客。根据经验，旅游休假乘客只要降价就愿意在对方城市过周末，而公务乘客则无论如何也不愿意在对方城市过周末。

三级价格差别的实例，除了航空公司对不同乘客进行划分外，还有一些常见的实际范例。例如电力公司对普通家庭用电和工业用电，这两个不同的市场分别制定不同的收费标准。再如在国际贸易方面，销售同一产品时，对本国市场与外国市场分别制定不同的价格。一般来说，外国市场价格偏低，而本国市场价格偏高。这是因为外国市场的需求价格弹性通常高于国内市场的缘故。

第六节　垄断竞争的市场结构和寡头垄断的市场结构

一、垄断竞争的市场结构

1. 垄断竞争的含义与特征

(1) 含义

垄断竞争是指一种既有垄断又有竞争，既不是完全竞争又不是完全垄断的市场结构。

(2) 特征

垄断竞争市场具有以下 4 个特征：

①产品有差别，这是垄断竞争市场的一个关键特点。正因为产品有差别，所以每个厂商都能吸引一些特定的消费者，从而对消费者有一定的垄断力量；但同时，产品之间又具有不同程度的替代性，从而有一定的竞争。

②无进退壁垒，厂商进出市场是自由的，因此垄断竞争市场上厂商之间的竞争还是很强的。

③厂商对价格略有影响力。引起垄断竞争的基本条件是产品之间存在着差别性。这里所说的差别不是指不同产品之间的差别，而是指同种产品之间在质量、包装、品牌、广告、销售条件甚至服务质量上的差别。这些差别使每个厂商都享有一部分顾客的偏爱和信任，从而厂商对产品价格起一定的影响作用。如果垄断竞争厂商提高价格，不会像完全竞争厂商那样失掉所有顾客，而是只会失掉一部分顾客，仍然会有一部分忠实的客户购买其产品。从这种意义说，垄断竞争厂商是自己产品的垄断者。

④同种产品的替代性引起的竞争。由于这些有差别的产品是由不同的厂商生产的，这些厂商的产品又属于同种产品，具有一定程度的替代性。于是，厂商之间为争夺更大利润而相互竞争。这与完全垄断市场的结构不同，完全垄断厂商就是一个行业，因而完全垄断行业内不存在竞争。

经济中许多产品都是有差别的，因此，垄断竞争是一种普遍现象，人们认为服装、食品、餐饮、零售、保健品等行业都属于垄断竞争的市场结构。

2. 垄断竞争厂商的经营行为

(1) 垄断竞争厂商的收益状况

垄断竞争厂商的产品之间即有一定的差别性，又有一定的替代性。这就决定了当垄断竞争厂商降价时，因为产品彼此之间具有一定的替代性，它能够从其他厂商那里争到一些用户，其销售量会有所增加，但不能使所有的消费者都转而购买该厂商的产品。反之，当垄断竞争厂商提价时，同样的道理其销售量会有所减少，但不会减少到零。因为其产品的差别性，会使厂商吸引住它的忠实消费者。简言之，垄断竞争厂商降低价格，其销售量会增加；提高价格，其销售量会减少。

垄断竞争厂商的收益状况为：产品价格（P）＝平均收益（AR）＞边际收益（MR）。

(2) 垄断竞争厂商短期中的经营策略——非价格竞争策略

在短期中，垄断竞争厂商可以通过改变产品的款式、包装、广告、销售条件、服务方式等要素，来创设产品差别，形成特色，以吸引人们成为产品的用户。当在消费者中建立了垄断地位以后，生产这种有差别产品的企业就可以像垄断厂商一样行事，在一定程度上控制价格和产量，在高价少销与低价多销之间作出选择，以实现利润最大化。

第四章 市场结构及其运行

创立产品特色的策略有：质量策略、款式策略、包装策略、品牌策略、广告策略、服务策略等等，总体上可以称为非价格竞争策略。

在生产制造某一种产品时，厂商既可以生产定位于高端客户的优质产品，也可以生产定位于普通客户的低端产品，优质优价是一种有效的质量策略，低质低价同样也不失为一种高明的质量策略。

同一种产品可以有不同的款式，不同的款式变化也会创造出产品的差别。当漂亮的芭比娃娃在市场上大行其道时，丑陋的椰菜娃娃仍然能够异军突起，赢得消费者、占领市场，这就充分说明款式的改变也是一种有效的产品差异化策略。

包装是商品给消费者的第一印象，富有特色的产品包装，能够有效地提升产品的档次，增加其附加价值。据国外的统计资料显示，普通商品的包装占商品成本的3%～15%。在国际贸易中，我国不重视出口商品的包装，产生了"一流质量、二流包装、三流价格"的现象。这从反面印证了有特色的包装是构成产品差异的一个重要方面。

品牌是产品质量和特色最明显的标志，据美国的调查，70%的消费者在购买时最重视的是品牌。企业的无形资产中最重要的是品牌，世界上许多著名品牌的价值都在几百亿美元以上，正是因为品牌形成最重要的产品特色，方能垄断部分消费者。许多产品的实际差别，消费者无法从直观上辨认出来。有的产品实际上并无差别，但品牌使消费者可以辨别出实际存在的微小差别，或者把无差别的产品当作有差别的产品，愿意接受较高的价格。

"广告"一词来自古希腊语，意思是"大喊大叫"。广告是企业通过一系列活动将自己的产品特色告诉消费者，让消费者认知，或者使消费者把无差别的产品当作有差别的产品来接受。在现代经济中，广告对产品销售的成功有着重要作用，广告是很重要的支出，一般要占到销售额的10%～20%。

服务，包括销售服务和售后服务。销售服务是指在出售产品的过程中提供的服务，同样的产品放在不同的服务环境中销售是有差别的；而售后服务的不同同样也会构成产品的差别。售中和售后服务好的企业，"真诚到永远"，更容易在同类厂商中赢得消费者的认可，取得一定的垄断地位。

(3) 垄断竞争厂商长期中的经营策略——价格竞争策略

在短期中，企业可以依靠差异化策略，创造富有特色的产品，来建立垄断地位，获得超额利润。但在长期中，超额利润的存在会吸引其他厂商进入，而企业的产品特色也会被其他厂商模仿，所有的差异化策略都无法奏效，非价格竞争手段失灵。于是，厂商只能采用价格竞争手段，进行激烈的竞争。结果产品的市场价格不断下降，直至价格等于长期平均成本，超额利润消失，每一个企业只能取得正常利润，这时该行业既没有新厂商进入，也没有老厂商退出。

二、寡头垄断的市场结构

1. 寡头垄断的含义与特征

(1) 含义

寡头垄断是指少数几个厂商控制整个市场中的生产和销售的市场结构。一般用集中率作为测定寡头垄断程度的标准,集中率是指一定数量厂商(如4个)的销售量(或产量、雇佣人数、资产等)占全行业的比率,集中率越大,垄断程度也就越高。

(2) 特征

①行业中厂商数量很少。每个厂商的市场份额都比较高,因此其价格和产量的决策都会在市场上具有相当大的影响力。由于寡头垄断市场中只有几家厂商,所以,每家厂商的产量和价格的变动都会显著地影响到竞争对手的销售量和销售收入。这样,每家厂商必然会对其他厂商的产量和价格变动作出直接反应。也就是说,厂商在作决策时,必须将其他厂商的反应考虑在内。因此,寡头垄断市场是一个厂商之间相互紧密依存的市场结构。

②产品同质或不同质。当寡头厂商生产石油、钢铁等完全相同的产品时,称为纯粹寡头;当寡头厂商生产汽车、船舶等有差别的产品时,称为差别寡头。

③其他厂商不易进入。在这些行业中存在显著的规模经济效应,只有大规模生产时,才能获得好的效益。而达到这种规模的初始投资很大,企业生产能力很强,少数几家厂商就能满足市场需求。已有的企业一旦在市场上取得竞争优势,其他厂商很难再进入这一行业。除此之外,现有厂商之间紧密的相互依存性,也会使他们采取一些排他性的措施,给后来者的进入设置人为的障碍。

④产品价格受到厂商的操纵。由于厂商数量较少,而且相互紧密关联,厂商之间极易形成勾结。当厂商相互勾结时,会以协议或默契的方式来决定价格;价格一经确立,一般不轻易改变,厂商只改变产量来应付需求的变化。

2. 寡头垄断厂商的经营行为

厂商的决策带有很大程度的不确定性,至今还没有一套完整的理论模型。寡头垄断市场紧密的相互依存性决定了:首先,它很难对产量与价格问题作出像前3种市场那样确切而肯定的答案。因为,各个寡头厂商在作出价格和产量决策时,都要考虑到竞争对手的反应,而竞争对手的反应又是多种多样并难以捉摸的。其次,价格和产量一旦确定以后,就有其相对稳定性。这也就是说,各个寡头由于难以捉摸对手的行为,一般不会轻易变动已确定的价格与产量水平。最后,各寡头之间的相互依存性,使他们之间更容易形成某种形式的勾结。但各寡头之间的利益又是矛盾的,这就决定了勾结不能代替或取消竞争,寡头之间的竞争往往会更加激烈。这种竞争有价格竞争,也有非价格竞争。

(1) 寡头垄断厂商的产量决策

各寡头厂商之间有可能存在相互之间的勾结,也有可能不存在勾结。在这两种情况下,产量的决定是有差别的。

①各寡头厂商相互勾结时。当各寡头厂商之间存在勾结时,产量是由各寡头厂商之间协商确定的,而协商确定的结果有利于谁,则取决于其各自实力的大小。这种协商可能是对产量的限定,也可能是对销售市场的瓜分,即不规定具体产量的限制,而是规定各寡头厂商的具体销售市场范围。当然,这种勾结往往是暂时的,当各寡头厂商的实力发生变化之后,就会要求重新确定产量或瓜分市场,从而引起再次的激烈竞争。

②各寡头厂商没有相互勾结时。在不存在勾结的情况下,各寡头厂商是根据其他寡头厂商的产量决策来调整自己的产量,以达到利润最大化的目的。这要根据不同的假设条件进行分析。经济学家曾作了许多不同的假设,并得出了不同的答案。

(2) 寡头垄断厂商的价格决策

寡头垄断市场上价格的决定也要区分存在或不存在勾结的情况。在不存在勾结的情况下,价格决定的方法是价格领先制和成本加成定价法;在存在勾结的情况下,则是卡特尔。

①价格领先制。价格领先制是指一个行业的价格通常由某一寡头厂商率先制定,其余寡头厂商追随其后确定各自价格。率先定价者往往既不是自封的,也不是共同推选的,而是自然形成的。这种自然形成的率先定价者或者说价格领袖,一般有3种情况:

a. 支配型价格领袖。领先确定价格的厂商是本行业中最大的、具有支配地位的厂商。它在市场上占有份额最大,因此对价格的决定举足轻重。它根据自己利润最大化的原则确定产品价格及其产量,其余规模较小的寡头则根据这种价格来确定自己的价格以及产量。

b. 效率型价格领袖。领先确定价格的厂商是本行业中成本最低,从而效率最高的厂商。它对价格的确定也使其他厂商不得不随之变动。

c. 晴雨表型价格领袖。这种厂商并不一定在本行业中规模最大,也不一定效率最高,但它在掌握市场行情变化或其他信息方面明显优于其他厂商。这家厂商价格的变动实际上是首先传递了某种信息,因此,它的价格在该行业中具有晴雨表的作用,其他厂商会参照这家厂商的价格变动而变动自己的价格。

②成本加成定价法。成本加成定价法就是在核定平均成本的基础上,加上1个百分比或预期利润额来确定价格。这样确定的价格,无需随实际产出量的变动而频繁变动,价格比较稳定。在各个企业力量相当时,各家厂商的平均成本相近,行业的预期利润率各家企业也是知道的,这样确定出来的价格就会非常接近,减少了寡头厂商之间因价格剧烈变动可能带来的不利后果。

③卡特尔。卡特尔是生产同类产品的厂商,在划分销售市场、规定商品产量、确定商品价格等方面签订协定而成立的同盟。通过建立卡特尔,几家寡头企业,协调行动,共同确定价格,就有可能像完全垄断企业一样,使整个行业的利润达到最大。但由于卡特尔各成员之间的矛盾,有时达成的协议也很难兑现,或引起卡特尔解体。在不存在公开勾结的卡特尔的情况下,各寡头还能通过暗中的串通来确定价格。

本章小结

1. 厂商收益是指厂商销售产品得到的全部货币收入。收益可以分为总收益、平均收益和边际收益三种。总收益与总成本的差额是利润,即利润(π)=总收益(TR)一总成本(TC)。这里所说的利润是超过正常利润的超额利润。利润最大化原则可以表达为:边际收益=边际成本。当边际收益大于边际成本时,厂商会增加产量;当边际收益小于边际成本时,厂商会减少产量。当边际收益=边际成本时,厂商实现最大利润或最小亏损。

2. 市场类型划分的主要标准是厂商之间的竞争程度,一般可以从厂商数量、产品差别程度、厂商对产量和价格的控制程度及进入行业的难度这些因素,将市场分为4种类型:即完全竞争、完全垄断、垄断竞争和寡头垄断。每一种市场类型都有其特定的含义及其特征。

3. 在以价格既定、产品同质、要素自由、信息充分为特征的完全竞争市场中,厂商是产品市场价格的接受者。对于完全竞争市场中的厂商来说其产品的边际收益=平均收益=产品价格。在短期中,完全竞争厂商按照边际成本(MC)=产品价格(P)的利润最大化原则来确定均衡产量。当产品单价(P)大于平均成本(AC)时,厂商获得超额利润;当产品单价(P)等于平均成本(AC)时,厂商的超额利润为零,只获得正常利润。当产品单价(P)小于平均成本(AC)但大于平均变动成本(AVC)时,厂商出现亏损,但继续生产。当产品单价(P)小于平均变动成本(AVC)时,厂商亏损并停止营业。在长期中,完全竞争厂商按照长期边际成本(LMC)=产品市场价格(P)的利润最大化原则来确定均衡产量。最终调整到长期边际成本(LMC)=产品市场价格(P)=长期平均成本(LAC)时,厂商只能获得正常利润。

4. 在完全竞争条件下,产品的均衡价格由供给和需求两种力量来共同决定,在图形上表现为需求线与供给线相交决定市场均衡。需求函数表明商品自身价格、其他商品价格、收入、偏好、消费者预期等因素都会影响产品的购买量;而价格是其中最重要的因素。需求是与若干个价格对应的若干个需求量,需求可以用需求表、需求曲线、需求方程来表示。供给函数表明商品自身价格、其他商品价格、厂商预期、产品生产成本、技术和管理水平等因素都会影响产品的生产量。供给是与若干个价格对应的若干个供给量,供给可以用供给表、供给曲线、供给方程来表示。当商品自身价格以外的其他因素变动时,都会引起需求、供给的变动,由此也会引起市场均衡的变动。

第四章 市场结构及其运行

需求变动会引起均衡价格与均衡数量同方向变动;供给变动会引起均衡价格反方向变动,均衡数量同方向变动。

5. 经济学中的弹性是指经济变量之间存在函数关系时,因变量对自变量变动的反应程度,其大小可以用两个变量变动的比率之比,即弹性系数来表示。需求价格弹性,指的是需求量变动对价格变动的反应程度,其公式是:$E_d =$ 需求量变动的比率/价格变动的比率,需求价格弹性一般是负数,但通常取绝对值。在进行计算时,常采用需求价格弧弹性的中点公式:$|E_d| = -\Delta Q/\Delta P \times [(P_1 + P_2)/(Q_1 + Q_2)]$。

许多因素都会影响需求价格弹性。厂商的总收益与商品的需求价格弹性密切相关:富有弹性的商品其总收益与价格反向变动;缺乏弹性的商品其总收益与价格同向变动;单位弹性的商品其总收益与价格变动无关。

6. 在完全垄断市场中,独家经营、控制市场的厂商是产品价格的制定者。它可以自行决定自己的产量和销售价格,并因此而使自己利润最大化。但与完全垄断厂商庞大的供给能力相比,市场的需求是有限的,因此厂商在制定产品价格时,会充分考虑需求的约束而采取降价促销的策略或差别定价的策略。对于完全垄断厂商来说其产品的边际收益<平均收益=产品价格。在短期中,完全垄断厂商按照边际成本(MC)=边际收益(MR)的利润最大化原则来确定均衡产量。当产品单价(P)>平均成本(AC)时,厂商获得超额利润;当产品单价(P)=平均成本(AC)时,厂商的超额利润为零,只获得正常利润。当产品单价(P)小于平均成本(AC)但大于平均变动成本(AVC)时,厂商出现亏损,但继续生产。当产品单价(P)<平均变动成本(AVC)时,厂商亏损并停止营业。在长期中,完全垄断厂商可以调整全部生产要素,按照长期边际成本(LMC)=边际收益(MR)的利润最大化原则来确定均衡产量,但产品市场价格(P)>长期平均成本(LAC)>长期边际成本(LMC),从而它可以获得垄断利润。

7. 产品之间的差别性构成了垄断竞争市场的存在基础。产品差别性越大,厂商之间的垄断程度越高;产品差别性越小,厂商之间的竞争程度越高,垄断竞争厂商是垄断者又是竞争者。对于垄断竞争厂商来说,在短期内通过产品变异、服务竞争及广告竞争等非价格竞争手段来求得超额利润。但在长期中,非价格竞争手段因厂商之间的相互模仿而失灵,厂商只能依靠价格竞争来争夺市场,最终将使超额利润消失,只能得到正常利润。

8. 在寡头垄断市场中,行业中举足轻重的少数几家厂商之间存在着强烈的相互依存关系,每家厂商在作决策时,必须考虑其他厂商对他的产量和价格变动会做出的直接反应。这也决定了寡头垄断市场的均衡产量和价格问题比较复杂,没有确定的解答。

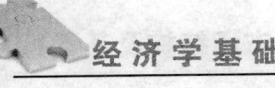

本章案例

本章案例1:农村春联市场——完全竞争的缩影

临近春节,我有机会对某村农贸市场的春联销售进行了调查,该农贸市场主要供应周围7个村5 000余农户的日用品需求。贴春联是中国民间的一大传统,春节临近,春联市场红红火火,而在农村,此种风味更浓。

在该春联市场中,需求者有5 000多农户,供给者为70多家零售商,市场中存在许多买者和卖者;供应商的进货渠道大致相同,且产品的差异性很小,产品具有高度同质性(春联所用纸张、制作工艺相同,区别仅在于春联所书写内容的不同);供给者进入、退出没有限制;农民购买春联时的习惯是逐个询价,最终决定购买,信息充分;供应商的零售价格水平相近,提价基本上销售量为零,降价会引起利润损失。原来,我国有着丰富文化内涵的春联,其销售市场结构竟是一个高度近似的完全竞争市场。

供应商在销售产品的过程中,都不愿意单方面降价。春联是农村过年的必需品,购买春联的支出在购买年货的支中只占很小的比例,因此其需求弹性较小。某些供应商为增加销售量,扩大利润而采取的低于同行价格的竞争方法,反而会使消费者认为其所经营的产品存在瑕疵(例如:上年库存,产品质量存在问题等),反而不愿买。

该农村集贸市场条件简陋,春联商品习惯性席地摆放,大部分供应商都将春联放入透明的塑料袋中以防尘保持产品质量。而少部分供应商则更愿意损失少部分产品暴露于阳光下、寒风中,以此展示产品。因此就产生了产品之间的鲜明对照。暴露在阳光下的春联更鲜艳,更能吸引消费者目光、刺激购买欲望,在同等价格下,该供应商销量必定高于其他同行。由此可见,在价格竞争达到极限时,价格外的营销竞争对企业利润的贡献不可小视。

在商品种类上,例如"金鸡满架"一类小条幅,批发价为0.03元/副,零售价为0.3元/副;小号春联批发价为0.36元/副,零售价为0.50元/副。因小条幅在春联中最为便宜且为春联中的必需品,统一价格保持5、6年不变,因此消费者不对此讨价还价。小条幅春联共7类,消费者平均购买量为3到4类,总利润可达1.08元,并且人工成本较低。而小号春联相对价格较高,在春联支出中占比重较大,讨价还价较易发生;由此,价格降低和浪费的时间成本会造成较大利润损失,对小号春联需求量较大的顾客也不过购买7到8副,总利润至多1.12元。因此,我们不难明白浙江的小小纽扣风靡全国、使一大批人致富的原因;也提醒我们,在落后地区发展劳动密集、技术水平低、生产成本低的小商品生产不失为一种快速而行之有效的致富办法。

春联市场是一个特殊的市场,时间性很强,仅在年前存在10天左右,供应商只有一次批发购进货物的机会。供应商对于该年购入货物的数量主要基于上年销售量和对新进入者的预期分析。如果供应商总体预期正确,则该春联市场总体商品供应量与需求量大致相同,则价格相对稳定。一旦出现供应商总体预期偏差,价格机制就会

第四章 市场结构及其运行

发挥巨大的作用,将会出现暴利或者亏损。

综上可见,小小的农村春联市场竟是完全竞争市场的缩影与体现,横跨经济与管理两大学科。这也就不难明白经济学家为何总爱将问题简化研究,就像克鲁格曼在《萧条经济学的回归》一书中,总喜欢以简单的保姆公司为例得出解决经济问题的办法,这也许真的有效。

本章案例2:可口可乐收购案

商务部2009年3月18日发布消息,宣布否决了可口可乐收购汇源案,一石激起千层浪。此前,很多业内人士认为,由于外资对中国直接投资减少,中国方面或许会对如此一笔巨大投资案开放绿灯。

商务部在发布的消息中表示,经审查,此项集中将对竞争产生不利影响。收购完成后可口可乐公司可能利用其在碳酸软饮料市场的支配地位,搭售、捆绑销售果汁饮料,或者设定其他排他性的交易条件,不断限制果汁饮料市场竞争,导致消费者被迫接受更高价格、更少种类的产品;同时,由于既有品牌对市场进入的限制作用,潜在竞争难以消除该等限制竞争效果;此外,收购还挤压了国内中小型果汁企业生存空间,给中国果汁饮料市场竞争格局造成不良影响。

商务部指出,反垄断审查的目的是保护市场公平竞争,维护消费者利益和社会公共利益。据悉,自2008年8月1日《反垄断法》实施以来,商务部收到40起经营者收购申报,依照法律规定立案审查了29起,已审结24起,其中无条件批准23起,对于1起具有排除、限制竞争效果的收购,商务部与申报方进行商谈,申报方提出了减少排除限制竞争的解决方案并作出承诺,商务部附加了减少收购对竞争不利影响的限制性条件批准了该收购。

值得关注的是,此次收购以及收购被否决本身,都引起国内外和业内外的极大关注。不仅在于它创造了迄今外资在华最大的收购案的记录,也在于它是《反垄断法》实施之后首个由中国政府主管部门否决的一起收购案,更在于在当前国际金融危机冲击下,中国今后将怎样对待外资在华收购,如何吸引外资在华投资等诸多相关问题。

本章案例3:为什么轻工业品市场最需要做广告宣传?

打开电视经常看到的是化妆品、家用电器、洗涤用品等轻工业品的广告,而从来也没有看到过石油、煤炭、钢铁。更没有看到过大米、白面、水、电(不包括公益广告)。这是为什么?现在我们用第四章的市场结构理论来分析这个问题。

最接近完全竞争市场的产品是农贸市场,在这个市场上有很多的消费者也有很多的生产者;在这个市场上产品是没有差别的。这里所说的产品差别不是指不同产品之间的差别,而是指同种产品在质量、包装、牌号或销售条件等方面的差别。例如产品差别不是指自行车与汽车的差别,而是指自行车在质量、牌号或销售条件方面的差别。正是因为大米、面粉、鸡蛋和蔬菜等农贸市场上出售的商品没有差别,个别厂商也没有必要做广告。此外,在这个市场上价格与需求曲线是由全行业竞争决定的,个别厂商只能是全行业决定的价格的接受者。在完全竞争市场的条件下,价格可以充分发挥其"看不见的手"的作用,调节整个经济的运行。

打开电视经常映入你眼帘的电视广告,一般都是轻工业产品。这个市场就是垄断竞争市场。引起这个市场存在的基本条件是产品有差别,如我们前面提到的自行车消费者的个人偏好不同,每一款自行车都可以以自己的产品特色在一部分消费者中形成垄断地位。但这种垄断又是垄断不住的,因为不同牌号的自行车是可以互相替代的。这就形成一种垄断竞争的状态,这也正是为什么生产轻工业产品的厂商不惜血本大做广告的目的。不仅如此,在这个市场上各个商家定价决策要充分考虑同类产品的价格,正确估计自己的商品在市场上的地位,定价过高会被同类产品替代,失去本来属于你的市场份额。

钢铁、汽车、造船、飞机产品属于寡头垄断。垄断原意是指为数不多的销售者。为什么这些重工业中寡头垄断是最普遍的?因为这些行业有一个基本特点,就是这类产品只有在大规模生产时,才能获得好的经济效益。因为这些行业投资巨大,只有产量达到一定规模时平均成本才会下降。

供水、供电这类政府自然垄断行业属于完全垄断。在这个市场上一家就是一个行业。有许多经济学家认为政府对某些公用事业的垄断一方面会给社会带来好处;另一方面政府完全垄断公用事业,往往也会由于官僚主义而引起效率低下。

本章案例 4:歧视价格——机票定价的另一种思路

近年来,关于民航机票打折的争论始终没有平息。以民航公司为代表的一方迫于运力过剩,客源不足,要求并实行过机票打折,有一阵打折之风甚强。以民航管理局为代表的一方担心民航业自相残杀、恶性竞争,三令五申反对机票打折。虽然禁止打折的政令也实施了,但这场争论的是非曲直并没有定论。其实定价并非只有打折与不打折两条路,何不试试其他定价方法呢?

国外民航业常用的一种定价方法是歧视价格。歧视价格是对同一种物品或劳务在同一时间里向不同消费者收取不同的价格。例如,有的民航公司对两城市间的往返机票收取两种价格:全价与折扣价。对周六在所到达城市住一晚的乘客收折扣价,对周六不在所到达城市住的乘客收全价。这种对同一次航班(服务完全相同)收取两种不同价格的作法就是运用了歧视价格的定价方法。

歧视价格得以实行在于消费者分为不同的集团,不同集团的消费者对同一种物品或劳务需求弹性不同。以民航服务而言,消费者大体可分为两个集团:公务出差者和私人旅游者。前者需求缺乏弹性,因为公务有时间性,且由公费支出,出差者只考虑时间的合适性,很少考虑价格变动,价格变动对这部分人坐飞机的需求量影响很小。后者需求富有弹性,旅游者时间要求不严格,但费用由私人支出,更多考虑价格因素,价格变动对这部分人坐飞机的需求量影响很大。

如果民航公司不实行打折,私人旅游者难以增加,但如果实行打折,本来不打折

第四章 市场结构及其运行

需求量也不会减少的公务出差也沾了光,民航公司又是一种损失。于是就对这两类乘客实行歧视价格。

但如果民航公司简单地列出两种价格,恐怕没有一个公务出差者愿意出高价,公司以这两种价格售票时,乘客都会以旅游者自称。所以,实行歧视价格的关键是要能用一种客观标准区分这两类乘客。民航公司用的方法就是周六是否在所到达的城市住一个晚上。对公务出差者来说,周六与周日无法办理公务,为省几个钱而在所去的城市呆2天,放弃了周末与亲人团聚,实在不合适,何况省的又不是自己的钱。对私人旅游者来说,反正是去玩,呆多长时间,什么时候去关系不大,而买便宜机票省自己的钱还是重要的。这样就可以方便地对两类乘客实行歧视价格。

实行歧视价格增加了民航公司的收益。这就是说,公务出差者仍以原价购买机票,乘客不会减少(需求缺乏弹性),来自这部分乘客的收益不会减少。私人旅游者以折扣价格购买机票,由于需求富有弹性,乘客增加的百分比大于原价的百分比,来自这部分乘客的收益增加。这样,总收益增加了。而且,这种方法还使客源在时间分布上趋于稳定:公务出差者在工作日外出者多,而私人旅游者为了省钱会选择休息日外出。这样就不会出现乘客过多或过少的现象,也有利于民航业的正常运行。

歧视价格的形式也很多。例如,美洲航空公司1992年将纽约至伦敦间的经济舱分为5种价格:2084美元、918美元、599美元、439美元、379美元。各种价格的限制条件不同,2084美元无任何限制,而379美元有三个限制条件:提前21天购买、不适用于周末、不退票。这两者之间的价格限制条件又不同。这种方法把乘客分为不同收入的集团,高收入者购买方便的高价票,低收入者也可买低价票到伦敦一游。

其他行业中也实行不同歧视价格,如电力部门对工业用电和民用电收不同价格,电影院对老人和儿童实行优惠,许多公司在报纸杂志上向公众提供的折扣券,对购买不同数量的顾客实行不同价格,等等。这些歧视价格的作法相当普遍、灵活,也颇有效。

也许是我们许多人在计划经济下生活得太久了,对价格总不外两种作法。或者削价竞争,或者用行政力量限制降价(也有时限制提价)。这就形成"一收就死,一放就乱"的结果。市场经济中的定价权应该在企业,政府以行政力量干预定价不符合市场经济原则。但企业也不应该滥用定价权,或一味降低价格,不惜血本地竞争,或勾结起来定价。价格由供求决定,随供求而变动。企业必须适应市场调整自己的价格,并采用包括歧视价格在内的多种定价方式,灵活地经营。

商战是战场,不过在这个战场上所需要的不是那种"跳楼"、"出血"的玩命精神,而是灵活的头脑。经济学会使你的头脑更灵活。

本章案例5:中国电信业的重组
政企分开
1998年之前,电信业政企合一的体制以及行政性垄断与电信业的快速发展之间的矛盾日益突出。中国电信改革开始了初步的尝试,主要目标是引入竞争、实行政企分开。

1994年7月,为了效仿英国双寡头竞争的局面,当时的电子部联合铁道部、电力部以及广电部成立了中国联通,但主要还是经营寻呼业务。

1998年3月,在原电子部和邮电部基础上组建了信息产业部,电信业实现了政企分开,为随后一系列的电信产业改革奠定了最基本的体制基础。

电信拆分

尽管1994年就已经成立了中国联通,但是今天回头来看,中国联通仍然是垄断的性质,而且由于联通的资产规模和市场份额都不足以改变电信产业格局,再一次对电信企业进行拆分就成为必然的选择。

1999年2月,信息产业部开始决定对中国电信拆分重组,中国电信的寻呼、卫星和移动业务剥离出去,原中国电信拆分成新中国电信、中国移动和中国卫星通信等3个公司,寻呼业务并入联通;同时,网通公司、吉通公司和铁通公司获得了电信运营许可证。中国电信、中国移动、中国联通、网通、吉通、铁通、中国卫星通信七雄初立,也形成了电信市场分层竞争的基本格局。

南北拆分

2001年10月,中国电信南北拆分的方案出台。拆分重组后形成新的5+1格局,包括了中国电信、中国网通、中国移动、中国联通、中国铁通以及中国卫星通信集团公司。

这次拆分体现了两大原则:一是中国电信长途骨干网将按照光纤数和信道容量进行分家,其中北方10省与网通、吉通合并后的中国网络通信集团公司占有30%,南方和西部21省组成新的中国电信占有70%。第二个原则是本地接入网将按照属地原则划分,即北方10省的本地网资源归中国网通,南方和西部21省的本地网归新的中国电信。另外现网通在南方的分公司将继续存续,而新的中国电信也被允许到北方发展业务,这次重组暂时不涉及移动业务,而在重组过程中吉通公司消失。

2004年初,国务院正式决定,铁通由铁道部移交国务院国有资产监督管理委员会(国资委)管理,并更名为中国铁通集团有限公司,作为国有独资基础电信运营企业独立运作。至此,终于形成了电信6强争锋的局面并保持至2008年2月。

2008年5月23日中组部在中国联通、中国电信、中国移动和中国网通宣布了最新的电信运营商人事任命。这意味着持续几年的电信重组正式开始。新任命和公司调整如下:中国电信收购中国联通CDMA网(包括资产和用户),中国联通G网与中国网通合并,中国卫通的基础电信业务并入中国电信,中国铁通并入中国移动。

电信运营商的重组将促进运营商之间的竞争,这有利于运营商在语音业务发展缓慢、甚至停滞的时候,加大推广信息化产品的力度。推广信息化产品不仅可以增加运营商的收入,更重要的是可以通过提供差异化的产品及产品组合,从而形成差异化

第四章 市场结构及其运行

竞争。这对弱势运营商调整定位,提高竞争力非常有利。

电信重组肯定会加剧运营商之间的竞争。由于语音业务发展速度减缓,未来电信运营商之间的竞争将主要来自于信息服务。与语音业务相比,信息服务肯定不会以单一模式提供,而是会形成多样化的产品,各运营商也会根据自己对市场的理解推出差异化的产品,以满足用户的不同需要。目前各运营商对政企客户的营销已开始形成各自的不同特色。3G牌照发放后,经过一年左右的网络建设期后,其带宽优势将体现出来,这有利于数据业务的推广,而信息化的数据服务将成为各运营商3G服务吸引客户的最重要内容。

本章背景资料:需求定理

我们所学的需求定理是由法国里昂大学数学系教授古诺发现的。尽管古诺是研究需求与供给理论的第一人,但使这种新出现的理论有第一次实际运用的是19世纪50年代铁路的发展与扩张。铁路与现在的航空业一样是当时的技术前沿。而且也与今天的民航业一样,当时铁路之间的竞争十分激烈。伦敦大学的爱尔兰哲学教授拉德耐尔用需求和供给理论向铁路公司说明,它们可以如何通过降低竞争激烈的长途业务的运费率和提高不太担心其他运输供给者的短途业务的运费率来增加利润。现在,经济学家用拉德耐尔在19世纪50年代用过的原理来计算使航空公司得到最大可能利润的货运收费率和客运收费率。而且,所计算的运费率与19世纪的铁路运费率有许多共同之处。在很少竞争的地方航线上,每英里的运费率是最高的,而在航空公司竞争激烈的长途航线上,每英里的运费率是最低的。

本章习题

一、实验报告题

1. 在口头双向拍卖中,如果买入方当前的商品出价是4.5元,卖出方当前的商品要价是7.5元,而你手中持有的是红牌,红牌的数字为4元,这时你还有没有机会通过出价来拍得这一单位的商品?为什么?

2. 在口头双向拍卖中,如果买入方当前的商品出价是4.5元,卖出方当前的商品要价是7.5元,而你手中持有的是黑牌,黑牌的数字为8元,这时你还有没有机会通过要价来拍出这一单位的商品?为什么?

3. 在口头双向拍卖中,如果你是买入方,手中持有的红牌数字为X,其他买入方对商品最高的出价是P_B元,所有卖出方的最低商品要价是P_A元,而且商品最高出价小于商品最低要价($P_B<P_A$)。那么,你拍得商品的条件是什么?你盈利的条件又是什么?你拍得商品同时又盈利的条件是什么?你究竟应该如何报价?

4. 在口头双向拍卖中,如果你是卖出方,手中持有的黑牌数字为Y,其他卖出方对商品最低的要价是P_A元,所有买入方的最高商品出价是P_B元,而且商品最高出价小于商品最低要价($P_B < P_A$)。那么,你拍出商品的条件是什么?你盈利的条件又是什么?你拍出商品同时又盈利的条件是什么?你究竟应该如何报价?

5. 如果发给买入方的红牌和发给卖出方的黑牌数字如下表,根据这些需求和供给的数据,推导出市场的需求—供给表,并预测这个市场的均衡价格、均衡数量。

需求和供给的数据

卖出方的成本(黑牌数字)	2	2	3	4	5	6	6	7	8
买入方的价值(红牌数字)	10	10	9	8	7	6	6	5	4

6. 续上题。如果对卖出方征税 2 元钱,供给表、需求表会有什么变化?请写出新的需求—供给表,并预测市场新的均衡价格、新的均衡数量。

7. 续上题。如果对买入方征税 2 元钱,供给表、需求表会有什么变化?请写出新的需求—供给表,并预测市场新的均衡价格、新的均衡数量。

二、选择题

1. 下列哪个行业最接近于完全竞争市场 （   ）
   A. 飞机制造业　　　　　　　　　B. 烟草业
   C. 水稻种植业　　　　　　　　　D. 汽车制造业

2. 如果生产者的边际收益大于边际成本,生产者应该 （   ）
   A. 停止生产　　　　　　　　　　B. 扩大生产
   C. 维持生产　　　　　　　　　　D. 退出生产

3. 在最好或最优短期产出水平,厂商将 （   ）
   A. 取得最大利润
   B. 使总损失最小
   C. 使总损失最小或总盈利最大
   D. 使单位产品中所获利润最大

4. 能使完全竞争厂商利润极大化的产量水平为 （   ）
   A. 价格与平均成本相等的产量　　B. 价格与边际成本相等的产量
   C. 平均成本最小的产量　　　　　D. 以上都不是

5. 厂商在停业点 （   ）
   A. $P = AVC$　　　　　　　　　　B. $TR = TVC$
   C. 企业总损失等于 TFC　　　　D. 以上都对

6. 均衡价格随着 （   ）
   A. 需求的增加和供给的减少而上升
   B. 需求和供给的减少而上升

C. 需求和供给的增加而上升

　　D. 需求的增加和供给的减少而下降

7. 下列不会引起牛排需求发生变化的情况为　　　　　　　　　　　　（　　）

　　A. 牛排价格从每磅 3 美元上升到每磅 3.5 美元

　　B. 牛的饲养者宣传牛排中含有丰富的维生素

　　C. 医生说多吃牛肉有损健康

　　D. 汉堡价格从每磅 2 美元跌到 1.5 美元

8. 建筑工人工资提高将使　　　　　　　　　　　　　　　　　　　　（　　）

　　A. 新房子供给曲线左移并使房子价格上升

　　B. 新房子供给曲线右移并使房子价格下降

　　C. 新房子需求曲线左移并使房子价格下降

　　D. 新房子需求曲线右移并使房子价格上升

9. 市场上某产品存在超额需求是由于　　　　　　　　　　　　　　　（　　）

　　A. 产品价格超过均衡价格　　　B. 该产品是劣质品

　　C. 该产品是供过于求　　　　　D. 该产品价格低于均衡价格

10. 某种商品的需求弹性小于 1 时　　　　　　　　　　　　　　　　（　　）

　　A. 涨价、总收益增加　　　　　B. 涨价、总收益不变

　　C. 涨价、总收益减少　　　　　D. 降价、总收益增加

11. 小麦歉收导致小麦价格上升，准确地说在这个过程中　　　　　　（　　）

　　A. 小麦供给的减少引起需求量下降

　　B. 小麦供给的减少引起需求下降

　　C. 小麦供给量的减少引起需求量下降

　　D. 小麦供给量的减少引起需求下降

12. 完全垄断企业定价的原则是　　　　　　　　　　　　　　　　　（　　）

　　A. 利润最大化　　　　　　　　B. 社会福利最大化

　　C. 消费者均衡　　　　　　　　D. 随心所欲

13. 要能有效地实行差别价格，下列哪一条以外都是必须具备的条件　（　　）

　　A. 分割市场的能力

　　B. 一个巨大的无弹性的总需求

　　C. 每个分市场上不同的需求价格弹性

　　D. 保持市场分割以防止商品在较有弹性的需求时被顾客再售卖

14. 最需要运用广告手段的生产厂商是　　　　　　　　　　　　　　（　　）

　　A. 自来水公司　　　　　　　　B. 粮农

　　C. 电力公司　　　　　　　　　D. 化妆品公司

15. 垄断竞争厂商短期均衡时，　　　　　　　　　　　　　　　　　（　　）

A. 厂商一定能获得超额利润

B. 厂商一定不能获得超额利润

C. 只能得到正常利润

D. 取得超额利润,发生亏损及获得正常利润三种情况都可能发生

16. 寡头垄断厂商的产品是 ( )

    A. 同质的

    B. 有差异的

    C. 既可以是同质的,也可以是有差异的

    D. 以上都不对

17. 已知某企业生产的商品价格为10元,平均成本为11元,平均可变成本为8元。则该企业在短期内 ( )

    A. 停止生产且亏损   B. 继续生产且存在利润

    C. 继续生产但亏损   D. 停止生产且不亏损

18. 对完全垄断厂商来说, ( )

    A. 提高价格一定能够增加收益

    B. 降低价格一定会减少收益

    C. 提高价格未必能增加收益,降低价格未必减少收益

    D. 以上都不对

19. 厂商之间关系最密切的市场是 ( )

    A. 完全竞争市场   B. 完全垄断市场

    C. 寡头垄断市场   D. 垄断竞争市场

20. 所有下列因素除哪一种外都会使需求曲线移动 ( )

    A. 消费者收入变化   B. 商品价格下降

    C. 其他有关商品价格下降   D. 消费者偏好变化

三、判断题

1. 如果企业没有经济利润,就不应当生产。 ( )
2. 当边际收益大于边际成本时,厂商应该增加生产。 ( )
3. 市场竞争程度大体与产品差别程度成反比。 ( )
4. 在完全竞争市场上,所有的生产者都是价格的制定者,所有的消费者都是价格的接受者。 ( )
5. 只要商品价格高于平均变动成本,企业就应继续生产。 ( )
6. 虽然很高的固定成本是厂商亏损的原因,但永远不会是厂商关门的原因。 ( )
7. 在长期均衡点,完全竞争行业中每个厂商的利润都为零,因而,当价格下降时,所有这些厂商就无法继续经营。 ( )

第四章 市场结构及其运行

8. 完全竞争厂商在短期的利润最大化有三种可能,可能获得超额利润、可能只有正常利润、可能亏损。 （ ）
9. 完全竞争的厂商为了获得更多的利润愿意为产品进行广告宣传。 （ ）
10. 均衡价格就是供给量等于需求量时的价格。 （ ）
11. 如果对小麦的需求高度缺乏弹性,粮食丰收将减少农民的收入。 （ ）
12. 当某种产品的价格上升8%,而需求量减少7%时,该产品是需求富有弹性的。 （ ）
13. 商品在家庭支出中所占比例越大,其价格变动对需求的影响越小,需求价格弹性越小。 （ ）
14. 偏好的变化导致人们的需求在某条需求曲线上向上或向下移动,而收入的变动则引起需求曲线的移动。 （ ）
15. 相关商品价格的变化会导致该商品供给的同向变化。 （ ）
16. 完全垄断企业是价格的制定者,所以它能随心所欲地决定价格。 （ ）
17. 实行三级差别价格策略的企业获得了全部消费者剩余,因此它获得了最大的收入。 （ ）
18. 有差别的产品之间并不存在竞争。 （ ）
19. 垄断竞争厂商降低价格,其销售量会增加,提高价格,其销售量会减少。 （ ）
20. 寡头垄断厂商之间可以进行勾结,所以他们之间并不存在竞争。 （ ）

四、分析或计算题

1. 计算并填写下表中的空格

销售数量(Q)	价格(P)	平均收益(AR)	总收益(TR)	边际收益(MR)
1	14			
2	12			
3	10			
4	8			
5	6			
6	4			
7	2			

2. 设某完全竞争厂商的短期成本如表:

产量(Q)	总固定成本(TFC)	总变动成本(TVC)	短期总成本(TC)	边际成本(MC)	平均成本(AC)	平均变动成本(AVC)
0	120	0				
1	120		154			
2	120	63				
3	120		210			
4	120	116				
5	120		265			
6	120	180				
7	120		350			
8	120	304				
9	120		540			

根据表中数据进行计算、填空,并由此分别来确定当价格为(1) $P=74$ 元时,(2) $P=50$ 元时,(3) $P=35$ 元时,(4) $P=29$ 元时,(5) $P=26$ 元时,其均衡产量分别应该是多少?

3. 根据第2题的计算结果,进一步分析当价格为(1) $P=74$ 元时,(2) $P=50$ 元时,(3) $P=35$ 元时,(4) $P=29$ 元时,(5) $P=26$ 元时,该厂商的盈亏状况。

4. 根据第3题的计算结果,确定当价格 P 分别为35元、29元、26元时,该厂商的实际产量应该等于多少?

5. 运用需求价格弧弹性的中点公式来进行计算并填表。

价格(元)	需求量(t)	需求价格弹性系数 $|E_d|$
12	1	
10	3	
8	5	
6	7	
4	9	
2	11	

第五章　要素市场和收入分配

本章主要目的

通过本章的学习,你应当能够:
1. 弄懂生产要素需求的特点和确定原则
2. 搞清生产要素价格决定的基本原理
3. 明确土地、资本、劳动、企业家才能四大要素的价格及其决定机制
4. 阐明工资差异的形成原因
5. 理解利润的来源
6. 掌握衡量收入分配平等程度的指标
7. 熟知收入分配不平等的原因
8. 了解调节收入分配的政策

第一节　引导性实验
——最低工资实验

一、实验步骤

1. 确定实验条件

一定数量的学生实验指南、相应数量的保留价格信息单(保留工资信息单、边际要素收益信息单)、相应数量的收益记录单、实验登记表 15 张、实验记录总表 1 张。

实验场地:需要准备可以容纳 50 人左右的宽敞的普通教室或多媒体教室,以便教师、学生讨论、走动,并保证学生的个人信息不至于因空间狭小而为人所知。

实验人数:本实验参与人数为 18 人。

2. 宣布游戏内容

教师向学生宣布如下的游戏内容及收益规则。

模拟劳动市场的交易:每个人都将拿到一张写有表明游戏角色和保留价格的信息单,游戏角色为 F 代表厂商,游戏角色为 R 代表居民。厂商信息单的编号为 $F_1 \sim F_5$,居民信息单的编号为 $R_1 \sim R_{10}$。每张信息单上的数字是厂商或居民的保留价格。

居民的保留价格是其就业的保留工资,也就是劳动者的要价。厂商的保留价格是劳动要素的边际收益,也就是厂商雇佣劳动时愿意付出的最高工资。每个人只知道自己的保留价格,但不知道其他参与者的保留价格。在游戏中,每个居民在每轮游戏开始时,会领到一张信息单,代表拥有1单位的人力资源,可用于劳动。每个厂商会领到一套两张的信息单,代表其至多可投入2单位的人力资源。

收益规则——各轮实验中每人的收益决定于以下公式:

居民收益=成交工资-保留价格(保留工资)

厂商收益=保留价格总和(边际要素收益总和)-成交工资总和

对于居民来说,只有成交价格大于保留价格时,交易才带来收益的增加。而对于厂商来说,只有边际要素收益大于成交工资时,才能扩大其利润。

如果在一轮游戏中,学生没能够达成交易,则无论是居民还是厂商,其收益都等于0。

每个人的目标都是在实验期间达成更多的交易,获得更多的收益。

3. 实施人员分组

由教师从学生中选出18人参加实验。其中3人担任实验工作人员,15人充当交易者。将参与交易的学生分为厂商和居民两组。将整个教室分成前后左右四个区域,中间留出较大的空间,以便教师和学生走动,让参与交易的学生分布在教室前部的交易区内,并使厂商和居民分别在左右两个区域、面向黑板就座。教师要求参与交易的学生按照从前到后、从中间到两边的原则就座。厂商信息单的编号为 $F_1 \sim F_5$,居民信息单的编号为 $R_1 \sim R_{10}$。实验工作人员或站在黑板与讲台之间,或站在交易区的左右两个分区的中间。3名实验工作人员的分工为:1人站在黑板与讲台之间,负责检查达成交易的有效性、公布成交价格、记录厂商和居民的保留价格、收回成交者手中的保留价格信息单。另外2人站在场地中间,负责分发保留价格信息单,每人负责分发一种保留价格信息单给厂商或居民,并监督厂商或居民在交易过程中有无泄密等违规行为;如有多笔交易达成,这2位工作人员应该引导成交者到讲台前登记,并注意维护市场秩序;当到达预设的时间长度时,这2位工作人员还应该向学生收回所有的保留价格信息单。

4. 分发实验材料

教师和实验工作人员向每个学生分发一份"学生实验指南"和一张保留价格信息单。在分发信息单时,注意掌握随机原则和保密原则,应该将纸面朝下,分发出去,并提醒学生不要让别人看到自己信息单上的数字。学生拿到信息单后,应该立即在收益记录单的相应栏目中填好信息单上的数字。

5. 展开双向拍卖

教师宣布即将进入第1轮的交易过程,交易时间为5分钟。进入交易环节时,教师首先请代表厂商的学生稍作考虑后为雇佣劳动喊出初始的出价,再让代表居民的学生为劳动喊出初始的要价。报价必须以整数为单位。其后,教师再询问是否有人提高出价和降低要价,也就是说出价应该不断提高,要价应该不断降低。实验工作人员必须在黑板上记录每一次的报价数据,以便检验是否符合上述报价规则。每一个居民在任何时刻都可以接受一个稍作停滞的出价,每一个厂商也可以接受一个稍作停滞的要价。当一位交易者接受了另一位交易者提出的价格时,第一单位劳动的双向拍卖就宣告结束了。这时,第一笔交易就成功了。这时,达成交易的厂商和居民应该在相应的实验工作人员的引导下,到讲台前将信息单交给主管成交事务的实验工作人员,并再次大声告知成交工资。经实验工作人员审核确认为有效的交易后,成交的双方可以回到各自的座位上,根据成交工资和信息单上的数字计算自己的收益并做好相应的记录。此时主管成交事务的工作人员应该把成交双方的编号和成交工资公布在黑板上,等这2位学生走开后根据上收的信息单上的数字,将学生的保留价格、成交价格填写在实验登记表中。然后,进入下一单位劳动的交易。这时,在此之前形成的、已发布的出价、要价和成交工资的信息便宣告无效,尚未成交的交易者应该按照上述的报价规定,重新申报出价、要价,继续进行双向拍卖,直至预设的时段结束,或所有参与者都已经成交为止。

6. 执行多轮游戏

当第1轮游戏结束时,无论是否达成交易,学生都应该将信息单交给老师。教师将所有收回的信息单的顺序打乱,再次随机地分发给代表厂商和代表居民的学生。注意在第2轮中,每一个学生的角色仍然与第1轮相同,并无任何变化。然后重复第5步骤,执行第2轮游戏。按照上述的流程,完成第2~4轮的游戏。

7. 变更游戏规则

进入第5轮游戏时,教师宣布改变游戏规则:规定一个最低工资标准,比如70元,任何厂商的报价都不能低于这一最低工资水平。每轮交易时间为3分钟,其他步骤不变,继续进行游戏,在此喊价规则下实施第5~8轮的游戏。

8. 统计交易数据

当学生每成交一笔交易后,工作人员应该及时在黑板上的公告栏中记录成交双方的编号和成交工资,根据收上来信息单上的数字,将学生的保留工资、成交工资填写在实验登记表中。当每一轮的游戏结束时,厂商和居民都应该根据成交工资,在自己的收益记录单上按照规则填写本轮游戏的收益。在第4轮、第8轮游戏结束时,应该让学生各花1分钟的时间对收益状况作一次汇总,并进行公告。在第8轮游戏完成后,教师应该让所有学生上交信息单和收益记录单,统计每个学生的总收益,将其汇集成实验记录总表,并在黑板上公布实验数据。

9. 讲解实验结果

游戏结束后,教师根据汇总的实验统计数据,组织讨论,进行有关理论的讲解。

二、实验指南

1. 学生实验指南

我们做有关劳动市场交易的实验。在实验中,每个人要扮演厂商和居民,直接进行人力资源的交易,来模拟劳动市场的运作。我们将从同学们当中选出18人,参加实验。其中3人担任实验工作人员,15人充当交易者。15个充当交易者的同学中,5人扮演厂商,另外10位同学扮演居民。厂商和居民将分别在教室的左侧和右侧两个区域、面向黑板就座。

(1) 交易者须知

每个同学都将拿到一张信息单,上面写有你的游戏角色和保留价格的信息。如果单子上写着 F 字,就意味着你是厂商,厂商信息单的编号为 $F_1 \sim F_5$;如果单子上写着 R 字,就意味着你是居民,居民信息单的编号为 $R_1 \sim R_{10}$。每张信息单上的数字是厂商或居民的保留价格。居民的保留价格是就业的保留工资,也就是你接受雇佣时的要价。厂商的保留价格是劳动要素的边际收益,也就是你雇佣劳动时,愿意付出的最高工资。每个人只知道自己的保留价格,但不知道其他参与者的保留价格。在游戏中,每个居民在每轮游戏开始时,会领到一张信息单,代表你拥有1单位的人力资源,可用于劳动。每个厂商会领到一套两张的信息单,代表你最多可以投入2单位的人力资源。注意不要让别人看到你的保留价格数字。这样,每个人都只知道自己的保留价格,但不知道其他参与者的保留价格。

你们的目标都是在实验期间达成更多的交易,尽可能多获得些收益。实验大体上分成两个阶段,每个阶段包含4轮游戏,总共要进行8轮游戏。每一轮的游戏中,厂商和居民在大约3~5分钟的时间里进行谈判,谈判的内容只有一项,那就是劳动的价格——工资。在前4轮中,对于成交的工资没有数量上的限制,每一轮的游戏时间为5分钟。而在后4轮中,老师会规定一个最低工资标准,任何厂商的报价都不能低于这一最低工资水平,每一轮的游戏时间为3分钟。

在实验中,你的收益决定于以下公式:

居民收益=成交工资-保留价格(保留工资)

厂商收益=保留价格总和(边际要素收益总和)-成交工资总和

对于居民来说,只有成交价格大于保留价格时,交易才带来收益的增加。而对于厂商来说,只有边际要素收益大于成交工资时,才能扩大其利润。

如果在1轮游戏中,学生没能够达成交易,则无论是居民还是厂商,其收益都等于0。你们每个人的目标都是在实验期间达成更多的交易,获得更多的收益。

当老师宣布即将进入第1轮的交易过程时,你可以看看自己的保留价格,做好报价准备。如果你是厂商,要注意你的出价一定不能大于你的保留价格,并且只能在别的买入方已经喊出的价格上往上加价。如果你是居民,要注意你的要价一定不能小于你的保留价格,并且只能在别的卖出方已经喊出的价格上往下减价。当然,无论你是居民还是厂商,如果你觉得对方的报价是可以接受的,就可以立即与对方确认成

第五章 要素市场和收入分配

交。这时,请在工作人员的引导下,立刻来到讲台前将信息单交给我们,并大声告知成交工资。以便我们进行登记,并确认成交价格处于有效区间内,也就是成交价格应该大于保留工资而小于边际要素收益。如果你的成交价格小于保留工资或大于边际要素收益,工作人员将会宣布交易无效,会把信息单归还给你,让你回到座位上去继续交易。假如要登记的人很多,请和你的交易伙伴一起排队等待。当你们的成交工资得到确认后,黑板前的工作人员将写下这一数字,并大声宣布。然后,两位交易者可以回到你们的座位上,计算你们的收益。当每一轮游戏结束时,无论你是否达成交易,都应该将信息单交给老师。老师会再次随机地将信息单分发给你。注意从第2轮起,你的角色仍然与第1轮相同,并无任何变化,只是商品的保留价格可能有变化,其他步骤不变,继续进行游戏,在此游戏规则下做完第2~8轮游戏。最后,你应完整地填写收益记录单,计算各轮游戏中自己的总收益,上交信息单和收益记录单。

表 5-1 收益记录单

轮 次	厂商的收益	厂商的边际要素收益	成交工资	居民的保留工资	居民的收益
1					
2					
3					
4					
小计					
5					
6					
7					
8					
小计					
总计					

各轮收益总额:_____ 学号:_____ 姓名:_____

(2) 工作人员须知

非常感谢你们3位学生接受我的邀请,来担任市场工作人员。在整个实验的过程中,你们的任务是传递价格信息、控制游戏进程、监督交易秩序、记录实验数据。简言之,需要你们协助老师完成每一轮的游戏。

你们的具体分工为

有2位同学的位置在场地中间,负责分发保留价格信息单,并分别监督厂商和居民在交易过程中的报价是否符合规则、有无泄密等违规行为;当达成交易时,应该引导成交者双方到讲台前登记。当每一轮预设的 5 分钟或 3 分钟时间结束时,还应该向所有参加交易的同学收回信息单。

另 1 位同学的位置在黑板与讲台之间,负责检查达成交易的有效性、公布成交价格、记录厂商和居民的保留价格、收回成交者手中的信息单。你将坐在黑板与讲台之间。当一位厂商和一位居民在某一价位上达成交易时,他们将来到讲台前。你的工作首先是确认交易的有效性,然后是记录并公布他们的成交工资。交易的有效性是指成交工资必须是 5 元的倍数,成交工资还应该大于保留工资而小于边际要素收益。当成交的买卖双方来到讲台前面时,取回他们的纸牌,询问他们达成的价格。然后,检查这个价格是否处于有效区间内。假如他们的成交价格小于保留工资或大于边际要素收益,那么你应该宣布交易不符合规定,把信息单交还给买卖双方,让他们回到座位上去重新进行交易。如果成交工资符合规定的要求,那么你应该在记录表的相关空格里记录成交工资,接着收好信息单,让交易者回到他们的座位上,然后你可以在记录表左右两侧的相应空格里填好厂商和居民双方纸牌上的数字。请记住要收回成交双方的信息单,这样他们在每一轮的游戏中只能买进或卖出 1 单位的劳动。收回成交双方的信息单时,要注意保密,可以将纸面朝下,使参加交易的厂商和居民看不到别人信息单上的数字。当你确认一个成交工资为有效价格时,要及时、大声、准确地宣读出来,以便让每个人都听得到,并把它写到黑板上,这样所有的达成交易或尚未达成交易的同学都能够得到最新的市场信息。

总结一下:成交工资必须大于居民信息单上的数字、必须小于厂商信息单上的数字。在你确认交易有效后,应该将成交工资、厂商的边际要素收益和居民的保留工资按顺序记录下来,大声宣布成交工资,并把成交工资写在黑板上。此外,不要忘记收回已经成交的同学的信息单。

表 5-2 报价数据记录表(样表)

时点	厂商编号	厂商出价	居民编号	居民要价	备注
1	F_4	30			
2			R_1	60	
3	F_1	35			
4			R_3	55	
5	F_2	40			
6			R_2	50	
7	F_1	45			
8			R_1	接受	达成1单位商品交易
9			R_4	70	开始下一单位商品交易
10	F_3	25			
…	…	…	…	…	…

第五章 要素市场和收入分配

2. 教师实验指南

(1) 准备实验:在开始实验之前,教师首先应该事先设计好实验的需求和供给的数据,并勾勒出劳动的需求曲线和供给曲线的形状,预先确定成交的数量和成交工资的范围。比如,发给厂商的信息单上的数据分别是 100,100,90,80,70,70,50,50,40,30;发给居民的信息单上的数据分别是 20,20,30,40,50,50,70,70,80,90。实验的需求和供给的数据整理如下表:

由此,教师可以推导出需求—供给表如下:

这个市场的均衡工资在 5~7 元之间,均衡劳动雇佣量等于 6。

其次,教师应该对教室的空间进行适当的调整,留出足够的空间让教师和学生自由走动。

再次教师还应该事先准备好一套保留价格信息单、一定数量的学生实验指南、相应数量的收益记录单、实验登记表 8 张、实验记录总表 1 张,还需要有粉笔、黑板擦、计算器、纸和笔、电脑等器材和资料。

(2) 实施分组:由教师从学生中选出 18 人,参加实验。其中 3 人担任实验工作人员,15 人充当交易者。将参与交易的学生分为厂商和居民两组。将整个教室分成前后左右四个区域,中间留出较大的空间,以便教师和学生走动,让参与交易的学生分布在教室前部的交易区内,并使厂商和居民分别在左右两个区域、面向黑板就座。教师要求参与交易的学生按照从前到后、从中间

表5-3 保留价格信息单(样单)

角色	保留价格(边际要素收益)
厂商(F_1)	第1单位劳动:100
角色	保留价格(边际要素收益)
厂商(F_1)	第2单位劳动:90
角色	保留价格(边际要素收益)
厂商(F_2)	第1单位劳动:100
角色	保留价格(边际要素收益)
厂商(F_2)	第2单位劳动:80
角色	保留价格(边际要素收益)
厂商(F_3)	第1单位劳动:70
角色	保留价格(边际要素收益)
厂商(F_3)	第2单位劳动:50
角色	保留价格(边际要素收益)
厂商(F_4)	第1单位劳动:70
角色	保留价格(边际要素收益)
厂商(F_4)	第2单位劳动:40
角色	保留价格(边际要素收益)
厂商(F_5)	第1单位劳动:50
角色	保留价格(边际要素收益)
厂商(F_5)	第2单位劳动:30
角色	保留价格(保留工资)
居民(R_1)	20
角色	保留价格(保留工资)
居民(R_2)	20
角色	保留价格(保留工资)
居民(R_3)	30
角色	保留价格(保留工资)
居民(R_4)	40
角色	保留价格(保留工资)
居民(R_5)	50
角色	保留价格(保留工资)
居民(R_6)	50
角色	保留价格(保留工资)
居民(R_7)	70
角色	保留价格(保留工资)
居民(R_8)	70
角色	保留价格(保留工资)
居民(R_9)	80
角色	保留价格(保留工资)
居民(R_{10})	90

到两边的原则就座。厂商信息单的编号为 $F_1 \sim F_5$，居民信息单的编号为 $R_1 \sim R_{10}$。实验工作人员或站在黑板与讲台之间，或站在交易区的左右两个分区的中间。3 名实验工作人员的分工为：1 人站在黑板与讲台之间，负责检查达成交易的有效性、公布成交价格、记录厂商和居民的保留价格、收回成交者手中的保留价格信息单。另外 2 人站在场地中间，负责分发保留价格信息单，每人负责分发一种保留价格信息单给厂商或居民，并监督厂商或居民在交易过程中有无泄密等违规行为；如有多笔交易达成，应该引导成交者到讲台前登记，并注意维护市场秩序；当到达预设的时间长度时，应向学生收回所有的保留价格信息单。教师可以让不参加交易的学生在教室后部的观察区内就座，并将事先准备好的实验数据、需求表、供给表、实验报告等资料发给他们，让没有参加游戏的学生观察交易过程，思考实验报告上的有关问题。

表 5-4 需求和供给的数据

居民的保留工资	20	20	30	40	50	50	70	70	80	90
厂商的边际要素收益	100	100	90	80	70	70	50	50	40	30

表 5-5 需求—供给表

工资水平	劳动需求量	劳动供给量	工资变动趋势
90	2	9	下降
80	3	8	下降
70	4	6	下降
65	6	6	均衡
55	6	6	均衡
50	6	4	上升
40	8	3	上升

表 5-6 实验登记表（8 张）

轮次＿＿＿＿＿＿

交易序号	厂商的收益	厂商的边际要素收益	成交工资	居民的保留工资	居民的收益
1					
2					
3					
4					
5					
6					
7					
8					
9					
10					
合计					

（3）宣读规则：教师和工作人员将学生实验指南发到每个交易者手中，并由教师大声宣读游戏内容并向学生解释不够清楚的地方，尤其应强调喊价规则、保密原则和收益规则。可以让学生提出疑问，老师及时释疑；还可考虑让学生复述喊价规则和收益规则。教师在确信每个学生都搞清实验步骤之后，宣布开始游戏。

(4) 控制进程：由工作人员将保留价格信息单发到每个交易者手中，由教师宣布 1 分钟后将开始第 1 轮游戏，让交易者做好准备，然后开始计时。在每一轮 3～5 分钟的交易时间中，教师及工作人员应该观察和监督整个交易过程，提醒交易者遵守交易规则，做好各项实验数据记录，并维持好现场秩序。

(5) 汇总数据：当学生每成交一笔交易后，工作人员应该及时在黑板上的公告栏中记录成交双方的编号和成交工资，并根据收上来信息单上的数字，将学生的保留价格、成交工资填写在实验登记表中。当每一轮的游戏结束时，厂商和居民都应该根据成交工资，在自己的收益记录单上按照规则填写本轮游戏的收益。在第 4 轮、第 8 轮游戏结束时，应该让学生各花 1 分钟的时间对收益状况作一次汇总，并进行公告。在第 8 轮游戏完成后，教师应该让所有学生上交信息单和收益记录单，统计每个学生的总收益，将其汇集成实验记录总表，并在黑板上公布实验数据。

(6) 提出问题：根据公布的实验数据，提出问题，引导学生分析劳动力市场在口头双向拍卖规则下的工资、劳动雇佣量的变化规律，思考应该如何解释实验结果。

(7) 阐述理论：通过问答，形成相应的结论，阐述劳动力市场的均衡理论，督促学生独立完成实验报告。

表 5-7 实验记录总表

班级：_____ 人数：_____
时间：_____ 地点：_____

轮次	劳动雇佣量	平均工资	厂商收益总额	居民收益总额	双方收益总额
1					
2					
3					
4					
5					
6					
7					
8					

第二节 生产要素价格的决定

生产要素，即生产资源，也称为要素，是指人们在经济活动中运用的各种生产资源。在市场经济的环境下，生产要素的获得是通过市场交换进行的，生产要素市场是整个市场体系中的一个重要组成部分。在商品市场和生产要素市场中，厂商和居民相互依存，相互制约。在商品市场中，厂商是商品的供给者；在要素市场中，厂商是要素的需求者。相应地，在商品市场中，居民是商品的需求者；在要素市场中，居民是生产要素的供给者。在要素市场中，居民出卖要素取得相应的要素收入；厂商买进要素，支付相应的价款，构成产品的成本。在商品市场中，厂商向居民销售产品，获得销售收入；居民用其要素收入购买商品，形成消费支出。

劳动者、土地所有者、资本所有者和企业家分别为厂商提供劳动、土地、资本和企业家才能这四种生产要素，并获得相应的要素收入，即工资、地租、利息和利润，每单位劳动、土地、资本和企业家才能的收入也就是生产要素的价格。因此地租、工资、利息和利润从生产者角度来看,是生产要素的价格或生产成本;而从要素所有者角度看,则分别是各要素所有者的收入。换言之,要素价格的决定问题,也就是收入分配问题。收入分配理论,就是分析地租、工资、利息和利润是如何被决定的。

一、生产要素的需求

1. 生产要素需求的特点

(1) 派生性

消费者对消费品的需求是一种直接需求。厂商购买要素不是为了直接满足自身消费的需要,而是为了生产和出售产品以满足他人的需要。对生产要素的需求是一种派生的、间接的需求,即由于人们需要产品而间接地产生了对要素的需要。例如,人们对衣服的需要引发了对服装机械、服装设计师和服装生产工人、土地等要素的需求。因为没有这些生产要素,衣服就生产不出来。而服装机械、服装设计师和服装生产工人等生产要素,又需要使用其他生产要素来生产,因而又派生出对其他生产要素的需要。对生产要素的需求,归根结底,最后只会派生出对劳动、资本和土地等资源的需要。换言之,厂商对要素的需求源于人们对产品本身的需求,是人们对产品的需求派生出了对要素的需求。

(2) 联合性

生产要素的需求不仅具有派生性,而且具有联合性。这就是说,任何产品的生产光投入一种生产要素是不能奏效的,需要同时投入多种生产要素,各种生产要素之间相互依存,形成互补的关系。比如,只有电脑程序员,没有电脑,什么程序都生产不出来;同样,没有程序员电脑也不会自动编程。(如果只增加一种生产要素而不增加另一种,就会出现边际收益递减现象。)当然,在一定的范围内,各种生产要素也可以互相替代。因此,不仅该要素自身的价格会影响厂商对某要素的需求,而且其他要素的价格也会影响厂商对该生产要素的需求。

2. 生产要素需求量的确定原则

利润最大化是厂商的根本目标,在确定生产要素需求量时,追求利润最大化的厂商会按照要素的边际收益等于要素的边际成本这一法则来行事。

(1) 要素的边际收益

要素的边际收益是指厂商每增加1单位某种生产要素所增加的收益,或者说厂商每增加1单位某种生产要素所增加的产品所带来的收益,可以用 MRP 来表示。

要素的边际收益等于增加1单位要素投入所增加的产量(MP)乘以每增加1单位产量所增加的收益(MR)。也就是说要素的边际收益等于要素的边际产量和边际收益的乘积,即:

$$要素的边际收益(MRP) = 要素的边际产量(MP) \times 边际收益(MR)$$

假设商品市场是完全竞争的,那么对于单个厂商来说,其产品价格是不变的,即

$$边际收益(MR) = 产品价格(P)$$

第五章　要素市场和收入分配

要素的边际收益(MRP)＝要素的边际产量(MP)×产品价格(P)

表5-8反映了完全竞争的商品市场中,厂商的要素边际收益(MRP)、要素边际产量(MP)与产品价格(P)的关系。

根据边际产量递减规律,随着要素使用量的增加,其边际产量不断下降。又由于完全竞争条件下产品价格不变,因此,要素的边际收益也随着要素使用量的增加而不断减少。

(2) 要素的边际成本

要素的边际成本是指厂商每增加1单位某种生产要素所增加的成本,可以用 MFC 来表示。

要素的边际成本等于增加1单位要素投入所增加的产量(MP)乘以每增加一单位产量所增加的成本(MC)。也就是说要素的边际成本等于要素的边际产量和边际成本的乘积,即

表5-8　要素边际收益(MRP)与要素的边际产量(MP)的关系

要素数量(L)	要素的边际产量(MP)	产品价格(P)	要素边际收益(MRP)
1	18	10	180
2	16	10	160
3	14	10	140
4	12	10	120
5	10	10	100
6	8	10	80
7	6	10	60
8	4	10	40

要素的边际成本(MFC)＝要素的边际产量(MP)×边际成本(MC)

假设要素市场也是完全竞争的,那么每个厂商的要素购买量都是微不足道的,单个厂商对要素的价格没有影响,要素价格就不会随着单个厂商购买量的变动而变动,厂商只是简单地按既定的要素市场价格购买要素。对于单个厂商来说,他面临着不变的要素价格,也就是说要素的边际成本就是要素的价格,即

要素的边际成本(MFC)＝要素价格(P_F)

表5-9反映了在完全竞争的要素市场中,厂商的要素边际成本(MFC)、要素边际产量(MP)与边际成本(MC)的关系。

表5-9　要素边际成本(MFC)与要素的边际产量(MP)和边际成本(MC)的关系

要素数量(L)	要素的边际产量(MP)	边际成本(MC)	要素边际成本(MFC)＝要素价格(P_F)
1	18	4.44	80
2	16	5	80
3	14	5.71	80
4	12	6.67	80
5	10	8	80
6	8	10	80
7	6	13.33	80
8	4	20	80

(3) 完全竞争市场下单个厂商生产要素需求量的确定

当商品市场和要素市场都处于完全竞争状态时,单个厂商会遵循要素的边际收益等于要素的边际成本的原则,来确定其生产要素需求量。

当要素的边际收益大于要素的边际成本时,对于厂商来说,增加生产要素的投入带来的收益会超过为此付出的成本,因而增加投入量可以使利润有所增加,厂商一定会增加投入;反之,当要素的边际收益小于要素的边际成本时,对于厂商来说,增加生产要素的投入带来的收益会小于为此付出的成本,从而导致利润减少,厂商一定会减少投入。

因此,无论是要素的边际收益大于要素的边际成本,还是要素的边际收益小于要素的边际成本,厂商都没有实现利润最大化。只有当要素的边际收益等于要素的边际成本时,才达到利润最大化。要素的边际收益等于要素的边际成本是要素市场的厂商均衡的一般条件,即

当要素的边际收益=要素的边际成本=要素价格时,厂商的生产要素需求量才会确定下来。

表 5-10 反映了当各种要素价格确定时,单个厂商生产要素的需求量亦确定。

表 5-10 完全竞争条件下单个厂商生产要素需求量的确定

要素数量(L)	1	2	3	4	5	6	7	8	生产要素需求量
要素的边际产量(MP)	18	16	14	12	10	8	6	4	
产品价格(P)	10	10	10	10	10	10	10	10	—
要素边际收益(MRP)	180	160	140	120	100	80	60	40	
要素边际成本(MFC)=要素价格(P_F)	60	60	60	60	60	60	60	60	$L=7$
	80	80	80	80	80	80	80	80	$L=6$
	100	100	100	100	100	100	100	100	$L=5$
	120	120	120	120	120	120	120	120	$L=4$
	140	140	140	140	140	140	140	140	$L=3$
	160	160	160	160	160	160	160	160	$L=2$

可以从表 5-10 中看出,随着要素价格的变动,对要素的需求量也在变动。当要素价格低时,需求量就大;当要素价格高时,需求量就小。即要素的需求量与要素的价格成反比,厂商对生产要素的需求曲线就是厂商的要素边际收益曲线。

第五章 要素市场和收入分配

二、生产要素的供给

1. 生产要素供给的含义

生产要素供给是指在一定的时期和一定的价格水平时,生产要素的拥有者愿意并且能够提供的要素服务数量。

2. 生产要素供给的概述

所有的生产要素,可以被划分为原始要素和非原始要素两大类。

原始要素即不可再生的自然资源,它们的供给从总量上说往往是固定不变的,因此,它们的供给曲线是一条平行于价格轴的垂线。

非原始要素如劳动、资本等,其所有者是居民个人和厂商。多数的生产要素是中间产品,比如机器设备、原材料等资本物品,是从其他厂商那里购买来的。这些生产要素的供给就是商品的供给,作为提供中间产品的厂商,追求的是利润最大化。这类生产要素的供给是由生产成本所决定的,或更精确地说,是由边际成本所决定的,其供给曲线是随着生产的边际成本递增而向右上方倾斜的,是一条从左下到右上的正斜率曲线。

劳动这一要素属于居民个人,当个人提供劳动时,他实际上在提供自己能够使用的东西。因为他们不用于工作的时间可以用于闲暇享受,所以这类要素的出售者都希望保留一部分要素给自己。他们提供的劳动数量取决于在闲暇享受与工资收入之间的选择。劳动的供给曲线,在一般情况下也为一条正斜率曲线,如果工资高到一定程度,会出现内弯现象。这是因为工资很高,人们反而不需要工作太多的时间,要求休息的时间增加,这样,劳动的供给量会随着工资的上升而减少。

由此可见,不同的生产要素其供给在性质上也会有很大差异,没有共同的原则可循,没有一个能够适用于所有要素的模型,必须区分不同属性的要素加以具体分析。

三、完全竞争要素市场中的生产要素价格的决定

1. 完全竞争要素市场的含义

与产品市场类似,完全竞争要素市场有以下特征:

①该生产要素市场上存在着大量的买者和卖者,单个买者和卖者都只是要素市场价格的接受者,而不是价格的制定者。

②生产要素是同质的。

③要素自由。资源完全自由流动;厂商可以自由地扩大或缩小该要素的生产规模;进入该行业从事该要素的生产;或退出该行业停止生产该要素。

④信息充分。市场信息是畅通的,市场中所有的供、求者都拥有充分的市场信息。

2. 完全竞争要素市场中生产要素价格的决定

商品的价格和产销数量是由商品的供给和需求共同决定,类似地生产要素的价格和使用量也是由生产要素的需求和供给共同决定的。前面的分析表明,在完全竞争的要素市场上,要素供给曲线向右上方倾斜,要素需求曲线向右下方倾斜。因此,生产要素的均衡价格及均衡数量,决定于要素市场需求曲线和供给曲线的交点。

第三节 工资、利息、租金和利润

一、工资的决定

1. 工资的性质和种类

(1) 工资的性质

工资是劳动力提供劳务的报酬,也是使用劳动这一要素所需支付的价格。劳动者提供劳动,就会获得相应的工资收入。

(2) 工资的种类

工资一般是指工资率,即每单位时间的工资。从不同的角度可以将工资分为不同的种类。

①从计算方式来分,可以分为计时工资和计件工资。计时工资即按劳动时间计算的工资,计件工资即按劳动的商品数量和质量计算的工资。

②从购买力来分,可以分为货币工资和实际工资。货币工资是按货币单位衡量的名义工资,即劳动者的货币收入;实际工资是货币工资所代表的实际购买力,即货币工资所能换取的商品或劳务的实际数量。实际工资取决于货币工资和商品价格,它与货币工资成正比,与商品价格成反比。在以下的分析中,所称的工资都是指按实际购买力计算的实际工资。

2. 完全竞争的劳动市场中工资的决定

在完全竞争的劳动市场上,无论是劳动力的买方或卖方都不存在对劳动的垄断。在这种情况下,工资完全由劳动的供求关系决定。

(1) 对劳动的需求

如前所述,厂商对生产要素的需求曲线就是厂商的要素边际收益曲线,显然厂商的劳动需求曲线也就是劳动的要素边际收益曲线。厂商对劳动的需求取决于劳动这一要素的边际收益,也就是取决于劳动要素的边际产量。随着劳动雇用量的增加,劳动要素的边际产量从而劳动要素的边际收益递减,所以劳动的需求曲线从左上方向右下方倾斜。在其他条件不变的情况下,劳动的价格即工资率越低,劳动的需求量就越高。

我们如果将表5-10中的要素理解成劳动,要素价格看成工资率,就能够得到在完全竞争的条件下,厂商劳动需求量与工资的关系,这种关系如图5-1所示。

(2) 劳动的供给

劳动供给不仅取决于劳动的成本,即劳动者养活自己和家庭以及接受必要的教育和训练所需要的费用;还取决于劳动者对收入和闲暇的偏好。如果劳动者偏好收入,劳动供给量将随工资的提高而增加;反之,劳动的供给量会减少。

工资率的提高对劳动供给有两种效应,即替代效应和收入效应。替代效应是指工资越高,闲暇的机会成本越大,人们就越愿意增加劳动供给以代替闲暇。收入效应是指当工资收入增加到一定程度后,商品带来的效用小于闲暇带来的效用,劳动就会减少。一开始随着工资率的提高,替代效应大于收入效应,此时,劳动供给曲线为正斜率,向右上方倾斜,表示劳动供给量随工资的提高而上升。到一定程度时,工资率继续提高,收入效应就会大于替代效应,劳动供给曲线为负斜率,向左上方弯曲,表示劳动供给量随劳动价格的提高而下降。如下的图5-2就表示了居民的劳动供给曲线。

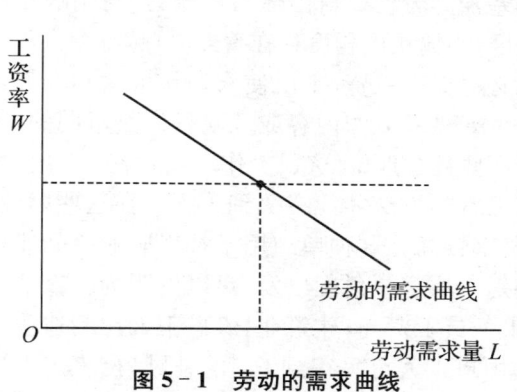

图 5-1　劳动的需求曲线

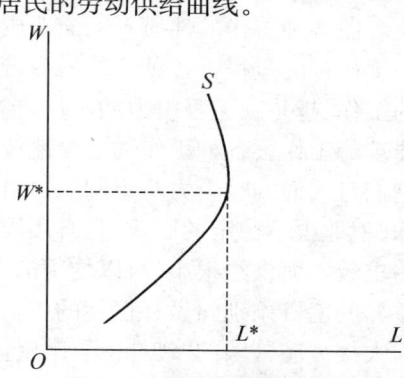

图 5-2　居民的劳动供给曲线

将所有单个居民的劳动供给曲线水平相加,即得到整个市场的劳动供给曲线。尽管许多单个居民的劳动供给曲线可能会向后弯曲,但劳动的市场供给曲线却不一定也是如此。在较高的工资水平上,现有的工人也许提供较少的劳动,但高工资也会吸引新的工人进来,因而总的市场劳动供给一般还是随着工资的上升而增加,从而市场劳动供给曲线仍然是向右上方倾斜的。此外,由于劳动者可以自由选择职业,厂商要得到更多的劳动,就必须支付更高的价格,以促使劳动者放弃其他的就业机会。因此,一般来说,劳动的供给曲线是向右上方倾斜的。

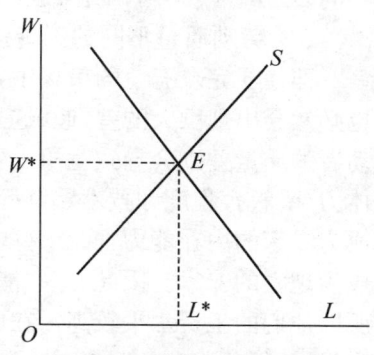

图 5-3　均衡工资的决定

(3) 完全竞争的劳动市场中均衡工资的决定

将向右下方倾斜的劳动需求曲线和向右上方倾斜的劳动供给曲线综合起来,即可决定均衡工资水平。参见图5-3。图中劳动需求曲线 D 和劳动供给曲线 S 的交点是劳动市场的均衡点。该均衡点决定了均衡工资为 W_0,均衡劳动数量为 L_0。因此,均衡工资水平由劳动市场的供求曲线决定,而且随着这两条曲线的变化而变化。

3. 工资率的差异

按照完全竞争的劳动市场理论,作为劳动的价格,由劳动的供给和需求决定的均衡工资率,应该只有一个。然而,在现实社会中,工资水平存在着很大的差异。从事相似工作的相似工人的工资差别有时相当大。比如,某些秘书的工资是另一些秘书的几倍。工资率存在着各种差别,诸如工资率的行业差别、区域差别、岗位差别、性别差别、质量差别等等,这些差别是如何形成的?为什么不同职业的供给曲线和需求曲线相交于不同的工资水平?不同行业、区域、岗位、质量乃至性别的劳动供给和需求会有所不同呢?人们认为工资差别是由下列因素造成的。

(1) 补偿性的工资差别

因各种工作的性质不同而造成的差别。劳动要付出体力和智力,与闲暇相比是一个痛苦的过程。各种工作的痛苦程度、不愉快的程度存在着差异,越是令人不愉快的工作,越是缺乏吸引力的工作,越有必要提高工资,来诱使人们从事这些令人身心痛苦的工作。各种工作的社会地位、工作条件、工作内容或危险程度是不同的,因而它们对人们的吸引力是不同的。对于那些社会地位低微、工作环境肮脏、工作内容乏味、就业很不稳定的职业,只有用提高工资的方法才能招募到工人。在这些职业里,需求较大而供给很小,所以均衡的工资率较高。这种单纯用于补偿职业之间非金钱差异的工资差别叫做补偿性的工资差别。从这一角度出发,足以说明为什么清扫摩天大楼玻璃幕墙的"蜘蛛人"比旅馆服务员工资高;建筑业、煤矿工人比制造业工人收入多;日班工人得到的是正常工资,中班工人可另得到 5% 的补贴,夜班工人还能得到 10% 的附加工资。这种工资差别用以补偿工作面临的风险程度不同、工作时间不同、工作环境不同、工作内容等方面的不同而带来的非金钱差异。

(2) 劳动质量不同的工资差别

即使在完全竞争的市场中,各种类别的劳动价格均取决于供给和需求,均衡工资也必然会出现巨大的差别。这是由于人们之间的劳动存在着质量上的巨大差别,劳动者的质量差别会导致竞争工资的差别。劳动者的质量并非完全相同,他们在脑力、体力、受教育程度和技术熟练程度上都存在着差异。在劳动者中只有小部分人具有成为专家的内在能力,而在这些人中又只有小部分有条件接受优良的教育和训练而成为现实的专家。因此,那些能力较强、受教育较多的人才供给相对需求来说很少,所以他们的工资水平较高。在成为现实的专家之前,他们已经进行了大量的人力资本投资,因此著名的医生、律师比普通的医生、律师多挣的钱,可以被看作为对人力资本投资的报酬,质量差别工资理论认为,高收入是对高质量劳动的合理报酬。

(3) 市场不完全性的工资差别

工资率的行业差别、岗位差别可以用补偿性的工资差别来解释;同一职业中不同

第五章 要素市场和收入分配

人员的工资差别可以用工资率的质量差别来解释;而同一职业和同一种工作的工资率区域差异、性别差异则要用市场的不完全性来加以解释。市场的不完全性表现在下列三个方面:

①地区差异造成的劳动不流动性。劳动者在某地区出生和成长,他们往往不愿离开自己熟悉的环境。中老年人为了退休金更不愿意迁移到别的地区。即使愿意搬迁的人也往往由于对其他地区的工作机会和工资标准缺乏了解而却步。劳动由于地区差异而形成的不流动性造成了不同地区的同一职业和同一种工作的工资差别。

②制度阻碍造成的劳动不流动性。工会为了维持较高的工资标准,往往对本行业的人数实行限制。因此,即便有人为了得到更高的工资愿意由一个地区迁移到另一个地区,他们也常常得不到允许就业的证明文件,以致无法就业。劳动由于制度的阻碍而形成的不流动性维持和加剧了同一个职业和同一种工作的工资差异。

③社会歧视造成的市场不完全性。虽然许多国家的政府颁布了各种立法反对歧视,但是性别歧视、种族歧视和宗教歧视仍在不同程度上存在。它造成了从事同一个职业和同一种工作的女工、有色人种和异教徒的工资较低。

二、利息的决定

1. 资本和利息的含义

(1) 资本的含义

所谓资本,是指已经被生产出来,并且被用作生产要素,以便进一步生产物品和劳务的物品。这些耐用资本品,既是产出品又是投入品,其寿命长短不一,主要是指用作生产工具的资本品,如厂房、机器、设备以及原料等,它属于中间生产要素。资本可以表现为货币,但货币不一定是资本。从微观角度分析,有了货币就可能买到资本品,货币即资本。但从宏观角度分析,一国所拥有的货币数量,并不代表等量的资本品。微观经济分析中的利息理论,主要探讨的是货币资本。

(2) 利息的含义

利息是以货币表示的使用货币资本的报酬,是资本这种生产要素的价格。资本所有者提供了资本,得到了利息。利息的计算,不是用货币的绝对量来表示,而是用利息率来表示。利息率是利息在每1单位时间内(通常为1年)在货币资本中所占的比率。例如,货币资本为10 000元,利息为1年1 000元,则利息率为10%,这10%就是货币资本在1年内提供生产性服务的报酬,即这一定量货币资本的价格。

在这里,我们分析的是纯粹利率的决定。即考虑一个投资完全没有风险的、理想的资本借贷市场。在这个市场中,不存在通货膨胀或垄断,由资本的需求和供给决定一个无风险的利息率,称为纯粹利息率。纯粹利息率不等于实际的利息率,实际的利息率往往受通货膨胀程度、贷款的风险程度、贷款的期限长短、贷款的数量多少及竞争程度等因素的影响。纯粹利息率是资本这一生产要素的均衡价格,由资本的需求和供给的均衡状态所决定的。

2. 资本的需求

(1) 资本需求量的决定原则

①资本的需求来自厂商的投资。资本的需求来自厂商的投资,厂商投资的目的是为了实现利润最大化。为了实现利润最大化,厂商多用1单位资本的边际收益要等于其机会成本。这就是说,厂商要使其资本存量的增加一直到所增加的1单位资本增加的总收益等于1单位资本的机会成本时为止。

投资所带来的收入就是资本的边际收益。但是,投资是在未来一系列年份中得到收益的,而进行投资要在未来一系列年份中支付利息。在完全竞争的条件下,投资就要实现成本与收益相等,或成本小于收益。成本是投资所用的资金,收益是投资未来一系列年份的收入。因为所用的资金有机会成本,即这笔资金的利息,所以,收益要按利率折算为现值。只有未来各年中的收益现值大于或至少等于投资额,厂商才愿意投资。投资额是既定的,所以,厂商的资本需求就取决于投资未来收益的现值。这种现值减去投资额就是投资的净现值。只要投资的净现值大于或者至少等于零,厂商就有投资需求。投资需求的大小取决于净现值的大小。当投资的净现值大于零时,厂商要增加投资,投资一直要增加到净现值等于零时为止。

例如有三项投资预计可得的利润率分别为10%、7%和5%,若提供资金的人要求的利率为6%,则前两项投资可以进行,因而有人会借入货币资本买进资本物品进行投资。若借贷利率降至5%以下,则第三项投资也会进行。

②同一种资本品投资的预期利润率递减。同一种资本物品投资的预期利润率随投资增加即资本的存量的相应增加而递减。在其他条件不变的情况下,随着厂商所用的资本量增加,资本要素的边际收益最终要递减。投资的预期利润率随投资增加,即资本的存量的相应增加而递减。

同一种资本品的投资预期利润率,都会随着投资的不断进行即资本存量的增加而递减。这是因为,一方面,随着投资的增加,对资本品的需求扩大,也就使资本品价格上升,从而使投资额上升,投资成本提高。另一方面,随着投资的不断增加,未来产品数量增多,供过于求,因而会使产品价格降低,或者不能销出所有产品,从而使预期收益下降,投资的预期利润率也会递减。

投资的决策必须对投资的预期利润率与利率进行比较。投资者之所以愿意投资,是因为投资的预期利润率高于利率。当投资的预期利润率高于利率时,投资者购买资本品所获得的收益将大于放款所得到的利息。只要投资的预期利润率高于利率,投资会继续增加,直到投资的预期利润率与利率相等为止。比如三台同种设备投资的预期利润率分别为8%、7%和6%,借款利率为7%,则厂商只会进行两台设备的投资。若借款利率降至6%以下,则厂商会购买三台这种设备。

(2) 资本需求与利率

第五章 要素市场和收入分配

在投资的预期利润率既定时,企业是否进行投资,则决定于利率的高低、利率上升时,投资需求量就会减少;利率下降时,投资需求量就会增加。这是因为,企业用于投资的资金多半是借来的,利息是投资的成本。即使投资的资金是自有的,投资者也会把利息看成是投资的机会成本,从而把利息当作投资的成本。因此,利率上升时,投资者自然就会减少对机器设备等资本物品的购买。

现实中,每一个企业都会面临一些可供选择的投资项目,每一个投资项目的预期利润率是不一样的,如果我们已经知道这些投资项目的预期利润率,那么,投资的数量主要取决于市场利率。例如,假定某企业有 A、B、C、D 四个可供选择的投资项目,各个项目的投资金额和预期利润率分别如表 5-4 所示,如下的表 5-4 说明了投资额与利率的这种反向关系。

表 5-11　投资与利率的关系

投资项目	A	B	C	D	可行项目	可行项目合计金额(万元)
项目金额(万元)	3 000	5 000	2 000	4 000	—	—
预期利润率(%)	11	9	7	5		
利率(%)	10	10	10	10	A	3 000
	8	8	8	8	A、B	8 000
	6	6	6	6	A、B、C	10 000
	4	4	4	4	A、B、C、D	14 000

显然,如果市场利率为 10%,只有 A 项目值得投资,投资总额为 3 000 万元;如果市场利率为 8%,则 B 项目也值得投资,投资总额达 8 000 万元;如果市场利率降到 6%,则 C 项目也值得投资,投资总额可达 1 亿元;而当市场利率为 4% 时,D 项目也值得投资,投资总额可达 1.4 亿元。可见,对企业来说,利率愈低,资本需求量会越大。

(3) 资本的需求曲线

随着利率的下降,资本需求量会增加;反之,则相反。在图 5-4 中,横轴代表资本需求量,纵轴代表利率,D_F 为某公司的资本需求曲线。当利率为 12% 时,对资本没有需求,为 a 点;当利率为 10% 时,资本需求量为 3 000 万元,为 b 点;当利率为 6% 时,资本需求量为 10 000 万元,为 c 点。需求曲线是向右下方倾斜的。

在图 5-5 中,D 为市场的资本需求曲线,它表

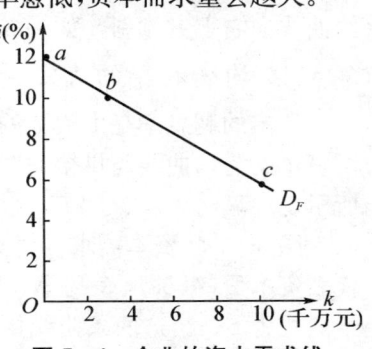

图 5-4　企业的资本需求线

示在各种利率时对资本的总需求量。这条曲线是把各企业在不同利率时的资本需求量加总而得出来的,它也向右下方倾斜。

3. 资本的供给

(1) 资本的供给来自于居民的储蓄

资本的供给来自于居民的储蓄。居民的储蓄决策也就是把收入分为消费与储蓄的决策。消费为现期消费,储蓄为未来消费,所以,储蓄决策也就是居民在现期消费与未来消费之间,或者说在不同时期消费的决策。居民不同时期的储蓄与消费的决策取决于收入与利率。

(2) 利率对居民储蓄的两种不同影响:替代效应和收入效应

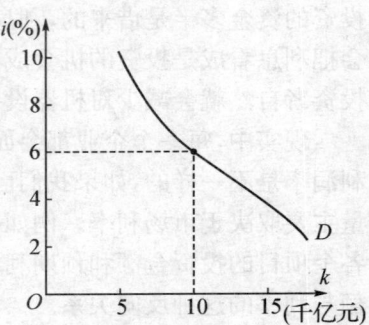

图 5-5 市场的资本需求曲线

在前面的第二章中,曾经谈到过利率对居民储蓄的替代效应和收入效应。

替代效应指利率越高,现期储蓄的未来报酬就越多。这就会提高现期消费的机会成本。因此,高利率鼓励人们减少现期消费,并为了得到高利率而储蓄。因此,在利率提高时,人们用未来消费替代现期消费,从而储蓄增加。收入效应是指利率变动会改变人们的收入。当利率提高时,会使居民未来的利息收入增加,使居民感觉自己变得较为富有,从而增加目前的消费,导致储蓄减少。利率变化对储蓄变化的这种双重效应,使得利率变化对储蓄的影响,必须视利率变化对储蓄的替代效应和收入效应的总和来决定。

(3) 资本的供给曲线

资本的供给量是所积累的储蓄的总值。资本供给曲线表示了资本供给量与利率之间的关系。我们已经说明了,这种关系取决于收入效应与替代效应的相对程度,对单个居民来说,总效应可能是正的,也可能是负的。但对整个社会来说,替代效应会大于收入效应,所以,高利率鼓励储蓄,利息越高,人们供给的资本越多,从而资本供给曲线向右上方倾斜。如图 5-6 的 S 线表示了资本供给与利率的这种正向关系。

4. 均衡利率的决定

资本的利息率是由资本的供求均衡状态决定,即由资本的需求曲线与供给曲线的交点确定,如图 5-7 所示。

图 5-7 将资本需求与供给结合起来分析。横轴代表资本量,纵轴代表利率。资本需求曲线为 D,供给曲线为 S。当这两条曲线相交于 E 时,资本市场均衡。均衡时利率为 6%,资本需求量与供给量均为 10

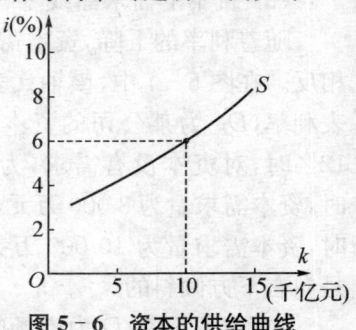

图 5-6 资本的供给曲线

单位,即 1 万亿元。

当利率高于 6%时,资本需求量小于供给量,资本市场上存在资金的过剩供给。在这种情况下,金融中介机构渴望增加贷款,就要降低利率。随着企业增加借款并增加购买资本设备,资本需求增加。相反,如果利率低于 6%,资本供给量小于需求量。金融中介机构不能提供足够的贷款,就要提高利率。在这两种情况下,利率会变动到均衡利率 6%时为止。资本市场存在着诸如银行、保险公司、证券公司等金融中介机构,每天进行大量的资金交易,从而使资本需求量与供给量保持基本相等。

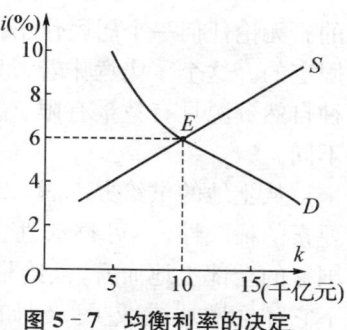

图 5-7 均衡利率的决定

在市场经济中,正是通过利率的调节作用,资本市场实现了均衡。当资本市场的需求大于供给时,利息率会上升,从而减少资本的需求,增加资本的供给。当资本的需求小于供给时,利息率会下降,从而增加资本的需求,减少资本的供给。所以,利息率的调节会使资本市场处于均衡状态。

三、土地与地租

1. 地租的性质

土地可以泛指生产中使用的自然资源,地租是使用这些自然资源的租金。地租也可以理解为土地这种生产要素的价格,是在一定时期内利用土地生产力的代价,是使用土地的报酬。就像其他生产要素的价格决定那样,地租是由土地市场上的供给和需求达到均衡时由土地的边际生产力来决定的。

2. 土地的需求

地租的产生首先在于土地本身具有生产力,也就是说地租是利用"土壤原始的、不可摧毁的力量"的报酬。土地的需求取决于土地的边际收益,边际收益越高,它的需求量就越大。反之,它的需求量就越小。而在其他要素不变时,在边际收益递减规律的作用下,土地的边际收益也是递减的。所以,土地的需求曲线是向右下方倾斜。在图 5-8 中,横轴表示土地数量,纵轴表示地租,AB 是土地的边际收益曲线,也就是土地的需求曲线,总收益是 OABM,全部地租收入为 OEBM,AEB 则是其他生产要素的收入。

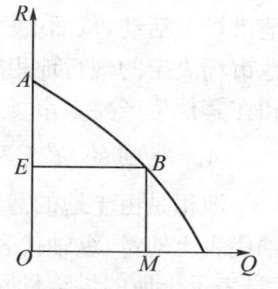

图 5-8 土地的需求曲线

3. 土地的供给

土地是自然资源的存量,任何个人的决策都无法改变土地的供给总量。单个居民可以改变自己拥有的土地量,但一个居民所得到的土地量总是另一个居民所出卖的。无论任何一个居民作出什么决策,在任何一个地方,任何类型的土地供给总量是固定的。这个事实意味着,每一块土地的供给都是无弹性的。也就是说,土地作为一种自然资源具有数量有限、位置不变及不能再生的特点,这些特点与资本和劳动是不同。

从土地的供给方面看,一般说来,由于土地这一生产要素的稀缺性、不可移动性、不可再生性的特点,就一个国家的全部土地而言,供给量是固定的,只有在特殊情况下它才会增加或减少。例如,围海造田可以增加土地供给量,而耕地沙漠化可以减少土地供给量。人们认为,土地数量固定不变是土地供给的特点,土地的供给曲线是一条垂直线,它表明土地供给量是一个常数,不随地租的变动而变动,见图5-9中的S线。之所以得到土地供给

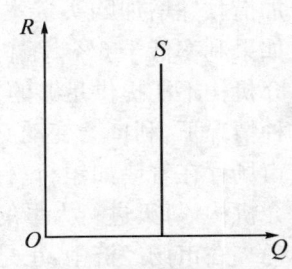

图5-9 土地的供给曲线

曲线垂直的结论,并不是因为自然赋予的土地数量是或假定是固定不变的,而是因为我们假定了土地只有一种用途,而没有自用用途。这个结论不仅适用于土地,通常也适用于任何其他要素。即任意一种资源,如果只能或假定只能用于某种用途,而无其他用处,则该资源对该种用途的供给曲线就一定垂直的。

在图5-9中,横轴代表土地量,纵轴代表使用土地的价格,即地租。土地的供给曲线S为一条垂线,表示某地区的土地无论面积如何变动总是固定的。

昂贵的土地可以比便宜的土地得到更密集的使用。例如,高层建筑可以使土地得到更密集的使用。但是,要更密集地使用土地就必须与另一种生产要素——资本相结合。但一块土地上日益增加的资本量并不会改变土地的供给。

尽管每种类型的土地供给是固定的、无弹性的,但每个企业仍然可以在竞争的土地市场上活动,从而就面临着富有弹性的土地供给。这就是说,每个企业都可以按土地市场决定的现行地租获得它所需要的土地。如果土地市场是高度竞争的,企业就和在其他生产要素市场上一样,只是价格的接受者。

4. 地租的决定及变动趋势

地租是由土地的需求力量与供给力量共同决定,见图5-10。在图5-10中,横轴代表土地量,纵轴代表地租,垂线S为土地的供给曲线,表示土地的供给量固定为N_0,D_0为土地的需求曲线,D_0与S相交于E_0,决定了地租为R_0。

随着经济的发展,对土地的需求不断增加,而土地的供给不变,这样,地租就有不断上升的趋势。在图5-10中,土地的需求曲线若由D_0移动到D_1就表明土地的需求增加了,但土地的供给仍为S,S与D_1相交于E_1,决定了地租为R_1。$R_1 > R_0$,说明由于土地的需

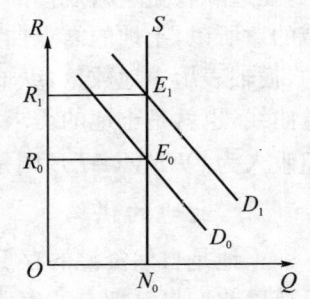

图5-10 地租的决定及变动

第五章　要素市场和收入分配

求增加,地租上升了,这是由土地的边际收益曲线或需求曲线决定的,而与供给无关。

5. 租金、准租金和经济租金

(1) 租金

从地租定义看,地租是当土地供给固定时的土地服务价格,因而地租只与固定不变的土地有关。而在很多情况下,不仅土地可以看成是固定不变的,而且有许多其他资源在某些情况下,也可以看成是固定不变的。例如有的人具有某种特殊的天赋才能,像土地一样,其供给是自然固定的。这些固定不变的资源也有相应的服务价格,显然它与土地的地租很类似。为与土地的地租相区别,可以把供给固定不变的一般资源的服务价格叫"租金"。也就是说,地租是土地资源的租金,而租金则是一般化的地租。

(2) 准租金

准租金又称准地租或准租,指固定资产在短期内所得到的收入,或指供给缺乏弹性的要素的报酬。因其性质类似地租,而被马歇尔称为准地租。

在短期内,固定资产数量是不能改变的,厂房、机器及其他持久性设备固定性很强,不容易从一个行业转往其他行业,这与土地的供给相类似。不论这种固定资产是否取得收入,都不影响它的供给,只要产品的销售价格能够补偿其平均变动成本(AVC),就可以利用这些固定资产进行生产。在这种情况下,产品价格超过其平均变动成本(AVC)的余额,代表固定资产的收入。这种收入是由于需求大,产品价格超过弥补平均变动成本而有盈余产生的,其性质类似于租金,因此称为准租金,准租金为固定总成本与经济利润之和。当经济利润为 0 时,准租金便等于固定总成本;当厂商有经济亏损时,准租金有可能小于固定总成本。准租金仅在短期内存在,在长期内所有生产要素的投入数量都是可变的,厂房面积、机器设备等资产的数量都可以改变,就不存在准租金了。

供给缺乏弹性要素,如人的特殊才能:体育明星的运动才能、电影明星的演艺才能、企业家才能等,在短期内要素的供给数量不变,类似于土地的供给数量不变的特征。只要需求增加,其收入就增加。这时的准租金就可以理解为收益与机会成本的差额。例如对一个歌星来说,如果他在其他行业就业每年可获 3 万元收入,而当歌星每年可获 100 万元,那么,准租金就是 97 万元。

(3) 经济租金

现代地租理论对李嘉图的级差地租理论进行了修改。李嘉图认为地租是由于土地肥沃程度不同和地理位置不同产生的。现代地租理论认为,地租产生的原因是土地的供给相对于需求来说是稀缺的。地租的产生不是由于土地质量的不同,而是由于稀缺,地租才上涨的。因此,要用供求原理像解释其他要素的价格那样解释地租。所以,现代地租理论是建立在供求理论基础上的稀缺性地租论。生产要素所有者得到的实际收入高于他们所希望得到的收入,则超过的这部分收入就被称为经济租金,即经济租金是生产要素所有者得到的超过其要求收入的那部分收入。

经济租金的概念与消费者剩余的概念相类似。消费者剩余是居民为了得到某种物品所愿意支付的最高价格与实际支付的价格之间的差额。从某种意义上说,经济租金是要素供给者实际得到的要素价格与他们希望得到的最低要素价格之间的差额,所以又称为生产者剩余。例如,一个歌星只要年收入40万元就愿意登台演出,但其实际年收入为100万元,这其中60万元就是经济租金。

准租金,是边际生产力较高、素质较好的生产要素在短期内由需求方面的因素所引起的一种超额收入。而经济租金是指素质较差的生产要素在长期内由于需求增加而获得的一种超额收入。他们都是由需求决定,而与供给无关,准租金仅在短期内存在,而经济租金在长期中也存在。

四、利润的来源

英国经济学家马歇尔第一个认为,企业家才能也是一种生产要素,企业家应该获得利润。经济学家往往把利润分为正常利润与超额利润。

1. 正常利润

企业家是指那种有眼光、有胆识、有组织才能和创新精神的人。他可能自己拥有资本,也可能自己不拥有资本,但善于运用资本。

在现代经济学中,正常利润包括在成本之中,它被认为是"企业家才能"这种生产要素的报酬。正常利润是指在发挥企业家才能、在正常情况下都能获得的报酬。经济学家认为,企业家在任何经营单位发挥企业家才能时,都可以得到正常利润,这种利润一般大于零,不可能为负值。

正常利润是吸引有经营管理能力的人进入一个行业所必需的,它是厂商在长期均衡状态时企业家所希望得到的报酬。假定所有的企业家才能都是一样的,要他们留在一个行业中,就必须都能赚到正常利润。因此正常利润就成为该行业中的企业家必须得到的最起码的收益,否则,他就会转移到其他行业中去了。如果一个行业出现超过正常利润的利润,必然吸引新厂商进入,直到超额利润消失为止;如果一个行业存在亏损,会使原有厂商部分退出该行业,行业的供给减少,价格上涨,直到厂商获得正常利润、达到均衡为止。在这样的利润水平时,新厂商无意进入该行业,原厂商也无意退出该行业,因此正常利润成为成本的一部分。

2. 超额利润

超额利润是指利润中超过正常利润的部分。经济学中多次出现的利润一词,实际上指的就是超额利润,又叫经济利润或纯粹利润,它不同于正常利润,它是总收入减去一切显性成本和隐性成本的剩余。正常利润一般列入隐性成本。

利润的决定不同于工资、地租和利息,其他生产要素的报酬都是按照双方事前达成的协议支付的,而利润是一个可以变动的余额,它可以为正值、零或负值,利润为负值意味着亏损。

超额利润有不同的来源,从而就有不同的性质,西方经济学家有以下几种解释。

(1) 承担风险的超额利润

风险是从事某项事业时失败的可能性。由于自然的、人为的和经济的不确定性,投资者对未来难以预料,因而要冒风险,对于自然的和人为的风险可以通过保险来规避,而经济的风险,像供求关系的变动等则需要由投资者自己来承担。这样,投资者就面临着赢利或亏损的可能性,利润是和这种风险分不开的,是投资者承担经济的不确定性和风险的报酬。同时,许多具有风险的生产或事业也是社会所需要的,风险需要有人承担,因此由承担风险而产生的超额利润也是合理的。

(2) 创新的超额利润

创新这个概念是美国经济学家熊彼特在《经济发展理论》一书中所提出来的。创新是指企业家对生产要素实行新的组合,它包括五种情况:

第一,引入一种新产品;第二,采用一种新的生产方法;第三,开辟一个新市场;第四,获得一种原料的新来源;第五,采用一种新的企业组织形式。

这五种形式的创新都可以产生超额利润。引进一种新产品可以使这种产品的价格高于其成本,从而产生超额利润。采用一种新的方法和新的企业组织形式,都可以提高生产效率,降低成本,获得一种原料的新来源也可以降低成本。这样,产品在按市场价格出售时,由于成本低于同类产品的成本,就获得了超额利润。开辟一个新市场同样也可以通过提高价格而获得超额利润。

创新并不简单地等于发明,它是经济学的概念,而不是技术概念。创新是企业家的任务,企业家把新的发明引入经济领域,就是创新。例如发明家发明出计算机,而企业家将电子计算机引入经济领域,使之在生活中起到重要的作用,这就是创新。

创新带来超额利润,但当别人起来模仿后,超额利润就逐渐消失,当大多数人都模仿后,超额利润就不存在。但创新会不断地出现,新的创新又会带来新的超额利润。总之,创新是社会进步的动力,由创新所获得的超额利润是合理的。

(3) 垄断的超额利润

由垄断而产生的超额利润,又称为垄断利润,可来源于两种形式:卖方垄断与买方垄断。

卖方垄断又称专卖,是指对某种产品出售权的垄断,垄断者可以通过抬高销售价格来获得超额利润。在厂商理论中分析的垄断竞争的短期均衡、完全垄断的短期与长期均衡及寡头垄断下的超额利润,就是这种情况。买方垄断又称专买,是对某种产品或生产要素购买权的垄断。垄断者通过压低收购价格,以损害生产者或要素供给者的利益而获得超额利润。

由垄断所引起的超额利润是垄断者对消费者、生产者或生产要素供给者的剥削，是不合理的，也是市场竞争不完全的结果。

总之，利润不仅是厂商从事生产经营活动的动机，也是评价其生产经营好坏的标准，它既影响着整个社会资源的充分利用，也影响到整个社会的收入分配。正是利润的刺激与引导，才使企业家创新、冒险，进行资源的重新配置。从行业的角度看，利润的出现是一种信号，表示社会要扩充这个行业；亏损也是一种信号，表示社会需收缩这个行业。企业家总是追求利润，避免亏损。

第四节 收入分配的不平等及其政策

到此为止，我们已经分析了分配论中的要素价格决定理论。生产要素价格的决定理论是分配论的一个重要部分，但并不构成分配论的全部内容。除了要素价格决定之外，分配论还包括收入分配不平等程度的探讨，即对收入在个人之间的分布进行分析。这里讲的"不平等程度"仅仅涉及数量上的不均等程度，不涉及伦理上的判断。

一、衡量收入分配平等程度的标准

1. 洛伦兹曲线

洛伦兹曲线是用来衡量社会收入分配或财产分配平等程度的曲线。

为了研究国民收入在国民之间的分配，美国统计学家 M. O. 洛伦兹提出了著名的洛伦兹曲线。

洛伦兹将一国总人口按收入由低到高排队，人口按 20% 一个等级分为 5 个等级，将国民收入也按 20% 一个等级分为 5 个等级，再用纵轴 OI 表示累计收入百分比，横轴 OP 表示累计人口百分比，把它们画成一个正方形，连接两个对角线 OY，就得到一条洛伦兹曲线，然后，将实际收入分配情况绘入图中，得到一条实际的洛伦兹曲线。图中，OY 线上任一点到纵、横轴的距离都相等，表示每 20% 人口都得到了 20% 的国民收入，因而收入分配是绝对平等的，这条线叫做绝对平等线。在 OPY 线上，所有收入都集中在某一个人手中，而其余人中都一无所获时，收入分配绝对不平等，这条线称作绝对不平等线。如下表 5-12 反映了收入绝对平等和绝对不平等的状况。

第五章 要素市场和收入分配

表 5-12 收入绝对平等和绝对不平等的分配表

收入分组		占人口的百分比		绝对平等的情况		绝对不平等的情况	
		百分比	累计	占收入的百分比	累计	占收入的百分比	累计
低	1	20	20	20	20	0	0
↓	2	20	40	20	40	0	0
	3	20	60	20	60	0	0
	4	20	80	20	80	0	0
高	5	20	100	20	100	100	100

一般来说,一个国家的收入分配,既不是完全不平等,也不是完全平等,而是介于两者之间。

表 5-13 实际的收入分配表

收入分组		占人口的百分比		实际分配情况	
		百分比	累计	占收入的百分比	累计
低	1	20	20	3	3
↓	2	20	40	5	8
	3	20	60	12	20
	4	20	80	18	38
高	5	20	100	62	100

实际洛伦兹曲线是介于绝对平等线与绝对不平等线之间的曲线。可以看出,它与 OY 越接近,表明收入分配越平等,距 OPY 越近,弯曲程度越大,表明收入分配越不平等。它表明,总人口中一定百分比的人口拥有的收入在总收入中所占的百分比。

2. 基尼系数

20 世纪初意大利经济学家基尼,根据洛伦兹曲线找出了判断收入分配平等程度的指标,即在图 5-11 中,设实际收入分配曲线与收入分配绝对平均线之间的面积为 A,实际收入分

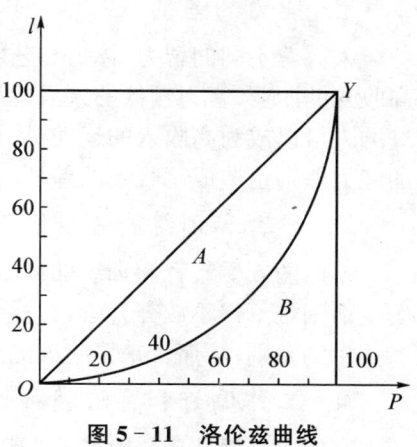

图 5-11 洛伦兹曲线

配曲线与收入分配绝对不平均曲线之间的面积为 B,则:
$$G=A/(A+B)$$

当 $A=0$ 时,基尼系数=0,表明社会收入分配绝对平等;当 $B=0$ 时,基尼系数=1,表明社会收入分配绝对不平等;实际的基尼系数在 0 和 1 之间。基尼系数越小,入分配越平等,洛伦兹曲线的弧度越小;基尼系数越大,收入分配越不平等,洛伦兹曲线的弧度越大。

按国际上通用的标准,基尼系数小于 0.2,表示收入分配绝对平均,0.2~0.3 表示比较平均,0.3~0.4 表示基本合理,0.4~0.5 表示差距较大,0.5 以上表示收入差距悬殊。

各国收入分配不平等状况差别很大,但没有一个国家收入分配是绝对平等的。收入分配不平等现象在各国都是客观存在的,各国的差别无非是不平等程度的差别。一般来说,发展中国家的收入分配不平等程度高于发达国家。分析收入分配不平等程度的主要依据是货币收入,所以,实际不平等程度也许大于或小于基尼系数显示的情况。运用洛伦兹曲线与基尼系数可以对各国收入分配的平均程度进行对比,也可以对各种政策的收入分配效应进行比较。作为一种分析工具,洛伦兹曲线与基尼系数是很有用的。

二、收入分配不均等的原因

一般认为,收入的不均等是由下列因素造成的:

1. 财产的差别

在西方国家里,少数人掌握了绝大部分财产,多数人没有或只有少量财产。这种财产分配的不均等是造成收入分配差别的主要原因。另外,由于财产是世袭的,由财产判别而来的收入差别将继续存在。

2. 能力的差别

人有着不同的智力、体力和艺术能力。智力较高的人可以从事需要专门知识的高收入的职业,智力较低的人只能从事简单的低收入的工作。身体强壮和协调性较好的人可以成为高收入的运动员,具有艺术天赋的人则可成为高收入的艺术家。人的能力差别也造成了收入的差别。

3. 教育和训练的差别

不同的人受教育和训练的程度不同。有的人有机会接受更高的教育,而有的人因生活困难不得不放弃升学,这样就形成了教育和训练的差别。这种差别导致职业和技术的差别,从而带来了收入的差别

4. 工作偏好和冒险精神

有的人甘愿从事危险劳累的工作,愿意不辞劳苦地日夜兼职,或敢冒投资的风

险,这些人的收入就高;反之,那些厌倦工作、保守畏缩的人,收入就低。

三、平等与效率协调的政策

1. 平等与效率的矛盾

平等是指社会成员收入的均等化,效率是指资源的有效配置。

经济学家认为,平等与效率之间存在着此消彼长的关系。这一矛盾主要表现在:从政治和社会制度上看,社会要求实现所有公民都享有"平等权利";但从经济制度上看,市场是根据经济效率向生产要素供给者提供报酬,这些报酬构成人们的收入。但市场经济的优胜劣汰竞争原则,必然使收入上有差别。这种收入分配上的不平等,实质上是市场经济下人们通过竞争追求效率的结果。这样,平等与效率之间就存在着替代关系:要实现收入分配均等化,就不能使社会保持高效率,就难以实现资源的最优配置;反之,要使社会保持高效率,实现资源最优配置,就难以实现收入分配均等化。

在处理平等与效率这对矛盾中,阿瑟·奥肯以为,既不能把平等放在绝对优先的地位,搞绝对平均主义,也不能把效率放在绝对优先地位,在公平和效率发生冲突时,应该坚持调和原则,有时为效率要牺牲一些公平,有时为公平要牺牲一些效率。

2. 收入分配的标准

经济学家认为,收入分配有3种标准:

(1)贡献标准。即按社会成员的贡献分配国民收入,也就是我们前面所介绍的按生产要素的价格进行分配。这种标准能保证经济效率,但会引起收入差距。

(2)需要标准。即按社会成员对生活必需品的需要分配国民收入。

(3)平等标准。即按平等的准则来分配国民收入。

后两个标准有利于实现收入分配的平等化,但不利于经济效率的提高。平等与效率协调的目标就是既要有利于经济效率,又有利于平等。为此,经济学家提出了一系列的理论和政策。美国经济学家阿瑟·奥肯认为,协调平等与效率的关系,采取混合经济制度比较适宜。市场经济可以发挥效率,增加收入,但在某些情况下需要加以限制,需要政府进行干预;政府调节可以防止收入相差悬殊,有利于实现平等,但政府干预不能过度,以免侵犯个人自由,产生官僚主义。

3. 收入分配政策

(1)干预收入分配不公平原因的政策

这种政策是要消除收入不公平的根本原因。这种原因主要是个人拥有的生产要素的数量与质量不同,以及使用自己所拥有要素的机会不同。所以,这一类政策就是要让人们拥有的要素更为平等,使用要素的机会更加平等。例如,增加政府的人力资本投资,增加教育费用支出,使每个人的劳动质量提高,就是提高要素质量。这样,一方面可以使低收入者获得赚取较高收入的能力,有助于缩小社会的收入差距,有利于平等的实现;另一方面可以提高整个社会的劳动生产率,有利于效率的增加。又如扩大资本、劳动力等的社会流动性。社会流动性包括在地区和部门间的水平流动以及在社会各等级间的垂直流动,生产要素只有流动,才能使劳动者和投资者拥有机会均等。这样,既可以创造平等的机会,又能鼓励人们奋发向上,有利于提高效率。再如限制并消除种族与性别歧视,就是为了使每个人都有同样的机会使用自己拥有的生产要素,等等。

(2) 干预收入分配机制的政策

如前所述,收入分配由市场机制决定,这一机制正常运行的前提是完全竞争。但现实中由于垄断的存在及其他原因,市场机制并无法充分发挥作用,这样就要用政策来干预分配机制。例如,扶植对抗垄断的力量,建立对抗企业买方垄断的工会或对抗工会卖方垄断的雇主联合会,建立劳资协商制度,或者调节要素的供求等等。这类政策是对分配过程的干预。

4. 收入再分配政策

即干预既定分配状态的再分配政策。收入再分配政策主要有两个目的,一是缩小各阶层之间的收入差别,二是援助最贫困者。实施这种政策的最高目标是实现社会公正与正义,最低目标是实现社会稳定。

现在政府进行收入再分配的主要工具有三种:所得税、社会保险与福利等收入保障计划、提供低于成本的物品与劳务。第一种政策是为了减少富人的收入,并把由税收得来的部分资金用于其他两项政策。这种政策的直接作用是减少了富人的收入,这就有利于平等。第二种政策是为了提高穷人的收入,保证满足穷人的基本生活需求,并提高他们的收入。第三种政策适用于整个社会。

(1) 通过所得税所达到的收入再分配效果取决于所得税所采取的形式

所得税可以是累进的、累退的或比例的。累进所得税是随着收入水平提高其边际税率增加的所得税。边际税率指在增加的收入中纳税的比例,或者说是最后1元收入的税率。累退所得税是随收入水平提高其边际税率下降的所得税。比例所得税又称均一税率所得税,是无论收入水平如何变而税率不变的所得税。

个人所得税是税收的一项主要内容,它是一种累进税。即根据收入的高低确定不同的税率,对高收入者按高税率征税,目前,法、德、比、荷、西班牙的最高税率分别达57%、53%、55%、60%和56%;而对低收入者按低税率征税,若收入达不到规定水平,可免于征税,甚至给补贴。一般认为,这种累进所得税有利于缩小成员之间的收入差距,从而有助于实现收入分配的平等。除了个人所得税之外,政府还对一些人征收遗产税、赠予税、财产税、消费税等。征收遗产、赠予和财产税,是为了纠正财产分配的不平等。因为财产分配不平等是收入分配不平等的一个重要原因。征收这些税,也有利于收入分配的均等化。对奢侈性商品和劳务征收消费税,同样是实现收入

第五章　要素市场和收入分配

分配平等化的一种手段。政府通过税收手段，在一定程度上可以实现收入分配的平等，但是作用并不明显。因为富人可以用各种办法逃税。此外，对高收入者征收累进税，不利于有能力的人充分发挥自己的才干，对社会来说也是一种损失。

（2）收入保障计划的主要类型

收入保障计划有3种主要类型，即社会保险计划、失业补助与福利计划，它们都是直接支付给低收入家庭的。

主要的社会保险计划包括失业保险、工伤保险、养老保险、医疗保险等。在美国，有4种州政府管理的福利计划，为有关的家庭和个人提供收入保障。这4种福利计划为：第一、补充的保障收入计划（SSI），目的在于帮助那些急需的老年人、失去工作能力者与盲人。第二、对有抚养子女家庭的援助计划（AFDC），目的在于帮助那些没有其他收入来源的单亲家庭。第三、食品发送计划，目的在于帮助贫困家庭得到基本营养。第四、医疗援助，目的在于支付接受SSI或AFDC计划的家庭的医疗费用。

（3）提供低于成本的物品与劳动是第三种收入再分配方式

各种福利设施和公共工程的建设，包括住房建筑、教育、文化等各种社会服务设施建设。这些福利政策的实施，对于改善穷人的地位和生活条件，提高他们的实际收入水平，起到了相当大的作用；对于社会的安定和经济的发展也是有利的。在美国，大量的再分配是通过政府提供物品与劳务实现的。这些劳务中最重要的是教育，尤其是大学教育。例如，在1991年，加州政府为在加州大学各分校注册的本州学生每人每年支付的学费为3 000美元左右。当然，这些政策也导致了社会生产效率降低和政府财政负担加重等问题。

本章小结

1. 劳动、土地、资本和企业家才能这四种生产要素分别由劳动者、土地所有者、资本所有者和企业家提供给厂商，而劳动者、土地所有者、资本所有者和企业家就会获得相应的要素收入，即工资、地租、利息和利润。要素价格决定了收入在各要素所有者之间的分配。换言之，要素价格决定的问题，也就是收入分配问题。

2. 生产要素的需求具有派生性、联合性的特点。厂商会按照要素的边际收益等于要素的边际成本的法则来确定生产要素需求量，以追求利润最大化的目标。在完全竞争的条件下，厂商对生产要素的需求曲线就是厂商的要素的边际收益曲线。要素需求曲线向右下方倾斜，要素供给曲线向右上方倾斜，生产要素的均衡价格及均衡数量，由要素市场的需求曲线和供给曲线的交点决定。

3. 工资是使用劳动所需支付的价格。在完全竞争的劳动市场上，工资完全由劳动的供求关系决定。向右下方倾斜的劳动需求曲线与向右上方倾斜的劳动供给曲线的交点，决定了均衡的工资水平。在现实中，工资水平存在着行业差别、区域差别、岗位差别、性别差别、质量差别等差异。人们用工作性质的不同、劳动质量的不同、市场的不完全性来解释工资差别的形成。

4. 利息是资本要素的价格,是以货币表示的使用货币资本的报酬。资本的需求来自于厂商的投资,其数量与利率成反比。资本的供给来自于储蓄,就总体而言,其数量与利率成正比。在市场经济中,利率是由资本的供求均衡状态决定,正是通过利率的调节作用,资本市场实现了均衡。

5. 地租是使用土地的价格。地租是由土地的供给和需求的均衡状态决定,土地的供给一般是固定不变的,地租仅仅取决于土地的需求。随着经济的发展,对土地的需求不断增加,而土地的供给不变,地租就有不断上升的趋势。租金是供给固定不变的资源的服务价格,地租是土地资源的租金,而租金则是一般化的地租。准租金指供给缺乏弹性的要素在短期内所得到的报酬。准租金为总固定成本与经济利润之和。准租金仅存在于短期内,在长期内会消失。经济租金是生产要素所有者得到的超过其要求收入的那部分收入,又称为生产者剩余,经济租金在长期中也存在。

6. 利润可以分为正常利润与超额利润。正常利润是"企业家才能"这种生产要素的报酬,它包括于成本之中。超额利润又叫经济利润或纯粹利润,它是总收入减去一切显性成本和隐性成本的剩余。真正意义上的利润是指超额利润,超额利润来自于承担风险、创新和垄断,承担风险获得的超额利润和创新获得的超额利润是合理的。垄断所引起的超额利润是市场竞争不完全的结果,是不合理的。

7. 洛伦茨曲线是用来衡量社会收入分配或财产分配平等程度的曲线。曲线上各点表明了占总人口一定百分比的人口拥有的收入在总收入中所占的百分比。基尼系数是国际上通行的衡量收入分配平等程度的一个标准。基尼系数在 0 与 1 之间。基尼系数越小,收入分配越平等;基尼系数越大,收入分配越不平等。一般认为收入分配不平等是由财产分配不平等、能力的差异、受教育和训练的机会不平等、工作努力程度不同等因素造成的。收入调节政策旨在消除机会的不平等,缩小能力的差异;保证收入分配由市场机制决定,直接干预社会各阶层之间的收入差别,以实现社会稳定。直接干预分配状态的收入再分配工具有三种:即所得税、收入保障计划、提供低于成本的物品与劳务。收入调节政策要注意协调平等与效率的矛盾,尽量做到既有利于经济效率,又有利于平等。

本章案例和背景资料

本章案例1:黑死病与要素收入理论

14世纪的欧洲,鼠疫的流行在短短几年内夺去了大约1/3人口的生命。这个被称为黑死病的事件为检验要素市场的理论提供了一个可怕的自然试验。黑死病对那些幸运地活下来的人有什么影响?工人的工资收入和地主的租金收入会有什么变动?

我们来考察人口减少对劳动的边际产量和土地的边际产量的影响。在工人数量

第五章 要素市场和收入分配

减少时,由于边际产量递减规律的反向作用,劳动的边际产量会增加,因此我们可以推断黑死病会提高工资。

由于土地和劳动共同作用于生产,人口数量减少也影响土地市场,土地是中世纪欧洲另一种主要生产要素。由于可用于耕种土地的农民减少,增加1单位土地所增加的额外产量也减少了。换句话说,土地的边际产量减少了。因此,我们可以认为黑死病降低了租金。

实际上,这两种判断都与历史证据相一致。在这一时期,工资将近翻了一番,而租金减少了50%,甚至更多。黑死病给农民带来经济繁荣,而减少了地主的收入。

本章案例2:华为的神话

在深圳坂田,华为新建的华为城分为生活区、科研开发区和生产厂房三大块,均由来自德国、美国和中国香港的工程师们规划、设计,生活区拥有3 000多套别墅式的单身公寓。这个设施齐全、技术先进、环境美丽的现代化工业城可称是中国目前最先进的大型高科技工业城,为员工提供"比这个城市的其他人相对优越的生活和待遇"。

华为是个创造神话的企业,她不仅在创造超出20亿美元的年销售额,也同时在创造一批敬业高效、贴着"华为制造"标签的华为人。3万多名华为员工用自己的全部青春和热情,日复一日地过着两点一线的生活。如果你在深圳的5天工作日里,想约一个华为的朋友聚聚是非常不容易的事情,华为员工几乎将全部精力投入到工作中,没有自己的业余生活和时间。

据猎头公司介绍,摩托罗拉和贝尔等外资企业要挖华为的人很难,但华为要挖他们的人就容易多了。报酬,是其中重要因素。一名刚毕业的硕士可以拿到年薪10万元;一个刚工作两年、本科毕业的技术或市场人员可以派发8万股左右公司内部股票;对于一个总监级的员工(约占公司人数的2%)来讲,平均拥有300万的公司内部股票。对于华为员工而言,工资加不加已经无所谓,分红才是大头。华为的基本管理费用都比竞争对手——比如中兴通信要高。华为的销售人员出差补贴标准是中兴通信的近1倍。

高薪和一个巨大的持股计划,使华为员工都很关心公司的市场前景和发展,也使他们愿意用自己的青春血汗创造企业的神话。

本章案例3:天津丑女"张静事件"

张静,天津市南开区人,25岁,1993年初中未毕业出来谋生。因相貌丑,10年求职上千次无一成功。这个25岁的未婚女孩本该有着和同龄人一样的梦想和生活,可老天不仅给了张静1副难看的容貌,还分配给她一个不幸的家庭:其父患有小儿麻痹、脑溢血等疾病,视力只有0.01;其母患有严重的尿毒症;大姑患有精神分裂症。全家4口只能靠五六百元维持生活,每天只吃一餐中饭,还有1万块钱债务无法还清……如果张静能找到一份工作,能有一点收入,即使再微薄,也算是雪中送炭了。在长期的生活困境下,张静于2003年7月23日向媒体求助,希望得到一份工作以养家糊口。一篇《我很丑但我很能干》的消息见报后,张静先后接到30多家单位的工作邀请,历尽千番冷眼后的姑娘,终于等来了亲切的声音:你来吧,张静。她成为友缘养老院的一名护理员,生活从此发生改变。这家养老院的院长薛永惠说:"看报纸以后就知道她很丑,我说谁生下来不想比杨贵妃还漂亮?丑又怎么了,只要是心眼好就行。"这家养老院的老人们对张静也比较满意,他们说,张静这小姑娘不嫌脏不嫌累,见活就干,是个好孩子。张静每天在这里的工作是陪老人们看看电视,端端水,她说:"只要是我能做的,我会尽我百分之百的努力把它做好。"相貌的局限导致上千次求职失败,张静的遭遇立刻引起了其他媒体的关注,很多媒体相继以大量篇幅刊登报道张静的经历。由于媒体的关注,张静成了众所瞩目的焦点。同济医学美容门诊致电媒体,愿意满足张静做整容的愿望,经双方协商,达成手术意向,最终完成了张静的整容手术。丑女整容是向世俗低了头?因为相貌丑而求职被拒,张静事件通过媒体,在社会上激起很大的反响,她的命运成为媒体追踪的焦点,她的遭遇引发了人们对"美貌效应"和"容貌歧视"问题的深思。

本章背景资料:约瑟夫·熊彼特与熊彼特竞争

在强调创新对市场经济的重要作用的经济学家中,最著名的是约瑟夫·熊彼特。熊彼特的事业开始于奥地利,从1919年春到该年10月,担任奥匈帝国财政部长;以作为哈佛大学杰出的经济学教授而结束。他关于经济的看法与竞争均衡模型有显著的差别。该模型关注的是均衡,即在这种情况下,世界的状态不再会发生变化,他质疑的就是这种均衡概念;对熊彼特来说,经济总是处于流动状态,而经济学家的职责就是了解引起这些变化的力量。

熊彼特指出,经济系统以创造性的毁灭过程为特征。通过生产新产品或采用低成本的生产工艺,创新者能够确立在市场中的支配地位。但是,最终当新的创新者取代了他的地位时,这种支配地位就会被摧毁。

熊彼特担心他看到的那些正在形成的巨型公司会抑制创新,从而停止这种创造性的毁灭过程。不过,到目前为止,他的担忧并没有依据。事实上,许多如IBM之类的巨型企业并不能操纵创新过程,使自己不至于落在新兴的竞争对手的后面。

现代熊彼特主义者常常转向生物学,以此来帮助他们理解变革的过程。他们将变化描述为进化。他们观察到一种缓慢的变化过程,包含许多随机因素以及最适于生存的厂商——在特定的环境下,这些厂商无论是由于幸运还是确实技高一筹,能够开发出优于其竞争对手的新产品或新的经营方式,力图生存下去,并且其行为会扩展到其他厂商。

由于对创新的敬重与理解日渐加深,不少经济学家认为自己是熊彼特主义者,奥地利熊彼特协会每年颁奖表彰具有"熊彼特传统"的人。1994年,该奖授予美国人特德·特纳(Ted Turner),他是有线新闻网(CNN)的创始人。

第五章 要素市场和收入分配

本章习题

一、实验报告题

1. 在口头双向拍卖中,如果厂商当前的出价是 55 元,居民当前的要价是 75 元,而你手中持有的厂商保留价格信息单上的数字为 50 元,这时你还有没有机会通过出价来拍得这一单位的劳动?为什么?

2. 在口头双向拍卖中,如果厂商当前的出价是 55 元,居民当前的要价是 75 元,而你手中持有的居民保留价格信息单上的数字为 80 元,这时你还有没有机会通过要价来拍出这一单位的劳动?为什么?

3. 在后 4 轮的实验中,当教师规定最低工资标准为 60 元,任何厂商的报价都不能低于 60 元时,这对于劳动力市场有没有重大影响?如果规定最低工资标准为 70 元,状况又如何?

4. 如果发给厂商和居民的保留价格信息单上的数字如下表,试根据这些需求和供给的数据,推导出劳动力市场的需求—供给表,并预测这个市场的均衡工资、均衡劳动雇佣量。

居民的保留工资	20	20	30	40	50	60	60	70	80
厂商的边际要素收益	100	100	90	80	70	60	60	50	40

二、选择题

1. 在完全竞争市场上,生产要素的边际收益取决于 （　　）
   A. 该要素的边际产量
   B. 该要素的平均收益
   C. 该要素的平均水平
   D. 该要素的边际成本

2. 要素的边际收益(MRP)是衡量 （　　）
   A. 多生产 1 单位产量所导致的总收益的增加量
   B. 多生产 1 单位产量所导致的总成本的增加量
   C. 增加 1 单位某投入要素引起的总成本的增加量
   D. 增加 1 单位某投入要素引起的总收益的增加量

3. 在其他条件不变的情况下,当某种生产要素的边际产量增加时,或多或少地会引起要素的边际收益曲线 （　　）
   A. 左移
   B. 右移
   C. 保持不变
   D. 无法确定

4. 随着工资水平的提高　　　　　　　　　　　　　　　　　　（　）
   A. 劳动的供给量会一直增加
   B. 劳动的供给量会一直减少
   C. 劳动的供给量先增加,但工资提高到一定水平后,劳动的供给量不仅不增加,反而会减少
   D. 劳动的供给量增加到一定程度后趋于稳定

5. 工资分为实物工资与　　　　　　　　　　　　　　　　　　（　）
   A. 计时工资　　　　　　　　　　B. 计件工资
   C. 货币工资　　　　　　　　　　D. 实际工资

6. 某工人在工资率为每小时 2 美元的时候每周挣 80 美元,每小时 3 美元的时候每周挣 105 美元,由此可以断定　　　　　　　　　　（　）
   A. 收入效应起着主要作用
   B. 替代效应起着主要作用
   C. 收入效应和替代效应都没有发挥作用
   D. 无法确定

7. 如果政府大力提倡用先进的机器来替代老的,这将导致　　　　（　）
   A. 劳动的供给曲线向右移动
   B. 劳动的需求曲线向右移动
   C. 劳动的供给曲线向左移动
   D. 劳动的需求曲线向左移动

8. 因各种工作性质不同而造成工资率的差异是　　　　　　　　（　）
   A. 社会歧视造成的工资差异
   B. 补偿性的工资差异
   C. 劳动质量不同的工资差异
   D. 市场不完全性的工资差异

9. 利率越高　　　　　　　　　　　　　　　　　　　　　　　（　）
   A. 一项投资的净现值越大
   B. 一项投资的净现值越小
   C. 资本的需求量越大
   D. 由供给和需求两个因素决定的

10. 3 台同种设备投资的预期利润率分别为 8%、7% 和 6%,借款利率为 7%,则厂商会投资几台设备　　　　　　　　　　　（　）
    A. 1 台　　　　　　　　　　　　B. 2 台
    C. 3 台　　　　　　　　　　　　D. 0 台

11. 使地租不断上升的原因是　　　　　　　　　　　　　　　　（　）

第五章 要素市场和收入分配

A. 土地的供给与需求共同增加
B. 土地的供给不断减少,而需求不变
C. 土地的需求日益增加,而供给不变
D. 土地的需求和供给共同减少

12. 某经济学教授年薪 20 万元,但他当公务员每年只能得到 2 万元工资,他的准租金为 （　　）
    A. 20 万元　　　　　　　　B. 22 万元
    C. 2 万元　　　　　　　　 D. 18 万元

13. 准租金与厂商的总利润相比 （　　）
    A. 相等　　　　　　　　　B. 前者大
    C. 后者大　　　　　　　　D. 均有可能

14. 下面哪一种情况有可能带来经济利润 （　　）
    A. 商品的供给量很大
    B. 商品的需求量很小
    C. 厂商有效地控制了商品的供给
    D. 以上都对

15. 正常利润是 （　　）
    A. 经济利润的一部分
    B. 经济成本的一部分
    C. 隐含成本的一部分
    D. B 和 C 都对

16. 设有甲、乙两类工人,甲类工人要求的工资为 2 500 元/月,乙类工人要求的工资 2 000 元/月。某厂商为了实现最大利润,必须雇佣所有甲乙两类的工人,并支付每个工人 2 500 元/月的工资。由此可知,甲、乙两类工人得到的月经济租金 （　　）
    A. 分别为 2 500 元、2 000 元
    B. 均为 2 500 元
    C. 均为 500 元
    D. 分别为 0 元、500 元

17. 土地的供给曲线是一条 （　　）
    A. 平行于横轴的直线
    B. 垂直于横轴的直线
    C. 向右下方倾斜的线

18. 经济学家认为的垄断利润是不合理的主要基于 （　　）
    A. 垄断利润是创新的报酬

B. 垄断利润是剥削产生的利润

C. 垄断利润是承担风险的报酬

D. 垄断利润是收益超过会计成本的部分

19. 洛伦兹曲线代表 （   ）

　　A. 收入与消费的关系　　　　　B. 收入与劳动的关系

　　C. 收入与投资的关系　　　　　D. 收入不平均程度

20. 如果收入是完全平均的，基尼系数将为 （   ）

　　A. 1　　　　B. 0.5　　　　C. 0　　　　D. 0.99

三、判断题

1. 分配理论实际上是均衡价格理论在分配问题上的应用。（   ）
2. 在完全竞争市场上，厂商对生产要素的需求曲线就是生产要素的边际收益曲线。（   ）
3. 一个竞争性的厂商，在其最后雇佣的那个工人所创造的产值大于其雇佣的全部工人的平均产值时，他必定没有实现最大的利润。（   ）
4. 厂商对生产要素的需求是一种间接的需求。（   ）
5. 劳动的供给和其他商品的供给一样，价格越高，供给越多。因此，提高工资可以无限增加劳动供给量。（   ）
6. 在一个竞争性的劳动市场上，如果最低工资高于均衡工资，必然引起失业。（   ）
7. 垃圾清扫工的工资高于普通的纺织工人，这种工资差别属于补偿性的工资差别。（   ）
8. 土地的供给量随地租的增加而增加，因而土地的供给曲线是一条向右上方倾斜的曲线。（   ）
9. 准租金是固定生产要素得到的报酬。（   ）
10. 经济地租属于长期分析，而准地租属于短期分析。（   ）
11. 一种要素在短期内存在准地租，并不意味着长期中也存在经济利润。（   ）
12. 资本的需求与市场利率成正比。（   ）
13. 投资者之所以愿意投资，是因为投资的预期利润率高于利率。（   ）
14. 资本的供给曲线向右上方倾斜。（   ）
15. 正常利润是对承担风险的报酬。（   ）
16. 由公司发展为跨国公司，这并不是创新。（   ）
17. 由垄断引起的超额利润是垄断者对消费者、生产者或生产要素供给者的剥削，是市场竞争不完全的结果。（   ）
18. 如果 A、B 两国的基尼系数分别为 1/10 和 1/15，那么 A 国的收入不平等程度要大于 B 国。（   ）

第五章　要素市场和收入分配

19. 洛伦兹曲线越接近于 45°线,表明收入分配越不平等。　　　　　　　　　(　　)
20. 发展中国家的收入分配不平等程度高于发达国家。　　　　　　　　　　　(　　)

四、分析或计算题

1. 计算、填表并回答问题:

要素数量(L)	产量(Q)	要素的边际产量(MP)	边际收益(MR)	要素边际收益(MRP)	要素价格(W)
0	0	—	10	—	60
1	10		9		60
2	20		8		60
3	35		7		60
4	45		6		60
5	55		5		60

①该产品的市场是否属于完全竞争的类型?为什么?
②该要素的市场是否属于完全竞争的类型?为什么?
③该厂商最大利润的要素投入量是多少?

2. 假设某特定劳动市场的需求曲线为 $L_D = 6\,000 - 100 \times W$,供给曲线为 $L_S = 100 \times W$,其中 L 为劳动人数,W 为工资率,则
①均衡工资是多少?
②假如政府规定最低工资为 40 元,将会有多少人失业?

3. 一个厂商生产某产品,其单价为 10 元,月产量为 100 单位,每单位产品的平均变动成本为 5 元,平均固定成本为 4 元,试求其准租金和经济利润。两者相等吗?

4. 设某公司要购买 3 台设备,每台设备的价格均为 1 万元,使用时间为 2 年,由于要素边际收益递减规律的作用,预期第一台设备每年的收益为 5 900 元,第二台设备每年的收益为 5 600 元,第三台设备每年的收益为 5 300 元。试分析:
①当利率为 4%时,该厂商应该投资购买几台设备?
②当利率为 8%时,该厂商应该投资购买几台设备?

5. 有一种观点认为是"地价决定房价,即地价上涨引起房价上涨";另一种观点认为是"房价决定地价,即房价上涨引起地价上涨"。试运用有关地租的理论分析这两种观点。

经济学基础 JINGJIXUE JICHU

第六章 市场失灵

本章主要目的

通过本章的学习,你应当能够:
1. 弄懂市场失灵的含义
2. 搞清外部性的概念、种类
3. 了解外部性的应对措施
4. 明确公共物品的特征
5. 认识解决公共物品问题的方法及其效率
6. 阐明信息不充分的有关现象
7. 掌握逆向选择与道德风险的含义、信号传递与激励机制的作用
8. 熟知垄断的各种弊端及反垄断的有关方法

第一节 引导性实验
——逆向选择实验

一、实验步骤

1. 确定实验条件

实验器材:电脑及随机数生成器软件、一定数量的实验记录单、相应数量的保留价格信息单、报价单、一副纸牌。参与的学生准备好笔和白纸(A4)。

实验场地:足够宽敞的、可以容纳50人的多媒体教室。

实验人数:20~50人左右。

2. 宣布游戏内容

教师向学生宣布如下的游戏内容及收益规则:

模拟二手车市场的交易,交易商品为旧自行车。每个人都将拿到一张写有表明游戏角色和保留价格的信息单,游戏角色为B代表旧车的购买方,游戏角色为S代表旧车的销售方。当然,购买方买入旧车是为了供自己使用,而不是为了转卖出去。

旧车的质量有好坏之分,即一种是质量好的车,另一种是质量差的车(一般称为柠檬)。扮演卖出方的学生每人将拿到一张纸牌,纸牌上的数字和图案并不重要,关键在于颜色。红色的纸牌(红桃或者方片)表示是好车,黑色的纸牌(黑桃或者梅花)表示是柠檬。总体上,红牌和黑牌的数量各占50%。每张信息单上的两个数字是买卖双方对好车和差车的保留价格。买入方的保留价格是商品对买入方的价值,也就是购买旧车时愿意付出的最高价格。卖出方的保留价格是商品的生产成本,也就是销售旧车能够接受的最低价格。在每轮游戏中,卖出方只有一辆旧车可供销售;买入方只有500元的资金用于买入旧车。每个购买方的保留价格是不同的,而每个销售方的保留价格也是不同的。每个人只知道自己的保留价格,但不知道其他参与者的保留价格。

在这种情况下,好车对每个购买方的保留价格服从在[270,320]元上的均匀分布,好车对每个销售方的保留价格服从在[150,200]元上的均匀分布;差车对每个购买方的保留价格服从在[70,120]元上的均匀分布,差车对每个销售方的保留价格服从在[10,60]元上的均匀分布。对每个同学来说保留价格可作为随机变量对待。每个人对旧车的保留价格并不相同,每个人只能确切知道自己的保留价格,具体数字将通过后面的步骤中来形成。

收益规则——各轮实验中每人的收益决定于以下公式:

卖出方收益＝旧车的成交价格－卖出方保留价格

买入方收益＝买入方的保留价格－旧车的成交价格

3. 实施人员分组

将学生分为买入方和卖出方两组。将整个教室分成左右两个区域,中间留出较大的空间,以便教师和学生走动,让买入方和卖出方分别在左右两个区域、面向黑板就座。教师对学生按照从前到后、从中间到两边的原则进行编号。买入方的编号为B1、B2、B3、…,卖出方的编号为S1、S2、S3、…。每组选出1名组长,由组长在游戏过程中协助老师完成有关的工作。买入方的学生之间和卖出方的学生之间也应该有课桌作为间隔物,以达到保密的目的。

4. 生成保留价格

按卖出方的人数,以相同的概率分布分别生成与这一人数相同数量的两组随机数字。一组数字取值范围在150～200之间,作为各个卖出方对好车的保留价格。另一组数字取值范围在10～60之间,作为各个卖出方对差车的保留价格。再以相同的概率分布分别生成与买入方人数相同数量的两组随机数字,一组数字取值范围在270～320之间,作为各个买入方对好车的保留价格。另一组数字取值范围在70～120之间,作为各个买入方对差车的保留价格。此后,由教师为每位卖出方和买入方具体确定旧车的保留价格。

可以运用随机数生成器来产生上述四组的随机整数,事先填写于纸条上,并注意区分买入方的保留价格单和卖出方的保留价格单。在实验开始时,由教师将这些包含有保留价格信息的纸条随意地发给买入方队列和卖出方队列的学生,并在发放纸条时,提醒每个学生保密。

5. 分发实验材料

向每个学生分发一份"学生实验指南"和一张保留价格信息单。向扮演买入方的每个学生分发一份报价单,向扮演卖出方的学生每人发一张纸牌,纸牌上的数字和图案并不重要,关键在于颜色。红色的纸牌(红桃或者方片)表示是好车,黑色的纸牌(黑桃或者梅花)表示是柠檬。教师发出去的纸牌中,红牌和黑牌各占一半,分发时应该注意掌握随机的原则。

6. 进行报价交易

教师宣布即将进入第 1 轮的交易过程,交易时间视学生人数可确定为 5~10 分钟。进入交易环节时,教师首先请代表买入方的学生根据自己的保留价格申报各自对旧车的购买价格,写在实验专用的报价单上,报价必须是整数,再注明编号、姓名交给老师,并由老师将所有的报价公布在黑板上。然后,教师运用随机数生成器,按卖出方的人数逐个生成与这一人数相同数量的一组随机数字,数字取值范围与卖出方的编号取值相同。卖出方根据这组随机数字的排列顺序,依次进入旧车市场进行交易。所有的交易都必须按照之前公布的买入方报价进行,不能再行私下议价。每个卖出方都可以在所有尚未因资金用完而终止交易的买入方中作出选择,决定是否与对方成交。一旦卖出方与买入方达成交易,教师就应该让卖出方将手中的纸牌交给买入方,以便买入方用来确认成交旧车的保留价格。买入方应及时在收益记录单的"成交旧车质量"一栏中标注相应的记号,以备此后的收益计算。教师把达成交易的 2 个学生的信息单、纸牌收上来,并把成交双方的编号和成交价格公布在黑板上的成交公告栏中,等这 2 个学生走开后再将双方的保留价格、成交价格填写在实验登记表中。然后,下一个卖出方进行交易。老师对卖出方按照设定的次序逐一地撮合交易,当所有的卖出方都有机会销售旧车,并作出卖出与否的决定时,或者已经到达预设的时段长度时,就意味着本轮旧车市场的运作结束了。买卖双方应该根据成交价格和旧车的质量,在自己的收益记录单上按照规则填写本轮游戏的收益。

7. 执行多轮游戏

当第 1 轮游戏结束时,无论是否达成交易,学生都应该将信息单、纸牌交给老师。教师将所有收回的信息单的顺序打乱,再次随机地分发给买入方的学生将所有收回的纸牌顺序打乱,再次随机地分发给卖出方的学生。注意在第 2 轮中,每 1 个学生的角色仍然与第 1 轮相同,并无任何变化。然后重复第 6 步骤,执行第 2 轮游戏。按照上述的流程,完成第 2~4 轮的游戏。

当第 4 轮游戏结束时,仍然要求所有学生上交信息单和纸牌,由教师重新洗单和洗牌。然后,教师宣布学生进行角色的互换,前四轮中的买入方变为卖出方,前四轮中的卖出方变为买入方,并再次随机地发单和发牌给相应角色的学生。然后重复第6步骤,依次完成第5~8轮的游戏。

8. 讲解实验结果

游戏结束后,让每个学生计算各自的总得分,上交信息单、纸牌和收益记录单。教师根据汇总的实验统计数据,组织讨论,进行有关理论的讲解。

二、实验指南

1. 学生实验指南

我们做有关二手自行车市场交易的实验。在实验中,每一个同学要扮演二手车的买方和卖方,直接参与旧车的交易。每个同学都将拿到一张信息单,上面写有你的游戏角色和保留价格的信息。如果单子上写着 B 字,就意味着你是旧车的购买方,如果单子上写着 S 字,就意味着你是旧车的销售方。市场上的二手车有两种:一种是质量好的车,另一种是质量差的车(一般称为柠檬)。如果你扮演的是旧车的卖出方,你将拿到一张纸牌,纸牌上的数字和图案并不重要,关键在于颜色。红色的纸牌(红桃或者方片)表示是好车,黑色的纸牌(黑桃或者梅花)表示是柠檬。总体上,红牌和黑牌的数量各占一半。注意在交易成功之前,不要让别人看见你牌的颜色。为了保证这一点,你在拿到牌并看过以后,应该把牌反扣在桌子上,在交易成功后,再把牌拿给买入方看。每张信息单上有一大一小的两个数字,分别用来表明好车和柠檬对你的价值。如果你是卖出方,单子上较小数字就代表你拿到一辆差车时,旧车对你的成本。单子上较大的数字就代表你拿到一辆质量好的旧车时,好车对你的成本。在每轮交易中,你拿到好车或柠檬的可能性各占 50%。如果你是买入方,单子上较小数字就代表你买到差车时,旧车对你的价值。单子上较大的数字就代表你买到质量好的旧车时,好车对你的价值。当然,在达成交易之前,你只知道市场上交易的旧车有一半是好车,另一半是柠檬。但你不知道具体哪辆车是好车,哪辆车又是差车。因此,你的决策有较大的风险。在每轮游戏中,卖出方只有一辆旧车可供销售;买入方只有 500 元的资金用于买入旧车。每个购买方的保留价格是不同的,而每个销售方的保留价格也是不同的。每个人只知道自己的保留价格,但不知道其他参与者的保留价格。实际上,差车对每个购买方的保留价格服从在[70,120]元上的均匀分布,好车对每个购买方的保留价格服从在[270,320]元上的均匀分布。差车对每个销售方的保留价格服从在[10,60]元上的均匀分布,好车对每个销售方的保留价格服从在[150,200]元上的均匀分布,对每个同学来说,保留价格可作为随机变量来对待。在各轮实验中,由老师会为每位同学指定商品的保留价格,保留价格的数字是运用软件"随机数生成器"来产生的。游戏中每人都会收到一张信息单,也就是保留价格信息单。上面写着的数字代表商品对你的保留价格,你注意不要让别人看到你的保留价格数字。这样,每个人都只知道自己的保留价格,但不知道其他人的保留价格。

在游戏中,你们每个人的收益决定于以下公式:

卖出方收益＝旧车的成交价格－卖出方保留价格

买入方收益＝买入方的保留价格－旧车的成交价格

当老师宣布即将进入第1轮的交易过程时,如果你是买入方,你可以看看自己的保留价格,做好报价的准备,要注意你的报价一定不能大于你的最大的保留价格,并且报价必须是整数。你可以将申报的购买价格,写在实验专用的报价单上,并注明编号、姓名交给老师,老师会把所有的报价公布在黑板上。然后,老师还会用随机数生成器,随机确定卖出方进入旧车市场进行交易的顺序。你们之间所有的交易都要按照之前公布的买入方报价进行,不能再行私下议价。如果你是卖出方,你就有权选择与哪一个买入方交易。如果你觉得对方的报价是可以接受的,就可以立即与对方确认成交。当然,你也可以选择放弃与所有等待成交的买入方的交易,让其他排在你后面的卖出方来进行交易。一旦你们达成交易,卖出方应该将手中的纸牌交给买入方,以便让买入方用来确认成交旧车的保留价格。买入方应及时在收益记录单的"成交旧车质量"一栏中标注相应的记号,这样以后就可以进行收益的计算了。这时你们应该将信息单、纸牌交给老师,并将自己的编号告诉老师。然后,在自己的收益记录单上按照规则填写本轮游戏的收益。

当第1轮游戏结束时,无论你是否达成交易,你都应该将信息单、纸牌交给老师。教师会将所有收回的信息单、纸牌的顺序打乱,再次随机地分发给相应角色的同学。注意在第2~4轮中,你们每一个人的角色仍然与第1轮一样,没有任何的变化,只是旧车的保留价格可能有变化。而在第5~8轮的游戏中,你的角色会正好与前四轮中的情形相反,你会由买入方变为卖出方,或者由卖出方变为买入方。其他环节则没有什么变化,继续进行游戏就可以了。

最后,你应完整地填写收益记录单,计算各轮游戏中自己的总收益,上交信息单和收益记录单。

表6-1 收益记录单

轮次	角色及编号	好车保留价格	坏车保留价格	成交旧车质量	成交价格	收益
1						
2						
3						
4						
5						
6						
7						
8						

各轮的收益总额:_____ 学号:_____ 姓名:_____

第六章 市场失灵

表6-2 保留价格信息单

角色	保留价格(好车)	保留价格(柠檬)
买入方(B)		
角色	保留价格(好车)	保留价格(柠檬)
买入方(B)		
角色	保留价格(好车)	保留价格(柠檬)
买入方(B)		
角色	保留价格(好车)	保留价格(柠檬)
买入方(B)		
角色	保留价格(好车)	保留价格(柠檬)
买入方(B)		
角色	保留价格(好车)	保留价格(柠檬)
买入方(B)		
角色	保留价格(好车)	保留价格(柠檬)
买入方(B)		
角色	保留价格(好车)	保留价格(柠檬)
买入方(B)		
买入方(B)		
角色	保留价格(好车)	保留价格(柠檬)
卖出方(S)		
角色	保留价格(好车)	保留价格(柠檬)
⋮	⋮	⋮

表6-3 实验专用纸条(买入方的报价单)

轮次	编号	姓名	保留价格(好车)	保留价格(柠檬)	你的出价
轮次	编号	姓名	保留价格(好车)	保留价格(柠檬)	你的出价
⋮	⋮	⋮	⋮	⋮	⋮

2. 教师实验指南

(1) 准备实验:在开始实验之前,教师首先应该统计好参加实验的学生人数,并提前运用电脑及随机数生成器软件,来产生四组与相应人数相符合的随机数字。即:两组与卖出方人数相同数量的随机数字,其取值范围分别在150~200之间和10~60之间的,来分别表示各个卖出方对好车的保留价格和各个卖出方对差车的保留价格。两组与买入方人数相同数量的随机数字,其取值范围分别在270~320之间和70~120之间,来分别作为各个买入方对好车的保留价格和各个卖出方对差车的保留价格。教师再运用随机数生成器,来产生八组与卖出方人数相同数量的随机数字。

其数字取值范围与卖出方的编号取值范围相同,并整理成卖出方每一轮的交易顺序表。教师事先应该将随机生成的上述各组数字填写于实验专用的保留价格信息单和卖出方交易顺序表上。其次,教师必须提前去察看场地,并作必要的布置。再次,教师还应该准备好数量为实验人数4倍的报价单、一副纸牌、粉笔、黑板擦、计算器、纸和笔、电脑、收益记录单等器材和资料。

(2) 宣布内容:教师向学生宣布如下的游戏内容及收益规则:

模拟二手车市场的交易,交易商品为旧自行车。每个人都将拿到一张写有表明游戏角色和保留价格的信息单,游戏角色为B代表旧车的购买方,游戏角色为S代表旧车的销售方。旧车的质量有好坏之分,即一种是质量好的车,另一种是质量差的车(一般称为柠檬)。扮演卖出方的学生每人将拿到一张纸牌,纸牌上的数字和图案并不重要,关键在于颜色。红牌表示是好车,黑牌表示是柠檬,总体上,红牌和黑牌的数量各占50%。每张信息单上的两个数字是买卖双方对好车和差车的保留价格。买入方的保留价格是商品对买入方的价值,也就是购买旧车时愿意付出的最高价格。卖出方的保留价格是商品的生产成本,也就是销售旧车能够接受的最低价格。在每轮游戏中,卖出方只有一辆旧车可供销售;买入方只有500元的资金用于买入旧车。每个购买方的保留价格是不同的,而每个销售方的保留价格也是不同的。每个人只知道自己的保留价格,但不知道其他参与者的保留价格。在这种情况下,每个购买方好车的保留价格服从在[270,320]元上的均匀分布,每个销售方的好车保留价格服从在[150,200]元上的均匀分布;每个购买方差车的保留价格服从在[70,120]元上的均匀分布,每个销售方差车的保留价格服从在[10,60]元上的均匀分布。每个人对旧车的保留价格并不相同,每个人只能确切知道自己的保留价格。

收益规则——各轮实验中每人的收益决定于以下公式:

卖出方收益=旧车的成交价格-卖出方保留价格

买入方收益=买入方的保留价格-旧车的成交价格

(3) 分发材料:向每个学生分发一份"学生实验指南"和一张保留价格信息单。向扮演买入方的每个学生分发一份报价单,向扮演卖出方的学生每人发一张纸牌,发出去的纸牌中,红牌和黑牌各占一半,教师发牌时,应该注意掌握随机的原则。

(4) 告知规则:教师应明确无误地将交易的游戏规则告知学生,尤其应强调保密原则、收益规则和每轮游戏的终止原则。可以让学生提出疑问,老师及时释疑,还可考虑让学生复述终止原则和收益规则。教师在确信每个学生都搞清实验步骤之后,开始游戏。

(5) 汇总信息:当学生每成交一笔交易后,教师应及时让成交的学生上交保留价格信息单,并把成交双方的编号和成交价格公布在黑板上,并在学生走开后再将双方的保留价格、成交价格填写在实验登记表中。每一轮游戏结束后,无论学生是否达成交易,教师都应该将信息单和纸牌回收上来,由教师打乱所有收回的信息单和纸牌的顺序,重新随机地分发给学生。在所有8轮游戏完成后,教师应该让所有学生上交信息单、纸牌和收益记录单,统计每个学生的总收益,将其汇集成实验记录总表,并在黑板上公布实验数据。

(6) 提出问题:根据公布的实验数据,提出问题,让学生讨论在信息不对称的条件下旧车市场的效率问题。

(7) 阐述理论:通过问答,形成相应的结论,阐述逆向选择的相关理论,督促学生独立完成实验报告。

表6-4 卖出方交易顺序表(样表)

编号 轮次	顺序									
	1	2	3	4	5	6	7	8	…	25
1	S2	S6	…	…	…	…	…	…	…	…
2	…	…	…	…	…	…	…	…	…	…
3	…	…	…	…	…	…	…	…	…	…
4	…	…	…	…	…	…	…	…	…	…
5	…	…	…	…	…	…	…	…	…	…
6	…	…	…	…	…	…	…	…	…	…
7	…	…	…	…	…	…	…	…	…	…
8	…	…	…	…	…	…	…	…	…	…

表6-5 成交公告栏(样表)

买入方编号	B1	B2	B3	B4	B5	B6	B7	B8	…	B25
报价	…	…	…	…	…	…	…	…	…	…
卖出方编号	S10	…	…	…	…	…	…	…	…	…

表6-6 实验登记表(8张)

轮次_____

交易	卖出方编号	卖出方好车保留价格	卖出方差车保留价格	成交旧车质量	成交价格	买入方编号	买入方好车保留价格	买入方差车保留价格	卖出方收益	买入方收益
1										
2										
3										
4										
⋮										
合计										

表6-7 实验记录总表

班级：_____ 人数：_____ 时间：_____ 地点：_____

轮次	好车成交量	好车平均成交价格	差车成交量	差车平均成交价格	总成交量	平均成交价格	好车卖出方收益总额	好车买入方收益总额	差车卖出方收益总额	差车买入方收益总额	卖出方收益总额	买入方收益总额
1												
2												
3												
4												
5												
6												
7												
8												

第二节 市场失灵

市场经济体制下，在价格这只"看不见的手"的引导下，消费者与生产者反应灵敏；商品市场与要素市场运行有序，产品的生产、交换和消费活动都能够及时得到调节，从而实现了社会稀缺资源的有效配置。在价格的调节下，整个经济自动地趋于和谐与稳定。但是，在现实生活中，由于种种条件的限制，市场不能发挥其应有的作用，使价格调节并不一定能达到理论上的这种完善境地。而且，从经济的角度看，或许价格的调节能达到那种理论上完善的境地，但从社会或其他角度看，不一定是最好的，价格在调节经济的同时也会带来许多副作用。这就是经济学家所说的"市场失灵"。由于垄断的存在、外部影响的存在、信息不充分、不对称现象的存在，市场会失灵，无法有效、合理地配置资源；在公共物品生产和收入分配的调节方面市场机制也存在不足，不能很好地解决收入分配公平和公共产品提供的问题。

一、外部性

1. 外部性的含义和种类

(1) 含义

外部性是指经济行为直接影响到了当事人以外的其他个人和企业，给其他个人和企业造成有利影响或不利影响，而当事人又并没有因此得到补偿或承担成本的状况。

(2) 种类

按照其性质，可以将外部性分为正的外部性和负的外部性。

①正的外部性是指经济行为对其他个人和企业产生有利的影响,但引发有利影响的个人和企业并没有得到补偿,而得到有利影响的个人和企业也没有支付成本的状况。

例如,一个养蜂场使邻近果园的产量额外增加了;同时,苹果园的存在也会使养蜂场的蜂蜜产量上升,这就是积极的外部影响,也就是正的外部性。正的外部性例子还有很多,如种花人家使周围邻居都享受到了芳香和美丽;美味餐馆传出的香味使过路人也感到舒服;人们种防疫苗,不仅避免了自己得传染病,也减少了他人疾病传染的几率。尤其典型的是科学发明为全人类造福:当科学家完成了一项新的发明,并由此产生巨大的经济效益时,其他的人或企业从中获得利益。而科学家从专利费所得到收益仅仅是发明给社会带来的全部利益中的一部分。大量的科学发明,不但提供了层出不穷的新产品,而且使产品的生产成本不断下降,从而使消费者受益,给人类造福。

②负的外部性是指经济行为对其他个人和企业产生不利的影响,但引起不利影响的个人和企业并没有支付成本,而遭受不利影响的个人和企业也没有得到补偿的状况。

例如,私家车增多,会发出许多噪声、造成交通堵塞、汽车尾气会带来空气污染。钢厂生产钢材,它排放的烟尘污染环境,影响居民的健康,增加了社会的清洁和医疗费用。

2. 外部性与市场失灵

当存在外部性时,社会资源通过市场来进行配置的效率会受到很大影响。因为此时,私人成本与社会成本、私人收益与社会收益存在着差别。

(1) 社会成本、社会收益

①私人成本与社会成本。当一家企业的生产具有负的外部性时,他并不为此付出代价,但社会将为此而付出代价,这种代价称为外部成本。在市场经济中厂商总是要千方百计地降低成本,追求利润的最大化,而私人成本的这种降低,却可能引起外部成本从而社会成本的增加。例如,化工厂将有毒的废水或废气不经处理地排入河流和大气中,对单个企业来说可以降低成本,但社会却要为消除这些废物对环境的污染付出巨大的代价。

私人成本是指企业或个人必须直接投入的费用,社会成本是指外部成本加上私人成本。工厂排放有毒物质到空气或水中,社会并没有为此向它收费,但这使别人受害。从社会观点看,这种损失应该算作生产费用一部分。这样,社会成本是私人成本加上企业导致的别人的损失,即社会成本=私人成本+外部成本。换言之,当经济活动存在负的外部性时,社会成本会大于私人成本,其差额就是外部成本。

就消费而言,当其具有负的外部性时,也会产生外部成本,导致社会成本会大于私人成本。比如,吸烟者只支付购买香烟的费用,而不必为被动吸烟者提供任何医药费补偿。私家车主只支付购车款和汽油费、养路费、保险费、存车费等开车的成本,而对汽车尾气给空气带来的污染,造成交通堵塞等不提供任何的补偿。在这些情形下,消费者个人所支付的成本只是这种消费活动的全部社会成本的一部分,从而产生外部成本。

②私人收益与社会收益。当一项经济活动具有正的外部性时,经济主体所得到的收益仅仅是给社会带来的全部收益中的一部分。私人利益是指经济主体通过其经济行为给自身带来的收益。社会利益是指经济主体的私人收益加上该经济行为所产生的外部收益,社会收益等于私人收益加上外部收益。当有正的外部性时,一项经济活动所带来的私人成本与社会成本相等,但社会收益大于私人收益。比如,豪宅的购置者居住在花草葱郁、富丽堂皇的别墅中,这不仅会使该消费者自己受益,也会使他的邻居及路人受益;教育不仅给受教育者本人带来好处,也给自己的后代、邻居、社会带来好处。此时,消费者的私人收益只是其消费活动所产生的全部社会利益的一部分,从而存在外部收益。就生产活动来说,养蜂场因蜜蜂授粉惠及当地果园、科学家的创造发明造福于人类都是经济活动收益外溢的典型事例。

(2) 外部性与市场失灵

当存在负的外部性时,社会成本会大于私人成本。比如,在完全竞争的市场中,生产者在决定钢铁产量时,并不考虑污染所带来的外部成本,只根据私人成本来决定其应该生产多少。由于厂商实际面临的私人成本低于社会成本,必然使得厂商的产量较高,钢铁的供给较大,由此造成由供给和需求所决定的商品价格较低。换句话说,在竞争市场上,由供求关系决定的钢铁的价格只反映私人的成本,即厂商实际面临的成本,而不包括厂商应支付的污染成本在内的所有成本。因而均衡价格会较低,而产量则会较高。由于这些商品的价格没有反映社会成本,造成具有不利外部影响的商品产量过高,社会资源的配置是不合理的,市场的调节失灵。

当存在正的外部性时,社会收益会大于私人收益。比如,植树造林会带来巨大生态效益,因而从社会利益考虑,应大量扩大。但是林场经营者收益可能不高,每单位产品给经营者带来的收入有限,生产规模会因此缩小,木材供给较小。经济学家说:"举办一所学校可以少盖一所监狱",但学校投资者的私人收益少于社会收益,市场均衡量低于社会最优数量。这些商品的价格由于没有反映社会收益,造成具有有利外部影响的商品产量过低,社会资源的配置同样也不合理。

市场价格机制协调的是个人的成本与收益,能实现个人的最大化。价格机制使消费者实现自身效用最大化,也使生产者利润最大化。当一种经济行为没有外部性时,个人最大化与社会最大化是一致的。这正是市场价格机制使个人利益与社会利益协调的作用。但在有外部性时,个人利润与社会利益并不一致。这就是说,当有正的外部性时,市场机制调节的结果是社会利益大于个人利益,经济主体的活动可以为人类造福但自己却得益很少或一无所获,他的这种活动必然低于社会最优的水平。

也就是说正外部性的经济活动,其数量会少于社会最优产量。当有负的外部性时,市场机制调节的结果是社会利益小于个人利益,经济主体的行为会增加社会成本,但这种成本却不必由其本身承担,这种活动在数量上将会超过社会所希望的水平。也就是说负外部性的经济活动,其数量将会超过社会的最优数量。简言之,当存在外部性时,无论是有利的外部性,还是有害的外部性,市场都不能保证追求个人利益的行为使社会福利趋于最大化,都会引起市场失灵。

二、公共物品

1. 公共物品及其特征

在现实经济活动中,大部分物品与劳务都是私人物品。私人物品是由个人消费的物品。它有两个特征:一是竞争性;二是排他性。竞争性指一个人消费了一定量某种物品,就要减少其他人的消费量,即消费者之间存在竞争。比如,你购买到一台电视机,其他人就不能再购买这台电视机了。排他性是指只有支付这种物品的价格,才能使用这种物品;没有支付这种物品价格的人,就不能使用这种物品,即可以将不付费的其他人排除在消费者之外。你出钱可以购买到一套房子,其他人没有购买力就得不到房子。

但是在现实经济中还有与之不同的公共物品。公共物品是集体消费的物品。例如:国防、道路、广播、电视、交通、法律等等。公共物品也有两个特征:一是非竞争性,二是非排他性。非竞争性是指消费者之间不存在竞争,一个人消费某种物品不会减少其他人的消费。当消费者数量增加时,对每个人的消费量都不会有影响。例如,刚出生的婴儿受到国防的保护时,并不会影响其他人享受到的国防保护质量。又如,在不拥挤的条件下,对于过桥人来说,他们不存在竞争的关系,不会因有一个人要过桥,其他人就不能过桥。

非排他性是指无法排斥任何人消费该物品,公共物品提供给全社会的任何一个人,无论是否付费,每个人都可以从中得益。当向更多的人提供公共物品的时候,社会的边际成本等于零。这就是说,尽管更多的人得到了公共物品的服务,但社会并没有因此而付出额外的成本。例如,国家安全就是一种公共物品,不管人们是否为此交纳了赋税,他们都可以受到保护。在不拥挤的条件下,多个人或少一个人过一座桥,并不会带来社会的边际成本增加或减少。

2. 准公共物品与公共资源

从理论上划分,只有同时具有非排他性和非竞争性的产品才是公共物品,如国防、社会秩序、航空控制、环境保护等。在现实中,这种纯公共物品并不多。绝大多数的公共物品则是不同程度地具有某一方面的属性。

具有排他性和非竞争性的物品,可以称为准公共物品。比如,不拥挤的球场、游泳池、电影院、收费道路等,在一定范围内有非竞争性,即增加消费者并不增加成本,不构成对其他消费者的威胁;而消费者增加到一定数量后,消费又会有竞争性,当游泳池里人满为患时,每一个游泳者都会对他人的游泳造成障碍。但其消费却具有排他性;即只有付了钱才能进去消费。

这样的物品不是纯公共物品,只能算准公共物品,也称"俱乐部物品"。就是说,这类物品好比俱乐部里的东西,对于付了俱乐部费用加入俱乐部的成员来说,是公共物品;但对非俱乐部成员来说,就不能享用。又如,大学教育、收费的高速公路、有线电视广播等,都属于这一类别。大学教育属于准公共物品,教育经费主要是国家投入,但大学教育资源有限,而想上大学的人又太多了,变得具有竞争性,因此只有通过考试达到一定的标准才能享受高等教育,并收取一部分费用以弥补教育资源的不足。所以,对这些非纯粹的公共物品收费具有一定的合理性。

具有非排他性和竞争性的物品,可以称为公共资源。如江河湖海中的鱼虾、公共牧场上的草、不收费的拥挤的公园和公路、公共厕所、公共过道等,其消费没有排他性,但有竞争性,尤其当使用者人数很多时,竞争性很大;这些物品就被称为公共资源。由于是公共的,使用权、收益权归谁是模糊的,谁都有权使用,就产生了过度消费的问题。例如,公共江河湖海中的鱼被过度捕捞、公共山林被过度砍伐、公共矿源被掠夺性开采、公共草地被过度放牧、野生动物被灭绝性猎杀等等,这种情况就是所谓公地的悲剧。

公地悲剧产生的根源是公共资源消费上的非排他性和竞争性。消费上的竞争性说明每个在公地上消费的人的活动都有负的外部性,即每家的牲畜在公地上吃草都会使草地的品质恶化。而只考虑自身利益的家庭在放牧时,不会顾及这种负面影响。公地消费的非排他性又无法抑制每个消费者的这种行为,于是公地悲剧就产生了。如果有关当局认识到这种悲剧,就可采取一些办法加以解决。例如,可以限制每个家庭的放牧数量,或按放牧数量递增地征收放牧费税,或干脆把公地分给家庭使用,当然这实际上是把公地变成了私地。

3. 公共物品与市场失灵

就私人物品而言,通过供求机制、竞争机制的调节,当达到市场均衡时,资源将会得到最优的配置,产品价格最低,生产效率最高,产品数量最优。但是,对于公共产品来说,市场的调节不能在私人物品与公共物品之间、在不同的公共物品之间有效地配置社会资源,会因此而产生市场失灵的现象。

一方面公共物品具有非排他性,不能够排斥任何需要此物品的消费者,从而每个人都能够免费从公共物品的消费中分享到好处,他们在使用公共物品时都想当"免费乘客",不支付成本就得到利益。如果消费者都这样做,则他们支付的价格将不足以弥补公共物品的生产成本。于是,私人企业决不愿意生产公共物品。因为它得不到任何刺激,私人企业只愿对付费者提供产品,如果不能将"免费乘客"排除,它就不会生产这种产品。另一方面,公共物品的非竞争性,指增加一个公共物品使用者并不影响其他使用者的利益,因此,从提高整个社会福利水平的层面来说,不应当排斥任何需要此物品的消费者。当采取市场机制提供此类产品,进行收费以便收回生产成本并获取盈利时,不付费者就不允许消费或使用,但这就意味着这些产品的浪费、闲置,使得资源配置效率降低,社会福利会下降。例如,对不交费的家庭禁止观看有线电视节目,这种作法会损害社会福利;并不拥挤的高速公路禁止未付费者通过,也减少了社会总福利和社会满足感。

三、信息不充分

1. 信息不充分的含义

信息不充分包括信息不完全和信息不对称。信息不完全指经济主体不能充分了解所需要的一切信息,信息不对称指经济交易的双方拥有的信息在质与量上存在差异性。

市场能够有效地配置社会资源,是以信息充分为前提的。就消费者而言,应该非常了解商品的性能、市场价格、自己对商品的偏好,从而据以做出理性的购买决策。就厂商来说,应该了解各种生产要素价格、商品的市场价格、自身生产技术的状况,并在此基础上做出合理的生产经营决策。在市场信息充分的条件下,厂商不必知道消费者偏好的详情,价格能告诉他应生产什么,应生产多少;消费者也不必仔细检验每种商品的质量,价格会告诉你值不值得购买。这都是因为价格已真实地传递了消费者的爱好和商品质量的信息。因此,在具备充分的市场信息的条件下,市场能够形成合理的价格,市场价格的变化能够引导社会资源的合理配置。

但是,在现实中,市场信息是不充分的。消费者不可能完全了解各种商品的特性,也不太清楚商品的市场价格以及他们对这些商品的偏好;生产者也不可能完全掌握各种生产要素的价格和生产技术的状况。换言之,信息是不完全的。

更为常见的是信息不对称的经济现象,在市场上买卖双方所掌握的信息总是不对称的,一方面掌握的信息多一点,另一方面掌握的信息少一些。俗话说,"从南京到北京,买的不如卖的精"。这句话概括地反映现实的状况,即消费者与生产者信息不对称,生产者常常利用消费者信息不灵、不全的弱点,进行欺诈以获取非分之利。生产者专门生产一种商品,而消费者消费成百上千种商品,所以生产者不难全面了解商品的价格,包括许多竞争者的价格,尤其是他自己的生产成本。而消费者不可能对每种商品都去作一番调查,所以经常在价格上吃亏。至于商品的质量,像电视机、录像机等商品的质量从外表根本无法判断,只有生产者自己才心知肚明,但他们却将劣质品却按优质品的价格出售。

有利于消费者的信息不对称也有可能出现。例如,在超级市场购物时消费者是否偷窃了商品,每个顾客对此有百分之百的了解。但对供应方而言,他怀疑每一名进入过市场的人,但又缺乏确切的信息,这就使超级市场遭受巨大损失,有时损失会达到销售额的 2%～3%,更有一些超级市场被小偷偷得亏损以致关门。

在社会活动中,信息不对称现象也是比比皆是,婚姻市场就是一个典型的例子。在婚姻市场上,要有一桩美满的婚姻,就必须有充分的信息。这就是说,婚姻双方要完全了解对方。但在婚姻市场上双方是信息不对称的。每一方有一些信息是容易了解的,如长相、家庭门第等等,这称为公开信息,人人可以免费或低成本获得。另一些信息,比如性格、素质等,即使付出高成本也不一定能获得,称为私人信息。信息不对称就是指各自拥有比对方多的私人信息。

2. 信息不充分与市场失灵

当存在信息不充分状况时,消费者和生产者依据这些信息做出的选择极有可能不是最优的,社会资源的配置也就极有可能是无效的。换言之,信息不充分会引起市场失灵,在信息不完全、不对称的状况下,市场机制无法使资源优化配置。

信息不对称会产生逆向选择和道德风险问题,并由此使得市场机制无法奏效,价格信号失去作用。

(1) 逆向选择问题

逆向选择是指合同签订以前信息不对称,拥有更多私人信息的一方隐藏信息损害另一方利益的现象。例如,在旧车市场上,车主知道自己待售车辆的质量有好有坏,质量好的车主的要价会高些,比如这类车价格在 20 万元;质量差的要价会低些,比如这类车价格在 10 万元。但旧车买主具有的有关产品质量的信息比车主少,仅仅知道好车与差车在待售车辆中的大致比例,比如各为 50%。在这种情况下,买主只能按照好车与差车要价的加权平均价格 15 万元来出价。由于车主知道自己车辆的质量,按照 15 万元的加权平均价格出售车辆,对于那些差车的车主来说,会获得超过预期的收益,会急于卖掉他们的车;而对于那些好车的车主来说,收益会低于其预期值,他们会决定继续保留车辆而不是卖出。于是质量较好的旧车将退出市场,质量较差的旧车留在市场上,因此,市场上的旧车的平均质量就会下降,而车辆的加权平均价格也会下降。如此恶性循环下去,旧车市场质量和价格不断下降,交易量日益减少,变得越来越稀薄,甚至于萎缩至完全消失。

(2) 道德风险问题

道德风险一般指在交易合同订立之后,交易人利用其行为信息的不对称性,故意地采取不道德、不合理的行为损害其他参与人的利益的现象。例如,买了自行车保险的人不再很当心地保管自己的车子,买了医疗保险的人让医生多开些不必要的贵重药品等等,这些都属于道德风险。这种风险会严重影响保险市场的正常运行,因为它改变了事故发生的概率。如果车主仍像未投保时那样小心保管自己的车子,则损失率会小得多。保险公司根据此概率制订的保险费率可保证保险业务的正常开展,但发生了道德风险,情况就不同了,而这种道德风险是保险公司在无法观察到投保人行动时即信息不对称时发生的。

道德风险也会出现在委托代理关系中。如果一方通过签订合同的形式自愿委托另一方从事某种活动,就形成了委托代理关系。在合约签订以后,因代理人掌握着活动的信息而具有信息优势,委托人无法进行有效的监督和约束,委托人面临着道德风险。在信息不对称情况下,代理人的工作成果既取决于代理人的主观努力,又取决于各种客观因素,而委托人却难以区分主客观原因。这时,代理人就会采取不道德、不合理的行为,损害委托人的利益,从而使委托人面临道德风险。例如,在现代股份制企业中,所有者是股东,经营者是经理人员,所有者委托经营者经营管理企业。在股权较为分散的情况下,广大股东尤其是中小股东投资时主要关心的是股票买卖中的差价,很少有动力和能力去掌握公司的经营管理的信息,这些信息事实上掌握在经理层人员手中。在这种情况下,如果缺乏有效的公司治理结构,出资人不能有效地对经理人员的行为进行最终控制,经营者就会利用这种控制权来谋取个人或小集团利益,损害全体股东利益,从而产生所谓"内部人控制"问题。

四、完全垄断

在完全竞争的条件下,市场的需求与供给决定价格,而价格又调节着市场的需求量和供给量,从而进行社会资源的有效配置。但是,在存在垄断的条件下,竞争受到限制,市场调节机制将会失灵。

1. 垄断及其种类

(1) 垄断的含义

垄断的词义是排他性控制和独占,即在一个产品市场上只有一个买方或卖方。当只有一个买方时,称为买方垄断;当只有一个卖方时,称为卖方垄断,即一般所说的垄断。经济上的垄断现象,可以包括所有单一的个人、组织或集团排他性地控制某种经济资源、产品、技术或市场。

(2) 垄断的种类

按照形成原因的不同,人们将垄断分成很多类型。大体上可以分为:

①由资源和产品的差别性形成的垄断。因资源的天赋特性而形成产品差别。比如中国人喜欢的龙井茶、莱阳梨,市场上独一无二,消费者又欢迎,资源所有者就成为独家供应商。

②因专利权的保护而形成的垄断。政府作为社会管理者出于鼓励发明和创新的目的,通过法律保护技术发明和商业秘密。在专利权的有效期内,除非得到专利权持有者的许可,任何厂商都不能生产、经营同一产品。

③竞争中取胜而形成的垄断。在竞争中,赢家可能凭借其实力和策略,在某一时期将所有对手赶出市场。自由竞争会引起生产和资本的集中,生产和资本的集中发展到一定程度就会引起垄断。如微软公司称霸市场,不是因为别人不可以做软件,而

是一时之间没有谁能胜过他。

④成本特性产生的垄断。一些产业需要巨大的一次性投资,才能形成供给能力。这些投资一旦发生,就成为"沉没成本"。在公用事业部门中普遍存在着规模经济现象,指随着产量的增加平均成本不断地趋于下降,因而由一家厂商来提供产品是最有效率的。例如,在一座城市中,由一家自来水厂提供自来水,成本将比多家水厂提供自来水要低。对于这些产业来说,新的竞争对手面临很高的"进入门槛"。因为他们必须支付一笔巨大的投资,才能与现有厂商进行竞争。而且在产量水平较低时,其成本一定会高于原有厂商,并在竞争中败下阵来。这就是通常所说的"自然垄断"。

⑤强制形成的垄断。这就是运用超经济的强制手段,清除竞争对手,保持对市场的排他性独占。这种强制的势力,可以是高度非制度化的,如欺行霸市、强买强卖;也可以是高度制度化的,如政府管制牌照数量、政府特许经营,或由立法来阻止竞争而产生的行政性垄断。

前四种垄断是由资源的独特性、发明和创新、竞争胜利以及成本优势等经济因素造成的,可以称为经济性垄断;而强制形成的垄断是由非经济性因素造成的,可以称为行政性垄断。

2. 垄断与市场失灵

许多经济学家认为经济性垄断对经济是不利的,或者说至少在短期内是不利的;至于行政性垄断无论在长短期内都与市场经济的宗旨相背离。

垄断引起的问题有:

(1) 资源浪费

在竞争情况下价格由供求决定,当价格调节使供求相等时,厂商是在最低的成本情况下,保持生产均衡,因而生产资源得到最优配置。当有垄断时,垄断者为了获取垄断利润,利用对市场的控制,可以通过限制产量来抬高商品的价格,或者说采用高定价策略,使产量受到限制。由于产量较少,厂商的生产成本高于最低平均成本,没有降到最低点,定价也较高,因此资源被浪费了,没能得到最优配置。

(2) 福利损失

社会福利可以用消费者剩余和生产者剩余之和来表示。消费者剩余是消费者愿意支付的价格与实际支付的价格之差,生产者剩余是生产者实际得到的价格与生产某种产品的成本之差,总剩余是消费者剩余与生产者剩余之和。在竞争条件下,市场均衡时,消费者剩余与生产者剩余之和达到最大,即社会福利最大。这表明价格调节实现了资源配置的最优化。当存在垄断时,垄断厂商会采取高价少销策略或差别定价策略,这就使得消费者购买力下降,消费者剩余减少,而垄断者也没有能完全得到这部分的消费者剩余。这是因为价格上升消费量减少后,垄断者总收益并没有大幅增加,从而产生无谓的损失,即消费者和生产者都得不到的损失。垄断引起总剩余即社会福利的损失,这就是垄断配置资源失效的体现,即市场失灵。

(3) 管理松懈

在现实中,那些不必经过激烈竞争就能赚很多钱的公司常常缺乏尽可能降低成本的动力。这种由于缺乏竞争压力而表现出来的厂商的低效率称为管理松懈。

(4) 阻碍技术进步

竞争会促使厂商去开发新产品和寻找降低生产费用的办法,而垄断则使厂商更愿意维持现状和坐收利润,不主动推动技术进步。

(5) 出现寻租行为

垄断厂商可能会将他们享有的额外利润花费在一些非生产性的活动上。当垄断厂商把资源用于为获得或维持其垄断地位或阻止竞争者进入市场时,社会将受到损失。垄断厂商所获得的利润被称为垄断租金,那些通过在某一行业获得垄断地位或维持垄断地位来获得和保持现存垄断租金的行为称为寻租。

如上所述,在存在经济性垄断或行政性垄断的条件下,垄断厂商可以对商品的价格实行控制,降低了竞争所带来的效率;商品的价格不能真正反映市场供求的状况并随着供求的变化而变化,市场的调节将失灵。

第三节 微观经济政策

一、解决外部性问题的对策

当存在外部性时,市场不能保证追求个人利益的行为使社会福利趋于最大化,通过市场对社会资源的配置不是有效率的,也就是说存在市场失灵。

在市场经济中应该尽量利用市场机制去解决外部性问题。这就是说,市场能做的尽量交给市场去做。例如,当市场可以通过明确产权来解决外部性问题时,就交给市场解决。此外,如果政府能用市场方法解决市场失灵问题时,就尽量采用市场方法。只有市场无法解决或者不能用市场方法解决时,政府再用行政或立法方法来解决,具体来说有以下几种办法。

1. 明晰产权

外部性有时可以通过市场调节来解决,关键在于明晰产权。产权是指人们使用资源或资产的权利。可以通过产权制度的调整,将商品有害的外部性市场化和内部化,来解决外部性问题,这就是著名的科斯定理。科斯定理强调明确所有权的重要性,认为只要所有权是明确的,而且交易成本极低或等于零,则不管所有权的最初配置状态如何,都可以达到资源的有效配置。根据这一理论,当某个厂商的生产活动危害到其他厂商的利益时,在谈判成本较小和每个企业具有明确的所有权的情况下,两个企业可以通过谈判或通过法律诉讼程序,来解决负的外部性问题。例如,一条河的上游和下游各有一个企业,上游企业有排污权,下游企业有河水不被污染的权利。下游企业要想使河水不受污染就必须与上游企业协商并要求支付费用,以得到清洁的河水。上游企业要想排污就要给予下游企业一定的赔偿,上游企业会在花钱治污与赔偿之间进行选择。总之,只要产权界定清晰并可转让,那么市场交易和谈判就可以解决负的外部性问题,私人边际成本与社会边际成本就会趋于一致。除明确产权外,还有使有害的外部性内部化办法。按照科斯定理,通过产权调整使有害的外部性内部化,将这两个企业合并成一家。合并后,必然减少上游对下游的污染。因为是一个企业,有着共同的利益得失,合并后的企业自然就会考虑污染造成的损失,把生产量定在边际成本等于边际收益的水平上。因为这时候污染给原来的乙企业带来损失而造成的社会成本现在成了自己的损失,即社会成本内部化为私人成本的一部分了,上游企业对下游企业的污染就会减少到最小限度。

又如,在所有权不明确的情况下,化工厂排出的污物可能污染周围的农田,造成农作物的减产,而产生消极的外部影响,这种消极的外部影响可以通过确定化工厂和农场主的所有权来消除。假如农场主具有禁止污染的权利,如果化工厂污染了周围农田,那么,农场主可以通过谈判或法律程序,向化工厂索赔。在这种情况下化工厂自然会在生产中考虑其污染农田的成本。反之,如果化工厂具有污染的权利,这时,化工厂污染农田的机会成本是农田未被污染时能为化工厂带来的最大收益,显然,只要农田具有其替代性用途,化工厂就会愿意为保持农田不受污染而付出代价。在这个例子中,外在性的问题可以通过有限的政府干预来解决,政府所做的只是正确地明晰产权。

2. 征税和补贴

政府可以通过征税和补贴的方法来抵消外部性对社会的影响。

对产生负的外部性的厂商征税或罚款,利用经济手段,将污染导致的外部成本内部化,变成厂商私人成本,使其私人成本提高到与社会成本相等的程度,生产企业会因污染税而成本增加,促使它们减少甚至停止生产,自己治理污染。

解决正的外部性问题需要补贴。对有益的外部性的企业给予必要的补助,使其私人收益提高到与社会收益相等的程度,从而鼓励企业扩大产出;林业除了提供物质材料外,更重要的是生态效益。对教育科研单位、需要救济的贫苦人口和积极治理环境污染的企业进行补助,对产生有利的外部性的机构进行补贴。例如教育事业机构,它不仅有助于为所有公民提供平等的受教育的机会,而且会产生巨大的有利的外部效应。科研事业机构也是这样。如果要求这些机构都成为盈利机构,那么他们提供的有利服务必将减少到无效率的境地,影响科学技术的进步和社会的发展。

3. 立法和行政

科斯定理告诉我们,在产生外部性的场合,只要明确所有权,就可以解决外部性问题,达到资源的优化配置。但实际上这往往是很难行得通的,因为科斯定理的有效性依赖于其前提是否成立。事实上,涉及外部性的当事人很多,很难达成完美的解决方案,而使科斯定理的前提难以成立。科斯定理还有一个重要前提,即交易成本为零。交易成本是指围绕自由交易而发生的任何谈判或使契约强制执行的成本。交易成本不同于生产中所耗费的资源成本,如劳动力成本、资本或土地成本等,它包括信息成本、谈判成本、订立或执行契约的成本、防止交易的参与者在议价时进行诈骗的成本、维持所有权的成本以及监督和执行成本等。如果交易成本过大,通过市场机制也许无法有效地解决外部效应问题,从而使资源达到有效配置状态。事实上,谈判费用及交易成本不会极低,更不会为零,这决定了在许多场合仍然需要某种形式的政府管理。

解决外部性需要立法和行政手段。政府解决外部性也可以使用立法或行政手段。采用立法手段,就是制定像环境保护法这样的法律,指定某个政府部门作为执法机构,规定统一的排放标准,强制执行;政府对所有厂商同一,而不管这些厂商在减少污染成本上的差别;对违规者进行从罚款到追究法律责任的处罚。例如,各国对汽车尾气的排放标准都有规定,超过排放废气规定的汽车不能生产、销售和行驶。这种法规是强制性的,要由政府来实施。

二、提供公共产品及其效率

严格来说,只有同时具备非排斥性和非竞争性两种特征的物品才是真正的公共物品。但是在现实中同时具备这两种特征的公共物品并不多。根据非排斥性和非竞争性的程度,公共物品又被进一步划分为纯粹公共物品、准公共物品和公共资源。纯粹公共物品同时具备非排斥性和非竞争性;准公共物品具有排他性和非竞争性;公共资源具有非排他性和竞争性。

1. 提供公共产品

纯粹公共物品只能由政府来提供。纯粹公共物品的非排他性和非竞争性决定了人们无需购买就可以消费。这种不花钱购买而进行消费、享受的行为称为搭便车。例如,你不必为使用路灯而花钱。这样,公共物品就没有市场交易,没有市场价格,生产者就不愿意生产。如果仅仅依靠市场调节,就无法提供足够的公共物品。但公共物品是一个社会发展必不可少的,因此政府的介入就成为一种必然。纯粹公共物品,需要由政府来提供。例如,国家安全、公共教育、基础理论研究、社会治安、环境保护等物品,既有完全的非排斥性也有完全的非竞争性,私人厂商不会生产,只能由政府来提供。政府可以通过征税的方式取得收入,然后用于提供这些公共物品。公共物品由政府提供,一方面可用税收获取生产公共物品的经费,这等于免费乘客无形中被迫买了票;另一方面可免费将此物品提供给全体社会成员,使这种物品得到最大限度的利用。

准公共物品既可以由政府来提供也可以由私人厂商来提供。收费的公路、桥梁、过海隧道等设施,具有非竞争性和排他性;虽然投资数额较大,但是利润率较高,可以由私人厂商来投资建造。机场、港口、铁路等基础设施仍具有一定的排斥性。私人厂商也可以投资建造这些基础设施,然后对使用这些基础设施的航空公司、航运公司、铁路公司收取费用。但是,由于这些基础设施投资的数额大、回收的期限长、利润率不高,私人厂商不愿意建造。因此,这类准公共物品一般也需要由政府来提供。在准公共物品的提供上,政府仍然是起弥补市场不足的作用,当私人厂商因经济利益上的考虑不愿意提供足够的准公共物品时,应该由政府来填补其不足,由政府来提供。

2. 提供公共物品中的效率

无论是纯粹公共物品,还是非纯粹公共物品都具有满足社会共同需要的特征,所以其中有许多是由政府生产或提供的。从这个角度出发,凡是政府提供的、用来满足公共需要的商品和服务就是公共物品。

市场机制很难对公共物品提供有效的供给,政府介入公共物品的供给是必然的事。既然许多公共物品要由政府来提供,那么政府在决定公共产品的供给量时,应该如何来决策呢?

在现实的经济生活中,由于公共物品具有非排他性的特点,公共物品的产量不是简单地由公共物品的需求和供给的相互关系决定的。显然,一个人不支付费用也可以消费公共物品,因而他对公共物品也就不存在他所愿意支付的价格,市场也就不存在公共物品的需求曲线。这就是说,公共物品的产量不能通过市场来决定,而只能采用非市场机制来决定。

(1) 公共物品的生产是由投票的方式决定的。

对公共物品的提供几乎影响到所有公民的生活,政府必须对公共物品的建立做出选择,简称为公共选择。在私人部门中,人们对物品的偏好是通过他们所愿意支付的价格表达的。在公共部门中,人们对物品的偏好则是通过他们的投票表达的,政府根据人们的投票结果来作出决策,这就是公共选择。显然,公共选择考虑到人们以投票的方式表达的偏好和生产公共物品要付出的成本,它也不可能完全脱离市场。

(2) 公共选择的原则是多数票机制,即多数原则。

多数原则是指公共物品的生产方案只需多数投票人通过就能实施。在这里,所谓多数分为超过简单多数规则、2/3 多数规则、3/4 多数规则等。究竟选哪一种多数原则,取决于公共物品的生产对人们影响的程度。在采用多数原则作出公共选择时,经常会发生下列两个问题:第一,多数人投票同意而少数人投票反对意味着大多数人得益而少数人受损。由于福利的大小是不能比较的,这样不但不可能达到最优状态,而且还难以确定总效用是增加了还是减少了。第二,出现不确定的投票结果。例如,假定有 3 个投票人决定以什么方式建造公共游乐场所,投票人 A 的偏好次序是收费、借钱、课税,B 的偏好次序是借钱、课税、收费,C 的偏好次序是课税、收费、借钱。这样,会出现下面 3 种结果:多数人认为收费优于借钱、多数人认为借钱优于课税、多

第六章 市场失灵

数人认为课税优于收费,从而无法产生确定的投票结果。因此,公共选择的局限性是明显的。

在为数不少的国人心中,选举的意义恐怕就在于大家根据多数原则通过投票推举出最受我们爱戴或信赖的人。实际上,投票很有可能失灵。既然如此,那么通过选举方式选择领导人还有什么意义呢?其实在西方国家民众的心中,选举还有另外一层也许更为重要的含义:作为"主权在民"和"统治者的权力来源于被统治者的同意和授予"这一根本原则的集中体现和根本保障。选举是政权合法性的惟一来源,政府和领导人的统治只有在通过选举获得了选民的授权之后才是正当的。而且通过定期举行的自由选举,民众可以将领导人始终置于自己整体的压力和有效监督之下,使之不至于因长期掌权而异化为凌驾于自己头上的实际"主人"。

(3) 提高公共部门的效率。

①由政府部门生产公共物品往往会缺乏效率,产生政府失灵现象,其原因有:

第一,政府部门垄断着公共物品的供给。政府部门在生产公共物品时候,没有竞争者,处于垄断的地位。这种垄断地位使公共物品的生产缺乏效率。

第二,政府部门没有利润动机的刺激。政府部门是非盈利机构,因而缺乏动力去实现成本的最小化和利润的最大化,往往为获得更多选票和中间集团的资助实施不利于大多数人的预算方案,从而在生产公共物品的时候缺乏效率。

第三,政府部门存在着过度供给的倾向。政府部门的支出来自预算,政府官员不能把利润占为己有,不会追求利润最大化,但更多供给公共物品可以强化其预算支出、改善工作条件、减轻工作负担,提高其劳务成本、提升机会、增大其掌握的权力和地位、办公条件也得以改善。于是,不同的政府部门为了各自的利益,往往都强调本部门所生产的公共物品的重要性,希望获得尽可能多的预算。结果造成某些公共物品的过度供给,损害了效率。

②要促进政府部门的经济效率,可以采取下列方法:

第一、分散政府部门的权利。政府部门的权力过于集中,规模过于庞大,运行起来就不灵活,工作也就缺乏效率。因此,即使政府部门拥有生产某种公共物品的权利,也应该使权力分散化。权力的分散有利于降低垄断程度,增加竞争成分,提高效率。比如一个国家可以有两个以上的电信部门,一个城市应有几个给水排水公司。

第二、让私人承包公共物品的生产。政府部门需要向社会提供公共物品,但并不是非自己生产不可。政府部门可以用招标的方式,让私人部门投标承包公共物品的生产。由于私人部门之间相互竞争,政府部门就可以花费较小的成本生产出同样数量的公共物品。例如,政府要建造一条公路,可以向私人建筑商招标,要价最低的建筑商将获得这条公路的建造权。美国的高速公路由政府投资,但由私人建筑公司修建。在处理城市垃圾、消防、清扫街道、医疗、教育、体检等公共劳务的生产时都可以采用私人公司参与的方式来提高效率。

第三、与私人部门进行竞争。政府部门还可以和私人部门一起生产某种公共物品,以促进两个部门之间的竞争,提高政府部门的效率。例如,政府要提供中小学义务教育,为了提高效率,政府可以向适龄学生发放证明,学生可以选择公立学校或私立学校入学,政府按照证明的多少拨款给学校。这样,公立学校为了得到政府的教育经费,就要提高教育质量,与私立学校竞争。

三、解决逆向选择和道德风险问题的对策

由于信息不对称,价格对经济的调节就会失灵。比如某商品降价,消费者未必会增加购买量,还会以为是假冒伪劣商品。反之,某商品即使是假冒伪劣商品,但由于提高价格消费者还以为是真货。这就是信息不对称造成的市场的无效率。

1. 解决逆向选择问题的对策

逆向选择破坏市场效率,使价格机制无法正常起到信号传送作用,这对交易双方都是有害的。

由于逆向选择由事先隐藏信息引起,因此,要防止和克服逆向选择问题,必须解决如何把有关私人信息传递给交易对方的问题以及如何甄别信息真假的问题。传递信息和甄别信息都是真实信息交流问题。

在信息不对称情况下,拥有信息的一方通过某种能观察到的行为向缺乏信息的一方传递一定的信息,被称为"信号显示"或"发信号"。例如,旧车市场上买主不能直接观测到旧车的质量,高质量旧车的卖主乐意买主试车,让买主把高质量车从低质量车群中识别出来,还可以在旧车市场成立旧车鉴定的机构,出售旧车也要有质量保修期等等,这就是"发信号"。再如,优质产品上设置防伪标记,也是"信号显示",或者向消费者作出产品质量有问题可以包退、包换、包修的承诺,这种"三包"的质量信号显示是劣质产品生产者不敢做的,因为"三包"对他们来说成本太高了。

在劳务市场和人才市场上,应聘者显示的各种证书也是自己能力的"信号显示",甚至给用人单位试用也属信号显示。有时候,招工用人单位列出的招聘条件也能起到信号显示作用,例如,列出不同待遇级别,看哪些人愿到哪一级别就业,就大致可以识别应聘者的能力。声誉也是一种信号显示。人们为什么特别喜欢到某一商店购物或消费,是因为该商店有着比别的商店更好的声誉。那里从不卖假货,那里服务特别好等。小到一个人、一个企业,大到一个组织、政党和政府,都十分珍惜自己的声誉。声誉、信用,是信号,是无形资产。一旦坏了自己的声誉,失去了信用,别人就再也不愿和你打交道了。总之,信号显示是为了解决逆向选择问题的。

现实世界是一个信息不对称的世界。每一个人无论作为买方还是卖方都有筛选和发信号问题。不会进行筛选要吃亏,不会发信号任何事都难以成功。那些屡屡上当受骗者就是不会筛选骗子发出的信号,而对于很多人来说不会发信号,结果"赔了夫人又折兵"。

第六章 市场失灵

一般来说,消费者更多地处于信息弱势的地位。中国古代有"金玉其外,败絮其中"的说法。在商品中,有一些商品是内外有别的,而且商品的质量很难在购买时加以检验,如瓶装的酒类、盒装的香烟、录音带、录像带等。人们或者看不到商品包装内部的样子,如香烟、鸡蛋等;或者看得到却无法用眼睛辨别产品质量的好坏,如录音带、录像带等。显然,对于这些商品,买者和卖者了解的信息是不一样的。卖者比买者更清楚产品实际的质量情况,这时卖者很容易依仗其信息优势欺骗买者。这样,消费者处于相当不利的地位,面对掌握了"信息不对称"武器的骗子似乎毫无招架之术。

由于信息不对称,消费者需要得到保护,政府必须制定、执行保护消费者利益的政策。保护消费者政策一般有:确保商品的质量、正确的消费宣传、禁止不正确的消费、限制价格的政策、建立"消费者协会"这类组织,保护消费者利益。

2. 解决道德风险问题的对策

道德风险是事后隐藏行动引起的。为了解决道德风险问题,缺乏信息的一方需要在事前设计一些有效的制度,激励掌握私人信息的一方克服道德风险倾向。例如,为防止参加了车辆保险的用车人不当心保管和使用车子的问题,保险公司可设计和实行一种由保险合同双方即保险公司和车主共同承担事故损失的保险合同。再如,为了克服股份公司中经理人员损害股东利益的"内部人控制",需要设计和建立一种机制,使经理人员为自己利益所作的努力正好也是满足了其委托人——投资者的利益和意志,使委托人和代理人实现"双赢",这就是所谓"激励相容"的机制。

1996年诺贝尔经济学奖获得者英国剑桥大学的詹姆斯·莫理斯教授和美国哥伦比亚大学威廉姆·维克里教授,设计出有效的机制对代理人进行激励,使其能够在符合委托人的利益的前提下行事。使代理人在追求个人利益最大化的同时,实现委托人利益的最大化。其中股权激励机制是国际上通行的一种好办法,特别是国外迅速发展起来的股票期权,被喻为是"金手铐"。所谓"金"是指对代理人来说确实有巨大的吸引力。美国IBM公司的总裁由于工作努力并取得成功,挽救濒临倒闭的公司,从而获得公司的股票期权6 000万美元。所谓"手铐"是指它也是委托人对代理人的一种有效的约束手段。股权激励机制的方式有三种:一是现股,二是期股,三是股票期权。

在具体的实践操作中,经理的报酬是多元化的,以便用最优报酬设计来对经理进行激励。比如将经理的报酬分为固定薪金、奖金、股票与股票买卖选择权、退休金计划等。固定薪金能给经理提供安全感和保障,奖金可以与当年的经营效益挂钩,股票与股票买卖选择权可以促使经理考虑企业长期利益,退休金计划具有安全感和归属感。总的来说各种激励方法各有利弊,所以经理的最优报酬设计应是所有不同报酬形式的最优组合。这样的设计既考虑了经理的短期利益,又兼顾了他的长期利益。如果经理不努力工作,与长期利益挂钩的弹性收入就得不到。

此外,建立经理市场,利用市场机制约束经理的行为。真正的职业经理都很注重自己的声誉,为了能够提升自己在经理市场的价值,他们一般都会努力工作,以更好的经营业绩来展现自己的经营能力。

四、反垄断政策

由于垄断造成市场失灵,政府应该承担起限制垄断、促进竞争的经济职能。政府的反垄断政策大体上有以下几种:

1. 政府进行管制

管制是一种行政手段,主要通过价格管制、进入管制来对垄断厂商的行为进行限制。为了实行这些管制,政府建立了相应的机构。美国最早的管制机构是1887年成立的州际商业委员会。到20世纪70年代后期,有近1/4的国内生产总值是由受管制行业生产的。管制涉及银行与金融服务、电讯、煤气和电力、铁路、公路运输、航空等行业。

(1) 价格管制

价格管制是指政府控制垄断产品的价格,以防止它们为牟取暴利而侵害公众利益。其方法主要有三种:一是为防止垄断企业凭借其垄断地位,限制产量来抬高商品的价格,应该使垄断企业按产品的边际成本来确定价格,让商品的价格等于边际成本;二是政府为了防止企业定价过高而产生的垄断企业的虚假利润,确定一个合理的资本回报率,按成本加适当的回报率定价;三是可以采用价格上限的政策,即政府根据公众的意见制定企业产品的最高限价,企业产品的销售价格不得高于这个价格。

(2) 进入管制

进入管制是指政府对新加入的企业加以限制,以避免多家企业的竞争造成对规模经济的损害。政府实行进入管制的方法是实行经营许可证制度。企业经营公用事业等业务,必须要明确所承担的责任,才能取得政府颁发的经营许可证,政府通过对颁发经营许可证的控制来实行进入管制。

2. 制定反对垄断保护竞争的法案

在美国这些法律条文及其修正条款的总称被称为反托拉斯法。反托拉斯法在美国由司法部或联邦贸易委员会实施,对违法的垄断企业提起诉讼,进行行政惩罚或法律制裁。美国早在1890年就制定了谢尔曼法,接着制定和实施了一系列法案反对垄断。在我国这些法律称为反不正当竞争法。

反托拉斯法的主要内容有:禁止企业参加限制贸易的密谋,即禁止参加固定价格或分割市场的协议;禁止企业图谋垄断一个产业,即禁止企业获得太大的市场;禁止企业为削弱竞争而同另外企业合并;禁止企业参与排外或协同性规定,如禁止企业之间有强迫买者和卖者只能和某单独一家做交易的规定;禁止企业在购买者中间搞价格歧视;禁止企业用不正当竞争的做法,或者运用不公平或欺骗的做法等等。

第六章 市场失灵

较著名的反托拉斯案件是美国司法部对美国电话、电报公司提出违犯反托拉斯法的诉讼,最后该公司于 1984 年 1 月 1 日重新组成为 22 家独立的电话公司。即使是缩小了的这 22 家美国电话、电报公司,每家依然是一个庞然大物,共拥有 430 亿美元左右的资产。因此,总起来看,反托拉斯立法的效果并不显著。

近年来反托拉斯法受到越来越多的批评。这些批评主要有:第一,反托拉斯法不利进行国际竞争。在当今世界上,各国的跨国公司以其巨大的财力、人力以及产品开发能力在世界市场上竞争,各国都受到这些大公司的冲击。在这种情况下,如果国内垄断受到限制,不能形成实力强大的大公司,不仅谈不上在世界市场上竞争,恐怕连国内市场都保不住。第二,反托拉斯法对促进技术进步不利。根据美国经济学家熊彼特的分析,只有规模巨大的企业才能进行重大的开发研究,而中小型企业则没有这种能力。美国申请专利的统计也证明,大公司的开发研究要比中小企业成功得多。如果国内垄断受到限制,则企业开发能力受到削弱。总之,有关反垄断法的问题仍在不断争论之中。

3. 对重要的垄断性的企业实行国有

这种方法有利有弊,实行起来也不容易,实行国有化企业成本高、效率低。因此,20 世纪 80 年代之后西方各国又把已国有化的企业进行了私有化。正因为反垄断的困难,经济学界和政府部门对应不应该用政府的方式来反垄断,以及如何反垄断这些问题始终存在分歧。

本章小结

1. 完全垄断、外部性、信息不充分及公共物品的性质会使得市场无法有效、合理地配置资源,造成市场失灵。

2. 外部性是指经济行为对当事人以外的其他个人和企业造成的影响。当造成有利影响时,称为正的外部性;当造成不利影响时,称为负的外部性。外部性的存在会影响市场配置资源的效率,使得具有正外部性的商品产量过低;而具有负外部性的商品产量过高,导致市场失灵。外部性问题可以通过明晰产权、征税和补贴、立法和行政等方法加以解决。

3. 私人物品是指在消费和使用上具有竞争性和排他性特征的物品。公共物品是指具有非竞争性和非排他性特征的物品,如国防、法律、环境保护等。准公共物品是指具有排他性和非竞争性的物品,如不拥挤的球场、游泳池、电影院、收费道路等;公共资源是指具有非排他性和竞争性的物品,如江河湖海中的鱼虾,公共牧场上的草,不收费的拥挤的公园和公路等。

4. 市场机制很难对公共物品提供有效的供给,政府是大部分公共物品的供给者。公共物品的生产是由投票的方式决定的,但投票很有可能失灵。在提供公共产品时,市场会失灵;但由政府部门生产公共物品也会缺乏效率,产生政府失灵现象。

为了提高政府部门的效率,可以采用分散政府部门的权利、让私人承包公共物品的生产、与私人部门竞争等方法。

5. 信息不对称是指经济交易的双方拥有的信息在质与量上存在差异性。信息不对称会产生逆向选择和道德风险问题,并由此使得市场机制无法奏效。逆向选择是指合同签订以前信息不对称,拥有更多私人信息的一方隐藏信息损害另一方利益的现象。道德风险一般是指在交易合同订立之后,交易人利用其行为信息的不对称性,故意地或无意地采取不道德、不合理的行为损害其他参与人的利益的现象。解决逆向选择问题需要以有效的方式传递信息和甄别信息;解决道德风险问题需要设计有效的激励制度。鉴于消费者的信息劣势,政府必须制定、执行保护消费者利益的政策。

6. 经济上的垄断现象,包括单一的个人、组织或集团排他性地控制某种经济资源、产品、技术或市场。垄断可以分为经济性垄断与行政性垄断。垄断会引起资源浪费、福利损失、管理松懈、技术停滞、寻租腐败等问题。政府可以利用管制、制定反托拉斯法、国有化等政策措施来限制垄断、促进竞争。

本章案例和背景资料

本章案例1:"非典"时期消费的外部性

"非典"时期有近万名游人到密云水库一带露营、野炊、旅游,被当地政府劝阻。这使我们思考这样一个问题:消费者应该有多大主权,消费者自由的限度是什么。

外部性的存在,使消费者的自由决不是无限的,消费者的主权也不是绝对的。消费行为要受社会法律、制度和道德的制约。比如,消费者没有吃受保护野生动物的权力。因为这种消费行为引起的外部性——非法偷猎和野生动物灭绝会给社会带来不利影响。无限扩大消费者的自由和主权会给社会带来灾难。

当存在消费的外部性,尤其是负外部性时,市场机制对制止这种行为是无用的,这就要用非市场手段来消除外部效应。政府的各种法律和制度正是要起到这个作用。在一些特殊时期,例如在"非典"时期,消费的外部性更为突出——例如,在消费过程(旅游)中会引起"非典"的扩散。因此,在特殊时期还应有特殊的限制。北京市发布公告禁止到怀柔、密云这些水库去旅游,就是为了防止污染北京饮用水源的外部性。这时消费者就没有到这些地方旅游休闲的权力与自由。这种对消费者的限制实际是从整个社会的角度来保护消费者,而对个别消费者的放纵则是对社会不负责。政府在"非典"期间采取的一些限制决不存在侵犯消费者权力的问题,而是对整个社会负责。消除这种时期消费的负外部性是政府的职责。

本章案例2:基础理论知识是公共物品

如果一个数学家证明了一个新定理,该定理成为人类知识宝库的一部分,任何人都可以免费使用。由于知识是公共物品,以盈利为目的的企业就可以免费使用别人创造的知识,结果用于知识创造的资源就太少了。

第六章 市场失灵

在评价有关知识创造的适当政策时,重要的是要区分一般性知识与特殊的技术知识。特殊的技术知识,例如一种高效电池的发明,可以申请专利。因此,发明者得到了他的好处。与此相比,数学家不能为定理申请专利,每个人都可以免费得到这种一般性知识。换句话说,专利制度使特殊的技术知识具有排他性,而一般性知识没有排他性。

以美国为例,政府努力以各种方式提供一般性知识这种公共物品。例如,国家保健研究所和国家自然科学基金补贴医学、数学、物理学、化学等基础研究。一些人根据空间计划充实了社会知识宝库来证明政府为空间计划提供资金的正确性。的确,许多私人物品,包括防弹衣和快餐盒,都使用了最初由科学家和工程师在登月研究中开发出来的材料。当然,决定政府支持这些努力的合适水平是困难的,因为收益很难衡量。

本章案例3:婚恋市场的逆向选择

我们经常看到一对男女,男的不如女的漂亮,为什么呢?这也是由于信息不对称造成的逆向选择的结果。假设,某优秀的男生甲和另一男生乙共同追求美丽的女生。男生乙自知在相貌、品学和经济实力等诸方面均不如男生甲,所以追求攻势格外的猛烈,而优秀男生甲虽然也非常喜欢美丽的女生,但碍于面子,也由于自持实力雄厚,追求美丽的女生内敛含蓄不温不火。美丽的女生实际上喜欢甲要胜过乙,但女孩子的自尊心作怪,再加上信息不对称——她不知道甲是不是喜欢她,所以会显得很矜持。最后的结果是不如甲的乙追到了美丽的女生,而美丽的女生带着遗憾,心里想着甲却成为乙的新娘。这就是由于信息不对称而造成的"逆向选择",也叫做"劣币驱逐良币"。由于信息不对称造成这种结果在我们的生活中是屡见不鲜的。

这个道理不知对正在谈婚论嫁的男女有什么启发。

本章案例4:信号传递的真谛

在商品市场上企业做广告就是一种发信号的方式。广告的生命力在于真实。那些把产品吹得天花乱坠的广告,有多少人相信?如果这种信号不能令消费者心动,为什么不换一种信号呢?各个企业应该学会如何发出有效的信号。

发信号的最大误区还在人力资源市场上。每年大学生找工作时都要发出信号,"包装自己,推销自己"让雇主雇佣自己。求职者或者声称自己有多少个证,当过什么"三好学生"或学生会主席,或者精心打扮,甚至整容,这样发信号结果并不理想。这首先在于学生不知道企业需要什么样的人,信号中所体现的信息并非用人单位所需要的。其次就在于发信号中做假的成分太多——曾有一个学校的学生自称是学生会主席者数十人之多,谁还相信呢?实际上发信号要求其自然、真实才能令人相信。一个广泛流传的故事说,某应聘者在面试时发现地下有张废纸,他习惯地捡起来放在桌上。这个信号真实地反映了这个应聘者的认真负责的作风,该应聘者因此而被录用了,而且以后成为一个成功的总经理。其他应聘者尽管简历如英雄一般,面试时口若悬河,但对地上的废纸不屑一顾,结果无一录用。这位捡废纸者也就是在一个小节上传递了自己的信息,表现出了大家气质。此时无意胜有意,这才是发信号的真谛。

本章背景资料:经济学家对"市场失灵"的感慨。

20世纪初的一天,列车在绿草如茵的英格兰大地上飞驰。车上坐着英国经济学家庇古(A·C·Pigou)。他边欣赏风光,边对同伴说:列车在田间经过,机车喷出的火花(当时是蒸汽机)飞到麦穗上,给农民造成了损失,但铁路公司并不用向农民赔偿。这正是市场经济的无能为力之处,称为"市场失灵"。

将近70年后,1971年,美国经济学家乔治·斯蒂格勒(G·j·Stigler)和阿尔钦(A·A·Alchian)同游日本。他们在高速列车(这时已是电气机车)上见到窗外的禾田,想起了庇古当年的感慨,就问列车员,铁路附近的农田是否受到列车的损害而减产。列车员说,恰恰相反,飞速驰过的列车把吃稻谷的飞鸟吓走了,农民反而受益。当然铁路公司也不能向农民收"赶鸟费"。这同样是市场经济无能为力的,也称为"市场失灵"。

同样一件事情在不同的时代与地点结果不同。两代经济学家的感慨也不同。但从经济学的角度看,火车通过农田无论结果如何,其实说明了同一件事:市场经济中外部性与市场失灵的关系。

本章习题

一、实验报告题

1. 假设在实验中共有五个买入方和五个卖出方,每个买入方好车的保留价格为320元,每个买入方柠檬的保留价格为100元。每个卖出方好车的保留价格为200元,每个卖出方柠檬的保留价格为60元。柠檬的卖出方愿意接受的最低价格是多少? 在这个价格条件下拿到好车的卖出方愿意卖出旧车吗? 如果你是买入方,以这个价格买下所有的柠檬,你的收益是多少?

2. 续上题,如果你是买入方,那么,让所有卖出方都愿意接受的最低价格是多少? 而你以这个价格买下所有的旧车,你的收益是多少? 为了实现收益的最大化,你应该如何出价?

3. 在实验中,影响每个卖出方、每个买入方达成交易的因素有哪些?

4. 在实验过程中,旧车市场的成交价格、成交量有怎样的变化趋势? 如果有一定的变化规律,试解释其中的原因。要想改变这种趋势,在实验方案的设计方面应该进行怎样的调整?

二、选择题

1. 市场失灵是指 ( )
   A. 在私人部门和公共部门之间的资源配置不均
   B. 不能产生任何有用成果的市场过程

第六章 市场失灵

   C. 市场存在对资源的低效率的配置
   D. 私人成本小于社会成本
2. 以下现象属于市场失灵的是 （ ）
   A. 收入不平等　　B. 自然垄断　　C. 市场控制　　D. 以上都是
3. 某一经济活动存在正外部性是指该活动的 （ ）
   A. 私人收益大于社会收益　　　　B. 私人成本大于社会成本
   C. 私人收益小于社会收益　　　　D. 私人成本小于社会成本
4. 当厂商的生产污染了环境，又不负担成本时， （ ）
   A. 其边际成本变低　　　　　　　B. 其平均可变成本变低
   C. 其平均成本变低　　　　　　　D. 以上都对
5. 有关社会成本的正确论述是 （ ）
   A. 不包括私人成本　　　　　　　B. 包括私人成本
   C. 与私人成本无关　　　　　　　D. 以上都错
6. 假定河流上游的一造纸厂每生产1吨纸的成本是5单位，但每造1吨纸会使下游食品厂的成本增加6单位，那么纸张的社会成本是 （ ）
   A. 5单位　　　　B. 6单位　　　　C. 11单位　　　　D. 以上都不是
7. 公共物品具有 （ ）
   A. 外部性　　　　B. 排他性　　　　C. 竞争性　　　　D. 以上都是
8. "搭便车"现象是比喻 （ ）
   A. 社会福利问题　　　　　　　　B. 公共选择问题
   C. 公共产品问题　　　　　　　　D. 市场失灵问题
9. 交易双方信息不对称，比如买方不清楚卖方的一些情况，是由于 （ ）
   A. 卖方故意隐瞒自己的一些情况
   B. 买方自身认识能力有限
   C. 完全掌握情况所费成本太高
   D. 以上情况都有可能
10. 在二手车市场上， （ ）
    A. 买方知道商品质量，而卖方不知道
    B. 卖方知道商品质量，而买方不知道
    C. 买方和卖方都知道商品质量是低的
    D. 买方和卖方都知道商品质量是高的
11. 垄断造成资源配置的低效率，是因为价格 （ ）
    A. 高于边际成本　　　　　　　　B. 低于边际成本
    C. 等于边际成本　　　　　　　　D. 以上都是
12. 市场不能提供纯粹的公共物品，是因为 （ ）

A. 公共物品不具有排他性　　　B. 公共物品不具有竞争性
C. 消费者都想搭便车　　　　　D. 以上都是

13. 科斯定理的一个局限性是　　　　　　　　　　　　　　　　　　（　　）
A. 当存在大量厂商时最有效
B. 假设存在很大的交易成本
C. 只有当普遍拥有产权时才成立
D. 当交易费用很高时不成立

14. 不能认定为高质量的信号是　　　　　　　　　　　　　　　　　（　　）
A. 被认可的品牌　　　　　　　B. 气派的商品销售处
C. 延长的质量保单　　　　　　D. 暂时的经营场所

15. 管制针对　　　　　　　　　　　　　　　　　　　　　　　　　（　　）
A. 价格　　　　　　　　　　　B. 厂商进入或退出行业的条件
C. 厂商的产量水平　　　　　　D. 以上都是

16. 为了提高资源配置效率，政府对自然垄断部门的垄断行为是　　　（　　）
A. 不加管制　　B. 支持的　　C. 加以管制　　D. 坚决反对

17. 解决负的外部性可采取以下哪一种方法？　　　　　　　　　　　（　　）
A. 征税　　　　　　　　　　　B. 产权界定
C. 外部性内在化　　　　　　　D. 以上都是

18. 政府进行市场干预的理由是　　　　　　　　　　　　　　　　　（　　）
A. 税收　　　B. 反托拉斯法　　C. 外部性　　D. 以上都是

19. 从社会的角度来看，效率要求（　　）之间相等　　　　　　　　（　　）
A. 社会边际收益和社会边际成本　　B. 私人边际成本和社会边际成本
C. 私人边际收益和社会边际收益　　D. 社会边际成本和私人边际收益

20. 关于科斯定理，正确的论述是　　　　　　　　　　　　　　　　（　　）
A. 科斯定理阐述的是产权和外部性的关系
B. 科斯定理假设没有政府的干预
C. 科斯定理一般在涉及的交易主体数目较少的时候才较为有效
D. 以上都正确

三、判断题

1. 市场失灵指的是市场不好。　　　　　　　　　　　　　　　　　（　　）

2. 一个人购买了财产保险就不再担心自己的财产安全，
其行为属于逆向选择。　　　　　　　　　　　　　　　　　　　（　　）

3. 信息不对称与市场失灵无关。　　　　　　　　　　　　　　　　（　　）

4. 委托代理问题与道德风险无关。　　　　　　　　　　　　　　　（　　）

5. 私人物品不具备非竞争性。　　　　　　　　　　　　　　　　　（　　）

6. 一般来说,在二手市场中,消费者更多的处于信息优势地位。（   ）
7. 公共物品的一个显著特点是排他性。（   ）
8. 当存在负的外部性时,厂商的私人成本高于社会成本。（   ）
9. 有竞争性而无排他性的物品叫做公共资源。（   ）
10. 一个产品具有非排他性,是指排除他人使用的成本昂贵。（   ）
11. 具有负外部性的产品其产量水平会过小。（   ）
12. 社会收益就是外部收益。（   ）
13. 完全竞争市场一定比垄断更能保证资源的有效利用。（   ）
14. 垄断对社会造成的损害只在于企业获得了超额利润。（   ）
15. 政府管制是指变私人企业为政府拥有和经营。（   ）
16. 政府提供的物品都是公共物品。（   ）
17. 对负的外部性的一种解决方法是对该活动征税。（   ）
18. 准公共物品即可以由政府提供也可以由私人厂商来提供。（   ）
19. 科斯定理强调所有权的重要性,认为只要所有权是明确的,而且交易成本极低或等于零,则不管所有权的最初配置状态如何,都可以达到资源的有效配置。（   ）
20. 公共物品的产量可以通过市场来决定。（   ）

四、分析题

1. 市场能解决外部性问题吗？假设你与另一位吸烟者同住,根据科斯定理,不吸烟的你与你的室友如何解决吸烟的外部性问题？
2. 小汽车这一商品是否具有外部性？应该如何应对？
3. 解释保险市场上逆向选择与道德风险的区别。
4. 比较纯粹公共物品、私人物品、准公共物品、公共资源的特点。
5. 请根据物品的竞争性和排他性特点,将下列物品分别归入下列类别中。
   A. 纯粹公共物品；B. 私人物品；C. 准公共物品；D. 公共资源
   （1）矿藏资源　　　　　　　　　　（2）天然林木
   （3）海洋中的鱼　　　　　　　　　（4）汽车
   （5）公共牧场　　　　　　　　　　（6）春节燃放的焰火
   （7）有线电视　　　　　　　　　　（8）国防
   （9）拥挤的收费道路　　　　　　　（10）拥挤的不收费道路
   （11）不拥挤的收费道路　　　　　（12）政府提供的邮政服务和养老金
   （13）公共图书馆的座位和图书　　（14）基础研究
   （15）环境和洁净的空气　　　　　（16）未受保护的野生动物
   （17）消防　　　　　　　　　　　　（18）食品及日用品

经济学基础 JINGJIXUE JICHU

第七章 宏观经济水平的度量及其决定

本章主要目的

通过本章的学习,你应当能够:
1. 搞清宏观经济流程
2. 弄懂国内生产总值等宏观经济变量的含义
3. 熟知宏观经济变量的核算方法
4. 理解总需求决定均衡国民收入的原理
5. 掌握两部门、三部门均衡国民收入的确定
6. 阐明乘数原理及乘数的种类

第一节 引导性实验
——消费储蓄函数实验

一、实验步骤

1. 确定实验条件

实验器材:一定套数的收入支出结构表、一定数量的学生实验指南、实验登记表10张、实验记录总表2张。

实验场地:本次实验应该在宽敞的多媒体教室进行,需要准备可以容纳40人左右的宽敞的多媒体教室,以便教师和学生讨论、走动。

实验人数:本实验参与人数为40人左右。

2. 进行器具分发

给每个学生分发1套收入支出结构表,这1套收入支出结构表由5张分表组成。另外,给每个学生分发一份学生实验指南。

3. 实施人员分组

将40名学生按20人一组,分成两组,将整个教室分成左右两个区域,每个区域

第七章 宏观经济水平的度量及其决定

安排一组学生,中间留出较大的空间,以便教师和学生走动,让参与交易的学生面向黑板就座。

4. 宣布游戏内容

向学生宣布并在黑板上写出如下的游戏内容:

在收入支出结构表中,第一行有五个不同水平的可支配收入,如果你在第1轮中能够获得1 250元的可支配收入,这代表了你能够在某一时期持续地得到1 250元的周薪,那么,你将会怎样用这1 250元安排你的衣、食、住、行、药等支出,又会将其中的多少用于储蓄?考虑好以后,请将有关数字填入收支表的第一张分表中。在游戏中,不要与其他同学就收支的决定进行交流。

5. 归集收支表格

让每个学生在5分钟的时间内,作出有关收支的决定,完成收支表第一张分表的填写,并以小组为单位上交收支表格,由组长将小组每个成员储蓄额、消费额的两组数据录入实验登记表中,并计算出储蓄额合计数、消费额合计数以及储蓄额平均数、消费额平均数。

6. 变更收入水平

完成第1轮游戏后,在后4轮游戏中将可支配收入变更为

第2轮游戏可支配收入:1 500

第3轮游戏可支配收入:1 750

第4轮游戏可支配收入:2 000

第5轮游戏可支配收入:2 250

向学生宣布并在黑板上写出以上变更状况,并重复第5、第6步骤,让学生完成后4轮游戏。

7. 汇总各轮数据

在所有5轮游戏完成后,教师应让组长将在此之前统计的每一轮实验登记表的结果汇集成实验记录总表,并将此实验数据公布在黑板上。

8. 讨论实验结果

在游戏结束后,教师根据汇总的实验统计数据,组织学生讨论,进行相应的解释。

二、实验指南

1. 学生实验指南

我们做消费储蓄函数实验,你们每个人都会拿到1套收入支出结构表,这套收入支出结构表由5张分表组成。在收入支出结构表中,第一行有五个不同水平的可支配收入,如果你在第1轮中能够获得1 250元的可支配收入,这代表了你能够在某一

时期持续地得到 1 250 元的周薪,那么,你将会怎样用这 1 250 元安排你的衣、食、住、行、药等支出,又会将其中的多少用于储蓄?考虑好以后,请将有关数字填入收支表的第一张分表中。在游戏中,不要与其他同学就收支的决定进行交流。如果你的收入不足以应付支出,你可以动用现有的储蓄来满足你的消费欲望,在这种情况下,你在这一时期的个人储蓄将是负数。

你在 5 分钟的时间内,要作出有关收支的决定,把数字填写在收支表第一张分表内,并以小组为单位上交收支表格,由组长将小组成员储蓄额、消费额的两组数据录入实验登记表中,并计算出储蓄额合计数、消费额合计数以及储蓄额平均数、消费额平均数。

接下来的 4 轮游戏中,你们每个人的可支配收入将会变成 1 500、1 750、2 000、2 250。你又会建立什么样的消费结构,个人储蓄又会有多少?作出收支的决定后,请将有关数字分别填入收支表的第二张、第三张、第四张分表中,来完成后 4 轮的实验,并填好每轮的实验登记表。

表 7-1　收入支出结构表

分表 1		分表 2		分表 3		分表 4		分表 5	
可支配收入	1 250	可支配收入	1 500	可支配收入	1 750	可支配收入	2 000	可支配收入	2 250
食品支出		食品支出		食品支出		食品支出		食品支出	
服装支出		服装支出		服装支出		服装支出		服装支出	
住房支出		住房支出		住房支出		住房支出		住房支出	
交通支出		交通支出		交通支出		交通支出		交通支出	
娱乐支出		娱乐支出		娱乐支出		娱乐支出		娱乐支出	
保险费支出		保险费支出		保险费支出		保险费支出		保险费支出	
其他生活支出		其他生活支出		其他生活支出		其他生活支出		其他生活支出	
个人储蓄		个人储蓄		个人储蓄		个人储蓄		个人储蓄	
合计	1 250	合计	1 500	合计	1 750	合计	2 000	合计	2 250
可以动用的储蓄	4 500	可以动用的储蓄	5 000	可以动用的储蓄	5 500	可以动用的储蓄	6 000	可以动用的储蓄	6 500

第七章　宏观经济水平的度量及其决定

表 7-2　实验登记表(10 张)

轮次_____　组别_____　可支配收入_____

居民编号	个人储蓄	各项消费支出之和
1		
2		
3		
4		
5		
…		
20		
合计数		
平均数		

表 7-3　实验记录总表(2 张)

班级_____　组别_____

轮次＼变量	第 1 轮	第 2 轮	第 3 轮	第 4 轮	第 5 轮
可支配收入(1)	1 250	1 500	1 750	2 000	2 250
个人储蓄平均数(2)					
储蓄占收入的比例(3)					
储蓄变动额(4)					
消费额平均数(5)					
消费占收入的比例(6)					
消费变动额(7)					
可支配收入变动额(8)					
边际储蓄倾向(9)					
边际消费倾向(10)					

注：(9)＝(4)/(8)；(10)＝(7)/(8)。

2. 教师实验指南

(1) 实验准备：在开始实验之前，教师首先应该准备好 40 套的收入支出结构表，40 张学生实验指南、实验登记表 10 张、实验记录总表 2 张。其次，必须提前去察看场地，并作必要的布置，准备好粉笔、黑板擦、电脑、投影仪、纸和笔等器材。

(2) 分发材料：向每个学生分发 1 份"学生实验指南"、1 套收入支出结构表。

(3) 实施分组：对实验现场的座位进行调整，将 40 名学生按 20 人一组，分成两组，将整个教室分成左右两个区域，每个区域安排一组学生，中间留出较大的空间，以便教师和学生走动,让学生面向黑板就座,并为学生设定组别和编号。

(4) **宣读步骤**:宣读学生实验指南,尤其应强调储蓄额的确定方法,可以让学生提出疑问,老师及时释疑,还可考虑让学生复述计算的方法。在确信每个学生都搞清实验步骤之后,开始游戏。

(5) **反馈信息**:在学生都填表后,让组长将小组成员储蓄额、消费额的两组数据录入实验登记表中。在所有5轮游戏完成后,教师应让组长将在此之前统计的每一轮实验登记表的结果汇集成实验记录总表,并将此实验数据公布在黑板上。

(6) **组织讨论**:根据公布的实验数据,提出相关的问题,学生讨论消费函数、储蓄函数稳定性的有关问题。

(7) **讲解理论**:通过讨论,得出相应的结论,讲解有关的消费函数、储蓄函数理论,引导学生完成实验报告。

第二节 宏观经济流程

要懂得如何度量和决定宏观经济水平,首先应当了解宏观经济流量循环过程,这种循环流转,可抽象概括为不同模型。

一、两部门模型

1. 最简单的两部门模型

该模型假设一个经济体系只有两种经济单位或者两个经济部门,即厂商部门和家庭部门,并假设所有家庭把他们的收入全部用于消费支出,没有任何储蓄;同时也假定所有厂商也将其收入全部用于对生产要素的支付。除此以外,还假定产品和劳务的相对价格不变,则该经济社会的活动体系如图7-1所示。

在图7-1中,有两个市场和两个流程。图的上半部分是要素市场,即家庭向厂商提供土地、劳动、资本、企业家才能等生产要素;厂商则必须为此支付相应的代价,如地租、工资、利息、利润等。图的下半部分是产品市场,即厂商对家庭提供产品和劳务,而家庭则向厂商购买产品和劳务。

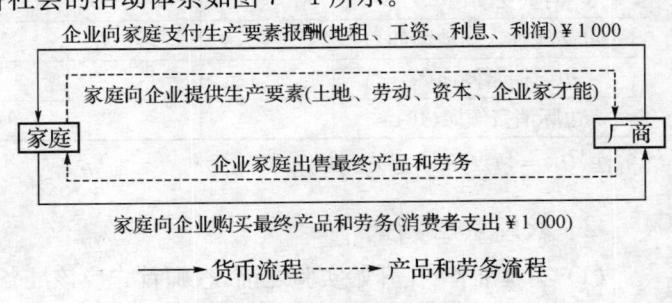

图7-1 简单两部门模型

在这种情况下,厂商所有的产品都销售给居民,获得的销售收入再全部用于购买生产要素;家庭把提供生产要素得到的全部货币收入都用于购买产品和劳务。于是,要素市场的货币流量正好与产品市场的货币流量完全相等,如图中所示,都是

¥1 000。这两个市场货币流动的方向正好相反,这时,整个经济处于一个均衡的循环之中。

从上述流程可见,在国民经济的循环中,必然有如下恒等关系。

生产要素所有者的收入(国民收入)≡企业全部产品和劳务(国民产品)的销售总价值≡企业成本+企业利润

如上例:

家庭部门没有任何储蓄:

　生产要素收入(地租、工资、利息、利润)1 000=居民的消费支出1 000;

厂商部门全部收入用于购买生产要素:

　　　厂商产品和劳务销售价值1 000=厂商生产要素支出1 000;

要素市场:生产要素收入(地租、工资、利息、利润)1 000=厂商生产要素支出1 000。

所以:居民的消费支出1 000=生产要素收入(地租、工资、利息、利润)1 000=厂商生产要素支出1 000=厂商产品和劳务销售价值1 000。

当然,此时的产品市场也是均衡的,即居民的消费支出1 000=厂商产品和劳务销售价值1 000。

2. 存在储蓄和投资的两部门模型

漏出和注入是有关经济流程的两个术语。漏出是指退出收入循环的价值,也就是使厂商产品和劳务销售价值减少的项目;注入是指厂商向非居民部门销售的产品和劳务价值,也就是使厂商产品和劳务销售价值增加的项目。

在图7-2中,家庭部门没有把全部的收入用于消费,只是把一部分收入用于消费支出,如图所示为900,而把另一部分收入储蓄起来,图中为100,这里的储蓄就是漏出项目。同时

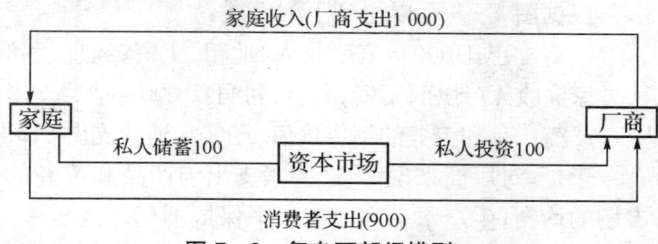

图7-2　复杂两部门模型

通过资本市场的运作,厂商又得以将家庭的储蓄全部转化为投资,图中为100,这里的投资就是注入项目。于是,企业的投资正好与居民储蓄相等,即注入等于漏出,则生产和收入会在原有水平上保持平衡。

由此可以得到下列等式:

厂商生产要素支出1 000=生产要素收入(地租、工资、利息、利润)1 000

生产要素收入(地租、工资、利息、利润)1 000=消费支出900+私人储蓄100

投资支出100=私人储蓄100

厂商产品和劳务的销售价值1 000=消费支出900+投资支出100

于是,对厂商来说,生产要素支出与产品和劳务的销售价值相等,这意味着产品

市场的均衡,生产水平和收入水平保持不变。

二、三部门模型:政府部门的介入

图 7-3 表示了由厂商、家庭和政府三个部门组成的经济体系。在这种经济体系中,政府通过税收与政府支出来与家庭、厂商发生联系,发挥其应有的经济职能。

图 7-3 表明了三部门经济中家庭、厂商与政府之间的联系,反映了各部门间的收入流量循环。在三部门经济中,厂商的销售对象不仅包括家庭、其他厂商、还包括政府。政府对产品和劳务的需求一般用政府购买 G 来代表。换言之,在三部门中的注入项目,除私人投资以外,又增加了政府购买。同时,在三部门中的漏出项目,除私人储蓄之外,又增加了税收。

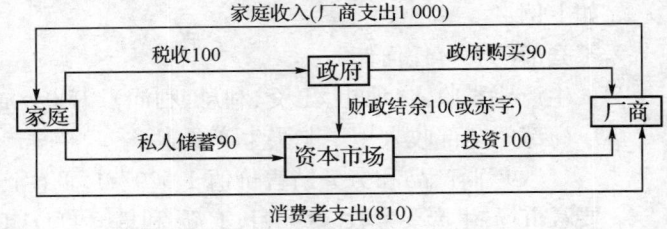

图 7-3 三部门模型

从图 7-3 看出,私人储蓄(S)和私人投资(I)不一定相等,投资 I 中的一部分来自于财政盈余。政府购买(G)和税收(T)也不一定相等,政府购买中的一部分来自于财政赤字。但只有当注入等于,即储蓄加税收等于投资加政府购买时,生产和收入才会在原有水平上保持平衡。

根据图 7-3 可以得到下列等式:

厂商支出 1 000=家庭收入(地租、工资、利息、利润)1 000

家庭收入(地租、工资、利息、利润)1 000=消费支出 810+私人储蓄 90+税收 100

厂商产品和劳务的销售价值 1 000=消费支出 810+投资支出 100+政府购买 90

于是,对厂商来说,生产要素支出与产品和劳务的销售价值相等,这意味着产品市场的均衡,生产水平和收入水平保持不变。

但是,对于政府部门来说,政府购买与税收在这里并不相等,政府购买小于税收,也就是存在财政盈余,如图中为 10。私人储蓄与私人投资也不相等,私人投资大于私人储蓄,差额也等于 10。

漏出=私人储蓄 90+税收 100=190

注入=投资支出 100+政府购买 90=190

三、四部门模型:开放经济

现代的经济都属于开放经济,对外经济贸易关系是经济活动中极其重要的组成部分。对外经济包括出口贸易和进口贸易两大类。我们在三部门的基础上,再将对外贸易也包括在模型之中,增加进口 M 和出口 X,这样就形成了四部门模型,如图

7-4所示。

图7-4是建立在图7-3基础上的,除了国际市场外,其余流程都与图7-3相同。不同之处在于,这里假定一国厂商净出口值为出口60-进口50=10,从而获得净出口收入10,并用于国内收入分配,因此厂商支出从而家庭收入相应增加10,即为1 010。同时假定家庭将增加的10收入作为私人储蓄流入资本市场,即私人储蓄增至100。

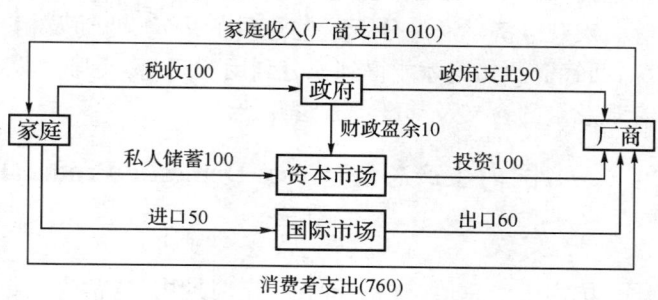

图7-4 四部门模型

在四部门经济中,储蓄、税收和进口都是漏出,而投资、政府购买和出口都是注入。只要总注入和总漏出相等,收入流量的循环就会处于均衡状态,这是宏观经济学中一个重要原理。

根据图7-4可以得到下列等式:

厂商支出1 010=家庭收入(地租、工资、利息、利润)1 010

家庭收入(地租、工资、利息、利润)1 010=消费支出760+私人储蓄100+税收100+进口50

厂商产品和劳务的销售价值1 010=消费支出760+投资支出100+政府购买90+出口60

于是,对厂商来说,生产要素支出与产品和劳务的销售价值相等,这意味着产品市场的均衡,生产水平和收入水平保持不变。

总漏出=私人储蓄100+税收100+进口50=250

总注入=投资支出100+政府购买90+出口60=250

总漏出=总注入

私人储蓄100+税收100+进口50=投资支出100+政府购买90+出口60

私人储蓄100+(税收100-政府购买90)=投资支出100+(出口60-进口50)

这里私人储蓄100+财政盈余10=110,私人储蓄加财政盈余代表全社会的储蓄;而这里的投资支出指的是私人部门的国内投资,出口减去进口表示出口净额,代表本年期间新增加的一笔外汇储备或对外资产的所有权或支配权,也就是国外投资。

第三节 宏观经济水平的度量

宏观经济学以整个国民经济为对象,研究整个社会经济的总量及其变动,这些总量包括国内生产总值、总投资、总消费、总就业量、物价水平、利率、汇率、货币供给量等。宏观经济学通过分析这些总量的决定、变动及相互关系,来说明经济的运行状况,回答资源如何才能得到充分利用的问题。因此,学习宏观经济学必须从明确这些宏观总量的含义及其度量方法开始。

一、国内生产总值(Gross Domestic Product)

1. 定义

国内生产总值是指一国在一定时期内(通常为一年)在境内生产的所有最终产品和劳务的市场价值,简写成 GDP。

2. 说明

这个概念中包含以下五个方面的意思。

(1) 国内生产总值是一个市场价值概念

各种最终产品的价值都是用货币加以衡量的。产品市场价值就是用最终产品的市场价格乘以各种产品的产量,例如每件衬衫的售价为 50 元,则 10 件衬衫的市场价值为 500 元。把所有最终产品和劳务的市场价值相加汇总,我们就得到了国内生产总值。

由于国内生产总值反映了价格乘以产量的关系,因此,产量和价格的变动都会引起国内生产总值变动。而实际上,人们的物质福利只与所生产的物品和劳务的数量和质量有关,如果物品和劳务的数量和质量不变,而价格提高 1 倍,按市场价格衡量的国内生产总值就会增加 1 倍,但人们的物质福利并未因此而增加。在不同时期,同一商品会有不同的价格,将两个时期的国内生产总值进行比较时,在价格与产量之间,我们将无法确定究竟哪个因素在起作用、起多大作用。比如,从改革开放以来,我们的物质产品已经丰富了许多,服务水平有了极大地提高,与此同时商品和服务的价格也发生了很大的变化。这样,我们就会无法确定两个不同时期的国内生产总值变动中,多少是因商品和服务的数量增长引起的,多少是因价格变化引起的。显然,只有物品和劳务的数量增长才能反映改革开放的成果。为了把这两个因素的作用分离开来,我们就必须区分名义国内生产总值和实际国内生产总值的概念。

名义国内生产总值是用当年价格来测算当年生产的所有最终产品和劳务的价值,也就是按当年价格计算的国内生产总值;实际国内生产总值是用某一年作为基期的价格来测算各年生产的所有最终产品和劳务的价值,也就是按基期价格计算的国内生产总值。实际国内生产总值的变化已经排除了价格的变化,单纯反映商品和服务产量变化所引起的变化。如果我们使用基年价格来计算实际国内生产总值,不同时期国内生产总值的差额表现的仅仅是产量的变化,比较这种差额就可以了解到不同时期产量变化的程度。如果仅仅比较两个时期的名义国内生产总值,则我们无法

第七章 宏观经济水平的度量及其决定

知道这两个时期国内生产总值的差额究竟是由产量变化引起的,还是由价格变化引起的。下面用一个简单的例子来加以说明。

假定某国经济只生产粮食和衣服两种商品,20年前后最终产品产量和价格变化情况如表7-4所示。

表7-4 某国经济20年前后最终产品数量和价格的资料

年份	最终产品	数量	价格	名义GDP(万元)	实际GDP(万元)
1990 (基期)	粮食	60万kg	0.5元/kg	30	30
	衣服	40万件	50元/件	2 000	2 000
	合计			2 030	2 030
2009	粮食	80万kg	2元/kg	160	40
	衣服	100万件	150元/件	15 000	5 000
	合计			15 160	5 040

表7-4中,某国经济20年前的粮食和衣服的产量分别为60万kg和40万件,它们当年的市场价格分别为0.5元/kg和50元/件,得到当年名义国内生产总值为2 030万元。20年后的粮食和衣服的产量分别为80万kg和100万件,20年后的名义国内生产总值为15 160万元,20年间名义国内生产总值增长了647%。但这个变化中有些成分是由价格变化因素引起的,不能反映最终产品实际产量的变化情况,要真实地反映最终产品产量的变化,就必须用基期的价格来计算实际国内生产总值。表中按基期价格计算的20年后实际国内生产总值为5 040万元,比20年前增长了148%,它真实地反映了国民经济产出的变化。

某一时期的名义国内生产总值和实际国内生产总值之间的比率,可以反映这一时期和基期之间的价格变动程度。这一百分比被称为国内生产总值价格指数或国内生产总值折算指数,它是衡量一国在不同时期内价格总水平变化程度的指标。如在上表中,2009年名义国内生产总值与实际国内生产总值的比率为 15 160/5 040 = 3.008(300.8%),这说明从1990年到2009年该国的价格水平上升了300.8%。

显然,名义国内生产总值、实际国内生产总值和价格指数这三者的相互关系是:

$$\text{GDP折算指数} = \frac{\text{名义GDP}}{\text{真实GDP}}$$

根据GDP折算数计算公式,如果已知名义国内生产总值,同时也知道国内生产总值折算指数,那么我们可以得到实际国内生产总值。

$$\text{实际国内生产总值} = \frac{\text{名义国内生产总值}}{\text{国内生产总值折算指数}}$$

(2)国内生产总值衡量的是最终产品的价值

国内生产总值衡量的是最终产品的价值,中间产品的价值不计入国内生产总值,

否则就会造成重复计算。

所谓最终产品是指在计算期间生产的但不被消耗加工、不再重复出售而是供最终使用的产品。而中间产品是指计算期间生产的被消耗加工、再出售、供生产别种物品用的产品。最终产品通常包括各种消费品、固定资产投资品、出口产品及增加的库存。中间产品通常包括生产过程中消耗掉的各种原材料、辅助材料、燃料、动力、低值易耗品等，即生产中的投入品。最终产品和中间产品的区别，不是取决于产品本身的物质属性，而要从它在再生产的循环流转中的功能来区分。居民买回家的大米、面粉是最终产品，而饭店购买的大米、面粉就是中间产品，饭店卖出去的米饭和馒头才是最终产品。一块布卖给制衣厂做原料，是中间产品，卖给家庭主妇直接制衣就是最终产品了。根据不再重复出售这一定义，一般把用于个人消费、投资、政府购买和出口的产品称为最终产品。用于投资的产品如一台机器卖给某一企业作设备，看来似乎是用于生产别种产品的中间产品，但由于它不再出售，因而还是最终产品，和用作原料的中间产品不同。此外，企业年终盘存时的库存货物也被当作最终产品，它可以看作是企业自己最终卖给自己的最终产品，计算国内生产总值时也应把库存品的价值计入。

我们可以通过生产衣服的例子，来加深对中间产品和最终产品的理解。农民把种出的棉花提供给纺纱厂，纺纱厂纺出的纱供应织布厂织布，织出的布供服装厂制衣，衣服制成并进入流通领域。在这个过程中，棉花作为纺纱的原料被消耗掉了，纱作为织布原料被消耗掉了，布作为衣服的原材料被消耗掉了，所以，在制衣的过程中，它们都是中间产品，它们的价值都最终转移到最终产品服装中。而服装作为制衣过程的最终成果，最后被消费者消费，所以是最终产品，它的价值包含了作为它的中间产品棉花、纱、布和流通部门提供的服务的价值。因此，国内生产总值只能包括最终产品和劳务的价值，以避免重复核算。

在实际经济活动中，我们不能根据产品的自然形态来划分中间产品还是最终产品，许多产品既可以作为最终产品使用，又可以作为中间产品使用。显然，要知道有多少布作为中间产品、有多少布用作最终产品是非常困难的。因此，在实践中采用计算各个生产阶段的增加值来代替计算最终产品和劳务的价值。各个生产阶段的增加值等于各个生产阶段的产品销售价值减去购买的基本投入品价值，最终产品和劳务的价值等于各个生产阶段的增加值之和。把一个经济体系中各企业、各行业的增加价值汇总起来，我们就可以得到某国某一时期的国内生产总值的数据。这种关系可以从表 7-2 中看出。

表 7-5 服装生产过程中的增加价值

生产阶段	棉花	棉纱	棉布	服装	合计
产品销售价值	100	180	250	310	840
基本投入品购买价值	0	100	180	250	530
增加价值	100	80	70	60	310

第七章 宏观经济水平的度量及其决定

从表中可以看出,最终产品服装的价值正好等于服装生产四阶段的增加价值之和,也等于各生产阶段的产品销售价值之和减去各生产阶段的基本投入品购买价值之和。从这个例子引申出去,我们可以知道某国某一时期的国内生产总值等于该时期所生产的全部产品和劳务的市场销售价值减去购买的投入品价值,就等于这个国家在这一时期生产中新增加的价值或新创造的价值,它形成该国在这一时期所有的工资、利息、利润和地租的总和。

(3) 国内生产总值仅仅是一定时期生产的价值

国内生产总值仅仅是一定时期生产的价值,是一个包含时间因素的概念,是一个流量而不是存量概念。自然,计入国内生产总值的也就是在一定时期内所生产的而不是销售的最终产品价值。

一个时期内销售的货物可能不是这个时期中生产的,而是以前时期生产的。这些以前时期生产的物品已作为存货投资,计算在其生产时期的国内生产总值中了。相反,在这一时期生产的没有在这一时期卖掉的物品,应该作为这一时期库存计算在这一时期的国内生产总值中。这就意味着,现期生产没有销售掉而进入库存的产品应计入现期的国内生产总值,过去生产但在现在销售的产品不能计入现期的国内生产总值。

上年库存和今年库存的差额称为库存变动额。库存增加说明今年生产的大于今年销售的,库存减少说明今年销售的大于今年生产的。企业存货增加被看作是存货投资,而存货减少则被看作是存货负投资。

上述关系可以表达成如下的公式:

当年生产的最终产品价值=当年销售的最终产品价值+本年末库存产品价值—
上年末库存产品价值

或

当年生产的最终产品价值—当年销售的最终产品价值=本年末库存产品价值—
上年末库存产品价值

如果企业生产 100 万元产品,只卖掉 80 万元,所剩的 20 万元产品可以看作是存货投资,同样应计入国内生产总值。相反,如果生产 100 万元产品,却卖掉 120 万元产品,库存减少了 20 万元,这 20 万元不是本期生产的产品的价值,应从销售的 120 万元中减去,计入国内生产总值的仍然应该是 100 万元。

(4) 国内生产总值是一个地域概念,而不是国民概念

它是指在一国国土范围内生产的最终产品和劳务的价值,包括外国公民在东道国国土内生产的最终产品、劳务的价值和本国国民在国土范围内生产的最终产品、劳务的价值,但不包括本国公民在国外提供生产要素生产的最终产品和劳务的价值。

(5) 国内生产总值计算的是市场活动的价值

一般地,国内生产总值计入的最终产品和劳务的价值应该是市场活动导致的价值,非市场活动提供的最终产品和劳务没有计入国民生产总值之内。例如,家务劳动如果是由家庭成员自己完成的,就没有计入国内生产总值,而如果通过家政服务机构雇人来进行的,这些服务就有市场价值而被计入国内生产总值。如果主人与其保姆

结婚了,尽管妻子得到的生活费和也当保姆时一样多,但由于不再是市场交易活动,因而其生活费就不能计入国内生产总值。

二、国民生产总值(Gross National Product)

国内生产总值是指一国国土范围内所生产的最终产品的价值,是一个地域概念。而国民生产总值是指利用一国国民所拥有的生产要素所生产的最终产品的价值,是一个国民概念。这也就是说,一国的国内生产总值应包括本国与外国公民在该国境内所生产的最终产品的价值总和;而一国的国民生产总值应包括本国国民在本国境内和境外所生产的最终产品的价值总和。

这两者之间的关系为

国民生产总值＝国内生产总值＋本国公民在国外生产的最终产品的价值总和－外国公民在本国所生产的最终产品的价值总和

如果本国公民在国外生产的最终产品的价值总和大于外国公民在本国所生产的最终产品的价值总和,则国民生产总值大于国内生产总值;反之,如果本国公民在国外生产的最终产品的价值总和小于外国公民在本国所生产的最终产品的价值总和,则国民生产总值小于国内生产总值。在分析开放经济中的国民生产总值时,这两个概念是很重要的。

在这里,我们可以引出国外要素收入与转移支付净额(NFP)的概念。所谓国外要素收入与转移支付净额定义为,本国生产要素所有者在其他国家获得的收入减去外国生产要素所有者在本国获得的收入,实质上也就等同于本国公民在国外生产的最终产品价值总和减去外国公民在本国所生产的最终产品价值总和。

国外要素收入与转移支付净额(NFP)＝本国生产要素所有者在其他国家获得的收入－外国生产要素所有者在本国获得的收入

国民生产总值(GNP)＝国内生产总值(GDP)＋国外要素收入与转移支付净额(NFP)

三、国民生产净值(Net National Product)

国民生产净值(NNP)是指经济社会新创造的价值。国民生产净值等于国民生产总值减去资本(包括厂房、设备)折旧(Depreciation,简称D),即:

国民生产净值(NNP)＝国民生产总值(GNP)－折旧(D)

从逻辑上讲,国民生产净值的概念比国民生产总值更好,但由于国民生产总值与国民生产净值相比,较容易统计,而且折旧费的计算方法有很多,政府的折旧政策也经常会变动,因此各国还是常用国民生产总值而不常用国民生产净值的指标。

四、狭义国民收入(National Income)

狭义国民收入是一个国家在一年内各种生产要素所得到的实际报酬的总和,即工资、利息、租金和利润的总和。从国民生产净值中扣除企业间接税和企业转移支付,加上政府补助金就得到这一狭义的国民收入。企业间接税和企业转移支付是列入产品价格的,但并不代表生产要素创造的价值或者说收入,因此计算狭义国民收入时必须扣除。相反,政府给企业的补助金不列入产品的价格,但成为生产要素收入,因此应当加上。

这里的国民收入是一个狭义的概念。通常在西方经济学中所讲的国民收入乃是衡量整个经济社会活动水平的一个更为广泛的概念,它实际上是一个包括国内生产总值、国民生产总值、国民生产净值等在内的所有宏观经济总量。

五、个人收入(Personal Income)

个人收入指个人从经济活动中获得的收入。

狭义国民收入不是个人收入,一方面国民收入中有三个主要项目不会成为个人收入,这就是公司未分配利润、公司所得税和社会保险税;另一方面包括公债利息在内的政府转移支付虽然不属于生产要素报酬,却会成为个人收入。个人收入可由如下公式表示:

个人收入(PI)=狭义国民收入(NI)-公司未分配利润-公司所得税-社会保险费+政府转移支付

六、个人可支配收入(Disposable Personal Income)

个人可支配收入指缴纳了个人所得税以后留下的可为个人所支配的收入。

个人可支配收入(DPI)=个人收入(PI)-个人所得税(T)

最后,要说明一点,上面所讲的是一定时期实际上所生产的国民收入,实际的国民收入并不就是潜在的国民收入。潜在的国民收入是指经济中实现了充分就业时所能达到的国民收入水平,所以又称充分就业的国民收入。潜在的国民收入是正常能生产的最大产出量而不是实际产出量,在一定时期中实际的国民收入不一定等于潜在的国民收入。

可以把以上讨论的内容用图7-5归纳如下:

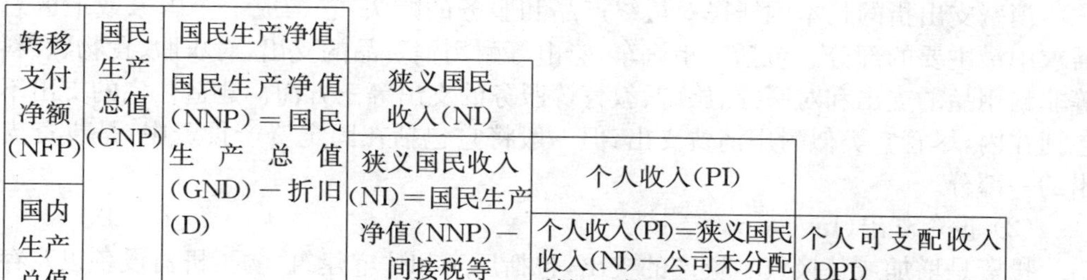

转移支付净额(NFP)	国民生产总值(GNP)	国民生产净值					
		国民生产净值(NNP)=国民生产总值(GND)-折旧(D)	狭义国民收入(NI)				
			狭义国民收入(NI)=国民生产净值(NNP)-间接税等	个人收入(PI)			
国内生产总值(GDP)				个人收入(PI)=狭义国民收入(NI)-公司未分配利润-公司所得税-社会保险费+政府转移支付	个人可支配收入(DPI)		
					DPI=个人收入(PI)-个人所得税(T)	消费	
						储蓄	

图7-5 国民生产总值与个人可支配收入之间的关系

七、国内生产总值的核算方法

在衡量一个经济社会的各种总量指标中,最基本的指标是国内生产总值。由于其他总量指标都可以从国内生产总值中推导出来,因此,下面以国内生产总值说明国民收入的核算方法。国内生产总值一般是通过它的形成、形成以后的使用以及所产生的收入分配的统计来测定的,分别称为增值法、支出法和收入法。

1. 增值法

此种方法是从生产的角度出发,把所有企业单位新创造的价值,也就是企业的增加价值,按产业部门分类汇总而成,称为增值法或部门法。

增值法测定国内生产总值的基本原理:首先计算国民经济部门的总产出,再从总产出中扣除相应部门的中间消耗,求得各部门的增加值,最后汇总所有部门的增加值得出国内生产总值,即

国内生产总值(GDP)=$\sum$(各部门总产出—该部门中间消耗)=$\sum$各部门增加值

在用这种方法计算国民生产总值时,各部门要把所使用的中间产品的产值扣除,仅计算本部门的增加值。商业、服务等部门也按增值法计算。卫生、教育、行政等无法计算增值的部门按该部门职工的工资收入来计算,以工资代表他们所提供的劳务的价值。

2. 支出法

用支出法测定国内生产总值,就是通过核算在一定时期内整个社会购买产品的总支出来测定国内生产总值。谁是最终产品的购买者呢?只要看谁是产品和服务的最后使用者,所以支出法也称使用法。产品和服务的最后使用者有居民消费、企业投资、政府购买和出口国外的国外购买者。因此,用支出法测定国内生产总值,就是计算经济社会在一定时期内消费、投资、政府购买和国外购买四个方面支出的总和。

(1) 消费支出(Consumption,C)

消费支出指的是本国居民对最终产品和服务的购买,它构成一个国家或地区总需求中最主要的部分。包括对小汽车、彩电等耐用消费品的支出,对衣服、食物、燃料等非耐用品的支出和对医疗、旅游、教育等服务的支出等三方面。建造住宅的支出不包括在内,尽管它类似耐用消费支出,但一般将它包括在固定资产投资中,是投资支出的一部分。

(2) 投资支出(Investment,I)

投资是增加或替换资本资产的支出,包括厂房和住宅建筑、购买机器设备以及存货等的支出。投资支出包括库存投资和固定资产的投资两大类。

库存投资是指企业存货价值的增减变动额,即存货的净变动额,它等于一定时期期末存货减去期初存货(如年末存货减去年初存货)。存货投资可以是正数,也可以是负数。企业的存货是指厂商正常的原材料储存和产品储存。存货投资是指由于原材料市场和产品市场发生了未预料的突然变化而引起的库存的变动量,即存货的变

第七章 宏观经济水平的度量及其决定

动称为存货投资。因此,存货有正常存货和非意愿存货之分。从核算的平衡原则出发,卖不出去的产品只能作为企业的存货投资处理。所以存货投资记入支出法核算的国内生产总值中。

固定资产投资指新增厂房、设备、商业用房以及新建住宅的投资。"固定"这个说法是表示这类投资品将长期存在并使用。住宅之所以是投资而不是消费,是因为它像固定资产一样长期使用,慢慢地被消耗。固定资产投资是指一定时期内增加到资本存量中的资本流量,而资本存量则是经济社会在某一时点上的资本总量,它包括一个经济社会的厂房、设备、商业用房等固定资本的价值总和。资本流量是指经济社会在一定时期内新增加的固定资本的价值总和。新增加的固定资本的价值用来补偿这一时期资产消耗(折旧)的部分被称为重置投资,其余被称为净投资,净投资与重置投资之和称为总投资。用支出法计算国内生产总值时,指的是总投资。

(3) 政府购买(G)

政府购买是指各级政府部门购买商品和劳务的支出,包括政府在国防、法制建设、基础设施建设等方面的支出。

政府花钱设置法院、提供国防、建筑道路、举办学校等都属于政府购买,这些政府购买都作为最终产品计入国民收入。政府购买通过雇请公务员、学校教师,建立公共设施、造潜艇,雇请司法部门的人员等为社会提供服务。由于这些服务不是典型地卖给最终消费者,因此对政府提供的服务难以有一个市场估价。这就使政府购买与个人消费、投资和出口不同。在计入国内生产总值时,计算的不是购买政府服务所费的成本,而是计算政府提供这些服务所费的成本。例如,根据政府在教育方面的支出来计算公共教育的价值,国防的价值则假定等于国防费用的支出。值得注意的是,政府支出包括政府购买和转移支付两部分,转移支付是指政府在失业救济、社会福利等方面的支出。由于转移支付只是简单地把收入从一个人或一个组织转移到另一个人或另一个组织,并没有相应的货物或劳务的交换发生。例如政府给残疾人发放救济金,并不是因为残疾人提供了生产要素因而创造了收入。换言之,转移支付不能反映政府用于购买最终产品的支出,不能计入国内生产总值。

(4) 国外购买(Net Export, NE)

一般地,世界上各国都与其他国家及地区有着贸易往来。这就使得一个国家的居民户、企业和政府在购买最终产品方面的支出和这个国家的总产出会不相等。本国购买一些产品是别的国家生产的,这些进口产品应从总购买中减去。相反本国有些产品是卖到国外去的,这些出口产品应当加到购买产品中去。

出口(E)指国外居民、企业或政府对本国产品和服务的购买;进口(M)指本国居民、企业、政府对外国产品和服务的购买;净出口(Net Export, NE)指出口额减去进口额的差额(E−M)。当一个国家的出口大于进口时,净出口为正;当一个国家的出口小于进口时,净出口为负。测定国内生产总值时之所以要减去进口额,是因为进口的物品和服务虽然是本国支付的,但却是国外生产的,而国内生产总值必须是本国生产的产品和服务。

这样在计算国内生产总值时,净出口(E-M)就应当加到总支出中去,这个净出口可能是正数,也可能是负数。

净出口(NE)＝出口额－进口额　　NE＞0　顺差；NE＜0　逆差

把上述四类项目加总,用支出法测定国内生产总值的项目合计可写成：

国内生产总值(GDP)＝个人消费(C)＋投资(I)＋政府购买(G)＋净出口(出口E－进口M)

3. 收入法

收入法是指通过把生产要素所有者的收入相加来得到国内生产总值的方法。这些收入换个角度可以看作是国内生产总值生产出来以后分配给各生产要素所有者的收入,所以也称为分配法。

这种核算方法,是从居民向企业出售生产要素获得收入的角度看,也就是从企业生产成本看社会在一定时期内生产的最终产品的市场价值。但严格说来产品的市场价值中除了生产要素收入构成的生产成本,还有间接税、折旧、公司未分配利润等内容,因此用收入法核算国内生产总值,应当包括以下一些项目。

①劳动者收入。包括工资、津贴、福利费,也包括企业向社会保障机构交纳的社会保险税。

②个人的租金收入。个人出租土地、房屋等的租赁收入。

③公司利润,是指所有企业在一定时期内所获得的税前利润,包括公司所得税、股东红利及公司未分配利润。

④利息净额,是指贷款偿还利息以及储蓄所得利息在本期的净额。

⑤企业间接税,是指企业交纳的营业税、增值税、消费税等税项。这些税收虽然不是生产要素创造的收入,但要通过产品加价转嫁给购买者,故也应看作是成本。这和直接税不同,公司所得税、个人所得税等直接税都已包括在工资、利润及利息中,因而不能再计入国内生产总值中。

⑥资本折旧。折旧是指对一定时期内因经济活动而引起的固定资产消耗的补偿,它虽然不是要素收入,但包括在总投资中,所以也应计入国内生产总值。

⑦非公司企业收入。它指各种类别的非公司型企业的纯收入,如医生、律师、农民和店铺等等的收入。他们被自己雇用,使用自有资金,因此他们的工资、利息、利润和租金等等是混在一起作为非公司企业收入的。

这样,按收入法测定

国内生产总值＝工资＋租金＋利润＋利息＋间接税＋折旧＋非公司企业收入

从理论上说,这三种方法,测定的对象都是国内生产总值,所以最终的结果应当完全一致。但在实践上,由于具体做法的困难,往往难于取得完备资料,这三种方法所得出的结果往往并不一致。国民经济核算体系以支出法为基本方法,如果按收入法与部门法计算出的结果与此不一致,就要通过误差调整项来进行调整,使之达到一致。

第七章　宏观经济水平的度量及其决定

第四节　均衡国民收入的决定及其变动

一、总需求与总供给

1. 总需求的含义及构成

（1）含义

在既定的价格水平下,总需求是指一个经济社会在一定时期内对物品和劳务的需求总和。

（2）构成

总需求包括私人消费需求、私人投资需求、政府需求和来自国外的需求四部分。总需求可以由经济中的总支出来表示。若用 C 表示私人消费需求、I 表示私人投资需求、G 表示政府购买支出、E－M 表示国外对本国产品的净购买支出(即净出口),以 AD 表示一国的总需求,则一国的总需求的构成可表示为

$$AD=C+I+G+(E-M)$$

2. 总供给的含义及构成

（1）含义

在既定的价格水平下,总供给是指一个经济社会在一定时期内所有厂商提供的物品和劳务的总和。

（2）构成

按照国民收入核算理论,总供给可以用总收入来表示。以 AS 表示总供给,C、S、T 分别表示私人收入中用于消费的部分、私人收入中用于储蓄的部分和政府的税收。则一国的总供给可表示为

$$AS=C+S+T$$

二、均衡国民收入的含义及条件

（1）均衡国民收入的含义

均衡国民收入是指总需求与总供给恰好一致时的国民收入水平。

总需求是计划支出,总供给是计划收入,显然,总需求并不一定等于总供给,经济社会就是在这两种力量的作用下,朝着一定的方向运行。一般地,当总需求大于总供给时,整体经济朝着扩张的方向运行;相反,当总需求小于总供给时,整体经济朝着紧缩的方向运行。当这两种力量处于均衡时,即总需求等于总供给时,将使得作为总体的经济处于均衡状态。

（2）均衡国民收入的条件

①四部门均衡国民收入的条件是,总需求(AD)=总供给(AS)。
$$C+I+G+(E-M)=C+S+T$$
或者
$$I+G+E=S+T+M$$
②三部门均衡国民收入的条件是,总需求(AD)=总供给(AS)。

在一个没有对外贸易的三部门经济中,总需求由私人消费需求、私人投资需求和政府需求构成,即 $AD=C+I+G$。

总供给由用于消费、储蓄和税收的收入构成,即 $AS=C+S+T$。
$$C+I+G=C+S+T$$
即
$$I+G=S+T$$
③两部门均衡国民收入的条件是,总需求(AD)=总供给(AS)。
而在一个两部门经济中,总需求(AD)$=C+I$;总供给(AS)$=C+S$。
经济处于均衡的条件是,$I=S$。

三、总需求决定国民收入原理

1. 完全弹性的总供给

根据凯恩斯理论,在短期中总供给线为一条水平线,当总需求变化时,只会引起产量的变化,而价格不变,或者说价格具有黏性。凯恩斯理论的背景是 20 世纪 30 年代的大萧条,工人大批失业,资源大量闲置,总需求的任何增加,都会使闲置的资源得到利用,使产出增加而不会使资源价格上升,从而产品成本和价格保持不变。

2. 总供给完全弹性时,国民收入取决于总需求

下面的分析将在总供给完全弹性的条件下,说明国民收入的决定。在总供给完全弹性时,均衡国民收入指与总需求相一致的产出水平。

在图 7-6 中,假定总支出(即总需求量)为 100 亿美元,则总产出(总收入)为 100 亿美元时就是均衡产出,E 点为均衡点。同 E 点相对应的支出和收入都为 100 亿美元,说明生产数额正好等于消费需求加投资需求的支出数额。若产出大于 100 亿美元,非意愿存货投资就大于零,企业要削减生产。反

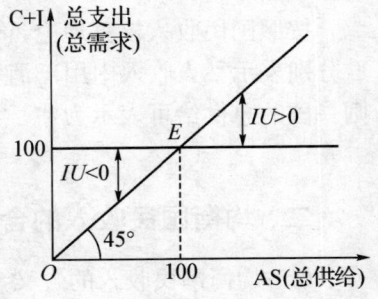

图 7-6 总需求决定国民收入

之,企业会扩大生产。因此,经济总要趋于 100 亿美元产出水平。

四、两部门经济中的国民收入决定

1. 两部门经济的基本假设

①各种资源没有得到充分利用,因此,总供给可以适应总需求的增加而增加,也

就是不考虑总供给对国民收入决定的影响;

②价格水平是既定不变的;

③利息率水平既定,也就是说,不考虑利息率变动对国民收入水平的影响;

④投资水平既定,即在总需求中只考虑消费对国民收入的影响。

2. 总需求等于总供给决定均衡国民收入

①均衡公式。在两部门经济中,总需求由私人消费支出和投资支出组成。消费是收入的函数,即 $C=c(Y)$,投资是利率的函数,但在这里假定投资为自主投资,投资为既定的常数,即总需求(AD) $=C+I$;

总供给等于私人消费支出加私人储蓄,即总供给 $Y=C+S$;

均衡国民收入的条件是,总需求(AD)=总供给(AS),即 $C+I=Y$。

当国民经济处于均衡状态时,决定的均衡国民收入与决定消费的收入相一致。因此,均衡国民收入决定模型是

$$\begin{cases} 消费函数:C=c(Y)=a+bY \\ 投资函数:I=I_0 \\ 均衡条件:Y=C+I \end{cases}$$

从均衡条件可以得到两部门均衡国民收入为

$$Y=\frac{a+I_0}{1-b}$$

②图形及表格。若以横轴表示总收入,纵轴表示总支出,则在坐标图中的45°线上,总收入等于总支出,经济处于均衡状态,从而决定均衡国民收入 Y_0。在图7-7中,消费随着收入的增加而增加,投资为自主投资与收入无关,是常数。因而,$(C+I)$ 曲线即总支出曲线是与 C 曲线平行的曲线。总支出曲线与45°线的交点 E 决定均衡国民收入 Y_0。这时,家庭想要有的消费支出和企业想

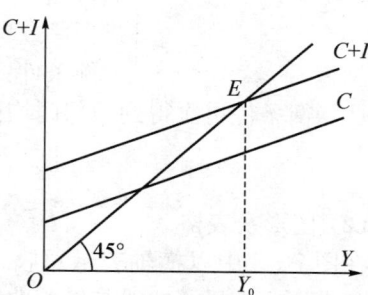

图7-7 总支出等于总收入决定国民收入

要有的投资支出的总和正好等于总产出即总收入。如果经济离开了这个均衡点,企业部门的销售量就会大于或小于它们的产量,从而被迫进行存货负投资或存货正投资。即出现意外存货的减少或增加,从而引起生产的扩大或收缩,直到回到均衡点为止。

可见,如果知道了消费函数和投资量,就可以得到均衡国民收入水平。

例如,假定一个两部门经济的消费函数 $C=1\,000+0.8Y$,企业计划投资为600亿美元,则两部门的均衡国民收入是

$$Y=\frac{1\,000+600}{1-0.8}=8\,000(亿美元)$$

结合这一例子,上述图形还可以用表格形式来体现,如下表 7-6 所示。

表 7-6 均衡国民收入的决定　　　　　　　　　(单位:亿美元)

国民收入(Y)=总供给	消费需求(C)	投资需求(I)	总需求(C+I)	非计划存货投资	国民收入变动趋势
5 000	5 000	600	5 600	−600	扩张
6 000	5 800	600	6 400	−400	扩张
7 000	6 600	600	7 200	−200	扩张
8 000	7 400	600	8 000	0	均衡
9 000	8 200	600	8 800	200	收缩
10 000	9 000	600	9 600	400	收缩
11 000	9 800	600	10 400	600	收缩

很显然,如果消费和投资增加,经济中的总支出增加,从而均衡国民收入增加;反之,消费和投资减少,均衡国民收入减少。由此可见,消费和投资是刺激经济增长的主要因素。

2. 投资等于储蓄决定均衡国民收入

(1) 均衡公式

均衡国民收入的决定还可以由投资等于储蓄的均衡条件加以说明。这时均衡国民收入可以由下列模型决定:

$$\begin{cases} 储蓄函数: S = s(Y) = -a + (1-b)Y \\ 投资函数: I = I_0 \\ 均衡条件: I = S \end{cases}$$

从均衡条件再次得到两部门均衡国民收入为

$$Y = \frac{a + I_0}{1 - b}$$

(2) 图形及表格

在图 7-8 中以横轴表示总收入,纵轴表示储蓄和投资。当投资曲线与储蓄曲线相交时,经济处于均衡状态。均衡国民收入依然是 Y_0。如在上例中,由消费函数 $C = 1\,000 + 0.8Y$ 可知,储蓄函数为 $S = -1\,000 + (1-0.8)Y$,又由于企业计划投资为 600 亿美元,按照投资等于储蓄的均衡条件得到均衡国民收入仍然是 8 000 亿美元。

在图 7-8 中当国民收入为 Y_1 小于均衡国民收入 Y_0 时,这时经济中就会出现储蓄(S_1)小于投资(I_0),这表明经济中对投资品的需求大于经济中储蓄的投资品,从而促使厂商增加生产,国民收入随之增加,即 Y_1 会逐渐增加直至均衡国民收入 Y_0。反之,如果

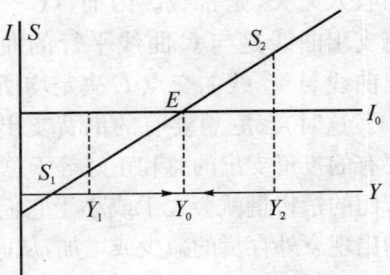

图 7-8 投资等于储蓄决定国民收入

第七章 宏观经济水平的度量及其决定

最初的国民收入为 Y_0 大于均衡国民收入 Y_1，这时经济中就会出现储蓄(S_2)大于投资(I_0)，这表明经济中对投资品的需求小于经济中储蓄的投资品，从而促使厂商缩减生产，国民收入随之减少，即 Y_2 会逐渐减少直至均衡国民收入 Y_0。因此，均衡国民收入也可以由投资等于储蓄的 E 点来决定。

表 7-7 均衡国民收入的决定　　　　　　　　　　　　（单位：亿美元）

国民收入(Y)＝总供给	储蓄(S)	投资需求(I)	非计划存货投资	国民收入变动趋势
5 000	0	600	−600	扩张
6 000	200	600	−400	扩张
7 000	400	600	−200	扩张
8 000	600	600	0	均衡
9 000	800	600	200	收缩
10 000	1 000	600	400	收缩
11 000	1 200	600	600	收缩

很显然，如果投资增加或者储蓄减少，均衡国民收入增加；反之，投资减少或者储蓄增加，均衡国民收入减少。因此，储蓄是抑制国民收入增长的因素。

五、三部门经济中的国民收入决定

均衡国民收入决定的模型，很容易从两部门经济推广到包含政府的三部门经济和包含对外贸易的四部门经济的情况。下面以三部门为例说明这种推广。

在三部门经济体系中，经济活动的主体是家庭、厂商和政府。在这里，构成总支出的项目不仅包括私人消费和投资，还包括政府的购买支出(G)；总收入项目中，除了私人用于消费和储蓄的收入外，还包括政府的净税收(T)。为了简便起见，假定税收为定量税，即 $T=T_0$。

引入政府部门对私人部门所产生的最重要的影响是通过税收对私人收入的影响。当存在政府税收时，决定家庭部门消费和储蓄的收入不再是总收入 Y，而是可支配收入 Yd，$Yd=Y-T_0$。仍以线性关系说明三部门均衡国民收入的决定。在加入政府部门后，政府税收对消费的影响可以表示为

$$C=a+bYd=a+b(Y-T_0)=a-bT_0+bY$$

相应地，储蓄函数表示为

$$S=Yd-C=-a+bT_0+(1-b)Y$$

于是，三部门均衡国民收入决定于下面的条件：

$$\begin{cases} 消费函数: C=a-bT_0+bY \\ 投资函数: I=I_0 \\ 政府购买: G=G_0 \\ 均衡条件: Y=C+I+G \end{cases} 或者 \begin{cases} 储蓄函数: S=-a+bT_0+(1-b)Y \\ 投资函数: I=I_0 \\ 政府购买: G=G_0 \\ 税收函数: T=T_0 \\ 均衡条件: S+T=I+G \end{cases}$$

从中得到均衡国民收入为

$$Y=\frac{a-bT_0+I_0+G_0}{1-b}$$

很显然,均衡国民收入随着政府购买增加而增加,随着税收的增加而减少。即政府购买增加使得国民收入增加,而政府税收增加则国民收入减少。同理,可以推出,出口增加使得一国国民收入增加;反之,进口增加使得一国国民收入减少。

六、乘数原理

在简单国民收入决定理论中,指出了影响一国均衡国民收入的因素。乘数原理是说明影响国民收入的因素发生变动时所引起的国民收入变动的程度。由于国民收入的变动量是引起其变动的初始量的若干倍,因此,对国民收入的变动与影响国民收入变动的因素的分析称为乘数原理。若用 K 表示乘数,则

$$\Delta Y=K \cdot \Delta \text{初始量}$$

由于引起国民收入变动的初始量可能是投资、政府购买、税收等,因此,相应地,乘数有投资乘数、政府支出乘数、税收乘数等。

1. 投资乘数

在其他条件不变的情况下,某一部门增加一笔投资(ΔI),会在国民经济各部门之间引起连锁反应,当国民收入重新达到均衡时,由此引起的国民收入的增加量将是这笔投资的若干倍。以 K_i 表示投资乘数,则 K_i 等于 1 减边际消费倾向的倒数或边际储蓄倾向的倒数。用公式表示为

$$K_i=\frac{1}{1-\text{MPC}}=\frac{1}{\text{MPS}}$$

投资具有乘数效应的原因是因为国民经济各部门是相互联系的,当某一部门增加一笔投资时,将引起经济中增加等量的投资需求,从而使投资品供给增加相同的数额;投资品的增加又使得经济中的总收入增加相同的数额;收入的增加又导致居民增加消费;消费增加又在各部门之间引起连锁反应,直到经济再次处于均衡状态。

例如:某部门增加投资 100 万元,就会引起投资品部门的生产增加 100 万元,相应人们的收入增加 100 万元。在边际消费倾向为 0.8 时,居民增加消费 80 万元,这又会引起消费品部门增加消费品生产 80 万元。相应地,人们的收入又增加 80 万元。如果边际消费倾向依然是 0.8,则引起生产增加 64 万元……

当国民收入达到新的均衡时,国民收入的增加量是

$$\Delta Y=100+100\times 0.8+100\times 0.8^2+\cdots=100\times \frac{1}{1-0.8}=500$$

一般地,假定投资变动 ΔI,国民收入将随之变动 ΔY,如果经济中各家庭的边际消费倾向为 b,则投资增加引起的均衡国民收入增加量是

$$\Delta Y=\Delta I+b\Delta I+b^2\Delta I+\cdots$$

最终国民收入的增加量是

第七章 宏观经济水平的度量及其决定

$$\Delta Y = \frac{1}{1-b}\Delta I$$

由此可见,乘数的大小取决于边际消费倾向或边际储蓄倾向的大小,边际消费倾向越大或边际储蓄倾向越小,乘数就越大;反之,边际消费倾向越小或边际储蓄倾向越大,乘数就越小。

同理,当投资减少时,国民收入将成倍地减少。

在实践中,乘数效应要充分地发挥作用还受到若干条件的限制。首先,如果经济中没有劳动力、投资存货等可利用的资源,那么,投资增加并不能使产量和收入增加。其次,如果增加的收入用来购买进口产品,则乘数将降低。最后,乘数效应要求经济中有比较稳定的消费倾向。一般地,投资乘数作用在经济萧条时的效果最佳。

2. 政府购买乘数

政府购买乘数是指政府购买的变动所引起的国民收入增加或减少的程度。如果政府购买增加 ΔG,那么总产出或总需求将增加 ΔY,政府购买增加所引起的总产出增加的乘数是

$$K_G = \frac{\Delta Y}{\Delta G} = \frac{1}{1-b}$$

由此可见,在其他条件不变情况下,政府购买增加与私人投资增加对经济的影响效果是一样的。因为政府购买增加同样引起经济中需求增加,并使得均衡国民收入增加。假定经济中的边际消费倾向为 b,那么,政府购买增加引起的国民收入增加量是

$$\Delta Y = \Delta G + b\Delta G + b^2 \Delta G + \cdots$$

最终国民收入的增加量是

$$\Delta Y = \frac{1}{1-b}\Delta G$$

此公式表明,当政府购买增加时,国民收入会以 1 减边际消费倾向的倒数倍增加。反之,当政府购买减少时,国民收入会以 1 减边际消费倾向的倒数倍减。

3. 税收乘数

税收乘数是指税收的变动所引起的国民收入或总产出的变动倍数。在其他条件不变情况下,税收增加引起总需求减少,并使得均衡国民收入减少。假定经济中的边际消费倾向为 b,那么,政府税收增加引起的国民收入的减少量是

$$\Delta Y = -b\Delta T - b^2 \Delta T - b^3 \Delta T + \cdots$$

最终国民收入的减少量是

$$\Delta Y = \frac{-b\Delta T}{1-b}$$

税收乘数是

$$K_T = \frac{\Delta Y}{\Delta T} = \frac{-b}{1-b}$$

税收乘数是负值,表示总产出随税收增加而减少,随税收减少而增加。其原因是

税收增加会引起可支配收入的减少,从而消费会相应减少。消费减少,生产就会紧缩,总产出就会减少。因而税收变动与总产出变动方向相反,即如果政府增税,则总产出将减少;如果政府减税,则总产出将增加。

4. 平衡预算乘数

平衡预算乘数是指政府收入和支出同时以相等数量变化时引起的国民收入变动的程度。在固定税或定量税条件下,平衡预算乘数等于1。

设政府税收收入增加 ΔT 的同时政府购买支出增加 ΔG,根据平衡预算的要求,有 $\Delta T = \Delta G$,$\Delta Y = K_G \Delta G + K_T \Delta T$,根据以上3和2的分析,有

$$\Delta Y = \frac{1}{1-b}\Delta G + \frac{-b}{1-b}\Delta T$$

在 $\Delta T = \Delta G$ 的情况下,$\Delta Y = \Delta T = \Delta G$。这表明,平衡预算乘数等于1。

七、节俭的反论

由上面的分析可知,在既定的收入中,消费与储蓄成反方面变动。而增加消费、减少储蓄会增加总需求,从而使国民收入增加,经济繁荣;相反,减少消费、增加储蓄会减少总需求,从而使国民收入减少,经济萧条。由此就得出了一个自相矛盾的结论:仅从个人的角度看,个人节制消费、增加储蓄,可以获得利息收入,从而可以使个人财富增加;但从整个经济来看,个人减少消费、增加储蓄会减少国民收入,引起经济萧条,因而对整个经济来说是坏事。相反,个人增加消费、减少储蓄会减少个人财富,但却会增加国民收入,使经济繁荣,对整个经济来说则是好事。节俭所导致的这种相互矛盾的结果被称为"节俭悖论"。

值得说明的是,增加储蓄会使国民收入减少,减少储蓄会使国民收入增加的结论仅仅适用于各种资源没有得到充分利用,从而总供给可以随着总需求的增加而增加的情况。如果社会经济资源得到了充分利用,从而导致总供给的增加出现了困难时,上述结论就不适用了。

本章小结

1. 宏观经济运行状况的测度与监控必须依靠一套由相互联系的指标所组成的指标体系来运行。国内生产总值(GDP)是宏观经济指标体系的核心指标。GDP 是依据国土原则来测定生产总值的指标,GNP 是依据国民原则来测定生产总值的指标,GDP 与 GNP 之差称为国外要素收入与转移支付净额(NFP)。

2. GDP 有三种测定方法。生产法是从如何形成的角度测定国内生产总值;支出法是从国内生产总值生产出来以后怎样使用来测定的;收入法是从参与生产的生产要素所得的相应收入角度来测定国内生产总值的。三种方法测定的是同一个对象,应该保持其一致性。

3. 均衡国民收入是一国的总需求(AD)和总供给(AS)恰好一致时的国民收入水平。总需求由一国的总支出来表示;总供给由一国的总收入来表示。凯恩斯主义认为,

第七章 宏观经济水平的度量及其决定

在假定经济中总能提供与总需求相一致的总供给,一国的国民收入就取决于总需求。

4. 在简单的均衡模型中,乘数效应是通过消费函数的作用来传导的。乘数效应对于分析国民收入变动的程度具有重要的现实意义。

本章案例和背景资料

本章案例1:GDP 不是万能的,但没有 GDP 是万万不能的

GDP 只是用来衡量那些易于度量的经济活动的营业额,不能全面反映经济增长的质量。美国罗伯特·肯尼迪(美国总统约翰·肯尼迪之弟)曾说过"GDP 衡量一切,但并不包括使我们的生活有意义的东西"。这句话就是他在竞选总统的演说中对 GDP 这个经济指标的批评。他不是经济学家,但他的这句话颇受经济学家的重视。

越来越多的人包括非常著名的学者,对 GDP 衡量经济增长的重要性发生了怀疑。斯蒂格利茨曾经指出,如果一对夫妇留在家中打扫卫生和做饭,这将不会被列入 GDP 的统计之内,假如这对夫妇外出工作,另外雇人做清洁和烹调工作,那么这对夫妇和佣人的经济活动都会被计入 GDP。说得更明白一些,如果一名男士雇佣一名保姆,保姆的工资也将计入 GDP。如果这位男士与保姆结婚,不给保姆发工资了,GDP 就会减少。

德国学者厄恩斯特·B·冯·魏茨察克和两位美国学者艾墨里·B·洛文斯,L·亨特·洛文斯在他们合著的《四倍跃进》中对 GDP 在衡量经济增长中的作用更是提出了诘难。他们生动地写道:"乡间小路上,两辆汽车静静驶过,一切平安无事,它们对 GDP 的贡献几乎为零。但是,其中一个司机由于疏忽,突然将车开向路的另一侧,连同到达的第三辆汽车,造成了一起恶性交通事故。'好极了',GDP 说。因为,随之而来的是救护车、医生护士、意外事故服务中心、汽车修理或买新车、法律诉讼、亲属探视伤者、损失赔偿、保险代理、新闻报道等等,所有这些都被看作是正式的职业行为,都是有偿服务。即使任何参与方都没有因此而提高生活水平,甚至有些还蒙受了巨大损失,但我们的'财富'——所谓的 GDP 依然在增加。"基于以上的分析,三位学者深刻地指出:"平心而论,GDP 并没有定义成度量财富或福利的指标,而只是用来衡量那些易于度量的经济活动的营业额。"

需要进一步指出的是,国内生产总值其中所包括的外资企业虽然在我们境内从统计学的意义上给我们创造了 GDP,但利润却是汇回他们自己的国家的。一句话,他们把 GDP 留给了我们,把利润转回了自己的国家,这就如同在天津打工的安徽民工把 GDP 留给了天津,把挣的钱汇回了安徽一样。看来 GDP 只是一个"营业额",不能反映环境污染的程度,不能反映资源的浪费程度,看不出支撑 GDP 的"物质"内容。在当今中国,资源浪费的亮点工程、半截子工程,都可以算在 GDP 中,都可以增加 GDP。

上述分析不难看出目前在评价经济状况经济增长趋势及社会财富的表现时,使用最为广泛的国民经济核算所提供的 GDP 指标,不能完全反映自然与环境之间的平衡,不能完全反映经济增长的质量。这些缺陷使传统的国民经济核算体系不仅无法衡量环境污染和生态破坏导致的经济损失,相反还助长了一些部门和地区为追求高的 GDP 增长而破坏环境、耗竭式使用自然资源的行为。可以肯定的是,目前 GDP

数字里有相当一部分是靠牺牲后代的资源来获得的。有些 GDP 的增量用科学的发展观去衡量和评价,不但不是业绩,反而是一种破坏。我们要加快发展、加速发展,但不能盲目发展。

尽管 GDP 存在着种种缺陷,但这个世界上本来就不存在一种包罗万象、反映一切的经济指标,在我们现在使用的所有描述和衡量一国经济发展状况的指标体系中,GDP 无疑是最重要的一个指标。正因为有这些作用,所以说,GDP 不是万能的,但没有 GDP 是万万不能的。

本章案例 2:一把"双刃的剑"

乘数反映了国民经济各部门之间存在着密切的联系。比如建筑业增加投资 100 万,它不仅会使本部门收入增加,而且会在其他部门引起连锁反应,从而使这些部门的支出与收入也增加,在边际消费倾向为 80% 时,在乘数的作用下最终使国民收入增加 5 倍,国民收入增加 500 万。为什么会有这种倍数关系,让我们举一例来说明。

例如,你花了 50 元去买了 10 斤苹果,这样卖水果的小贩收到 50 元后,留下 20% 即 $50 \times 20\% = 10$ 元去储蓄,拿其余的 80% 即 $50 \times 80\% = 40$ 元去购买其他商品,这 40 元又会成为其他人的收益。假如这个小贩把 40 元用去购买蔬菜,这又使菜农收益增加了 40 元。菜农再 20% 即 $40 \times 20\% = 8$ 元去储蓄,其余 $40 \times 80\% = 32$ 元去买大米,这样,卖大米的农户又会增加 32 元的收益。如此连续循环下去,社会最后的收益上升到 250 元,其计算方法为

$$50 + 50 \times 80\% + 50 \times 80\% \times 80\% + 50 \times 80\% \times 80\% \times 80\% \cdots$$
$$= 50 \times (1 + 80\% + 80\% \times 80\% 80\% + 80\% \times 80\%)$$
$$= 50 \times [1/(1 - 80\%)] = 250 \text{ 元}$$

250 元是最初需求增加量 50 元的 5 倍,这就是乘数效应的结果。但乘数的作用是双重的,如果上述例子的相反会使国民收入减少 250 元。即当自发总需求增加时,所引起的国民收入的增加要大于最初自发总需求的增加;当自发总需求减少时,所引起的国民收入的减少也要大于最初自发总需求的减少。所以,经济学家形象地把乘数称为一把"双刃的剑"。

本章案例 3:"蜜蜂寓言"的启示

20 世纪 30 年代,资本主义世界爆发了一场空前的大危机。经济的大萧条使 3 000 多万人失业,1/3 的工厂停产,金融秩序一片混乱,整个经济倒退到一战以前的水平。

在经济大危机中,产品积压、工人失业、生活困难,绝大多数人感到前途悲观。持续的经济衰退和普遍失业,使传统的经济学遇到了严峻的挑战。一直关注美国罗斯福新政的英国经济学者约翰·梅纳特·凯恩斯,从一则古老的寓言中得到了启示:从前有一群蜜蜂过着挥霍、奢华的生活,整个蜂群兴旺发达,百业昌盛。后来,它们改变了原有的生活习惯,崇尚节俭朴素,结果社会凋敝,经济衰落,终于被敌手打败。凯恩斯从这则寓言中悟出了需求的重要性,并建立了以需求为中心的国民收入决定理论,并在此基础上引发了经济学上著名的"凯恩斯革命"。这场革命的结果就是建立了现代宏观经济学。

第七章　宏观经济水平的度量及其决定

过去有一句老话"新三年旧三年缝缝补补还三年"如果真是如此节约,我们的纺织行业就会面临着纺织品卖不去,工人下岗,收入降低,导致和影响整个社会消费。因此节俭对个人来说可能是一种美德,在有的时候我们还要提倡,但对整个社会来说就不是美德,而是一种退步。因为大家都节俭,储蓄增加,如果这部分储蓄不能及时转化为投资形成新的消费力量,那就会减少社会需求,对国民经济活动造成一种紧缩的压力,导致经济萧条。

国民收入也因此下降,就业减少。尤其是在经济萧条时期,这种节俭更会加剧萧条,形成恶性循环。

本章背景资料

本章背景资料1:凯恩斯生平(1883—1946)

约翰·梅纳德·凯恩斯是个神童。以优异的成绩完成了在伊顿和剑桥的学习后,凯恩斯参加了国家公务员考核。可笑的是,他糟糕的成绩使他失去了梦寐以求的在财政部工作的机会。几年后,回想起他考分最低的功课竟是经济学部分时,他毫不谦虚地说,"主考人大概不如我懂得多"。他可能是对的。

一战期间,凯恩斯被招到财政部帮助制定战时财政计划。在那儿,他大胆而智慧的独特思维使他很快成为核心人物。战后他代表英国财政部参加了在凡尔赛召开的和会。凡尔赛和会成为凯恩斯一生的转折点,尽管在这次和会上他犯了大错。他极力劝说协约国对侵略成性的德国采取较少的惩罚。劝说无效后,他冲出大会,写下了《和平的经济后果》(1919)。在这篇文章中,凯恩斯认为德国永远不会遵从条约中苛刻的经济条款,而且邪恶的德国会对欧洲持续的稳定造成威胁,还可能发动另一场战争。

在政府部门不受欢迎后,凯恩斯回到了剑桥。1925年,他娶了为他放弃职业舞台的漂亮的苏联芭蕾舞演员吕迪雅(后来她在凯恩斯开的剧院演出)。

在两次世界大战之间,凯恩斯致力于赚钱、经济理论研究。1936年他发表了成名作《就业、利息和货币理论》,奠定了现代宏观经济学的基础。

二战期间他又回到了财政部,参加了几次同美国的棘手的财政谈判。1944年,他的事业达到顶峰,代表大英帝国参加了在新罕布什尔召开的布雷顿森林会议,制定了影响西方世界长达27年之久的国际货币体系。

由于心脏病发作,1946年凯恩斯勋爵死在家中。凯恩斯几乎得到了他所追求的一切,除了一个小小的遗憾:他想多喝点香槟。

本章习题

一、实验报告题

1. 可支配收入、个人储蓄平均数、消费额平均数这三个变量有什么数量关系?
2. 从各轮实验的结果来看,伴随着可支配收入的提高,个人储蓄平均数有什么变化?消费额平均数又有什么变化?
3. 从各轮实验的结果来看,伴随着可支配收入的提高,个人储蓄平均数占收入的比例有什么变化？消费额平均数占收入比例又有什么变化？这两个比例有什么数量关系？

4. 从各轮实验的结果来看，伴随着可支配收入的提高，边际储蓄倾向有什么变化？边际消费倾向又有什么变化？这两个"倾向"有什么数量关系？

5. 比对两个不同小组学生的实验记录总表，边际消费倾向的数字有无差异？如有差异，试分析其中的原因。

二、选择题

1. 宏观经济的研究包括下列哪些课题 （ ）
   A. 通货膨胀、失业和经济增长的根源
   B. 经济总表现的微观基础
   C. 一些经济取得成功而另一些经济则归于失败的原因
   D. 为实现经济目标，可以制定经济政策以增加取得成功的可能性
   E. 上述答案都正确

2. 在国民生产总值和国民生产净值统计数字中，"投资"包括 （ ）
   A. 通过政府部门生产的任何耐用产品，如一条新公路
   B. 购买任何一种新发行的普通股
   C. 年终与年初相比增加的存货量
   D. 消费者购买的但到年终并没完全消费掉的任何商品

3. 下列哪一项不列入国内生产总值的核算 （ ）
   A. 出口到国外的一批货物
   B. 政府给贫困家庭发放的一笔救济金
   C. 保险公司收到一笔家庭财产保险费

4. 在国民收入核算体系中，计入 GDP 的政府支出是指 （ ）
   A. 政府购买物品的支出
   B. 政府购买物品和劳务的支出
   C. 政府购买物品和劳务的支出加上政府的转移支付之和
   D. 政府工作人员的薪金和政府转移支付

5. 与名义 GDP 相比，实际 GDP 是指 （ ）
   A. 名义 GDP 减去对别国的赠与
   B. 名义 GDP 减去全部的失业救济
   C. 将名义 GDP 根据价格变动进行调整后得到
   D. 将名义 GDP 根据失业变动进行调整后得到

6. 一国的国民生产总值小于国内生产总值，说明该国公民从外国取得的收入_____外国公民从该国取得的收入 （ ）
   A. 大于 B. 小于
   C. 等于 D. 可能大于也可能小于

7. "面粉是中间产品"这一命题 （ ）

第七章 宏观经济水平的度量及其决定

A. 一定是对的
B. 一定是不对的
C. 可以是对的,也可以是错的
D. 以上三种说法全对

8. 在三部门经济中,如果用支出法来衡量,GDP 等于 （　　）
   A. 消费+投资
   B. 消费+投资+政府支出
   C. 消费+投资+政府支出+净出口
   D. 消费+投资+净出口

9. 用收入法计算国内生产总值是 （　　）
   A. 将人们取得的收入(包括资本所得)加总
   B. 将所有厂商的收入减去使用的中间投入品的成本的加总
   C. 厂商支付的劳动者工资、银行利息、间接税加上厂商利润后的数额
   D. 将厂商支付的劳动者工资、银行利息、间接税的数额减去厂商利润后的数额

10. 边际消费倾向与边际储蓄倾向之和等于 （　　）
    A. 大于 1 的正数
    B. 小于 2 的正数
    C. 零
    D. 等于 1

11. 以下四种情况中,投资乘数最大的是 （　　）
    A. 边际消费倾向为 0.6
    B. 边际储蓄倾向为 0.1
    C. 边际消费倾向为 0.4
    D. 边际储蓄倾向为 0.3

12. 如果与可支配收入无关的消费为 300 亿元,投资为 400 亿元,平均储蓄倾向为 0.1,那么,在两部门经济中,均衡收入水平为 （　　）
    A. 770 亿元
    B. 4 300 亿元
    C. 3 400 亿元
    D. 7 000 亿元

13. 在一般情况下,国民收入核算体系中数值最小的是 （　　）
    A. 国内生产净值
    B. 个人收入
    C. 个人可支配收入
    D. 国民收入
    E. 国内生产总值

14. 如果投资增加 150 亿元,边际消费倾向为 0.8,那么收入水平将增加 （　　）
    A. 190 亿元　　B. 750 亿元　　C. 150 亿元

15. 政府购买乘数 （　　）
    A. 等于投资乘数
    B. 等于投资乘数的相反数
    C. 比投资乘数小 1
    D. 等于转移支付乘数
    E. 以上说法均不准确

16. 如果边际储蓄倾向为 0.2,则税收乘数值为 （　　）
    A. 5
    B. 0.25
    C. －4
    D. 2
    E. －1

17. 凯恩斯理论认为,造成经济萧条的根源是 （　　）
    A. 就业不足
    B. 商品供给不足
    C. 有效需求不足
    D. 劳动力供给不足

18. 如果个人收入等于 570 美元,而个人所得税等于 90 美元,消费

等于430美元,利息支付总额为10美元,个人储蓄为40美元,
个人可支配收入则等于 （　　）
A. 500美元　　　B. 480美元　　　C. 470美元　　　D. 400美元

19. 所谓净出口是指 （　　）
A. 出口减进口
B. 进口减出口
C. 出口加进口
D. GDP减出口
E. GDP减进口

20. 假定经济实现充分就业,总供给曲线是垂直的,减税将 （　　）
A. 提高价格水平和实际产出
B. 提高价格水平但不影响实际产出
C. 提高实际产出但不影响价格水平
D. 对价格水平和产出均不影响

三、判断题

1. 国民生产总值与国内生产总值一定是不相等的。（　　）
2. 公司所得税属于直接税。（　　）
3. 国民经济核算中使用的收入法是通过加总生产者的收入、利润来核算GDP的。（　　）
4. 总理薪水不属于要素收入。（　　）
5. 使用产品的市场价值来计算GDP的好处在于使不同的产品能够进行加总。（　　）
6. 其他条件不变,厂商投资增加将引起国民收入增加,但消费水平不变。（　　）
7. 消费者储蓄增多而消费支出减少,将引起国民收入下降。（　　）
8. 在凯恩斯45°线图中消费函数与45°线相交点的产出水平代表消费C和储蓄S相等。（　　）
9. 构成GDP一部分的存货投资被看做最终产品。（　　）
10. 国民收入加上企业直接税等于净国民产出NNP。（　　）
11. 总需求曲线向右下方倾斜是由于价格水平下降时,投资会减少。（　　）
12. 在国内生产总值的计算中,购买公司债券的行为被经济学家称为投资。（　　）
13. 在收入—支出分析法中,如果总支出位于45°线上方,则表示非计划存货是正的,所以厂商会提高产量。（　　）
14. 在收入—支出分析法中,税率的增加不影响乘数。（　　）
15. 净出口不随国民收入变动而变动。（　　）
16. 当取得均衡国民收入时,非计划存货为零。（　　）
17. 不存在政府的两部门模型中,均衡条件是储蓄等于意愿投资。（　　）
18. 假如边际储蓄倾向大于边际消费倾向,投资支出乘数将小于1。（　　）

第七章 宏观经济水平的度量及其决定

19. 不仅投资支出有乘数作用,政府支出、消费支出和出口也有乘数作用。（　）
20. 假如政府支出的增加会挤出私人支出,政府平衡预算的增加不一定导致国民收入的增加。（　）

四、计算题

1. 假设某地国民收入统计资料如右,请计算：
   ①国内生产总值；
   ②国内生产净值；
   ③国民收入；
   ④个人收入；
   ⑤个人可支配收入。

净投资	125	政府购买	200
净出口	15	社会保险费	150
储蓄	35	个人消费支出	500
资本折旧	50	公司未分配利润	100
政府转移支付	100	公司所得税	50
企业间接税	75	个人所得税	30

2. 设一经济社会生产三种产品,1999年和2008年这些产品和价格如右表所示：
   试计算：
   ①1999年和2008年的名义国内生产总值。
   ②如果以1999年为基年,则2008年的真实国内生产总值为多少？
   ③计算1999—2008年的国内生产总值折算数,2008年价格比1999年上升多少？

产品	1999年		2008年	
	产品	价格	产品	价格
A	80	0.50	100	1.00
B	60	3.00	120	5.00
C	130	6.50	160	9.00

3. 假设在两部门经济中,$I=1\,800$ 亿元,$C=400+0.8Yd$（亿元）。投资乘数是多少？均衡时的收入和消费分别是多少？

4. 在两部门经济中根据下述消费和投资函数：
   $C=500+0.75Yd$　　　　　$I=1\,500$
   计算：①投资乘数。
   　　　②均衡产出、消费、储蓄各为多少？
   　　　③如果投资增加250亿元,均衡产出、消费、储蓄各为多少？
   　　　④如果消费函数的斜率增大或减小,投资乘数将有何变化？

5. 假定某经济中有如下行为方程：
   $C=100+0.6Yd\,(Yd=Y-T)$　$I=100$　$G=350$　$T=150$
   试求：①均衡国民收入；
   　　　②私人消费支出；
   　　　③私人储蓄；
   　　　④投资乘数 K_i。

经济学基础 | JINGJIXUE JICHU

第八章 物价和就业

本章主要目的

通过本章的学习,你应当能够:
1. 懂得通货膨胀和通货紧缩的定义、度量指标
2. 了解通货膨胀和通货紧缩的类型
3. 理解通货膨胀和通货紧缩的成因、影响
4. 掌握失业的含义、失业的衡量
5. 熟知失业的类型、影响
6. 明确有效需求的含义、有效需求论的内涵
7. 搞清通货膨胀与失业之间的关系,即菲利普斯曲线的内涵、种类

第一节 引导性实验
—— 物价和就业实验

一、实验步骤

1. 确定实验条件

实验器材:5 副纸牌和相应数量的实验专用记录单。在这一实验中使用纸牌,以便于反映商品与货币的流动,简化统计工作。

实验场地:足够宽敞的多媒体教室,以便于参加实验的学生走动。

实验人数:15 人。

2. 分配游戏角色

我们将模拟封闭状态下的经济运行,反映在信用货币的环境中,经济体系中的生产活动、交换活动和消费活动。将由 5 个学生扮演厂商、10 个学生扮演居民。在每个时期初,居民拥有有限的人力资源,每个居民必须将人力资源在工作与休闲之间进行配置,这种配置就将决定劳动的供给量与闲暇的数量。居民通过劳动获得的工资收入可以用于购买商品而增加效用。厂商需要购买居民的人力资源,并将其投入生产过程,形成产出。每个厂商必须决定生产出的商品多少用于自己消费,多少用于向居民出售。

3. 分发游戏器材

在这个简单的宏观经济循环中,为简化统计工作,我们用纸牌来反映商品、劳务的流动和货币的流动。用红牌表示货币,用黑牌表示商品和劳务。每个厂商在整个实验开始时,会领到每副牌中红色的半副,也就是 26 张红牌,可用于购买居民的劳务。每个居民在每轮游戏开始时,会领到 3 张黑牌,代表拥有 3 单位的人力资源,可用于休闲或者劳动。

4. 宣读收益规则

公开宣读游戏遵循的收益规则:

(1) 厂商生产的投入与产出规则,也就是厂商的生产函数

厂商生产的投入与产出规则为

厂商投入的第 1 单位劳动会形成 6 单位商品的产出;

厂商投入的第 2 单位劳动也会形成 6 单位商品的产出;

厂商投入的第 3 单位劳动会形成 3 单位商品的产出;

厂商投入的第 4 单位劳动也会形成 3 单位商品的产出;

厂商投入的第 5 单位劳动会形成 1 单位商品的产出;

厂商投入的第 5 单位以后的各单位劳动(如第 6 单位、第 7 单位……劳动)也只会形成 1 单位商品的产出。

(2) 居民休闲的效用规则,以及由此可以引出居民劳动供给的函数

居民用于休闲的人力资源,即休闲时间的效用规则为

居民第 1 单位休闲的效用相当于 4 单位商品;

居民第 2 单位休闲的效用相当于 3 单位商品;

居民第 3 单位休闲的效用相当于 2 单位商品;

也就是说:

当居民将 1 单位时间用于休闲,2 单位时间用于劳动时,他从休闲中获得的总效用为 4 单位商品。

当居民将 2 单位时间用于休闲,1 单位时间用于劳动时,他从休闲中获得的总效用为 7(4+3)单位商品。

当居民将 3 单位时间用于休闲,0 单位时间用于劳动时,他从休闲中获得的总效用为 9(4+3+2)单位商品。

于是,居民劳动供给的函数,即居民劳动供给的机会成本为

居民第 1 单位劳动的机会成本相当于 2 单位商品;(居民的劳动时间从 0 单位增加到 1 单位,休闲时间从 3 单位时间减少到 2 单位,减少 1 单位休闲所减少的效用为第 3 单位休闲的效用)。

居民第 2 单位劳动的机会成本相当于 3 单位商品;(居民的劳动时间从 1 单位增

加到2单位,休闲时间从2单位时间减少到1单位,减少1单位休闲所减少的效用为第2单位休闲的效用)。

居民第3单位劳动的机会成本相当于4单位商品;(居民的劳动时间从2单位增加到3单位,休闲时间从1单位时间减少到0单位,减少1单位休闲所减少的效用为第1单位休闲的效用)。

5. 运作劳动市场

在劳动市场中,居民出卖劳动力取得相应的货币收入;厂商买进劳动力,支付相应的工资。劳动市场开始运作时,各个厂商应该确定能够提供的货币工资 W,即愿意用多少张红牌换取居民手中的1张黑牌。所有厂商都应该将其能够提供的货币工资写在实验专用的报价单上,并由教师将所有的货币工资公布在黑板上。然后,教师运用随机数生成器,以相同的概率分布生成1~10之间的一个随机数字,确定相应编号的居民第一个进入劳动力市场进行交易。而在这一编号之后的其他居民也依次进行劳动力市场交易。所有的交易都必须按照之前公布的货币工资进行,不能再行私下议价。通常,居民会选择报出较高货币工资的厂商与之交易,要求厂商购买他的劳动。如果某个开出较高工资的厂商在其工资报价上限制购买的劳动数量,不愿意与居民成交,居民只能选择另一个工资报价稍低的厂商进行交易。自然,该厂商表示不愿意与居民成交时,此后也就不能再向其他居民购买劳动,宣告自动退出了本轮的劳动市场。当居民出售1单位劳动给厂商时,厂商和居民必须当场交换红牌和黑牌,并在实验专用记录单中做好相应的记录。当一个居民完成劳动力交易后,序列中处于其后的居民逐个进入市场。当所有的居民都有机会出售其劳动,并表示停止再出售时,或者当所有的厂商都有机会购买居民的劳动,并表示停止再购买时,就意味着劳动市场的运作结束了。

6. 展现生产过程

在完成劳动市场运作后,厂商购买了劳动力,并将其投入生产过程,实现从投入到产出的转换,获得相应的产出。按照第4步骤中厂商生产的投入与产出规则,来展现厂商的生产过程。

当厂商购买并投入1单位劳动时,将会有6单位的产出。其拥有的黑牌数量会从1张变成6张,由教师为他再加上另外的5张黑牌,以表示这个生产过程。

当厂商购买并投入2单位劳动时,将会有12单位的产出。其拥有的黑牌数量会从2张变成12张,同样,由教师为他再添上另外的10张黑牌。

当厂商购买并投入3单位劳动时,将会有15单位的产出。其拥有的黑牌数量会从3张变成15张,应该为他再添上另外的12张黑牌。

当厂商购买并投入4单位劳动时,将会有18单位的产出。其拥有的黑牌数量会从4张变成18张,要为他再添上另外的14张黑牌。

当厂商购买并投入5单位劳动时,将会有19单位的产出。其拥有的黑牌数量会从5张变成19张,应该为他再添上另外的14张黑牌。

同时,居民决定如何在工作与闲暇之间配置自己的时间,出售了劳动力时,也就决定了他们从闲暇中能够获得的效用。同样按照第4步骤中居民休闲的效用规则,来体现居民的休闲过程。

当居民将1单位时间用于休闲时,他从休闲中获得的总效用为4单位商品。其拥有的黑牌数量会从1张变成4张,同样,由教师为他再添上另外的3张黑牌。

当居民将2单位时间用于休闲时,他从休闲中获得的总效用为7单位商品。其拥有的黑牌数量会从2张变成7张,同样,由教师为他再添上另外的5张黑牌。

当居民将3单位时间用于休闲时,他从休闲中获得的总效用为9单位商品。其拥有的黑牌数量会从3张变成9张,应该为他再添上另外的6张黑牌。

7. 展演商品市场

在商品市场中,厂商是商品的供给者,厂商向居民销售产品,获得销售收入。居民是商品的需求者,居民用其要素收入购买商品,形成消费支出。在结束生产过程之后,启动商品市场的运作。此时,厂商会有大量的商品,也就是有一大堆黑牌。让各个厂商确定出售商品的要价 P,即要求居民用多少张红牌才愿意换出手中的1张黑牌。所有厂商都应该将其商品要价写在报价单上,并由教师将所有的要价都公布出来。然后,仍然由教师运用随机数生成器,确定第一个进入商品市场的居民的编号。所有的商品交易都必须按照之前公布的要价进行,不能再行私下议价。通常,居民会选择商品要价较低的厂商与之交易,要求厂商出售商品。如果某个要价较低的厂商在其商品报价上限制出售的商品数量,不愿意与居民成交,居民只能选择另一个商品报价稍高的厂商进行交易。自然,当某厂商表示不愿意与居民成交时,此后也就不能再向其他居民出售商品,宣告自动退出了本轮的商品市场。当居民向厂商购买1单位商品时,居民和厂商应该当场交换红牌和黑牌,以表示钱货两清。当一个居民完成商品交易后,序列中处于后一编号的居民逐个进入市场。当所有的居民都有机会购买商品,并表示停止再购买时,或者当所有的厂商都有机会出售商品,并表示停止再出售时,就意味着本轮商品市场的运作结束了。

8. 统计游戏收益

在每轮游戏结束后,让厂商和居民清点其拥有的黑牌数量,并记录在实验专用的表单中。此后,除了给每个居民留下3张黑牌之外,教师应该回收厂商和居民手里的所有其他黑牌。而对厂商和居民手里的红牌则不作任何处理。每轮游戏都包含劳动市场运作—生产过程演示—商品市场交易三个环节,通常应确保做2轮游戏。在第2轮游戏的商品市场交易环节结束后,是否进行下轮游戏,可由教师运用随机数生成器,以相同的概率分布生成1~6之间的一个随机数字,如果生成的数字等于6,就宣布整个实验结束,并收回每个居民手里的3张黑牌,而此时厂商和居民手里的红牌则没有任何的价值,不计算收益。如果生成的数字不等于6,此时,厂商和居民手里的红牌仍然代表信用货币,可用于购买商品和劳务,可以进入下一轮游戏。

9. 讲解实验结果

实验结束后,让每个学生就自己在游戏中扮演的角色,分析厂商的劳动投入决策和产品销售决策的依据;理解居民的劳动供给决策和产品购买决策的依据。归纳信用货币在这一简单经济循环中的作用;确定劳动市场均衡和产品市场均衡的条件。教师再根据实验的具体数据,叙述相关的理论,并组织进一步的拓展讨论,引导出相应的结论。

二、实验指南

1. 学生实验指南

我们做一个有关劳动市场、投入产出、商品市场的游戏,通过让同学们扮演厂商和居民,来说明实际工资和名义工资的概念,大家一起来演示产出、就业、物价之间的关系。

在实验中你将有机会扮演厂商或者居民。当你拿到的实验记录单号码前标有"厂"字时,你就将扮演厂商;而当实验记录单号码前标有"居"字时,你就将扮演居民。每个居民将领到3张黑牌,而每个厂商将领到26张红牌。黑牌代表商品和劳务,红牌代表信用货币。厂商用信用货币向居民购买劳动。厂商向居民购买的劳务(黑牌)投入到生产会产出更多的商品(黑牌),这些商品可以由厂商自行消费或者出售给居民来换取信用货币(红牌)。无论你是扮演厂商还是扮演居民,你的目标都是获取更多的商品(黑牌),以供享受。不过,厂商和居民还需要有信用货币(红牌):厂商需要用货币来购买劳动力,居民需要用货币来购买商品。

每一轮游戏都从劳动市场的运作开始。在劳动市场中,居民出卖劳动力取得相应的货币收入;厂商买进劳动力,支付相应的货币工资。每个居民在每轮游戏开始时,会领到3张黑牌,代表拥有3单位的人力资源,可用于休闲或者劳动。劳动市场开始运作时,厂商应该确定能够提供的货币工资,即愿意用多少张红牌换取居民手中的1张黑牌,并把货币工资写在实验专用的报价单上,老师会把所有厂商的货币工资公布在黑板上。然后,老师会用随机数生成器,随机地选出一个居民,与一个厂商或者更多的厂商进行交易,以事先公布的工资出售劳动。如果某个厂商在其报价上限制购买的劳动数量,不愿意与居民成交,居民只能选择另一个工资报价稍低的厂商进行交易。自然,该厂商表示不愿意与居民成交时,此后也就不能再向其他居民购买劳动,宣告自动退出了本轮的劳动市场。当居民出售劳动给厂商时,厂商和居民必须当场交换红牌和黑牌,并在实验专用记录单中做好相应的记录。当一个居民完成劳动力交易后,序列中处于其后的居民逐个进入市场。当所有的居民都有机会出售其劳动,并表示停止再出售时,或者当所有的厂商都有机会购买居民的劳动,并表示停止再购买时,就意味着劳动市场的运作结束了。

第八章 物价和就业

每一轮游戏的第二个程序是厂商的投入产出转换过程。厂商购买了劳动力,并将其投入生产过程,实现从投入到产出的转换,获得相应的产出。

当厂商购买并投入 1 单位劳动时,将会有 6 单位的产出。你拥有的黑牌数量会从 1 张变成 6 张,由老师为你再加上另外的 5 张黑牌,以表示这个生产过程。

当厂商购买并投入 2 单位劳动时,将会有 12 单位的产出。你拥有的黑牌数量会从 2 张变成 12 张,同样,由老师为你再添上另外的 10 张黑牌。

当厂商购买并投入 3 单位劳动时,将会有 15 单位的产出。你拥有的黑牌数量会从 3 张变成 15 张,应该为你再添上另外的 12 张黑牌。

当厂商购买并投入 4 单位劳动时,将会有 18 单位的产出。你拥有的黑牌数量会从 4 张变成 18 张,要为你再添上另外的 14 张黑牌。

当厂商购买并投入 5 单位劳动时,将会有 19 单位的产出。你拥有的黑牌数量会从 5 张变成 19 张,应该为你再添上另外的 14 张黑牌。

同时,居民决定出售了劳动力时,也就决定了从休闲中能够获得的效用。

当居民将 1 单位时间用于休闲时,你从休闲中获得的总效用为 4 单位商品。你拥有的黑牌数量会从 1 张变成 4 张,老师会为你再添上另外的 3 张黑牌。

当居民将 2 单位时间用于休闲时,你从休闲中获得的总效用为 7 单位商品。你拥有的黑牌数量会从 2 张变成 7 张,老师为你再添上另外的 5 张黑牌。

当居民将 3 单位时间用于休闲时,你从休闲中获得的总效用为 9 单位商品。你拥有的黑牌数量会从 3 张变成 9 张,老师会为你再添上另外的 6 张黑牌。

每一轮游戏的第三个程序是商品市场的交易。在结束生产过程之后,启动商品市场的运作。让各个厂商确定出售商品的要价 P,将其商品价格写在报价单上,并由老师将所有的要价公布出来。然后,仍然由老师运用随机数生成器,随机确定第一个进入商品市场的居民。当某厂商表示不愿意与居民成交时,此后也就不能再向其他居民出售商品,宣告自动退出了本轮的商品市场。当居民向厂商购买 1 单位商品时,居民和厂商应该当场交换红牌和黑牌,以表示钱货两清。当一个居民完成商品交易后,序列中处于后一编号的居民逐个进入市场。当所有的居民都有机会购买商品,并表示停止再购买时;或者当所有的厂商都有机会出售商品,并表示停止再出售时,就意味着本轮商品市场的运作结束了。

每一轮游戏的第四个程序是记录游戏收益。在每轮游戏结束后,厂商和居民要清点你们拥有的黑牌数量,并记录在实验专用的表单中。此后,除了给每个居民留下 3 张黑牌之外,老师应该回收你们手里的所有其他黑牌。而对你们手里的红牌则不作任何的处理。每轮游戏都包含劳动市场运作—生产过程演示—商品市场交易三个环节,通常会确保做 2 轮游戏。在第 2 轮游戏的商品市场交易环节结束后,是否进行下轮游戏,可由老师运用随机数生成器,以相同的概率分布生成 1~6 之间的一个随机数字,如果生成的数字等于 6,就宣布整个实验结束,并收回每个居民手里的 3 张黑牌,而此时你们手里的红牌则没有任何的价值,不计算收益。如果生成的数字不等于6,此时,你们手里的红牌仍然代表信用货币,可用于购买商品和劳务,再进入下一轮的游戏。

表8-1 实验专用记录单

你的编号(居/厂)_____ 你的姓名_____

轮次	货币工资(红牌数量/每张黑牌)	劳动市场成交量(厂商购买的黑牌数量)	商品价格(红牌数量/每张黑牌)	商品市场成交量(居民购买的黑牌数量)	各轮末获得的黑牌数量
第1轮					
第2轮					
第3轮					
第4轮					
第5轮					
第6轮					
第7轮					
第8轮					
获得的黑牌数量总计					

有关厂商的投入与产出规则为:

厂商投入的第1单位劳动会形成6单位商品的产出;

厂商投入的第2单位劳动也会形成6单位商品的产出;

厂商投入的第3单位劳动会形成3单位商品的产出;

厂商投入的第4单位劳动也会形成3单位商品的产出;

厂商投入的第5单位及以后的各单位劳动(如第6单位、第7单位……劳动)只会形成1单位商品的产出。

有关居民用于休闲的人力资源,即休闲时间的效用规则为:

居民第1单位休闲的效用相当于4单位商品;

居民第2单位休闲的效用相当于3单位商品;

居民第3单位休闲的效用相当于2单位商品。

2. 教师实验指南

(1) 实验准备工作

在实验开始之前,教师首先应该准备好5副纸牌和相应数量的学生实验指南、实验专用记录单。其次,应该进行教室环境的布置,调整好教室的座位,最好有足够宽敞的多媒体教室,并将教室分成前后或左右两半,中间留出足够的过道,以便参加实验的学生走动。再次还要准备好粉笔、黑板擦、计算器、纸和笔、电脑、实验报告等器材和资料。

（2）宣布实验内容

教师向学生宣布以下的游戏名称：物价和就业实验。模拟封闭状态下的经济运行，反映在信用货币的环境中，经济体系中的生产活动、交换活动和消费活动。将由5个学生扮演厂商、10个学生扮演居民。用纸牌来反映商品、劳务的流动和货币的流动。用红牌表示货币，用黑牌表示商品和劳务。在整个实验开始时，为每个厂商发放每副牌中红色的半副，也就是26张红牌，用于购买居民的劳务。在每轮游戏开始时，为每个居民发放3张黑牌，代表拥有3单位的人力资源，可用于休闲或者劳动。

（3）解释角色功能

教师把学生实验指南分发给每个学生，并详细解释厂商和居民的经济功能。

居民拥有有限的人力资源，每个居民必须将人力资源在工作与休闲之间进行配置。居民通过劳动获得的工资收入可以用于购买商品而增加效用。厂商需要购买居民的人力资源，并将其投入生产过程，形成产出。每个厂商必须决定生产出的商品多少用于自己消费，多少用于向居民出售。厂商和居民的终极目标都是获取更多的商品，以供享受。

将厂商和居民的经济功能及相应活动的收益规则告知学生，确信每个学生都搞清实验步骤之后，允许学生开始游戏。

（4）展示实验数据

在每轮游戏中，教师应及时公布并展示劳动市场的货币工资、就业量的数据，以及商品市场的商品价格、销售量的数字，并将有关数据登记在实验数据统计工作表中。此后，再把实验专用记录单发还给学生，以便进行下一轮的游戏。在所有各轮游戏完成后，教师应该让所有学生上交实验专用记录单，统计每个学生的总收益，将有关数据汇集成实验记录总表，并在黑板上公布实验数据。让学生关注每轮游戏后，货币工资、就业量（劳动购买量）、产出、商品价格之间的数量关系。

表 8-2 劳动市场数据的统计工作表

轮 次	货币工资（降序排列）	厂商编号	劳动市场成交量（厂商购买的黑牌数量）	厂商的产出量	货币工资总额	厂商加权平均的货币工资
第 轮						
合 计						

表 8-3　商品市场数据的统计工作表

轮次	商品价格（升序排列）	厂商编号	商品市场成交量（厂商售出的黑牌数量）	厂商的产出量	销售价格总额	厂商加权平均的商品价格
第　轮						
合　计						

表 8-4　实验记录总表

轮次	厂商加权平均的货币工资	劳动市场成交量总计（厂商购买的黑牌数量）	厂商加权平均的商品价格	商品市场成交量总计（居民购买的黑牌数量）	厂商的产出量总计	实际工资
第 1 轮						
第 2 轮						
第 3 轮						
第 4 轮						
第 5 轮						
第 6 轮						
第 7 轮						
第 8 轮						

（5）组织课堂研讨

根据公布的实验数据，提出相应的问题，让学生描述物价和就业的有关现象。教师再根据本实验的内容，讲解相关的理论，引导出结论，并要求学生独立完成实验报告。

第二节　物　价

阿瑟·M·奥肯在《繁荣的政治经济学》中提到："当前在总体经济运行中需要解决的主要问题，就是如何在使经济繁荣的同时保持物价的稳定。即必须要找到一种令人满意的折中方法，使我们既能为不断增长的经济感到自豪，同时也不会为物价的变动感到不舒服。"从中我们得知物价稳定对经济的重要性，但是物价却是不可能一直不变动。那么，物价如何变动？如何来表示物价的变动？物价为什么会变动呢？这就是本章节所要讲述的内容。

一、通货膨胀和通货紧缩的定义

1. 通货膨胀的定义

通货膨胀是现代经济运行中一个重要的问题之一，它是广泛存在的。那么，什么是通货膨胀呢？一般可以将通货膨胀的定义归纳为通货膨胀是指社会的一般物价水平在一定时期内普遍的、持续性的上升过程。

在通货膨胀的定义中包含三层含义：

①"一般物价水平"是指整个社会上的各种物价（即各种商品或者劳务交易价格总额）的加权平均数。即它包括社会上的所有的商品和劳务的价格变动，并不是几种商品或者劳务的物价水平。某些商品如牛肉或房租等价格上涨，并不就是通货膨胀。因为一些商品价格上涨，而另一些商品的价格可能下降，二者相互抵消。只有各种商品和劳务的价格普遍上升，才能使货币的购买力降低。一般物价水平也不包括虚拟经济中的价格的上涨（如有价证券的价格上涨），而是实体经济中的价格上涨。

②"一定时期"是指通货膨胀的上涨是在一段长时间内发生的，并不是某一时间点或者某一段时间。一个季节的物价上涨2%可以不算通货膨胀，但如继续上升到1年为8%，显然是通货膨胀。假如某一季度的物价上升2%，而下一年季度却退回去了，则前一季度能算通货膨胀吗？当然不能。通货膨胀必然是指总物价水平"不断地"或"持续地"上涨，季节性、偶然性或暂时性的价格上涨都不能称之为通货膨胀。

③物价上涨的形式可以是公开的，也可以是隐蔽的。如通过降低产品质量、凭证供应等价格管制措施，表面上看来物价并未上涨，但如果放松价格管制，物价就会普遍上涨，因此这是一种隐蔽性通货膨胀。

2. 通货紧缩的定义

顾名思义，通货紧缩是与通货膨胀相反的现象。有关通货紧缩主要有三种定义：

①单要素论。国内外学者较普遍把通货紧缩定义为价格水平普遍的、持续的下降。

②双要素论。部分国内外学者认为通货紧缩包括价格水平的持续下降和货币流通量的持续下降。

③三要素论。部分国内外学者认为通货紧缩是物价水平、货币流通量和经济增长率三者同时持续下降的经济现象。

在三种定义中，物价水平下降是其最基本、最显著的特征。因此，一般认为通货紧缩是指社会的一般物价水平在一定时期内普遍、持续性的下降过程。这种下降不是由于技术的进步和劳动生产率的提高而引起；不是存在于个别部门和部分商品；也不是在相对较短的时间内；而是在较长的时间内，商品和劳务的价格总水平普遍的、持续的下降。多数经济学家认为以消费者物价指数来衡量整体物价走势最为适当，物价水平长时间的负增长就可认为是出现了通货紧缩，当CPI连续两个季度下跌即已出现通货紧缩的征兆。巴塞尔国际清算银行提出的标准则是一国消费者物价指数连续两年下降，可被视为通货紧缩。

历史上曾出现过通货紧缩，最典型的是1929—1933年的世界经济萧条。30年代初期的1930年至1932年，美国的消费物价猛跌了24%，成为"大萧条"时期的一大特点。对于这次经济危机的原因，人们至今具有不同的解释。受亚洲金融危机影响,从1998年4月起,中国居民消费价格开始下跌,并一直持续到1999年年底。在经过20个月左右的上升之后,自2001年11月至2002年底,中国居民消费价格又连续下降了14个月之久。直到2003年,居民消费价格总水平才出现回升势头。许多经济学家认为当时中国经济进入了通货紧缩时期。

受到经济周期的影响,通货膨胀和通货紧缩二者交替性出现。通常表现为经济高增长伴随着较高的通货膨胀率,经济萧条期则存在严重的通货紧缩。比如20世纪50—60年代,世界经济处于战后恢复期,经济增长较快,通货膨胀率较高;进入70年代后,经济发展更快,通货膨胀率达到两位数;到80年代时出现"滞胀",即经济停滞与通货膨胀并存。90年代以来,由于新材料、新能源的发明创造和高新技术向生产力的转化使得生产过剩,商品价格一降再降,经济开始出现下降趋势,从而世界经济转入通货紧缩阶段。尽管通货膨胀与通货紧缩的交替间隔周期较长,比如战后40年内未发生通货膨胀与通货紧缩的交替,但二者仍具有交替性。

二、通货膨胀和通货紧缩的度量

1. 通货膨胀的度量

由于通货膨胀是在一定时间内持续上升的,因此它是一个动态的概念,是可以衡量的。人们常用通货膨胀率来衡量一个国家在一定时期的通货膨胀,也就是以一个国家一个时期到另外一个时期的社会一般物价水平变动的百分比来衡量。通常使用的物价指数有以下三种。

(1) 消费者物价指数(Consumer Price Index,CPI)

消费者物价指数又叫零售物价指数或者生活费用指数。它是用来衡量不同时期城镇消费者个人消费的商品和劳务零售价格水平变化的指标。消费物价指数的计算是用基期年消费品价格与当期年消费品价格进行比较,一般情况下用商品和劳务的零售价格来计算。比较的结果就是通货膨胀率。消费价格指数(CPI)的计算方法是,

$$消费价格指数(CPI) = \frac{\sum 当期年的价格 \times 基年销售量}{\sum 基期年价格 \times 基年销售量} \times 100\%$$

最后计算结果减去1就可以得出通货膨胀率。

消费物价指数计量的是市场上的一系列消费品和服务的成本,其中包括食品、服装、住房、燃料的价格、交通费、医疗费等费用,以及其他一些日常生活中所需购置的商品的价格。例如,美国就是国内91个地区的21 000家企业所生产的364大类商品计算出来的。在衡量通货膨胀的指数中,这一指数是使用最为广泛的,是衡量通货膨胀率的主要指标。

但是这一指标的应用也会引起一些问题,比如:

①它会引起消费者对消费品构成的不断调整。在消费品价格不断上升的过程

中,消费者将会发现有些商品的价格可能会比其他一些商品的价格上升速度要快,他们就会用价格上升速度较少的一些商品来替代那些上升较多的商品,因此使用这种替代的消费者的生活费用就会比不进行这种替代的消费者的价格指数上升得少。

②它是广泛用来衡量货币购买力的经济指标,并且在日常的经济交易、社会保险支付、商务和劳资谈判中具体运用。如在货币支付协议中,为了保护自己不受通货膨胀或物价变动所带来的损失的影响,可以在协议中载明:"支付额应随着消费物价指数的上升而同比例增长。这是生活费用的调整。"

③由于它的数据来源于城镇消费者,因此这一指数不能如实地反映全国居民的生活费用的变化情况。

(2) 生产者价格指数(Producer Price Index,PPI)

这一指数又称为批发价格指数。它衡量的是一个国家不同时期商品批发时或者生产阶段时的价格水平变动情况。这个指数从1890年起就开始计算,历史悠久。它既可按全部商品来编制,也可以以不同部门或者各类商品分别编制。其计算方法与消费物价指数相类似,只不过将上一公式中的价格改为批发价格。

在生产者价格指数的计算中,它是从生产者角度考虑的价格水平或者是批发价格水平。从进入生产者价格指数的价格明细表计算出来的物价指数,可以衡量初级产品市场的价格动态,是原材料和中间产品价格变动的重要信号,因此这一指数是未来通货膨胀的早期预警信号。

(3) 国民生产总值平减指数(GNP Deflator,简称折算数)

这一指数又称为国民生产总值价格指数或国民生产总值调整数。它是用当时的价格水平计算各年内生产的最终产品与劳务的价值,即得到各年国民生产总值的名义值(名义GNP);再用固定不变的价格水平计算各年内生产的最终产品与劳务的价值,即得到各年国民生产总值的实际值(实际GNP);然后计算二者的比率,就得出国民生产总值平减指数。其公式为

$$GNP 折算数 = \frac{名义 GNP}{实际 GNP} \times 100\%$$

国民生产总值衡量的是不同时期国民生产总值中所包含的商品和劳务的价格水平的变动。因为名义GNP是产量与价格两个因素的变化;实际GNP是产量的单独变化。这一指数包括GNP中所有最终产品劳务项目,比较全面,因而也就能正确地表明一国的通货膨胀程度。因此它可以作为CPI的补充。

2. 通货紧缩的度量

度量通货紧缩的指标主要是两类,分别从物价下降的幅度和深度来考虑的。

(1) 从物价下降幅度来度量

物价下降幅度能够直接反映通货紧缩的程度。通货紧缩可以用通货膨胀率来度量。经济学家认为当一个国家的通货膨胀率低于1%时,就标志着这个国家进入了

通货紧缩。这是因为一般各个国家对外公布的通货膨胀率并没有考虑产量、质量的提高和性能的扩大等因素,因此在计算通货膨胀率时就高估了1个百分点。例如,我国从1997年就进入了通货紧缩,1998年情况更加严重,1997年我国通货膨胀率为0.8%;而1998年通货膨胀率则出现了负数,为负20%。

(2) 从物价下降深度来衡量

物价下降深度就是指一般物价水平下降所持续的时间,即通货紧缩的持续期限。经济学家认为如果一般物价水平连续下降长达两个季度以上,那么就发生了通货紧缩。持续的时间越长,通货紧缩越严重。

三、通货膨胀和通货紧缩的类型

1. 通货膨胀的类型

根据不同的分类标准,通货膨胀可以分成多种类型。根据通货膨胀的表现情况,可以分成公开性通货膨胀和抑制性通货膨胀;根据对通货膨胀的预料程度,分为预期通货膨胀和非预期通货膨胀;根据价格上升的范围,又可以分为均衡通货膨胀和非均衡通货膨胀;根据物价上升持续的时间,可以分为一次性通货膨胀和持续性通货膨胀;根据社会平均物价上涨的速度和幅度,可以将通货膨胀分成爬行性通货膨胀、温和性通货膨胀、急剧性通货膨胀和恶性通货膨胀等等。在这里主要介绍按通货膨胀是否可以预期和按物价上涨速度这两种分类方法。

(1) 根据对通货膨胀的预料程度,分为预期通货膨胀和非预期通货膨胀

①预期通货膨胀是指在通货膨胀发生前人们就可以预料到它的发生,以及对其上涨幅度由一个初步的预料,从而可以采取某些措施来抵消它所带来的影响。

②非预期通货膨胀是指在通货膨胀发生前人们无法正确预料其发生以及上涨幅度,这种类型的通货膨胀在短期内对就业与产量有扩张效应。

(2) 根据社会平均物价上涨的速度和幅度,可以将通货膨胀分成爬行性通货膨胀、温和性通货膨胀、急剧性通货膨胀和恶性通货膨胀

①爬行性通货膨胀是指物价总水平上涨率在2%~3%之间,且又不存在通货膨胀预期的状态。爬行性通货膨胀一般被认为是实现充分就业的一个必要条件。认为通货膨胀是有利的、没有坏处就是指这种状态下的通货膨胀。

②温和性通货膨胀一般是指物价总水平上涨缓慢,上涨率在3%~10%之间的通货膨胀。现在世界上许多国家都经常存在着这种低通货膨胀。由于在这种通货膨胀情况下,货币贬值的幅度不大,速度不快,对经济运行的影响也不严重,人们对币值稳定还是较有信心的,所以人们并不担心温和的通货膨胀,甚至有些人还认为这种通货膨胀对经济和国民收入的增加有促进作用。

③急剧性通货膨胀是指物价总水平上涨率在10%~100%之间的通货膨胀。这种通货膨胀会影响到经济的运行,因为在这种通货膨胀情况下,货币贬值的幅度较

大,货币流通速度有所提高,人们将预期价格会进一步上涨,从而使通货膨胀进一步加剧。在现实中,世界上许多国家也经常出现这种程度的通货膨胀。例如我国自1993年物价狂涨,到了1994年,中国35个大中城市的食品类价格竟比上年同期上涨了34.1%;1994年是物价涨幅最高的一年,达21.7%。而一些拉丁美洲的国家(如巴西、阿根廷)在20世纪70年代和80年代的通货膨胀率曾高达50%以上。有些国家在急剧的通货膨胀时期,仍保持了较高的经济增长率。例如二战后美国政府对经济危机都实行了一系列凯恩斯主义的反危机手段,即运用赤字财政,通过通货膨胀,刺激总需求,从而抑制经济危机的破坏程度,避免大量的企业在危机中倒闭,同时控制失业率的急剧攀升,稳定社会秩序。而这一时期美国经济曾经出现连续106个月的持续增长,这一记录直至90年代出现所谓的"新经济"之后才被打破。由于它的上涨速度非常快,所以有时又称为"奔腾的通货膨胀"。

④恶性通货膨胀是指物价总水平完全失去控制,上涨率在100%以上。在这种通货膨胀状态下,价格无限制地迅速上升,上涨到无法控制,货币就失去了其价值储藏功能,也部分丧失了它的交易媒介功能。所以人们都想尽快地将货币变为实物,货币的流通速度大大加快,交易中大多采用物物交换的形式,甚至出现了货币替代现象,即用一种新的硬通货代替原有的货币。恶性通货膨胀对国家经济破坏性很大,甚至会使整个国家经济体系趋于崩溃,社会动荡不安。目前世界公认的恶性通货膨胀发生过3次。第一次是在德国的1923年,当时第一次世界大战刚结束,德国的物价在一个月内上涨了2 500%,1马克的价值下降到战前的$1/10^{12}$;第二次是在匈牙利的1946年,当时是二战刚刚结束,匈牙利的1便士价值是战前的828×10^{27};第三次则为我国国民党统治时期的1937年6月到1949年5月,伪法币的发行量增加了1 445亿倍,同期物价指数上涨了36 807亿倍。

2. 通货紧缩的类型

根据通货紧缩的危害程度,通货紧缩可以分为两种类型:良性通货紧缩和恶性通货紧缩。

(1) 良性通货紧缩

良性通货紧缩不会危害社会经济,并且对经济有益——可以促进经济增长。这是因为它是由于技术进步,使生产成本降低,或原材料价格持续下降,从而导致产品价格下降;或者开放市场,放松管制,引入竞争等原因致使厂商降低生产和销售成本,从而导致产品价格下降。由于物价水平下降,增加了人们的支出能力,实际收入增加,带动了经济的增长,推动经济发展。例如,美国19世纪最后30年就是因为工业技术的进步,社会物价水平下降。若设以1865年的生活费用指数为100,到1895年则已经下降到71.6,下降幅度在1/4以上,而同期的社会经济增长率则为4%以上。

(2) 恶性通货紧缩

从名称上就可以看出,恶性通货紧缩对经济具有危害性。它是指由于生产能力过剩和总需求减少所导致的社会物价水平的下降。这种类型的通货紧缩使社会物价水平降低,从而减少了总支出,使实际产出与潜在生产能力之间的"产出缺口"日益扩大。因此,它往往伴随着失业增加、结构重大调整等。如果这种通货紧缩得不到有效的遏制,那么就有可能导致经济衰退,极大地损害了经济的发展,甚至引起社会危机。

四、通货膨胀和通货紧缩的形成原因

1. 通货膨胀的形成原因

造成一个国家通货膨胀的原因是多种多样的,总结下来大致分为以下几种。

(1) 需求拉动型通货膨胀

需求拉动型通货膨胀是从总需求的角度来考虑通货膨胀的原因。造成需求拉动型通货膨胀的原因大体有:

①货币供给因素。凯恩斯主义学派认为,货币数量的增加不会直接影响物价,而是首先使利息率降低,从而投资增加;投资增加通过乘数作用,又使消费增加,随着投资与消费增加,社会总需求便增加。

凯恩斯学派认为,社会总需求的增加,是否会引起物价上升和通货膨胀,还需视供给的情况而定。这里会出现三种情况:第一,如果社会上存在着丰富的还没有被利用的资源和大量失业,总供给弹性很大,这时即使货币量增加使总需求提高,但生产可以扩大,因而物价不会上涨。第二,在经济扩张到了一定阶段,以致有些资源和技术变得稀少的情况下,这时生产扩大会使工资和边际成本增加,物价水平将会上涨。但由于这时生产仍然有所扩大,致使物价上涨幅度将小于货币数量增加的幅度。这时货币量的增加,将部分引起生产和就业的增加、物价上涨,这被称为"半通货膨胀"。第三,在达到充分就业的条件下,由货币供应量的增加而引起需求的增长,遇到了没有弹性供给,物价将随着货币数量的增加而成比例上涨,这时便出现了真正的通货膨胀。

当社会资源被充分利用或者社会达到充分就业时,货币供给的增加使社会总需求增长,从而引起商品价格上涨,就会发生需求拉动的通货膨胀。也就是说,货币供给增加使社会总需求增长,如果社会总需求的增长超出了社会总供给,则会出现商品供不应求的状态,从而导致物价上涨,整个经济就会出现过度需求。但这时由于资源已经被充分利用,要使产量增加已成为不可能,过度的需求只能引起物价水平的上涨。并且由于失业率下降达到充分就业,劳动力变得稀缺,从而导致货币工资也开始上升,通货膨胀的过程进一步加剧。

②其他因素。引起需求拉动通货膨胀的还有其他因素:来自制度性和政策性的因素。比如,税收不变而政府支出增加;政府支出不变而税收下降,使储蓄下降;出口上升而进口下降;投资上升等。这些因素中只要任何一种发生变化都可以引起过度的需求,从而诱发通货膨胀。例如美国越战时期,由于政府支出增加,过度的财政赤

字使对产出的需求大大超过了潜在的生产能力,从而导致通货膨胀率的迅速上升。

(2) 成本推动型通货膨胀

这是从总供给的角度来考察通货膨胀形成的原因。这一理论是在20世纪50年代后期流行起来的。由于当时西方的紧缩性财政、货币政策经常达不到预期目的,紧缩需求的结果限制了供给能力,从而加重了通货膨胀的压力,使得一部分经济学家怀疑通货膨胀成因决不单纯是需求拉动。因此,成本推动型通货膨胀是作为一种新的通货膨胀理论提出来的。典型的成本推动型通货膨胀是指在一个封闭经济中,货币工资在劳动生产率和价格水平均未提高前率先自动上升;或者其他生产投入品或要素价格因市场垄断力量的存在而上升,导致因生产成本提高而价格上涨。它的发生必须具备以下三个条件:不完全竞争市场的存在;工资增长幅度超过劳动生产率增长幅度;有货币供给的支持。

造成成本推动型通货膨胀的原因主要有:

①利润推动的通货膨胀。在市场经济运行中,商品和劳务市场存在着不完全竞争或垄断,这就为利润推动通货膨胀创造了产生的前提条件。即在垄断市场中,具有垄断地位的厂商为了增加利润而提高价格所引起通货膨胀;在不完全竞争的市场上,具有垄断地位的厂商控制了产品的销售价格,从而就可以提高价格以增加利润,这样引起价格总水平上升,最终导致通货膨胀的产生。

②工资成本推动的通货膨胀。这种通货膨胀主要是存在于劳动力市场的卖方垄断的情况下,即工会的力量大于厂商的力量。由于工会不断要求提高工资,而厂商无法拒绝工会的要求,只好提高工资。由于工资的提高,使生产成本增加,货币工资率增长快于劳动生产率的增长,从而价格水平上升引起通货膨胀。工人提高工资后,厂商就把提高的工资加入成本,提高产品的价格,而个别部门工资的增加又会导致整个社会的工资水平上升,从而引起普遍的物价水平的上升。这样,工资上升引起物价上升,物价上升又引起工资上升,形成"工资—物价螺旋式上升",造成严重的通货膨胀。需要说明的是并非所有的货币工资率的上涨都会引起通货膨胀,只有当货币工资率比劳动生产率增长更快的时候,货币工资率的上涨才有可能诱发通货膨胀。

但是由于工资刚性和价格刚性的并存,有时会存在高失业率情况下,工资水平并不一定降低的情况。其中原因在于工人的工种、技术掌握能力、年龄和性别等方面的差异以及所在地的地域和市场的分割,在特定的分析范围内,失业者并不能完全抵消职位的空缺,而且跨产业、跨地区的调剂也存在着一定的障碍,从而使失业和不完全就业并存。在这种情况下,厂商又不得不高薪聘请紧缺工人,也就造成了失业和货币工资上升并存的现象,诱发了通货膨胀和高失业率。

③进口成本推进的通货膨胀。进口成本推进的通货膨胀是指在开放经济条件下,由于国际经济传递作用所引发的通货膨胀。由于某国出口商品价格上升,或发生世界性物价普遍上升,而导致一国进口商品价格提高,引起国内商品价格提高,特别

是原料进口价格过高使得一国国内生产成本提高,从而引起国内产品价格普遍上升出现通货膨胀。这种通货膨胀就是进口成本推进的通货膨胀。例如,如果铁矿石在国际市场中出现价格上升,就会引起铁矿石进口国铁矿石的价格上升,使相关行业的商品价格出现上升,从而带动了整个国家价格总水平的上升,产生通货膨胀。

(3) 结构型通货膨胀

有些经济学家认为:随着社会的不断发展和科学的进步,现今社会通货膨胀的产生除了供给和需求方面的原因外,还有由于科学技术的进步引起社会部门间经济发展不平衡所导致的结构型通货膨胀。也就是说,在市场经济中,由于垄断使得社会资源不能很快地在部门之间移动,资源分配不平衡;而技术的进步又使得一些部门的劳动生产率提高比其他部门要快。当社会经济结构发生变动时,供求关系的调整比较慢。这时处于扩张中的部门由于资源进入比较缓慢,往往是供小于求,所以这些部门的工资水平和原材料价格水平上升较快,从而导致成本提高引起产品价格提高。而处于收缩中的部门,尽管会供大于求,但由于资源运动缓慢,特别是劳动力的适应缓慢,就使这些部门在部分失业,甚至完全失业的情况下,还留有一部分生产要素。在工资刚性和价格刚性存在的条件下,工资刚性使工资水平不能下降,即工资易升不易降;价格刚性也使其不能下降太多,即价格易升不易降。这样一来,一方面扩张中的部门价格上升,另一方面收缩中的部门价格水平仍然降不下来。二者交织在一起就引起了整个社会经济中的价格总水平上升,产生了结构性的通货膨胀。

(4) 需求拉动和成本推动混合型通货膨胀

通过上面的分析,我们发现通货膨胀产生的原因往往不是单一原因所造成的,而是供给和需求双方面的作用的结果。所以在现实社会经济中,人们很难分清楚造成价格总水平上升的原因是由于需求拉动引起的还是成本推动所引起的,往往是二者交织在一起,混合作用。在大多数情况下,通货膨胀的发生最初可能是由于过度需求所引起的。只要社会经济中有过度需求出现,即使没有任何一种成本推进力量在活动,也会导致价格上升。社会价格总水平普遍上升将直接影响到工资,促使工资提高、成本上升,价格总水平再度上升。这种由于需求、供给交替发生作用,共同作用产生的通货膨胀,就是需求拉动和成本推动混合的通货膨胀。

(5) 惯性通货膨胀

惯性的通货膨胀理论由凯恩斯主义者提出,也是用来解释通货膨胀持续的原因。但它所强调的不是通货膨胀的预期,而是通货膨胀本身的惯性,即将过去的通货膨胀作为一种惯性,对现在经济行为的影响。即使造成通货膨胀的原因已经不存在了,通货膨胀也会由于其本身的惯性而持续下去。我们来看看惯性通货膨胀的形成过程:假定潜在的产出仍保持不变,而且已不存在需求和供给方面的冲击了。如果人们都预期价格和货币工资按照每年 5% 的速率上升,则平均成本也将按照 5% 的比率上升,那么社会总供给就会每年以 5% 的比率上升。假设不存在需求方面的冲击,社会总需求也将按照这一比率上升,由于社会总供给和总需求的上升比率都维持在5%,那么社会价格总水平也每年以5%的比率上升,这就形成了通货膨胀率固定在5%的惯性通货膨胀。惯性通货膨胀理论认为通货膨胀一旦出现,就是持久的、连续的,通货膨胀的惯性力量往往比预期力量还要深远和广阔。

2. 通货紧缩形成的原因

同样的,通货紧缩产生的原因也是多样的,主要有以下几种。

(1) 技术进步和放松管制引起的通货紧缩

技术进步可以使生产力提高,而放松管制可以使生产成本降低,这两种原因都使产品的价格下降,从而导致社会物价水平的下降。例如当前社会计算机技术和电子技术的进步,使社会生产力水平得到提高,致使生产成本降低,从而使物价水平下降,出现了通货紧缩。

(2) 生产能力过剩引起的通货紧缩

当社会生产能力过剩,致使产品供过于求,出现了社会物价水平的持续下降。另外,较低的融资成本和上扬的资产价格,使资本形成的成本趋于下降,导致过量、盲目的投资,或者重复建设,产生的累积效应和负面效应加剧生产能力的进一步过剩,形成通货紧缩。例如20世纪90年代我国的钢铁行业:1992年全国钢产量达到8 094万吨,1993年为8 956万吨,1996年为1亿吨,到了1998年到了1.16亿吨。实际上国内生产能力已达到1.9亿吨,钢产量仅相当于生产能力的61%。同样钢材产量由1992年的6 697万吨上升为1998年的1.05亿吨,而实际生产能力为1.75亿吨,仅相当于生产能力的60%。由于低水平重复建设形成大量过剩生产能力,导致生产总量过剩,钢铁价格持续下降。并且在1998年,尽管铁、钢和钢材产量比1993年分别增长了37%、29%和32%,但是实现利润降为23亿元,下降了93%,全行业濒临亏损边缘。

(3) 紧缩性政策引起的通货紧缩

当社会进入通货膨胀时,政府有可能采取紧缩的货币财政政策,大量减少货币发行或削减政府开支以减少赤字。压缩总需求,会直接导致货币供应不足,或加剧商品和劳务市场的供求失衡,使生产和消费支出大幅下降,人们实际收入和预期收入也随之下降。但债务的实际利率却在上升,从而使社会总需求出现大幅度的下降,最终导致物价持续下降。

弗里德曼和舒瓦茨认为,1920—1921年出现的严重通货紧缩完全是由于货币紧缩的结果。实际上,从1919年4月到1920年6月间,纽约的联邦储备银行曾经几次提高贴现率,由4%提高到7%。大萧条期间,通货紧缩的出现也是同样的原因。今天,弗里德曼也许会修改他的名言"通货膨胀无时无处不是一种货币现象",把通货紧缩也包括进来。美联储主席格林斯潘对此持同样的观点。格林斯潘解释说:"正如通货膨胀是由一种货币状况的变化——人们不愿持有货币,而是持有实物产生的,通货紧缩的发生则是由于人们更愿意把持有的实物换成货币。"

(4) 汇率制度引起的通货紧缩

假设一个国家采取的是钉住强币的汇率制度,则在一般情况下就会出现本币币值高估现象,致使国家出口下降,则削弱了本国企业的国际竞争力。而企业生产能力过剩,加剧国内企业经营困难,影响个人收入下降,导致消费需求下降,最终使社会物价水平持续下降。例如东南亚金融危机就使得这些国家货币贬值35%左右,导致一些货币相对稳定的国家或地区出现了通货紧缩现象。比如1998年,我国的香港特别行政区出现通货紧缩正是这一原因。

(5) 金融资产的变化引起的通货紧缩

当金融机构提高贷款利率,出现信贷紧缩,则有可能导致通货紧缩。例如20世纪90年代末期的日本银行存在严重的不良贷款问题,而使银行业提高贷款标准,从而抑制了社会投资需求,致使社会总需求减少,形成了通货紧缩,并引起国家经济衰退。此外金融机构的信贷过度扩张也会形成通货紧缩。这是因为信贷过度扩张导致不良投资增加,一旦这种投资增长趋势停滞,甚至信贷出现萎缩的时候,就会导致物价水平下降,经济衰退。

五、通货膨胀和通货紧缩的影响

1. 通货膨胀的影响

通过对通货膨胀的不断分析,我们得知一个国家一旦引起通货膨胀必然会对这个国家的社会经济产生影响。如果通货膨胀率比较稳定,又是可以完全预期的,则通货膨胀对社会经济的影响很小,人们可以根据通货膨胀率来调整名义工资和名义利率等各种名义变量,而使实际变量不变,这样影响的只是人们所持有的现金量。但是我们知道大多数通货膨胀是不能完全预期的,这时通货膨胀对社会经济的影响就比较大。

(1) 对经济增长的影响

①通货膨胀对经济增长的正面效应。在社会经济处于有效需求不足的情况下,或者通货膨胀率较低的情况下,通货膨胀对经济增长的正面效应主要有:

a. 通货膨胀可以促使企业利润增加。低通货膨胀可使货币工资、利息和租金的调整相对滞后于价格总水平的上升,从而导致企业利润的增长,刺激企业投资积极性,而资本的有效形成是经济迅速增长的决定因素之一。

b. 通货膨胀可以促使社会产出水平的提高。低通货膨胀可以刺激资源闲置经济中的社会总需求增加,这就促使企业增加投资,扩大再生产,从而促进了经济增长。

c. 通货膨胀还可以促使公共储蓄扩大。

d. 另外在社会经济有效需求不足的时候,政府通过实施通货膨胀政策,扩大财政支出,增加货币供应量,刺激投资,从而增加有效需求,实现经济增长。

②通货膨胀对经济增长的负面效应。如果人们对通货膨胀不能够完全正确预期或者通货膨胀率高水平时,通货膨胀带给人们的负面效应主要有:

a. 通货膨胀会破坏正常的生产和流通秩序,增加生产性投资风险,提高生产成本,引起资金由生产领域流向流通领域,从而使生产资本减少,生产衰弱,阻碍了社会经济增长。

b. 通货膨胀会使货币不断贬值,购买力下降。为了减少损失,人们会减少现金持有量,将现金转化成不怕通货膨胀的不动产、黄金等耐用品;减少储蓄,银行存款大量减少,资本缺乏,从而使社会生产规模必然由此缩减。另外,货币不断贬值,银行存贷款的风险增大,影响了正常融资活动,甚至使其瘫痪,从而影响经济增长。

c. 通货膨胀还会造成自然交换、排队购买、经济腐败和平行经济(即中央政府管理的经济、地下经济、私营经济和自给自足经济竞相运行的经济)的现象。这些现象不仅有碍于金融深化和市场体系的健全,而且会制约资本的有效使用,从而影响经济增长。

(2) 对国民收入再分配的影响

①对社会成员的影响。通货膨胀情况下,社会成员工资收入增长幅度不一致,因而其名义货币收入比例发生变化。随着物价的上涨,实际货币收入下降,每个社会成员承受的价格上涨损失也是不平衡的。这样,通货膨胀通过价格上涨,实际上是在社会成员之间强制进行一次国民收入再分配。

对于社会成员大多数人来说工资是其主要的收入来源。如果货币工资率是固定的,或者货币工资率增长速度慢于通货膨胀上升的速度,或者货币工资率在调整时间上滞后于通货膨胀,则在通货膨胀过程中,以工资为主要收入来源的人们就会受到损失,而雇主的利润就会增加,就会得到好处。

②对政府与私人领域之间收入的影响。通货膨胀对于政府与私人领域之间的收入分配有着重要的影响。这种影响除了通过与私人领域的各种交易及债权债务关系发生作用外,主要是通过税收而起作用。

在累进税的条件下,高通货膨胀率往往会使人们的名义收入较快地增加,而实际收入却可能增长较慢、不变甚至会有所下降,但税收是按名义收入计算的,较高的名义收入使人们进入了较高的课税等级,从而自动地增加了税收份额,降低了私人收入份额,使私人收入减少。

③对债权债务关系的影响。在债权债务关系上,通货膨胀将有利于债务人而不利于债权人。在通常情况下,债权债务契约是根据签约时的通货膨胀率来确定名义利息率,所以当发生了未预期的通货膨胀之后,早先签订的债权债务契约无法变更,从而就使实际利息率下降,债务人受益,而债权人受损。因而对于贷款,特别是长期贷款带来不利的影响,使债权人不愿意发放贷款。贷款的减少会直接影响投资,使投资减少。

2. 通货紧缩的影响

由于通货紧缩有良性和恶性两种类型,因此通货紧缩的影响可以分成有利于经济和有害于经济两种影响。

(1) 对经济的有利影响

对经济产生有利影响的是良性通货紧缩。假设名义工资不变,一般的工资收入者会因此对价格总水平的下降持欢迎态度。因为价格总水平的下降会使实际收入增加,提高人们的支出能力,从而刺激消费需求,带动经济的增长,推动经济发展。此外,通货紧缩使债权人比债务人相对处于有利地位。由于物价水平不断下降,如果这种物价下降没有被预期到,那么借款实际利率将会上升,从而使债权人处于相对有利地位。当然如果通货紧缩被完全预期到的话,则对他们之间的利益分配没有影响。

(2) 对经济的不利影响

对经济造成不利影响的是恶性通货紧缩,它对经济和社会的不利影响主要体现在:

①导致经济衰退。资产价格的持续下降会产生负面的财富效应,降低资产的抵押或担保价值,银行被迫要求客户尽快偿还贷款或余额。这最终导致资产价格进一步下跌,借款者的净资产进一步减少,从而加速破产过程。事实上,债务与国内生产总值比率高的国家更易于发生债务通货紧缩,尤其是在商品或资产价格预想不到的快速下跌的情况下。

恶性通货紧缩会使全社会的财富总量减少,这就是通货紧缩的财富收缩效应,它包括居民、企业和政府三方面财富的减少,抑制了社会个人消费支出,持续的通货紧缩会使消费者推迟购买,以等待将来更低的价格出现,经济会由此陷入到通货紧缩的螺旋之中,最终导致衰退或萧条;对于企业则是减少投资支出。此外社会商业活动的萎缩将导致失业增加,进而形成工资下降的压力,投资和消费需求的下降最终对经济增长有着阻碍作用,使社会经济衰退。

②增加债务人负担和银行业的不良资产。在通货紧缩情况下,货币的内在价值上升了,实际债务负担则因为货币成本的上升而有所上升,这时债务人的负担加重了。如果人们预期通货紧缩还将持续,在任何名义利率下他们都不会愿意借款,否则他们最终偿还贷款的价值要高于现在的价格。通货紧缩一旦形成,则就有可能形成"债务—通货紧缩陷阱"。费雪1933年进一步警告说,通货紧缩会加重借款者的实际债务负担,加上企业的经济效益又不好,有可能无法清偿债务,最终导致银行业严重的不良资产,进而引起银行倒闭,金融系统崩溃,阻碍整个国家经济的发展,使经济出现衰退,就好像在大萧条时所发生的一样。

第三节 失 业

失业,不但影响着个人生活,而且也影响着社会经济。因此失业是一个重要的社会问题,同时也是个重要的宏观问题。世界各国都将降低失业率作为宏观经济的目标之一。

一、失业的含义

1. 失业的含义

失业是指在一定的时间内,在劳动年龄界限内并具有劳动能力的劳动者,由于某种原因而没有工作或者正在积极寻找工作,即指劳动力的闲置状态。

(1) 失业的定义中包括的要点

失业的定义中包括三个要点:

①"在一定时间内"是指没有工作的时间范围。各国对于劳动者没有工作的时间范围各有不同的规定。例如美国在进行失业调查时,规定在调查期间4周以前没有工作的人,视其为失业。我国规定在调查标准时间前一周内,从事有收入的劳动时间不足1小时者均视为失业者。

②"在劳动年龄界限内"即工作的年龄范围,如果在此工作年龄范围内而没有工作的就视为失业(在校学生除外)。各国对此也各有不同的规定。比如美国失业者的年龄范围是年满16周岁以上至65周岁以下;但是我国的规定略有不同:男性是年满16周岁以上至60周岁以下,女性是年满16周岁至55周岁以下,年龄在这一区间的人称为"劳动适龄人口数"。

③"具有劳动能力的劳动者,由于某种原因而没有工作或正积极寻找工作"是指那些具备劳动力,但因为一些原因而没有工作,不能发挥其劳动力的人,或者有工作欲望但仍没有找到工作的人。

由此可见,失业并不是像我们想象当中那样,我们得知并非所有没有工作的人都是失业者。那么失业者都包括哪些范围呢?

(2) 美国失业者的范围

美国失业者包括以下几类人:

①是新加入劳动队伍第一次寻找工作,或者重新加入劳动队伍正在寻找工作已达4周以上的人。

②是为了寻找其他工作而辞职,并且在寻找工作期间作为失业者登记注册的人。

③是被暂时解雇并等待重返工作岗位而连续7天没有得到工资的人。

④是并非自愿离职,而是被企业解雇并也无法回到原工作岗位的人。

(3) 我国判断失业的标准

我国判断失业的标准是:

①以所调查住户劳动力每月的最后一整周是否从事有报酬工作1小时,作为判定失业和就业的临界点。凡有报酬工作不足1小时者视为失业。

②农业劳动力及其家属每月末最后一整周农业劳动不足15小时者视同失业。

③兼业农民在调查周内从事农业劳动者,以第②条为判定标准,否则,以第①条为判定标准。

④伤病休息、临时休假和休养、临时脱产或半脱产学习人员视同就业。

⑤领取退休金,从事住房租赁、资产及使用权投资等获取收入的人员,只要不符合上述第①或第②条规定者,仍视为失业。

⑥在押犯人、军人、学生和丧失劳动能力的病残人员不属于失业统计的范围。

因此在这一范围内不包括那些由于某种原因而不愿工作且也不积极寻找工作的人、不愿工作的人、在校学习的人、家庭妇女和已超出年龄范围退休的人等等。

2. 失业的衡量

(1) 失业率的计算公式

说明一个国家的失业状况,通常是用失业人口数和失业率来反映的。

失业人口数是指在特定调查期间的失业人员人口数量。这一数据是通过采取住户抽样调查方式统计得来的。在每年的1月底和7月底,两次以随机抽样方式在所有住户中确定受调查的住户,前半年每月末按1月确定的住户跟踪调查,后半年每月末按7月确定的住户跟踪调查,以保证资料的连续性和代表性。

失业率则为在调查期间内失业人口数占劳动力总人口数的比重。用公式可以表示为

$$失业率 = \frac{失业人口数}{劳动力总人口数} \times 100\%$$

其中劳动力总人口数为调查期间的失业人数和就业人数的总和。

通过失业率的计算,我们可以得知在某一个特定的时间段内国家的失业状况,从而了解就业状况,依据这些总量的数字来判断宏观经济运行情况,制定宏观经济政策。

(2) 我国失业率指标的说明

失业率这个指标在我国的准确名称应该叫"城镇登记失业率"。城镇登记失业率就是统计在城镇失业的劳动者,到失业部门进行登记的数量。我国2003年末的城镇登记失业率仅为4.3%。但是我国的失业率与国际上的统计相比有差距。这是因为

①只统计城镇失业,没有包括现在农村的1.5亿富余劳动力。有人算出20%多的失业率,就是把1.5亿农村富余劳动力算在其中。

②没有把下岗职工算进去。下岗职工尽管没有工作,没有收入,但他还是企业的人,没有和企业解除劳动合同。这部分人应该和失业者完全实现并轨,两部分人合并起来进行计算。

二、失业的类型

造成失业的原因多种多样,大体上可以将失业的类型归纳为以下几种。

第八章 物价和就业

1. 常见类型

(1) 摩擦性失业

摩擦性失业是由于劳动力在经济中的正常流动所引起的失业。在经济运行中，各地区、各行业和各部门之间的劳动力需求经常处于变动状态下，所以引起劳动力的流动，在流动的过程中也就产生了一部分人的失业。即在经济运行中，总有人由于某些原因被迫或者自愿地离开原居住地区或者工作岗位，移居到新的地区或者寻找新的工作。在流动过程中就存在着一个时间差，而处于这个时间差上这些人就处于失业状态，这就是摩擦性失业。它通常起源于劳动力的供给方。摩擦性失业即使在社会处于充分就业水平上也总会有些人要处在变动中，因此在充分就业的情况下也是存在的。例如，有人不满足于自己现有的工作，希望能够转换到更理想的工作单位去，因此而辞职。在他还未找到新的工作时，就处于失业状态，这就产生了摩擦性失业。

摩擦性失业的大小主要取决于劳动力流动性的大小和寻找工作所需要的时间。劳动力流动性的大小又受到劳动力的结构、制度性因素和社会文化因素的制约。而寻找工作的时间主要取决于获得有关再就业的信息的难易程度和时间、个人精力，以及失业者所承受的失业的代价和承受失业代价的能力。一般流动性越强，寻找工作的时间越长，摩擦性失业量就越大。在其他条件相同时，取得有关信息越难、所需时间越多，寻找工作所需时间就越长，摩擦性失业量就越大。失业的代价越大，失业者越不愿意长期处于失业状态，摩擦性失业量越小；失业者承受失业代价的能力越大，越能够花更多的时间去寻找工作，摩擦性失业量越大。因此劳动力流动强度、获得再就业信息的难易程度和时间、失业者的个人精力以及失业者承受能力和摩擦性失业量成正比；而失业代价与摩擦性失业成反比。摩擦性失业在性质上是过渡性或短期性的。

(2) 结构性失业

结构性失业是指随着社会的进步，科学技术的不断发展，经济的产业结构也在不断地发生变化，致使劳动力的供给结构不能够适应劳动力需求结构的变动，造成了就业缺口，即失业，这就是结构性失业。引起社会经济结构发生变化的因素有很多，如经济的发展、新技术的采用、人口结构和规模的变化和消费者偏好的变化等等。经济结构发生巨大变化也就带动了劳动力需求结构发生变化。然而在劳动力市场上，劳动力供给结构的调整往往不如劳动力需求结构变化得快，因此产生失业。即使这时候在整个劳动力市场上，供求关系在总量上是平衡的，但在结构上却存在着差异：在需求上出现有工作岗位却找不到合适的人，造成就业缺口；而在供给上有人想找工作却找不到工作，有人失业。结构性失业在性质上是长期的，而且通常起源于劳动力的需求方。

结构性失业的大小取决于转移成本的高低。劳动力在各个部门之间的转移和流动需要成本，例如，重新接受职业培训、再教育等等。而转移成本的高低又取决于以

下两个因素:

①不同产业部门间的差异程度。部门之间的差异程度越大,劳动力转移成本就越高。

②劳动力的初始人力资本及培训机制。劳动力初始人力资本较高,就较容易接受新技能的培训,培训机制效率就较高,而转移成本相对较低。

摩擦性失业和结构性失业二者之间既有联系又存在区别。二者相联系的是每有一位失业者,就会有一个职位空缺。二者之间的区别在于:在供求关系上,摩擦性失业中劳动力供给结构与劳动力需求结构是相一致的,对于每一位寻找工作的人都有一个适合他的职位空缺,只是由于信息不完全而还未找到这个空缺。但是在结构性失业中,劳动力需求结构与劳动力供给结构相互之间不一致,存在差异,寻找工作的人找不到与自己的技能、职业、居住地区相符合的工作。在性质上,摩擦性失业是短期的、暂时性的;结构性失业则是长期的。

(3) 周期性失业

周期性失业是由于社会经济中商品和劳务的有效需求不足,影响到劳动力需求的不足。这时就出现了社会劳动力供给大于需求,从而引起失业。这种失业类型与经济周期有关,它主要是由于经济周期或经济波动引起劳动力市场供求失衡所造成的,其基本原因是总量需求不足。因此周期性失业又叫"需求不足失业",它一般出现在经济衰落期,经济中的总需求的减少降低了总产出,引起整个经济体系的一般性失业。当失业率高于6%时,周期性失业通常是主要原因。

2. 特殊类型

(1) 季节性失业

季节性失业是指由于受到季节的影响,使劳动力供给大于劳动力需求,导致在劳动力供给市场上出现一部分闲置人员造成的失业。这种失业类型的根本原因是季节的变动,当旺季来临的时候,劳动力需求大于劳动力供给,失业人员减少,甚至人员匮乏;但当淡季到来时,劳动力需求小于劳动力供给,失业人员增多。季节性失业它不受人的主观意愿所决定,是受自然条件所决定的,因此它每年都会出现。好在季节性失业并非在整个社会中爆发,它只影响着社会经济的某些行业或部门,如旅游业、农业或者餐饮业等。

(2) 隐蔽性失业

与其他失业类型所不同的是隐蔽性失业。它并非像其他失业是没有工作的,而是在就业的条件下产生的,但不能发挥工作者的劳动能力,从而使人员闲置,造成失业。发展经济学家阿瑟·刘易斯曾指出"发展中国家的农业部门中存在着严重的隐蔽性失业。"如我国20世纪80年代,企业的"大锅饭"就是隐蔽性失业的根源。隐蔽性失业将影响到企业的经济效率,使经济效率低下,也使社会人才资源浪费。

上述失业类型中的摩擦性失业、结构性失业和季节性失业这三种类型的失业,都属于竞争性劳动力市场上的一种不可避免的较低水平的失业,即是正常的公开性失业,也就是美国经济学家弗里德曼说的"自然失业率",即劳动力市场处于均衡状态时的失业率。只要自然失业率控制在4%～6%左右,它的存在并不影响充分就业的实现。

三、失业的影响

使社会达到充分就业是每一个国家政府在就业方面追求的共同目标,因为失业将会给社会经济和个人生活带来巨大损失和负面影响。

1. 失业给社会经济带来巨大损失

失业会造成社会资源的浪费,当社会处于高失业率状态的时候,还会使社会总产出减少,从而使国民生产总值减少。失业会造成社会人力资源的浪费,同时失业也会造成其他经济资源和生产设备的大量闲置,无法发挥正常的生产能力,社会总产出下降,最终导致国民生产总值降低,给社会经济带来直接的、巨大的财富损失。以2003年为例,这一年中我国愿意工作但没有工作的4 200万劳动力,由于闲置,按每人年平均工资9 600元,减去低保和失业保险乐观估计2 400元,劳动者少收入3 024亿元;农业在现有生产力水平下,按一户两个劳动力种60亩地计算,有6 500万劳动力即可,农村剩余劳动力26 500万;如果每人每年闲置损失按城镇最低收入水平4 000元计算,损失收入17 225亿元,即使按照最低每人每年收入1 000元计,也损失收入2 650亿元。因此,由于应当工作没有工作、下岗和农村劳动力闲置,全国损失的收入最保守估计达5 674亿元。

除了直接损失之外,失业还会带来间接损失:由于失业使企业产量减少、利润受到影响,同时个人由于失业使收入减少,这些都将影响到国家财政税收、国家税收收入减少,从而影响到国家经济建设的投入等等。一般大多数国家政府对失业者还要发放失业津贴补助,而这部分来源于国家财政税收;失业使财政税收减少,但政府又要发放失业津贴,这样更加重了政府的负担。

2. 失业使个人收入减少,并带来沉重精神打击

没有了工作,也就掐断了个人收入来源,直接影响到家庭生活水平,导致消费水平下降。如果社会失业人数增多,必然会改变社会的消费观念,使社会消费支出下降,从而降低国民生产总值。所以失业对个人的首要影响就是使个人收入和消费水平降低。2003年我国由于城镇居民失业和下岗,导致收入损失3 024亿,按消费率60%和消费需求乘数3来计算,总需求萎缩5 443亿元;农村劳动力闲置引起的消费需求不足,保守估计为4 770亿元。两项相加,社会消费支出下降应在10 000亿元左右。

此外,失业除了给个人带来经济上的损失,还带来了心理上的伤害。由于失业,长期找不到工作,人的心情一直处于郁闷、忧虑、焦躁不安之中,很容易使精神受到创伤,直接影响身心健康。心理研究表明,被解雇所造成的心理冲击相当于死去一个最

亲密的朋友。由于生活质量的下降和心理上的冲击,失业者会早衰早亡。例如,20世纪90年代初,俄罗斯在1995年大约有20%的工人失业,实际国内生产总值急剧下降,人们的健康状况恶化,男性的平均预期寿命从1990年的64岁下降到了1995年的57岁。人们为了排解心理上的负担,往往会寻求一种解脱:酗酒或者其他办法,直接危害健康。另外,失业还会造成失业者的失望和不满,会提高社会犯罪率、离婚率,造成社会问题,影响社会稳定。由此可见,失业不仅是一个经济问题,而且还是一个政治问题。失业问题直接关系到国家政局的稳定,任何政府都必须关注失业问题,政府在制定宏观经济政策时,必须考虑其对失业的影响。

四、失业损失的测算

一般来说,失业的存在造成个人收入减少、生活水平下降;失业减少了政府税收,增加了社会福利支出,造成财政困难;过高的失业率又会影响社会安定,带来其他社会问题。从整个经济来看,失业的最大损失就是实际国民收入的减少。

我们这里所讲的国民收入,是一定时期内实际上所获得的国民收入。这时,社会上劳动、土地、资本等的资源并未能得到充分利用。当社会上劳动、土地、资本等的资源都得到充分利用时,也就达到了充分就业,此时的国民收入称为充分就业的国民收入。

在一般情况下,实际国民收入总是小于充分就业的国民收入。充分就业时也有一定的失业率,此时的失业率被经济学家称为自然失业率。失业率越接近于自然失业率,实际的国民收入就越接近于充分就业的国民收入。随着生产要素数量的不断增加、质量的日益提高,充分就业的国民收入总趋于上升。换言之,充分就业国民收入的增长是劳动、资本等要素数量增加和劳动、资本等要素生产效率改善的共同结果。

实际国民收入增长与失业率变动之间的关系,可以用"奥肯定理"来表明。美国经济学家奥肯20世纪60年代在美国总统经济顾问委员会工作期间提出了一条经验规律,用以说明失业率与实际国民收入增长率之间的关系。奥肯发现,随着经济从萧条中逐渐恢复,产出增加的比例大于就业增加的比例。这种失业与国民收入之间的关系,后来被称为"奥肯定理"。他得出的结论是:失业率每上升1个百分点,实际国民收入增长率就下降2.5个百分点。奥肯定理可以用公式表达为

$$u_t - u_{t-1} = -\alpha(y_t - y_{t-1})$$

式中,u 为实际失业率,y 为实际GNP,下标分别代表第 t 年与第 $t-1$ 年的失业率和实际GNP增长率。公式说明了失业率与实际GNP增长率之间反方向变动,即失业率下降,实际GNP增长率增加。奥肯当时对美国经济的 α 估算值为2.5~3左右,即实际失业率增加1%,实际GNP增长率将下降2.5%~3%。当经济趋于充分就业时,这一关系要弱得多,α 值只有0.76。经济学者认为,α 值仅是一个经验性的估计值,考察的年份不同,失业的类型不同 α 值将有所不同。

第四节　失业与通货膨胀的关系

宏观经济中的两大难题就是周期性失业和通货膨胀,解决周期性失业和通货膨胀也是各国政府在制定宏观经济政策时要考虑的重要问题。

一、有效需求论

有效需求论是由英国著名经济学家凯恩斯提出来的。他认为失业存在的主要原因是因为有效需求不足,使这时期的国民收入均衡小于充分就业下的国民收入均衡,而总供给在短期内不会有大的变化,所以就业量就取决于总需求。

1. 有效需求的含义

一般经济学对有效需求的理解是指市场上有支付能力或有购买能力的需求。总需求包括消费需求和投资需求。

凯恩斯的有效需求是指商品的总供给价格与总需求价格达到均衡状态时的总需求。总供给价格是市场上全部厂商雇佣一定量工人进行生产时所要求得到的产品总量的最低卖价,即厂商进行生产时所预期的最低收益;总需求价格是市场上全部厂商雇佣一定量工人进行生产时预期社会对产品所愿意支付的价格总和,即厂商进行生产时预期可以得到的收益。当总需求价格大于总供给价格时,厂商获得的收益比预期最低收益多,就会扩大生产,从而增加雇佣工人数,即增加社会就业量;当总需求价格小于总供给价格时,厂商获得的收益少于预期最低收益,就会缩减生产,从而减少工人,缩减社会就业量,即解雇工人,造成失业。只有在总需求价格等于总供给价格时,厂商不会增加雇佣,同时也不会减少雇佣,这时总需求就是有效需求,它决定了就业工人的人数,即决定了整个社会的总就业量。从中我们可以看到有效需求决定了社会就业量。

2. 有效需求论的主要内容

有效需求论的主要内容可概括为以下四点:

①总供给与总需求的相互作用决定有效需求的大小。

②总就业量决定于总需求,而失业是由于总需求不足造成的。

③总需求由消费需求和投资需求组成,因此要有足够的需求来支持就业的增长,就必须增加真实投资来填补收入与这一收入所决定的消费需求间的差额。

④在消费需求相对已定的情况下,除非投资增加,就业是无增加的。因此,投资在决定总就业水平之时处于非常重要的地位。

3. 有效需求不足的原因

有效需求不足的造成是由消费倾向递减规律、资本边际效率递减规律和流动偏好三个原因造成的。

(1) 消费倾向递减规律

凯恩斯认为消费由收入和消费倾向所决定的。当收入增加的时候,消费也随之增加,但在增加的收入中,用来消费的部分所占的比重却是在逐步递减,用来储蓄的部分所占的比重却在增加,从而引起社会消费需求不足。

(2) 资本边际效率递减规律

资本边际效率是指厂商增加一笔投资时预期的利润率,即心理上对资产未来收益之预期。任何投资的资本边际效率都是随着投资的增加而递减的。随着投资增加,生产出现扩张而使产品增多,产品的价格下降,企业的收益必然也会减少;而另一方面随着投资的增加,对资本货物的需求也会增加,使得产品的重置成本增加,于是,企业的收益反而减少;企业预期收益减少,重置成本却在增加,这就使资本边际效率递减,企业就会减少投资,社会就出现投资需求不足。

资本边际效率递减是使投资需求不足的一个重要因素。但投资不仅仅取决于资本边际效率,还取决于利息率。如果利润率大于利息率,厂商就越愿意投资,投资就会增加;如果利润率越接近于利息率,厂商不愿意投资,就会形成投资需求不足。因此,尽管资本边际效率是递减的,利润率下降,但只要利息率比利润率下降得更多,则投资仍可增加。但凯恩斯认为,由于人们心理上的灵活偏好,使利息率不能无限地下降,从而导致了投资需求不足。

(3) 流动偏好

流动偏好又称为灵活偏好,是指人们想以货币形式保持其一部分财富的愿望。人们之所以希望以货币形式保持一部分财富在手中,主要是为了应付日常的交易支出,或是为了应付意外突发事件的支出,或是为了抓住有利的投机机会。利息就是人们在某一特定时期内放弃这种流动偏好的报酬。利息率的高低是由货币的供求决定的。货币的供给数量是由中央银行的政策决定的,货币的需求决定于人们的灵活偏好。凯恩斯主义认为,中央银行通过调整货币政策,增加货币的供给量,可以在一定程度上降低利息率。但中央银行通过增加货币数量来降低利息率有一定限度,因为它受到灵活偏好的制约。当利息率降低到较低水平时,人们宁可把货币保存在手中也不愿意储蓄,这时,无论中央银行如何增加货币供给量都不能使利息率再降低。正是由于灵活偏好的作用阻碍了利息率的下降,从而在资本边际效率递减的共同作用下,导致了投资需求的不足。

由于这三个因素分别造成了社会消费需求和投资需求不足,最终导致社会有效需求不足,必然会出现失业。

二、菲利普斯曲线

1. 菲利普斯曲线的内容

在现实经济中,失业和通货膨胀之间存在着矛盾。新西兰经济学家菲利普斯提出的菲利普斯曲线说明了通货膨胀率和失业率之间的反向变化关系:要想降低通货膨胀率,保持物价稳定,往往伴随着高失业率;而要降低失业率,往往是以高通货膨胀率为代价的。即当失业率处于低水平时,通货膨胀率较高;当失业率处于高水平时,通货膨胀率较低。

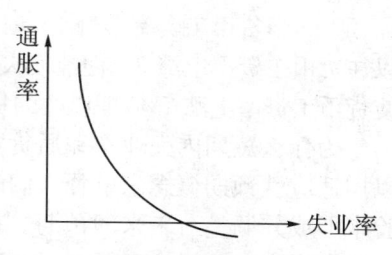

图 8-1 菲利普斯曲线

这是因为当社会失业率处于低水平时,社会上就业招聘难度加大,企业很难找到合适的劳动力,为了招徕劳动力,企业只能以提高工资为条件来吸引劳动力;而同时工会也会要求企业增加工资。为了留住工人,在这种情况下企业只好提高货币工资率,因为价格和平均劳动成本同步变化,所以通货膨胀率也就比较高了。相反,当失业率处于高水平时,社会上存在着大量闲置的劳动力,这时企业劳动力资源充足,并且就业量下降,使得企业利润也下降,这就促使企业降低在职员工的工资水平;同时为了保有现有工资岗位,避免失业,工人对此也不会要求增加工资,在这种状况下,货币工资率就处于低水平,通货膨胀率也就比较低。

菲利普斯曲线说明了通货膨胀率和失业率之间的关系,为国家政府决定宏观政策带来了理论依据:可以用高通货膨胀率来降低失业率或者实现充分就业;用高失业率来降低通货膨胀率或者稳定物价。对于前者,政府可以采取扩张性的财政货币政策;后者可以采取紧缩性的财政货币政策。通货膨胀率与失业率的交替是有一定限度的。政府在运用菲利普斯曲线制定经济政策时,首先要确定社会可接受或可容忍的最大失业率或最大通货膨胀率,将其作为临界点。

2. 附加预期的菲利普斯曲线

附加预期的菲利普斯曲线依然表示失业率与通货膨胀率之间的交替关系。只不过现在的交替关系表现为用更高的通货膨胀率来换取一定的失业率。

20世纪70年代以来,菲利普斯曲线所描述的失业率和通货膨胀率的交替关系发生了新的变化,即菲利普斯曲线向右上方移动了。表现为,只有用比过去更高的通货膨胀率为代价,才能把失业率降到一定的水平。假如以前用3%的通货膨胀率就能把失业率降到3%,那么,现在必须用7%的通货膨胀率才能做到这一点。

为什么菲利普斯曲线会向右上方移动呢?货币主义认为,原来的菲利普斯曲线反映的是通货膨胀预期为零的失业率与通货膨胀率之间的交替关系,如果通货膨胀连年上升,特别是政府利用菲利普斯曲线进行相机抉择,用高通货膨胀换取低失业率的话,就会形成一种通货膨胀预期。如果通货膨胀被预期到了,工人就会要求提高货币工资,以免生活水平因通货膨胀而下降。如果人们预期到通货膨胀会以4%的速度增加,那么,当货币工资率上升7%时,人们会认为实际工资率只上升了3%。因此,如果以往货币工资率上涨3%便能使失业率降到3%的话,那么现在达到3%的失业率必须使货币工资率上涨7%,即以往的货币工资上涨率3%加上4%的通货膨胀预期。

为什么短期内失业率和通货膨胀率之间会存在交替关系呢?货币主义者认为可以用适应性预期概念来解释人们的行为。所谓适应性预期,是指人们根据过去的经验来形成并调整对未来的预期。在短期中,人们预期的通货膨胀率低于实际发生的通货膨胀率。这样按照预期通货膨胀率确定的名义工资上升幅度应会小于物价上升幅度,于是物价上涨会导致实际工资下降,因而厂商愿意扩大产量,增加就业。当工人们发现实际工资下降时,他们会要求再增加货币工资,但货币工资的增长总是滞后于物价上涨。所以,在短期内失业率与通货膨胀率之间存在交替关系得以成立。这也说明,在短期中引起通货膨胀率上升的扩张性财政政策与货币政策是可以起到减少失业的作用的。这就是宏观经济政策的短期有效性。

3. 长期菲利普斯曲线

长期菲利普斯曲线是一条垂线,表明失业率与通货膨胀率之间不存在交替关系。而且,在长期经济中能实现充分就业,此时的失业率就是自然失业率。垂直的菲利普斯曲线表明了,无论通货膨胀率如何变动,失业率总是固定在自然失业率的水平上。以通货膨胀为代价的扩张性财政政策与货币政策并不能减少失业。这就是宏观经济政策的长期无效性。

在通货膨胀完全可以预期的长期中,人们预期的通货膨胀率就等于实际通货膨胀率,这样按照预期通货膨胀率确定的名义工资上升幅度应会等于物价上升幅度,因而厂商不愿意扩大产量,就业量也不能增加。所以,在长期中失业率与通货膨胀率之间的交替关系就不能成立。

4. 向右上方倾斜的菲利普斯曲线

当人们预期的通货膨胀率大于实际通货膨胀率时,通胀率与失业率的关系就会形成向右上倾斜的正相关曲线。如果实际通货膨胀率为3%,而人们预期通货膨胀率为6%,并以这一预期要求提高工资,则实际工资就会上升,企业就会减少雇用的劳动量,失业就会增加。这样就会产生通货膨胀与失业并发的"滞胀"局面。当经济出现高通货膨胀率和高失业率并存时,国民经济进入了滞胀状态。这一经济问题已经无法用紧缩的或扩张的政策来解决,也就是凯恩斯主义失效。这是政府行为的结果:力图消除萧条而没有实施结构政策,问题日积月累,导致通货膨胀与经济停滞同时出现。

5. 理性预期论的观点

理性预期论所采用的预期概念不是适应性预期,而是理性预期。其特征是预期值与以后发生的实际值是一致的。在这种预期假设下,短期中也不可能有预期的通货膨胀率低于实际通货膨胀率的情况,即无论在短期或长期中,预期的通货膨胀率与实际的通货膨胀率总是一致的,从而也就无法以通货膨胀为代价来降低失业率。所以,无论在短期或长期中,菲利普斯曲线都是一条从自然失业率出发的垂线,即失业率与通货膨胀率之间不存在交替关系。

理性预期论者认为:失业并不取决于通货膨胀而是取决于经济中的随机冲击,实际失业率围绕自然失业率的波动并不是由物价引起的,而是由随机冲击所引起的。这样,失业与通货膨胀就不存在那种稳定的交替关系了。无论短期还是长期中都是这样。因此,无论在短期或长期中,政府都不可能利用通货膨胀率与预期通货膨胀率的差异来系统地影响失业率。如果货币供给增长率的变动是规则的、公众可以完全预期到的,那么,货币供给的增加将提高通货膨胀预期,同时推移菲利普斯曲线,使实际通货膨胀率上升而不会降低失业率。如果货币供给增长率的变动是不规则的,公众无法完全预期到,那么,这就属于影响失业率变动的随机冲击之一。但这种情况下,并不是失业与通货膨胀有稳定的交替关系,而是随机冲击的作用,其他随机冲击也会发生类似的作用。即使在短期中,失业和通货膨胀也不存在稳定的交替关系,从而也就无法作为一种政策工具。由此得出的推论就是,无论在短期或长期中,宏观经济政策都是无效的。

本章小结

1. 通货膨胀和通货紧缩分别是指一般物价水平持续地上升和下降。对于通货膨胀可以采用三种指标来进行度量,分别为消费物价指数、生产者价格指数和国民生产总值平减指数;而对于通货紧缩则可以用通货膨胀率来衡量,只是在时间上必须是物价水平持续下降达到两个季度以上。

2. 通货膨胀的类型众多,不同的分类标准对应着不同的类型。我们主要介绍了根据通胀是否可以预期和物价上涨的速度、幅度来进行划分的两种分类方法。根据可否预期,通胀可分为预期通货膨胀和非预期通货膨胀;根据物价上涨的速度和幅度,可以将通货膨胀分成爬行性通货膨胀、温和性通货膨胀、急剧性通货膨胀和恶性通货膨胀。通货紧缩的类型则是根据其对经济的危害程度来划分的,可以分为良性通货紧缩和恶性通货紧缩。

3. 形成通货膨胀的原因主要有五个:需求拉动、成本推动、各部门非均衡发展、需求拉动和成本推动的交互作用、通货膨胀的惯性。通货紧缩形成的原因也有五种:技术进步和放松管制、生产能力过剩、货币政策、汇率制度、金融资产的变化。通货膨胀和通货紧缩对社会和经济都存在着正面和负面的影响。正面影响一般都是能够促进经济的增长,有利于国家经济发展;而负面影响则有碍于经济增长,只是通货膨胀和通货紧缩在具体影响上存在着差异。

4. 失业是指在一定的时间内,在劳动年龄界限内并具有劳动能力的劳动者,由于某种原因而没有工作或者正在积极寻找工作,即指劳动力的闲置状态。失业程度一般用失业人口数和失业率来反映。

5. 失业的类型有常见类型和特殊类型两大类:常见类型有摩擦性失业、结构性失业和周期性失业;特殊类型则包括季节性失业和隐蔽性失业。失业对社会和经济只有负面影响,那就是失业会给社会经济带来巨大损失,并使个人收入减少,给失业者带来沉重的精神打击及造成社会不稳定。

6. 失业和通货膨胀是宏观经济中的两大难题,解决失业和通货膨胀也是各国政府在制定宏观经济政策时要考虑的重要问题。对于失业和通货膨胀之间的关系,经济学界通常用有效需求论和菲利普斯曲线来解释。有效需求论是由英国著名经济学家凯恩斯提出来的。他认为失业存在的原因是因为有效需求不足,这时的均衡国民收入小于充分就业下的均衡国民收入,而总供给在短期内不会有大的变化,所以就业量就取决于总需求。菲利普斯曲线是由新西兰经济学家菲利普斯提出来的。这一曲线说明了通货膨胀率和失业率之间的交替关系,为国家政府决定宏观政策带来了理论依据。即可以用较高的通货膨胀率来降低失业率或者是实现充分就业;用较高的失业率来降低通货膨胀率或者稳定物价。

本章案例

本章案例1:经济大萧条中的美国

1929—1933年美国出现了经济大萧条。其主要表现:一是产量和物价大幅度下降。1929年中期,美国一些主要产品的产量开始下降,到同年秋季,局势已非常明显,无论是制造业,还是建设业,都在大幅度减少。从1929年到1934年,美国GDP是呈下降趋势的:从1929年的3 147亿美元下降到1934年的2 394亿美元,5年期间下降了24%。而消费价格指数在经济萧条期间也一直呈下降趋势,1933年的GPI与1929年的相比下降了24.6%。二是股市暴跌。在1929年9月到1932年6月期间,股市暴跌85%。因此,人们几乎把经济大萧条与股市崩溃当作一回事。而实际上,在股市崩溃之前,经济下降始于1929年8月,并且持续到1933年。股市崩溃只是经济大萧条的一个重要表现。随后,证券市场终于走向下跌。1929年,经过9月份逐步下跌和10月初局部上升之后,到10月末,证券市场陷入了混乱。10月24日,即著名的"黑色星期四"那天,证券交易额达1 300万股,证券市场一天之内蒙受的损失开创了历史最高纪录。三是奇高的失业率。经济大萧条带来大量失业。1929—1933年,GNP下降近于30%,失业率从3%升至25%。从1931—1940年的10年间,失业率平均为18.8%,其范围从1937年底的14.3%到1933年高达24%之间。现在国际上通常将12%的失业率作为临界线。因而经济大萧条时期持续10年之久接近20%的失业率确实称得上奇高的失业率。

第八章 物价和就业

本章案例 2：通货膨胀的原因之一

1921 年 1 月的德国，一份报纸为 0.3 马克。而不到两年时间 1922 年 11 月，一份同样的报纸价格为 7 000 万马克。而当时整个德国所有的物价也都疯狂地上升。这是历史上最惊人的通货膨胀事件。而类似的情况在 20 世纪 40 年代的中国也发生过。

那么，什么是通货膨胀？简单地说就是经济中物价总水平发生大幅度的持续性的上升。又是什么原因引起了通货膨胀？在大多数严重或持续的通货膨胀情况下，罪魁祸首都是相同的货币量的增长。当一个政府发行了大量本国货币时，货币的价值就下降了。政府有各种各样的理由多印钞票，比如，在一些税制不健全的国家，政府为了负担开支，就要通过增印钞票来暗中征税；另外，政府为了增加教育、基础建设或国防的开支，或为了援助灾民，也会增印钞票。

增印钞票的理由数之不尽，有些是正当的，有些是不正当的。更准确地说，对某些人来说是正当的，而对另外一部分人来说是不正当的。正当与否，经济学无法作出"科学的"判断。但不管怎样，经济学要指出的是，通货膨胀的成因，就是政府发行了过量的钞票。

由于高通货膨胀会给社会带来各种各样的影响福利的成本与代价，所以世界各国都把保持低通货膨胀作为经济政策的一个目标。

本章背景资料：现代菲利普斯曲线史

菲利普斯曲线是为纪念新西兰出生的经济学家 A·W 菲利普斯而命名的。1958 年，菲利普斯用英国的数据观察到失业率与工资膨胀率之间的负相关关系。菲利普斯曲线表明，失业率与工资膨胀率之间存在着此消彼长的替代关系；即要使失业率降低，就必然会引起通胀率上升。整个 20 世纪 60 年代，新古典综合派对此深信不疑。但 70、80 年代的"滞胀"打破了这种简单的替代关系，由此货币学派通过引入"自然失业率"、"预期通货膨胀率"等概念，对菲利普斯曲线进行了修正。货币学派认为，只有当实际通货膨胀率超过人们预期的通货膨胀率时，旨在把失业率压低到自然失业率以下的政策措施才能奏效。在这种情况下，失业率与通胀率之间就存在一种此消彼长的替代关系，但这种关系只能在短期中成立。因为在长期中，人们对通货膨胀率的适应性预期使预期通货膨胀率总是等于实际通货膨胀率。这样在长期中，旨在将失业率调整到自然失业率以下的一切努力都是徒劳的，它只会使通胀率上升，而失业率始终保持在自然失业率水平上。

今天，经济学家所用的菲利普斯曲线与菲利普斯所考察的关系在三个方面不同。

第一，现代菲利普斯曲线用物价膨胀代替工资膨胀。这种差别并不是至关重要的，因为物价膨胀与工资膨胀是密切相关的。在工资上升迅速的时候，物价上升也迅速。

第二，现代菲利普斯曲线包括了预期的通货膨胀。这种补充是由于米尔顿·弗里德曼和爱德蒙·费尔普斯研究的结果。这两位经济学家在 20 世纪 60 年代提出工人错觉模型时强调了预期对总供给的重要性。

第三,现代菲利普斯曲线包括了供给冲击。这个增加要归因于欧佩克(OPEC),即石油输出国组织。20世纪70年代,欧佩克引起世界石油价格大幅度上升,这使经济学家更加认识到总供给冲击的重要性。

本章习题

一、实验报告题

1. 用 Q 表示总产量,即投入一定量的劳动之后,所得到的产出量总和。用 MP_L 表示劳动的边际产量,即增加或减少1单位劳动投入量所带来的产出量的变化。根据以下的厂商投入与产出规则,计算出厂商劳动投入的总产量(Q)、劳动投入的边际产量(MP_L),并由此推导出厂商对劳动的需求表:

   厂商投入的第1单位劳动会形成6单位商品的产出;
   厂商投入的第2单位劳动也会形成6单位商品的产出;
   厂商投入的第3单位劳动会形成3单位商品的产出;
   厂商投入的第4单位劳动也会形成3单位商品的产出;
   厂商投入的第5单位及以后的各单位劳动(如第6单位、第7单位……劳动)只会形成1单位商品的产出。

单个厂商的产量表

L	Q	$MP_L (\Delta Q/\Delta L)$
0	0	/
1		
2		
3		
4		
5		
6		

单个厂商对劳动的需求表

实际工资 $W_r(W/P)$	厂商劳动的边际产量 MP_L	劳动需求量 L
0	/	/
1		
2	/	
3		
4	/	
5	/	
6		

2. 在游戏中厂商的终极目标是获取更多的商品,以供享受。设在第 t 轮中厂商以 W_t 的货币工资购买了数量为 L_t 的劳动,而其产出量为 $Q=f(L_t)$。假设在完成生产过程之后,突然停止商品市场运作,红牌可以按上期的商品价格 P_{t-1} 换取黑牌。从实物数量角度来衡量(即用黑牌数量来计算)厂商要实现在第 t 轮中,其投入产出效率的最大化,他的边际产量应该等于什么?为什么?

3. (续上题)再考虑动态的情形,如果用 r 表示第 $t+1$ 轮游戏被叫停的概率,第 t 轮中厂商以 P_t 的价格售出数量为 X_t 的商品,用 W_{t+1} 表示第 $t+1$ 轮的货币工资。在第 t 轮商品市场交易结束之后,游戏有可能被叫停,而厂商手里的红牌不能换取黑牌,厂商要获取更多的商品,达到收益的最大化目标,他的边

第八章 物价和就业

际产量又应该等于什么？为什么？

4. 根据居民休闲时间的效用规则和货币工资的数据，填写下表，并解释游戏中的相关现象。

单个居民的劳动供给决策

劳动供给 L	休闲 $O(B)$	休闲的总效用 $TU_O(B)$	劳动供给的总成本 $TC_L(B)$	货币工资 $W(R)$	货币工资总额 $W \times L$	居民要求的实际工资总数(B)	居民的商品出价 $P(R)$
0	3	9	/	/	/	/	/
1	2	7		1			
				2			
				3			
				4			
				5			
				6			
2	1	4		1			
				2			
				3			
				4			
				5			
				6			
3	0	0		1			
				2			
				3			
				4			
				5			
				6			

注：表格中的 B 和 R 分别代表黑牌数和红牌数。劳动供给的总成本是指因供给一定数量的劳动而引起的休闲总效用减少量，即 $TC_L = 9 - TU_O(3-L)$。

5. 在游戏中居民的终极目标是获取更多的商品，以供享受。设在第 t 轮中居民以 W_t 的货币工资出售了数量为 L_t 的劳动，而其劳动供给的总成本为 $TC_L = g(L_t)$（用黑牌数量来计量）。在完成生产过程之后，商品市场的价格为 P_t。从实物数量角度来衡量，居民要实现在第 t 轮中，其劳动与休闲决策的最优化，其劳动供给的边际成本应该等于什么？为什么？

6. 单个居民的劳动供给由居民劳动的边际成本决定，单个居民劳动供给的边际成本为
   单个居民第 1 单位劳动的边际成本相当于 2 单位商品；
   单个居民第 2 单位劳动的边际成本相当于 3 单位商品；

单个居民第3单位劳动的边际成本相当于4单位商品。

由此推导出两个居民劳动的供给表。

两个居民的劳动供给表

实际工资 $W_r(W/P)$	单个居民劳动的边际成本 MC_L	两个居民的劳动供给量 L
0	/	/
1		
2		
3		

7. 如果劳动市场由一个厂商和两个居民组成，那么，劳动市场均衡的实际工资和均衡的就业量各是多少？

8. 从各轮游戏的数据来看，货币工资与就业量存在什么关系？商品价格与产出之间存在什么关系？

二、选择题

1. 消费物价指数的简称是　　　　　　　　　　　　　　　　　（　　）
   A. CPI   B. PPI
   C. GDP Deflator   D. GNP Deflator

2. 失业率指　　　　　　　　　　　　　　　　　　　　　　　（　　）
   A. 失业人口占全部人口的百分比
   B. 失业人口占就业人数的百分比
   C. 本国失业人口占世界劳动力人数的百分比
   D. 失业人口占劳动力总数的百分比

3. 通货膨胀是　　　　　　　　　　　　　　　　　　　　　　（　　）
   A. 货币发行量过多而引起的一般物价水平普遍上涨
   B. 货币的发行量超过流通的黄金量
   C. 货币的发行量超过流通中商品的价值量
   D. 以上都不是

4. 社会一般物价水平上涨率在3‰～10‰以内的状态下的通货膨胀的类型是　　　　　　　　　　　　　　　　　　　　　　　（　　）
   A. 爬行性通货膨胀   B. 温和性通货膨胀
   C. 急剧性通货膨胀   D. 恶性通货膨胀

5. 需求拉动的通货膨胀　　　　　　　　　　　　　　　　　　（　　）
   A. 通常用于描述某种供给因素所引起的价格波动
   B. 通常用于描述某种总需求的增长引起的价格波动
   C. 表示经济制度已调整过的预期通货膨胀
   D. 以上均不是

第八章 物价和就业

6. 如果债权人预计第二年通货膨胀率为6%,这时他所愿意接受
   的贷款利率为 ( )
   A. 4%　　　　B. 5%　　　　C. 2%　　　　D. 6%

7. 已知充分就业的国民收入是10 000亿元,实际国民收入是9 800
   亿元,边际消费倾向是80%。在增加100亿元的投资后,经济将发生（ ）
   A. 需求拉动型通货膨胀且有300亿元的通货膨胀缺口
   B. 需求拉动型通货膨胀,且有600亿元的通货紧缩缺口
   C. 需求不足的失业
   D. 以上说法均不正确

8. 以下哪种现象不伴随通货紧缩发生 ( )
   A. 有效需求不足　　　　　B. 经济衰退
   C. 失业率下降　　　　　　D. 物价下跌

9. 认为货币供应量变动是通货膨胀主要原因的是 ( )
   A. 凯恩斯学派　　　　　　B. 货币学派
   C. 哈耶克　　　　　　　　D. 古典学派

10. 通货膨胀的收入分配效应指 ( )
    A. 收入结构变化　　　　　B. 收入普遍上升
    C. 收入普遍下降　　　　　D. 债权人收入上升

11. 关于治理通货膨胀的对策,不可以采取 ( )
    A. 冻结工资水平　　　　　B. 增税
    C. 降低法定准备率　　　　D. 增加有效供给

12. 已知充分就业的国民收入是10 000亿元,实际国民收入是9 000亿元,
    边际消费倾向是75%。在增加100亿元的投资后,经济将发生 ( )
    A. 需求拉动型通货膨胀且有300亿元的通货膨胀缺口
    B. 仍未能使经济消除需求不足的失业
    C. 将使经济达到充分就业的状态
    D. 将导致成本推动型通货膨胀

13. 平衡的、预期到的通货膨胀对收入分配和产量的影响是 ( )
    A. 对收入分配和产量都有影响
    B. 对收入分配和产量都没有影响
    C. 对收入分配有影响,对产量没有影响
    D. 对产量有影响,对收入分配没有影响
    E. 不能明确知道

14. 滞胀意味着,实际国民生产总值停止增长,或者甚至下降,而且 ( )
    A. 通货膨胀率下降　　　　B. 通货膨胀率上升

C. 通货膨胀率保持稳定　　　　D. 通货紧缩
15. 由于经济萧条而形成的失业属于　　　　　　　　　　　　　　　(　　)
    A. 摩擦性失业　　　　　　　B. 结构性失业
    C. 周期性失业　　　　　　　D. 永久性失业
16. 如果某人由于钢铁行业不景气而失业,这种失业属于　　　　　　(　　)
    A. 摩擦性失业　　　　　　　B. 结构性失业
    C. 周期性失业　　　　　　　D. 永久性失业
17. 自然失业率　　　　　　　　　　　　　　　　　　　　　　　　(　　)
    A. 恒为零
    B. 依赖于价格水平
    C. 是经济处在潜在产出水平时的失业率
    D. 是没有摩擦性失业时的失业率
18. 菲利普斯曲线说明　　　　　　　　　　　　　　　　　　　　　(　　)
    A. 通货膨胀导致失业
    B. 通货膨胀是由行业工会引起的
    C. 通货膨胀率与失业率之间呈反向关系
    D. 通货膨胀率与失业率之间呈正向关系
19. 长期菲利普斯曲线说明　　　　　　　　　　　　　　　　　　　(　　)
    A. 通货膨胀与失业之间不存在相互替代关系
    B. 传统菲利普斯曲线仍然有效
    C. 在价格很高的情况下通货膨胀和失业仍有替代关系
    D. 离原点越来越远
20. 根据菲利普斯曲线,欲降低通货膨胀率则应　　　　　　　　　　(　　)
    A. 提高失业率　　　　　　　B. 提高工资率
    C. 提高股息率　　　　　　　D. 提高利息率

三、判断题

1. 通货膨胀是指日常用品的价格水平的持续上涨。　　　　　　　　(　　)
2. 农业的歉收会造成需求拉动型通货膨胀。　　　　　　　　　　　(　　)
3. 货币学派认为,长期看来,通货膨胀率和失业率存在替代关系,
   政府可以通过货币政策降低失业率。　　　　　　　　　　　　　(　　)
4. 由于国外原材料价格上升引起本国物价水平上升,此所谓
   结构性通货膨胀。　　　　　　　　　　　　　　　　　　　　　(　　)
5. 过快、过多地增加工资的企业按工资增加额一定比例征税,也是
   反通货膨胀的收入政策的一部分。　　　　　　　　　　　　　　(　　)
6. 当发生通货膨胀时,大家都受其害。　　　　　　　　　　　　　(　　)

第八章 物价和就业

7. 一个国家的通货膨胀率低于1%时,就标志着这个国家进入了通货紧缩。　　　　　　　　　　　　　　　　　　　　　　　（　）
8. 通货紧缩是指社会一般物价水平持续下降长达3个季度以上。（　）
9. 假如经济发生严重的通货紧缩,受害者将是债务人。　　　（　）
10. 将工资水平的提高与物价的上升相联系的做法被称为指数化。（　）
11. 当货币的价值由于通货膨胀而下降时,我们称之为通货膨胀税。（　）
12. 名义利率等于实际利率减去通胀率。　　　　　　　　　（　）
13. 随着社会的进步,科学技术的不断发展,经济的产业结构不断地发生变化而导致的失业是周期性失业。　　　　　　（　）
14. 结构性失业的大小取决于转移成本的高低。　　　　　　（　）
15. 只要自然失业率控制在4%～6%左右,它的存在并不影响充分就业的实现。　　　　　　　　　　　　　　　　　　　　（　）
16. 对薪水不满意而待业在家的大学毕业生不属于失业人员。　（　）
17. "滞胀"可以用菲利普斯曲线的不断上移来表示。　　　　（　）
18. 如果决策者在了解现行经济政策的情况下预测未来通货膨胀,人们认为他们是在做理性预期。　　　　　　　　　　　（　）
19. 如果工资及价格是完全灵活的,则总供给线是垂直的。　　（　）
20. 作为从一种工作过渡到另一种工作之结果的失业被称为季节性失业。　　　　　　　　　　　　　　　　　　　　　（　）

四、分析或计算题

1. 如价格水平在2005年为107.9,2006年为111.5,2007年为114.5。试问2006年和2007年通货膨胀率各是多少？如果人们以前两年通货膨胀率的平均值作为第三年的通货膨胀的预期值,计算2008年的预期通货膨胀率。如果2008年的利率为6%,计算该年的实际利率。

2. 如果2005—2008年的消费价格指数CPI分别为400、440、462、462,
   ①计算2006、2007、2008年的通货膨胀率。
   ②假定一组工人签了从2003年开始为期两年的合同,其工资增长率为$\Delta W/W=0.1$。在现有的CPI水平下,其实际工资如何变化？
   ③如果$\Delta W/W=\Delta CPI/CPI$,其实际工资又如何变化？

3. 一国GNP的增长率为3.5%,劳动生产增长率为1.6%,劳动力供给每年增长2.2%,那么,该国的失业率将提高或降低多少？

4. 假定某社会的菲利普斯曲线为$\Delta P/P=36/U-10$,其中$\Delta P/P,U$均为百分数值表示。求：
   ①失业率为2%时的价格上涨率；
   ②价格水平不变时的失业率。

5. 试分析下列各项劳动力的状态：
   ①一位刚刚毕业正在寻找工作的大学毕业生；
   ②一位已被解雇，愿意工作但对寻找工作已经不抱有希望的操作工；
   ③一位已经退休，但正在寻找兼职工作的教师；
   ④一位因病不能工作的教师。

第九章　宏观经济政策

本章主要目的

通过本章的学习,你应当能够:
1. 熟知宏观经济政策的目标
2. 了解宏观经济政策目标之间的关系
3. 明确财政政策的含义
4. 阐明财政政策的各种工具及其操作方向
5. 搞清自动稳定器的内涵
6. 懂得存款货币创造的机制
7. 掌握货币政策的含义、类型
8. 认识货币政策的三大传统政策工具
9. 理解财政政策与货币政策的搭配使用方式

第一节　引导性实验
——货币创造实验

一、实验步骤

1. 准备实验资料

实验器材:事先打印好的面值为 200 元的"教室货币"10 张、面值为 200 元的"教室国债"10 张、20 份支票,准备好 2 个文件夹、相应数量的学生实验指南。

实验场地:足够宽敞的多媒体教室。

实验人数:约 20 人。

2. 介绍金匠原理

教师向学生介绍有关银行准备金起源的历史:在黄金作为交换媒介的时代,金匠为商人代为保管金币,会开具保管收据,此后不久金币保管收据就代替金币进行流通。因为存款的商人不会同时都来提取现金,金匠意识到可以悄悄地增发一些没有对应金币的收据,来放贷给需要的人以赚取利息。当债务人还清贷款时,金匠再同时注销空头收据和借据,好像一切都没有发生过。这就充分地说明了为什么存款货币的数量会大于准备的现金。

3. 安排游戏角色

教师向学生公布以下的游戏名称:货币创造实验。在游戏中教师扮演的角色是中央银行,其职能是调节控制商业银行的行为,并最终影响货币的供给。招募3个学生分别扮演商业银行行长、商业银行内部会计、商业银行外部会计。他们的具体分工是,商业银行行长负责所有的存款、贷款活动。当商业银行取得一笔存款时,行长应该计算好准备金并将超出准备金的款项放贷出去。商业银行的内部会计负责将商业银行的存款业务、贷款业务在黑板上进行逐笔记录。商业银行的外部会计负责在黑板上记录银行与每个客户(由学生扮演)的交易。指定其他学生扮演客户,并随机地向扮演客户的学生分发"教室国债"每人一张,发完为止。持有"教室国债"的学生有机会卖出国债并将由此获得的教室货币存入银行,所有客户都有机会从银行获得贷款。

4. 宣读游戏规则

公开宣读游戏遵循的规则:
①所有的钱都存在银行里。(每个学生获得"教室货币"后,应立即存入银行)
②商业银行的所有存款准备金都以库存现金的形式持有,存放于代表商业银行储藏柜的文件夹中。商业银行的存款准备金比率为20%。
③商业银行准备金之外的存款全部放贷出去。

5. 演示央行注资

教师宣布作为中央银行,你愿意用"教室货币"购买公众持有的"教室国债"1 000元。教师可以选择响应得最快的5个卖出者,支付给每个人200元现金,并提醒收到钱的学生将所有现金都存入商业银行。商业银行的外部会计在黑板上逐行写出每个存款人的姓名和存款金额。商业银行行长给每个存款人一份支票存款单,并将用支票存款单换得的现金1 000元保存在商业银行的金库中。商业银行的内部会计则应该在黑板上记录这一过程给银行资产负债表带来的变化。为简单起见,我们假设开始时,商业银行没有存款、没有准备金,也没有贷款。也就是说,在最初时点上,商业银行的存款加公众持有的现金数量为0,即货币供给量等于0。

在央行购买了1 000元国债后,显然,商业银行的负债——存款增加到了1 000元,而商业银行的资产——库存现金也达到了1 000元。这样,货币供给量即商业银行的存款加公众持有的现金数量就等于1 000元。

6. 展现货币扩张

在央行完成注资后,商业银行的行长应该立即计算出法定的存款准备金数额和超额准备金数额分别为200元和800元。并找到1个、或2个又或者4个学生,将800元的超额准备金全部贷放出去。在这第1轮的放贷过程中,商业银行的行长应该从代表商业银行储藏柜的文件夹中,清点出800元的"教室货币"交给借入款项的学生,同时展示商业银行金库中(即文件夹中)留下的 200 元现金,即法定的存款准备金。再让商业银行的内部会计在黑板上,将准备金的下降金额和贷款的上升金额,记录在商业银行资产负债表中。获得贷款的学生将 800 元的"教室货币"交给另一位同学用于购买商品。后者将钱重新存入商业银行,商业银行的内部会计在资产负债表中记录存款又增加 800 元,变为 1 800 元,而商业银行金库中的现金又恢复到 1 000 元,商业银行的贷款资产为 800 元。于是,货币供给量即商业银行的存款加公众持有的现金数量扩张到 1 800 元。此后各轮的放贷过程,无需再借助于教室货币来表现上述存款货币的变化,而可以直接反映存款等额地伴随着贷款的增加。

7. 验证货币乘数

在有限的课堂教学时间内,上述贷款—存款扩张过程不能毫无控制地反复进行。但至少应再进行 2 轮贷款—存款扩张游戏。在第 2 轮的存款扩张游戏中,以 1 800 元的存款为依据,计算出法定的存款准备金和超额准备金分别为 360 元和 640 元,重复第 6 步骤,放出 640 元的贷款,很快就能算出商业银行的存款又增加了 640 元,变为 2 440 元(1 000+800+640),而商业银行金库中的现金仍然为 1 000 元,商业银行的贷款资产变为 1 440 元(800+640)。由此应该指出:在每一轮的货币扩张中,只有超额准备金才能放贷出去。而超额准备金逐轮下降,因此,存款货币的增加量也就不断下降。当商业银行不再持有超额准备金时,也就不能再增加贷款了。在这里不难证明,最大的存款金额等于 5 000 元。即

$$货币供给量 = 央行最初的注资 \times (1/存款准备金率)$$

当存款金额为 5 000 元,存款准备金率为 20%时,法定的存款准备金正好等于 1 000 元(5 000×20%),商业银行就没有超额的准备金可以用于放贷。

由此,在第 3 轮的存款扩张游戏中,商业银行应该还可以放出 2 560 元的贷款,教师应选定一位学生来接受这笔贷款。重复第 6 步骤之后,得到的结果是商业银行的存款又增加了 2 560 元,变为 5 000 元(2 440+2 560),而商业银行金库中的现金资产仍然为 1 000 元,商业银行的贷款资产变为 4 000 元(1 440+2 560)。

8. 表现货币收缩

与货币扩张相比,货币收缩较为令人费解。在这一步骤中,为表现货币收缩的原理,由教师作为中央银行宣称想要卖出 400 元的"教室国债",让那些在商业银行中拥有存款的学生购买国债。当学生作出购买决定后,要求其开出 400 元的现金支票交给中央银行。然后,中央银行将支票交商业银行兑现,商业银行的行长必须从商业银行的金库中取出 400 元现金,教师(央行)拿钱后,将其放入代表中央银行金库的文件夹中。商业银行的外部会计在黑板上记录购买国债学生的存款金额的下降数。商业银行的内部会计则在黑板上记录银行资产负债表中的资产——库存现金减少了 400 元,变为 600 元;同时,商业银行的负债——存款也减少了 400 元,变为 4 600 元,而商业银行的贷款资产仍为 4 000 元。此时,货币供给量即商业银行的存款加公众

持有的现金数量收缩到 4 600 元。于是,以 4 600 元的存款为依据,计算出法定的存款准备金为 920 元(4 600×20%),而此时实际的存款准备金只有 600 元,还相差 320 元。商业银行的行长必须找出一位贷款客户,收回 320 元的贷款。偿还贷款的学生必须按 320 元的金额开出支票交给商业银行行长。商业银行的外部会计记录还贷者的存款金额和贷款金额同时下降了 320 元。商业银行的内部会计则在黑板上记录银行资产负债表中的资产——贷款资产减少了 320 元,变为 3 680 元,库存现金仍为 600 元;商业银行的负债——存款也减少了 320 元,变为 4 280 元(5 000-400-320)。这时,货币供给量即商业银行的存款加公众持有的现金数量又收缩到 4 280 元。

由此应该说明:在每一轮的货币收缩中,存款的下降金额等于收回的贷款金额,而法定的存款准备金下降金额小于存款的下降金额,实际的存款准备金不能满足法定的要求,因此,必须收回贷款。在这一过程中,实际的存款准备金与法定的存款准备金之间的差额逐轮缩小。当商业银行不再缺少准备金时,也就不必再收回贷款了。在这里不难证明,最大的贷款收回金额等于 2 000 元。即

$$\text{货币供给量的变动量} = \text{央行最初的撤资} \times (1/\text{存款准备金率})$$
$$= 400 \text{元} \times (1/20\%) = 2 000 \text{元}$$

当存款金额为 3 000 元,存款准备金率为 20% 时,法定的存款准备金正好等于 600 元(3 000×20%),商业银行就不再缺少准备金也就不必收回贷款。

由此,在第 3 轮的存款收缩游戏中,商业银行应该再收回 1280 元的贷款,教师应选定一位学生来偿还这笔贷款。重复有关步骤之后,得到的结果是商业银行的存款又减少了 1 280 元,变为 3 000 元(4 280-1 280),而商业银行金库中的现金资产仍然为 600 元,商业银行的贷款资产变为 2400 元(3 680-1 280)。

9. 评析实验结果

游戏结束后,让每个学生就自己在游戏中扮演的角色,分析中央银行、商业银行、社会公众在货币创造中的作用,教师再根据实验中用到的具体数据,评析实验的结果,并组织进一步的拓展讨论,引导出相应的结论。

二、实验指南

1. 学生实验指南

我们做一个有关货币供给和货币政策的游戏,在游戏中老师将扮演中央银行,同学们将分别扮演商业银行和社会公众,大家一起来展现货币的增、减变化和货币政策的实施。

在实验中你将有机会扮演商业银行的工作人员或者社会公众(企业和居民)。商业银行的工作人员包含商业银行行长、商业银行内部会计、商业银行外部会计三个角色。商业银行的行长将拿到一个代表"银行金库"的文件夹,并负责所有的存款、贷款活动。当商业银行取得一笔存款时,行长应该计算好准备金并将超出准备金的款项

放贷出去。比如,当商业银行收到1 000元的存款时,行长应该立即计算出法定的存款准备金为200元(1 000×20%元),而将超额准备金800元放贷出去。商业银行的内部会计负责将商业银行的存款业务、贷款业务在黑板上进行一笔一笔的记录,将有关的业务完整地记录在如下的商业银行资产负债表中。商业银行的库存现金、贷款、存款数量的任何变化都应该被记录下来。比如:有人来存入1 000元,那么在商业银行的负债项目中的存款项下就要增加1 000元,而为了保持商业银行资产负债表的平衡,同时就需要在资产项目中做相应的记录,如果这1 000元是以现金形式存入的,那么资产项目中的库存现金项下就也要增加1 000元。

表9-1 商业银行资产负债表

资产					负债				
轮次	项目	余额	借方	贷方	轮次	项目	余额	借方	贷方
1	存款准备金				1	贷款			
	贷款								
2	存款准备金				2	贷款			
	贷款								
3	存款准备金				3	贷款			
	贷款								
4	存款准备金				4	贷款			
	贷款								
5	存款准备金				5	贷款			
	贷款								
6	存款准备金				6	贷款			
	贷款								
7	存款准备金				7	贷款			
	贷款								

商业银行的外部会计负责在黑板上记录银行与每个客户的交易,即在如下的商业银行外部会计记录表中写下每个客户的存款额和贷款额的变化。

表9-2 商业银行外部会计记录表

姓名	支票存款			贷款		
	余额	增加额	减少额	余额	增加额	减少额
...	...	...	...	...	...	...
总计						

除了 3 位扮演商业银行工作人员的同学之外,其他同学将作为社会公众的角色出现在游戏中,扮演客户的同学有机会得到"教室国债",拿到"教室国债"的同学,可以想办法卖出国债,并将由此获得的"教室货币"存入银行,所有扮演客户的同学都有机会从银行获得贷款。老师将扮演中央银行,负责调节控制商业银行的行为。

大家应该遵循的游戏规则为

(1) 所有的钱都存在银行里。也就是说,每个同学获得"教室货币"后,应立即存入银行。

(2) 商业银行的所有存款准备金都以库存现金的形式持有,存放于代表商业银行储藏柜的文件夹中。商业银行的存款准备金比率为 20%。

(3) 商业银行准备金之外的存款全部放贷出去。

提醒大家注意:在这个实验中因为所有的现金都存入银行中,所以货币供给量就等于支票存款的金额。此外,你们还应该知道商业银行的库存现金属于存款准备金,而中央银行的库存现金则既不能算作存款准备金,又不能计入货币供给量。

实验将分成两个阶段,即货币扩张实验和货币收缩实验。

在第一个阶段的货币扩张实验中,老师作为中央银行,将会从你们当中选出 5 位同学,购买你们持有的"教室国债"1 000 元,并支付给你们"教室货币"。收到钱的同学应该将所有现金都存入商业银行,商业银行的行长应立即计算出法定的存款准备金和超额准备金,并将超额准备金全部放贷出去。获得贷款的学生将 800 元的"教室货币"交给另一位同学用于购买商品,后者将钱重新存入商业银行。然后,上述贷款—存款扩张游戏应再进行 2 轮,一直到商业银行不再持有超额准备金时,不能再增加贷款为止。

在第二个阶段的货币收缩实验中,老师作为中央银行要把 400 元的"教室国债"卖给那些在商业银行中拥有存款的同学。当你作出购买决定后,必须开出 400 元的现金支票交给老师。然后,老师会将支票交商业银行兑现,商业银行的行长应该从商业银行的金库中取出 400 元现金,老师(央行)拿到钱后,将其放入代表中央银行金库的文件夹中。商业银行的外部会计在黑板上记录你存款金额的下降数。商业银行的内部会计则在黑板上记录银行资产负债表中的资产——库存现金减少数;同时记录商业银行的负债——存款的减少数。商业银行的行长再以存款金额为依据,计算出法定的存款准备金数字,以及实际准备金与法定的存款准备金的差额。接着,商业银行的行长必须找出一位贷款客户,收回相应数额的贷款。此后,上述贷款—存款扩张游戏应再进行 2 轮,一直到商业银行不再缺少准备金时,不必再收回贷款为止。

最后,你应该就自己在游戏中扮演的角色,分析中央银行、商业银行、社会公众在货币创造中的作用。

2. 教师实验指南

(1) 实验准备工作

第九章　宏观经济政策

在实验开始之前,教师首先应该打印好面值为 200 元的"教室货币"10 张、面值为 200 元的"教室国债"10 张、20 份支票、准备好 2 个文件夹、相应数量的学生实验指南。其次,应该进行教室环境的布置,调整好教室的座位,将教室分成前后或左右两半,中间留出足够的过道,以便参加实验的学生走动。再次还要准备好粉笔、黑板擦、计算器、纸和笔、电脑、实验报告等器材和资料。

（2）介绍金匠原理

教师向学生介绍有关银行准备金起源的历史:在黄金作为交换媒介的时代,金匠为商人代为保管金币,会开具保管收据,此后不久金币保管收据就代替金币进行流通。因为存款的商人不会同时都来提取现金,金匠意识到可以悄悄地增发一些没有对应金币的收据,来放贷给需要的人以赚取利息。当债务人还清贷款时,金匠再同时注销空头收据和借据,好像一切都没有发生过。这就充分地说明了为什么存款货币的数量会大于准备的现金。

（3）公布实验内容

教师向学生公布以下的游戏名称:货币创造实验。在游戏中教师扮演的角色是中央银行,其职能是调节控制商业银行的行为,并最终影响货币的供给。学生们将扮演商业银行和社会公众,大家一起来展现货币的增、减变化和货币政策的实施。招募3 个学生分别扮演商业银行行长、商业银行内部会计、商业银行外部会计。指定其他学生扮演客户,并随机地向扮演客户的学生分发"教室国债"每人一张,发完为止。持有"教室国债"的学生有机会卖出国债并将由此获得的教室货币存入银行,所有客户都有机会从银行获得贷款。

（4）宣读游戏规则

教师把学生实验指南分发给每个学生,并公开宣读游戏遵循的规则:
①所有的钱都存在银行里。（每个学生获得"教室货币"后,应立即存入银行）
②商业银行的所有存款准备金都以库存现金的形式持有,存放于代表商业银行储藏柜的文件夹中。商业银行的存款准备金比率为 20%。
③商业银行准备金之外的存款全部放贷出去。
在确信每个学生都搞清实验步骤之后,允许学生开始游戏。

（5）展示实验数据

在学生完成货币扩张实验和货币收缩实验的每轮游戏后,教师应及时展示商业银行资产负债表中的存款金额、贷款金额和存款准备金的数额。提醒学生注意在这个实验中,因为所有的现金都存入银行中,所以货币供给量就等于支票存款的金额。此外,商业银行的库存现金属于存款准备金,而中央银行的库存现金则既不能算作存款准备金,又不能计入货币供给量。让学生关注每轮游戏后,货币供给量与存款准备金之间的数量关系。

（6）评析实验结果

游戏结束后,让每个学生就自己在游戏中扮演的角色,分析中央银行、商业银行、社会公众在货币创造中的作用,教师再根据实验中用到的具体数据,评析实验的结果,并组织进一步的拓展讨论,引导出相应的结论。

第二节 宏观经济政策目标

一、宏观经济政策目标

经济政策是指国家或政府为了增进社会经济福利而制定的解决经济问题的指导原则和措施。它是政府为了达到一定的经济目的而对经济活动有意识的干预。因此任何一项经济政策的制定都是根据一定的经济目标而进行的。宏观经济政策的目标大致有四种,即充分就业、稳定物价、经济增长和国际收支平衡。宏观经济政策就是为了达到这些目标而制定的手段和措施。

1. 充分就业

充分就业,一般指凡是愿意就业者均可有一个适当的工作。换句话说,凡是有工作能力且有就业愿望的,都能在较合理的条件下随时找到适当的工作。考察一个国家是否达到充分就业,以失业率为衡量标准。在计算失业人数时需把两种情况排除在外。一是摩擦性失业,即由于短期内劳动力供求失调而难以避免的摩擦造成的失业;二是由于工人不愿接受现有的工资水平而造成的自愿失业。因为这两种失业在任何社会经济制度下都是难以避免的。充分就业目标的真实含义,只是指非自愿失业的消除。可见,充分就业并不是指失业率为零,而是指维持一定水平的失业率,这个失业率称为自然失业率或正常失业率。自然失业率要保持在各国社会经济发展状况可容忍的程度之内,各国在不同时期根据不同情况确定自然失业率水平。例如,美国充分就业时自然失业率在 20 世纪 50—60 年代为 3.5%~4.5%,70 年代为 4.5%~5.5%,80 年代为 5.5%~6.5%。

此外,充分就业目标还有一种更广泛的含义,它不仅指劳动这一生产要素,而且包括资本、土地、企业家才能等所有各种生产要素都按其所有者愿意接受的价格全部被投入生产和使用的经济状态,即全社会的经济资源被充分利用的经济状态。

2. 稳定物价

稳定物价,即设法使一般物价水平在短期内不发生显著或急剧地波动。这里的物价是一般物价水平而不是某种商品的价格,某种商品价格发生变动,是竞争中经常出现的自然现象,并不能代表整个商品世界的价格体系发生了变动。事实上某些商品价格的自发调整会促进经济资源的合理配置,从而提高整个社会的经济效益。当然,在实际经济生活中,由于受多种因素的影响,某种商品价格发生变动,在一定时期内会带动其他商品价格发生变动,最终导致一般物价水平的上涨。

另外需要说明的是,一般物价水平表明的是物价变动的一种趋势。一般物价水平上涨表明商品或劳务价格趋于上涨,一般物价水平稳定则表明商品或劳务价格趋于稳定。不论是上涨还是稳定,都不能说明任何商品的价格都是一成不变。实际上商品相对价格总是在不断调整的,有的商品价格上涨,有的下跌,有的上涨慢,有的上涨快。因此,一般物价水平只能反映物价变动的一般趋势。从长期看,物价变动趋于上涨。换言之,物价稳定并不是通货膨胀率为零,而是维持一种能为社会所接受的低而稳定的通货膨胀率的经济状态。人们把每年平均为1%～3%或不超过4%的通货膨胀率称作温和的或爬行的通货膨胀。一般认为通货膨胀率控制在这一变动幅度内即算实现了物价稳定的目标,并认为低而稳定的通货膨胀不会对经济产生不利影响,反而有刺激经济增长的积极作用。

究竟政府应把物价水平控制在什么幅度内才算实现稳定,这要依各国的具体经济状况及人们的承受能力而定。但不论哪一个国家,总是想把物价上涨控制在最小的幅度内,以利于经济发展。

3. 经济增长

经济增长是指一国在一定时期内所生产的商品或劳务总量的增加或者一国人均国民生产总值的增加。它反映了一国的经济发展水平。现在往往以剔除价格因素后的人均国民生产总值为衡量标准。从广义上讲,经济增长还包含有效利用现有资源与劳动力创造出更多的商品与劳务。宏观经济政策的目标就是要努力建立一个良好的环境,促进经济增长。

4. 国际收支平衡

国际收支是指一定时期内(通常指1年内)一国对其他国家或地区,由于政治、经济、文化往来所引起的全部货币收支。国际收支平衡是指一国对其他国家的全部货币收入和支出大体相抵。

国际收支平衡有静态平衡与动态平衡之分。静态平衡也称为古典式平衡,是指以1年的国际收支数额相抵为目标的平衡。因为它与人们的传统习惯吻合,判断简单,所以大多数国家采用这种平衡模式。动态平衡也称周期平衡、补偿性平衡,是指以一定时期(如3年、5年)的国际收支数额相抵为目标的平衡,与静态平衡不同的是它考虑到经济运行周期且兼顾国际收支结构的合理性。因此,这种平衡模式将会越来越多地被采用。

国际收支平衡是指既无国际收支赤字、又无国际收支盈余的状态。从长期看,无论是国际收支赤字还是盈余都对一国经济有不利影响,会限制和影响其他经济政策目标的实现。具体来说,长期的国际收支盈余是以减少国内消费与投资,从而不利于充分就业和经济增长为代价的;国际收支赤字要由外汇储备或借款来偿还,外汇储备与借款都是有限的,长期国际收支赤字会导致国内通货膨胀。在国际收支平衡中,贸易收支的平衡更为重要。

二、宏观经济政策目标之间的矛盾

尽管西方国家先后提出了上述四种宏观经济政策目标,但就一国某一时期来看,要想同时实现四大目标是非常困难的,通常实现某一政策目标的同时会干扰其他政策目标的实现。原因是四大政策目标本身之间的关系是错综复杂的,既统一又有冲突。

1. 稳定物价与充分就业

菲利普斯曲线反映了两者关系:失业率与物价上涨率之间存在此消彼长的关系。即一个国家要减少失业,必然要增加社会货币供给量,降低税率,扩大政府开支,以刺激社会总需求的增加,而总需求增加后又会在一定程度上引起物价的上涨。相反地,若要降低物价上涨率,必须紧缩货币供给量,减少投资,从而减少社会总需求,这又会引起失业的增加。物价上涨率与失业率之间存在着相互替代的关系。要么保持高失业率下的物价稳定,要么保持高通货膨胀下的充分就业,抑或在物价上涨率与失业率之间进行相机抉择。政府只有根据当时的社会经济条件选择一个恰当的组合点。

2. 稳定物价与经济增长

就现代市场经济的实践而言,经济的增长大多伴随着物价的上涨,原因是经济的增长多数是人为刺激导致,势必会引起不同程度的物价上涨,这点从国外或我国的经济发展过程中均可得到证明。但也存在不同看法。一种观点认为适度的物价上涨可促进生产发展与经济增长。另一种观点认为随着经济的增长,价格将趋向稳定。原因是经济增长主要取决于劳动生产率的提高和新的生产要素的投入,在劳动生产率提高的情况下,单位产品成本降低,物价必然会随之降低。适度的物价上涨或通货膨胀在短期内固然能带来经济的较快发展,但从长期看,最终会造成投资过度膨胀,资源严重短缺,阻碍经济的持续增长。

3. 稳定物价与国际收支平衡

在现代开放型经济的社会里,某一国家的经济发展往往要受到国际经济变化的制约。例如一国物价稳定时,如果其他国家出现了严重通货膨胀,则由于本国商品价格相对较低,引起商品出口增加,进口减少,增加顺差;反之,则导致逆差增加。当然,这种贸易顺差或逆差状况可由资本的输出、输入加以弥补。

4. 经济增长与国际收支平衡

从短期看,这两个目标之间也存在冲突。高速度的经济增长需要增加进口国外的机器设备、先进技术及原材料,而扩大出口不可能在短期内达到,这会使国际收支恶化。

既然宏观经济政策目标之间存在着冲突,那么为了实现某一目标所采取的宏观经济政策,可能会损害另一些目标。于是政府与货币当局所面临的任务是,如何在这些相互冲突的目标中,做出最适当的选择与取舍。这的确是当代各国政府与经济学家所面临的最大难题。

第三节 财政政策

一、财政政策的含义

财政政策是一国政府根据一定时期的社会经济发展目标和经济状况,对政府支出、税收和公债水平所进行的选择,或对政府收入和支出水平所作的决策。它主要包括财政收入政策和财政支出政策,其调节原理是通过财政收入和财政支出的增减变动来影响国民经济的总量平衡。一般的做法是,当总供给大于总需求时,增加财政支出,减少税收,以刺激投资需求和消费需求的增长,从而促使总需求增长;当总供给小于总需求时,则减少财政支出,增加税收以抑制总需求的增长。

二、财政政策工具

1. 财政收入

财政收入为各级政府收入的总和,包括:税收、公债和罚没等收入。

(1) 税收

在财政收入中,税收占据最重要的地位。税收是政府收入中最主要的部分,它是国家为了实现其职能按照法律预先规定的标准,强制地、无偿地取得财政收入的一种手段,因此税收具有强制性、无偿性、固定性三个基本特征。正因为如此,税收可作为实行财政政策的有力手段之一。西方国家财政收入的增长,在很大程度上来源于税收收入的增长。税收依据不同标准可以分为不同的类别。

根据课税对象,税收可分为三类:财产税、所得税和流转税。

财产税是对不动产或房地产即土地和土地上建筑物等所征收的税。遗产税一般包含在财产税中。所得税是对个人和公司的所得征税。在西方政府税收中,所得税占有很大比重。因此所得税税率的变动对经济活动会产生重大影响。流转税则是对流通中商品和劳务买卖的总额征税。增值税是流转税的主要税种之一。

根据收入中被扣除的比例,税收可以分为累退税、累进税和比例税。累退税是税率随征税客体总量增加而递减的一种税。比例税是税率不随征税客体总量变动而变动的一种税,即按固定比率从收入中征税,多适用于流转税和财产税。累进税是税率随征税客体总量增加而增加的一种税。西方国家的所得税多属于累进税。这三种税通过税率的高低及其变动来反映赋税负担轻重和税收总量的关系。因此税率的大小及其变动方向对经济活动如个人收入和消费直接会产生很大影响。

税收作为政府收入手段,既是西方国家财政收入的主要来源,也是国家实施财政政策的一个重要手段。税收具有乘数效应即税收的变动对国民收入的变动具有倍增作用。由于税收乘数有两种:一种是税率的变动对总收入的影响;另一种是税收绝对量的变动对总收入的影响。因此税收作为政策工具,它既可以通过改变税率来实现,也可以通过变动税收总量来实现,如一次性减税来达到刺激社会总需求增加的目的。对税率而言,由于所得税是税收的主要来源,因此,改变税率主要变动所得税的税率。一般来说,降低税率,减少税收都会引致社会总需求增加和国民产出的增长。因此在需求不足时,可采取减税措施来抑制经济衰退;在需求过大时可采取增税措施抑制通货膨胀。

(2) 公债

当政府税收不足以弥补政府支出时,就会发行公债,使公债成为政府财政收入的又一组成部分。公债是政府对公众的债务,或公众对政府的债权。它不同于税收,是政府运用信用形式筹集财政资金的特殊形式,包括中央政府的债务和地方政府的债务。中央政府的债务称国债。政府借债一般有短期债、中期债和长期债三种形式。短期债一般通过出售国库券取得,主要进入短期资金市场(货币市场),利息率较低,期限一般为 3 个月、6 个月和 1 年三种。中长期债一般通过发行中长期债券取得,期限 1 年以上 5 年以下的为中期债券,5 年以上的为长期债券。中长期债券利息率因时间长风险大而较高。中长期债券是西方国家资本市场(长期资金市场)上最主要的交易品种之一。因此,政府公债的发行,一方面能增加财政收入,影响财政收支,属于财政政策;另一方面又能对包括货币市场和资本市场在内的金融市场的扩张和紧缩起重要作用,影响货币的供求,从而调节社会的总需求水平。因此,公债也是实施宏观调控的经济政策工具。

2. 财政支出

政府支出是指整个国家中各级政府支出的总和,由许多具体的支出项目构成,主要可分为政府购买额和政府转移支付两类。

(1) 政府购买额

政府购买是指政府对商品和劳务的购买额。如购买军需品、机关办公用品、支付政府雇员报酬、公共项目工程所需的支出等都属于政府购买额。政府购买额是一种实质性支出,有着商品和劳务的实际交易,因而直接形成社会需求和购买力,是国民收入的一个组成部分。因此,政府购买额是决定国民收入大小的主要因素之一,其规模直接关系到社会总需求的增减。购买支出对整个社会总支出水平具有十分重要的调节作用。在总支出水平过低时,政府可以提高购买支出水平,如举办公共工程,增加社会整体需求水平,以减缓衰退。反之,当总支出水平过高时,政府可以采取减少购买支出的政策,降低社会总体需求,以抑制通货膨胀。因此,变动政府购买支出水平是财政政策的有力手段之一。

(2) 转移支付

政府支出中另一部分是转移支付。不同于政府购买额,政府转移支付是指政府在社会福利保险、贫困救济和补助等方面的支出。这是一种货币性支出,政府在付出这些货币时并无相应的商务和劳务的交换发生,因而是一种不以取得本年生产的商品和劳务作为报酬的支出。因此,转移支付不能算作国民收入的组成部分。它仅仅是政府将收入在不同社会成员之间进行转移和重新分配的结果,全社会的总收入并没有变动。据此,政府对农业的补贴也被看作是政府转移支付。既然转移支付是政府支出的重要组成部分,因此,政府转移支付也是一项重要的财政政策工具。政府转移支付能够通过转移支付乘数作用于国民收入,但乘数效应要小于政府购买支出乘数效应。一般来讲,在总支出不足时,失业会增加,这时政府应增加社会福利费用,提高转移支付水平,从而增加人们的可支配收入和消费支出水平,社会有效需求因而增加;在总支出水平过高时,通货膨胀率上升,政府应减少社会福利支出,降低转移支付水平,从而降低人们的可支配收入和社会总需求水平。除了失业救济、养老金等福利费用外,其他转移支付项目如农产品价格补贴也应随经济风向而改变。

三、财政政策的类型及运用

根据财政政策在调节宏观经济总量方面的不同功能,财政政策可以分为扩张性财政政策、紧缩性财政政策。在宏观调控中,政府可根据国民经济运行的不同情况,分别采取不同的财政政策来调节总供求,以取得较佳的调控效果。

1. 扩张性财政政策

(1) 扩张性财政政策的含义

扩张性财政政策又称宽松性财政政策,它是指政府主动地扩大财政支出、减少财政收入的一种财政政策。这种财政政策有很强的反经济萎缩的功能,适用于需求约束型经济条件。一般来说,在社会总需求小于总供给的情况下,实行扩张性财政政策,采用减少税收和扩大政府支出规模的措施来刺激社会总需求,促使社会总需求与总供给趋于平衡。这个政策的真正作用在于:要把支出用在急需的地方去,并能直接或间接地刺激和增加有效需求。

(2) 扩张性财政政策的运用范围

在经济萧条时期,总需求小于总供给,经济中存在失业,政府就要通过扩张性的财政政策来刺激总需求以实现充分就业。扩张性财政政策包括减税与增加政府支出。政府采取减税措施,降低所得税税率,给个人和企业多留一些可支配收入,以增加有效需求,消除衰退和萧条。同样,提高政府购买水平,增加政府对商品和劳动的购买支出,如政府兴办大量的公共工程,修建铁路、公路、水利工程等,能够有效地扩大社会总需求,消除经济衰退。在经济衰退时期,提高政府转移支付水平,也可以增加居民的可支配收入,以提升消费需求从而刺激社会有效需求。

从 1998 年开始，我国连续采取了积极的财政政策，在三年间共发行了 3 600 亿元的国债，用来进行基础设施和其他方面的投资；同时还连续提高机关和事业单位人员工资水平，财政每年因此多支出数千亿元。这些政策都有效地增加了需求，拉动了增长率的回升，对保证这一时期每年近 8% 左右的经济增长速度，发挥了重要作用。

(3) 扩张性财政政策的效果

扩张性财政政策可能会有它的负效应，主要有：

①挤出效应。扩张性财政政策的挤出效应是指，政府开支增加的同时私人支出减少，以政府开支代替了私人开支。这样，扩张性财政政策刺激经济的作用就被减弱了。这是因为，政府在运用财政政策调节总需求和国民收入时，并未考虑货币市场供求的因素。事实上，当政府支出增加时，或税收减少时，货币需求会增加，在货币供给既定情况下，利率会上升，私人厂商的投资会受到抑制，产生政府支出挤出私人投资的现象，这就是所谓的"挤出效应"。

②社会投资效率下降。对大部分竞争性部门，政府投资的效率不如民间投资的效率高，政府投资规模过大，持续时间过长，会造成全社会投资效率下降。

③国债的偿还问题。国债是要偿还的，其投资效率低，回收期长，要靠增加未来的税收来偿还，这势必抑制民间投资的积极性。

2. 紧缩性财政政策

(1) 紧缩性财政政策的含义

紧缩性财政政策指政府主动地减少财政支出、扩大财政收入的一种财政政策。这种财政政策具有很强的反通货膨胀功能。一般来说，在社会总需求大于总供给的情况下，实行紧缩性财政政策，采取增加税收和压缩政府支出规模的措施，来抑制社会总需求，从而使社会总需求与总供给趋于平衡。

(2) 紧缩性财政政策的运用范围

在经济繁荣时期，总需求大于总供给，经济中存在通货膨胀，政府需要通过紧缩性的财政政策来抑制总需求以实现物价稳定。紧缩性财政政策包括增税与减少政府支出。因为这时增税，可以减少个人和企业的可支配收入，从而压缩消费需求和投资需求，抑制过度的总需求，消除通货膨胀。减税是反衰退的重要措施，增税是反通货膨胀的重要措施。同样，降低政府购买水平，减少政府对商品与劳务的购买，有助于抑制社会总需求的增长。在通货膨胀时期，政府转移支付的减少可以压缩个人的消费和限制企业的投资，从而降低总需求水平，也有助于消除通货膨胀。

四、财政制度的内在稳定器作用

1. 内在稳定器的含义

经济学家认为，由于财政制度本身的某些特点，一些财政支出和收入项目具有某种自动调整经济的灵活性,这种灵活性有助于经济的稳定,能缓和经济波动,可以自动配合需求管理。这种现代财政制度所具有的,一种无需变动政府政策而有助于减轻收入和价格波动的,自动稳定的内在功能被称为自动稳定器,又称"内在稳定器"。换言之,即使在政府支出和税率保持不变的时候,财政制度本身也会影响社会经济活动。自动稳定器主要包括:税收的自动变化、政府的转移支付、政府维持农产品价格的政策。

2. 内在稳定器的项目

(1) 政府税收的自动变化

当经济衰退时,国民产出水平下降,个人收入减少;在税率不变的情况下,政府税收会自动减少,留给人们的可支配收入也会自动地减少一些,从而使消费和需求也自动地下降一些;在实行累进税的情况下,经济衰退使纳税人的收入自动进入较低纳税档次,政府税收下降的幅度会超过收入下降的幅度,从而可起到抑制衰退的作用。反之,当经济繁荣时,失业率下降,人们收入自动增加,税收会随个人收入增加而自动增加,可支配收入也就会自动地增加一些,从而使消费和总需求自动地增加一些。在实行累进税的情况下,繁荣使纳税人的收入自动进入较高的纳税档次,政府税收上升的幅度会超过收入上升的幅度,从而起到抑制通货膨胀的作用。由此人们认为,税收这种因经济变动而自动发生变化的内在机动性和伸缩性是一种有助于减轻经济波动的自动稳定因素。

(2) 失业补助和其他福利转移支付的自然增减

失业补助和各种福利转移支付的发放都有一定的标准。在经济萧条时,失业人数增加,失业补助的发放自动增加,从而使失业者获得收入,有助于维持总需求;在经济膨胀时期,失业人数减少,失业补助的发放即自动减少,同时作为失业补助金来源的税收大量增加,从而有助于抑制总需求。其他转移支付亦有同样作用。在萧条年份,符合接受福利支付的人增加,福利支付自动增加,从而具有抵消个人收入减少的作用,有助于维持总需求。在膨胀时期,符合接受福利支付的人减少,从而具有抑制个人收入增长的作用,有助于缩减总需求。

(3) 农产品支持价格方案的实行

为了对农业实行保护,政府规定农产品的最低价格。在萧条时期,农产品价格下跌,政府即按照支持价格方案对农民进行价格补贴,或按支持价格收购农产品,使农民收入不至于减少,从而有助于维持总需求;在膨胀时期,农产品价格上升,政府即按照支持价格方案向市场抛售农产品,以抑制价格,从而抑制了农民收入的增长,有助于缩减总需求。当然,财政制度的内在稳定器作用是有限的,它本身并不足以稳定经济,需要与需求管理相配合,才能达到稳定经济之目的。

财政政策的内在稳定器被认为是对经济波动的第一道防线,它对经济的波动起到减震器的作用,但不足以完全消除经济波动。在萧条时期,它们只能缓和经济衰退的程度,而不能改变经济衰退的总趋势;在膨胀时期,它们只能抑制过分的高涨,缓和通货膨胀的程度,而不能改变通货膨胀的总趋势。因此,仅仅依靠某些财政制度的内在稳定器作用是不行的,必须采用更加有力的财政政策措施。

五、财政政策的局限性

经济学家认为在运用财政政策中,往往会遇到许多困难。

1. 不同的政策会遇到不同阶层与集团的反对

例如,增税会遇到普遍的反对,甚至引起政治动乱;减少政府购买(尤其是减少政府军事支出)会遇到强有力的垄断资本家的反对,削减转移支付则会受一般平民及其同情者的反对,增加公共工程会被认为是与民争利受到某些集团的反对。

2. 有些政策执行起来比较容易,但又不一定能收到预期的效果

例如,减少税收不会引起反对,但在萧条时期人们不一定会把减税所增加的收入用于增加支出;转移支付的增加也是同样的情况。

3. "时滞"问题

任何财政政策都有一个"时滞"问题,因为任何一项措施,从方案的提出、议会的讨论、总统的批准到最后执行都有一个过程,在短期内很难见效。然而在这一段时期内,经济形势也许会发生意想不到的变化。

4. 政治因素的影响

整个财政政策的实施要受到政治因素的影响。例如,在大选之前,无论经济形势如何,也不会执行增税、减少政府转移支付之类易于引起选民不满的财政政策;在国际形势比较紧张时,无论经济形势如何,也不会减少政府的军事开支。所有这些当然都会减小财政政策应有的作用。

第四节 货币政策

一、商业银行和中央银行

1. 现代银行体系

要了解货币政策,必须先具备一些现代银行制度的知识,因为货币政策要通过银行体系来传导。市场经济体制下,金融机构大致包括金融媒介机构和中央银行两类。金融媒介结构中最主要的是商业银行,其他还有储蓄和贷款协会、信用协会、保险公司、私人养老基金等。

2. 商业银行的主要业务

商业银行的主要业务是负债业务、资产业务和中间业务。负债业务主要是吸收

存款,包括活期存款、定期存款和储蓄存款。资产业务主要包括放款和投资两类业务。放款业务是为企业提供短期贷款,包括票据贴现、抵押贷款等。投资业务就是购买有价证券以取得利息收入。中间业务是指代为顾客办理支付事项和其他委托事项,从中收取手续费的业务。

3. 中央银行的职责

中央银行是政府的银行,它的主要职责是

①作为商业的银行,接受商业银行的存款,向商业银行发放贷款,并领导与监督商业银行的业务;

②作为发行的银行,代表政府发行纸币;

③通过各种政策措施来运用货币政策影响经济。

二、货币

1. 货币的种类

货币通常是作为流通手段和支付手段存在于经济生活中的。目前西方国家流行的货币主要有这样几类:

(1) 纸币

纸币是由中央银行发行的、由法律规定了其地位的法偿货币。

(2) 铸币

铸币是币值微小的辅币。

(3) 存款货币

存款货币,又称银行货币或信用货币。这种货币就是公众在商业银行的活期存款,以这笔活期存款为基础可以开出由该行承兑的支票,把这种支票作为流通工具。

(4) 准货币

准货币,主要指公众在商业银行的定期存款。这种货币与货币的性质相似,即在一定条件下可以起到货币的作用,但它本身并不是货币。商业银行中的定期存款可以在提前通知的条件下转为活期存款,通过支票流通,所以被称为近似货币,属于这类货币的还有储蓄存款(除活期与定期储蓄之外的其他存款),随时可以在市场上出售的政府债券。

(5) 货币替代物

这种货币替代物在一定条件下可以暂时代替货币起到交换媒介的作用,但并不具有货币的其他职能,也并不是货币。例如,信用卡就属于货币替代物。

2. 货币的层次

根据货币资产的流动性标准,可以将货币划分为三个层次:

①M_1=现金+支票账户存款(活期存款)

M_1是基本的货币形式,是直接作为交换媒介的货币,其流动性最强。

②$M_2 = M_1 +$小额定期存款+短期定期存款

M_2是流动性较强或对"货币信用创造"有重要影响的货币。

③$M_3 = M_2 +$长期定额存款+其他流动性比较差的资产

3. 货币供给量及其影响因素

货币供给量通常是指一国经济中的货币存量。货币供给量有广义和狭义之分,狭义的货币供给量是指M_1,广义的货币供给量是指M_2和M_3。

如果把货币供给量定义为M_1,即流通中的通货和活期存款,则影响货币供给的因素主要有基础货币、通货存款比率和准备金率。

基础货币是指一国金融当局的货币供给量,由商业银行的准备金和流通中的通货组成。这部分货币构成信用创造的基础,因此又称为高能货币或强力货币。通货存款比率主要由公众支付习惯决定。准备金率包括法定准备金率和超额准备金率。法定准备金率由中央银行决定,超额准备金率的高低则受市场利率和商业银行向中央银行借款时的再贴现率的影响。

货币供给是一个存量概念,经济学家认为,货币供给量是由国家用货币政策来调节的,因而是一个外生变量,其大小与利率高低无关。

三、存款创造机制

为了说明货币政策的运用,还应该了解商业银行体系创造存款货币的机制。这一机制与法定准备金制度、支票在市场上的流通与银行的贷款转化为客户的活期存款是相关的。

1. 存款货币创造机制的示例

商业银行资金的主要来源是存款。为了应付存款人随时的取款,确保银行的信誉与稳定,银行不能把全部存款放出,而必须保留一部分准备金。法定准备金率是指以法律形式规定的商业银行在吸收存款中必须保持的准备金的比例。商业银行在吸收存款后,必须按法定准备金率保留准备金,其余的部分才可以作为贷款放出。例如,如果法定准备金率为20%,那么,在吸收了10 000元存款后就要留2 000元作为准备金,其余8 000元方可作为贷款放出。

商业银行代客办理结算业务,存款人可以用支票支付各项支出,这样支票可以作为货币在市场上流通。所以,活期存款的增加就意味着货币流通量的增加。

因为支票可以作为货币在市面上流通,所以厂商或居民户在得到商业银行的贷款以后,一般并不是取出现金,而是把所得到的贷款作为活期存款存入同自己有业务往来的商业银行,以便随时开支票使用。所以银行贷款的增加又意味着活期存款的增加,意味着货币流通量的增加。

第九章 宏观经济政策

假定,法定准备金率为20%,银行将法定准备金以外的部分全额贷出;客户得到的贷款全部转存入其活期存款账户,不存在现金漏损于银行体系之外的现象;最初存款为10 000元,那么,可用下表来说明银行体系创造货币的过程。

表9-3 活期存款派生过程

银行名称	存款额	法定准备金	贷款总额
A	10 000	2 000	8 000
B	8 000	1 600	6 400
C	6 400	1 380	5 120
⋮	⋮	⋮	⋮
总计	50 000	10 000	40 000

如果以 R 代表最初存款(原始存款),D 表示存款总额,r 表示法定准备金率,$0<r<1$,n 表示银行级数,则有以下公式:

$$D=R[1+(1-r)+(1-r)^2+(1-r)^3+\cdots+(1-r)^n+\cdots]=1/r \cdot R$$

2. 货币乘数

货币乘数是存款总额与最初存款的倍数。如果用 d 表示货币乘数,则

$$d=D/R$$

(1) 简单的货币乘数

简单的货币乘数是每一个单位准备金变动引起的存款变化额。

上式中:D 代表存款总额,r 是法定准备金率,R 则是原始存款。存款总额为 $(1/0.2)\times 10\ 000$,即50 000元,所以这里的货币乘数 d 为 $1/r$,即5倍。由此可以得出结论:货币乘数是每一个单位准备金变动引起的存款变化额。

但事实并非如此简单,我们毕竟在举例之前作过几个假设。假设的条件在现实中往往是不能充分存在的。当客户没有将所有收入存入银行体系,或者需要提取现金,而事实上正是如此,那么总会有一部分现金流通于银行体系之外,也就是说,出现了现金的漏损,那么我们又如何来分析货币扩张的功能呢?另外,还有银行超额准备金的存在以及客户将活期存款转为定期存款的问题。让我们来看看存在这些因素的时候,货币乘数 d 是如何变化的。

(2) 有现金漏损时的货币乘数

现金漏损是指一部分通货流出银行系统被公众持有,那么,现金漏损额占存款总额之间存在一个比例,这一比例用 K 表示,叫现金漏损率。假定这一漏损率为5%,如前例,银行除了提取20%的法定准备金之外,还要保留5%的现金以应付客户提现,显然这里有25%的存款不能用来发放贷款,则活期存款的货币乘数 d 不是 $1/r$,而变成 $d=1/(r+k)=1/(0.2+0.05)=4$。

(3) 超额准备金

超额准备金是商业银行从存款中留下的、法定准备金以外的现金,用于支付客户

意外的提现与借款。超额准备金与存款总额的比例我们可称作 e，即超额准备金率，它对货币乘数的限制也起了一定作用。在计算的时候，我们不妨将它加入法定准备金率，假定 $e=15\%$，$e+r=15\%+20\%=35\%$，如果说成法定准备金率是 35%，对计算结果是没有影响的，则 $d=1/(r+k+e)=1/(0.2+0.05+0.15)=2.5$。

（4）活期存款转化为定期存款

一个企业不会只拥有活期存款账户，总会把一些暂时不用的资金从活期存款账户转入定期存款账户。在前面两个因素的分析中可以看出，由于现金漏损和超额准备金完全脱离了存款创造过程，所以我们可以将 k 和 e 简单地加入分母，而定期存款则不然。中央银行规定，对于定期存款也需交纳一定的法定准备金，只不过这一准备金率低于活期存款的准备金率。定期存款也参与存款创造，但要扣除作为法定准备金率的部分。假定中央银行对定期存款规定的准备金率 r_t 为 3%，活期存款转为定期存款的比例 t 为 50%，那么我们可以得出结论，分母中应该加上一个乘积，即活期存款转为定期存款的比例乘以定期存款的法定准备金率。则 $d=1/(r+k+e+t\cdot r_t)=1/(0.2+0.05+0.15+0.5\times 3\%)=2.41$。

上述三个因素均限制了存款货币扩张乘数 d，由于它们在 d 上施加的影响，d 从原先的 5 下降到 2.41。

四、货币政策及其工具

1. 货币政策的含义

货币政策是政府根据既定目标，通过中央银行运用其政策工具，调节货币供给和利率，以影响宏观经济活动水平的经济政策。货币政策是政府管理经济的主要政策之一，它由货币政策目标与货币政策工具组成。货币政策目标服从于宏观经济政策目标。货币政策工具是指政府或货币当局直接控制的、能够通过金融途径影响经济单位的经济活动，进而影响经济政策目标的经济手段。主要的货币政策工具有：法定存款准备金率、再贴现率、公开市场业务，除此之外，政府或货币当局还运用行政手段与道义劝告来影响商业银行及其他金融机构的经济活动。

2. 货币政策工具

（1）法定存款准备金率

①法定存款准备金率的含义。银行吸收的存款要提取一定比例的准备金，这样做的原始目的在于增加银行资产的流动性，以保障存款客户与银行本身的安全。同时由于存款准备金又是对银行扩张信用的一种限制，所以当今各国中央银行都直接规定商业银行与其他金融机构提取存款准备金的最低比率，并以法律的形式固定下来，称为法定存款准备金。它已经成为各国中央银行调节货币供给量的重要政策工具。

②法定存款准备金率的影响。作为一种货币政策工具，法定存款准备金率能对

政策目标产生极为有效的影响：

a. 提高准备金率以后，原先保有超额准备金的银行现在转变为合乎法定准备金率的要求或只有很少的超额准备金，银行可用于增加贷款的资金减少；

b. 根据货币乘数的公式 $d=1/r$，提高法定存款准备金率将使货币乘数减少，在超额准备金一定的条件下，这会使银行扩张存款的效果缩小。因此，当经济衰退，失业率高时，中央银行可以降低法定准备金率，以增加货币供给量，从而刺激需求与供给的增加；而当需求旺盛，通货膨胀率高时，中央银行则可提高法定存款准备金率，以收缩银根，抑制需求。

③法定存款准备金率作为货币政策工具的不足。对于把法定存款准备金率作为货币政策工具使用，有些人提出了批评：

a. 由于银行一般只保留少量超额准备金，如果提高了法定准备金率，为了符合规定的准备金限额，银行必须迅速调整其资产结构。这对于许多银行颇感困难，往往损害银行的利润，使其陷入资金周转不灵的困境。

b. 在有些国家，如美国实行联邦储备制度，有些银行不属于联邦储备系统的会员银行，非会员银行不受法定准备金率的约束，这是不公平的。基于以上原因，尽管法定准备金率是一项很有效的手段，但大多数国家的货币当局对法定准备率的变动都比较慎重。

(2) 再贴现率

①再贴现率的含义。当商业银行的准备金不足时，它可以把自己保有的合格票据向中央银行申请贴现，以获得资金。由于商业银行的票据多是对工商企业贴现而来，当以此向中央银行贴现时，则称为再贴现。再贴现时所使用的利率称为再贴现率，并简称贴现率。现在再贴现的概念有所扩大，它包括中央银行向商业银行的贷款业务。再贴现利息是商业银行从中央银行取得资金的成本。

②再贴现率的影响。当中央银行认为经济形势的发展有收缩银根的必要时，它就提高再贴现率，使商业银行取得资金的成本提高，商业银行就会减少对中央银行资金的需求，也就减少了基础货币。另一方面，再贴现率上升，商业银行的资金成本提高，它向企业发放贷款的利率也提高，企业贷款需求也就会减少，货币供给收缩。此外，再贴现率的变动还有一种"预告效果"。当中央银行提高再贴现率时，社会公众可能把这视为中央银行抑制扩张的迹象，由此会感到没有必要担心通货膨胀了，于是人们会改变自己的消费和储蓄决策。相反，在经济衰退时期，中央银行可以降低再贴现率，商业银行在低成本条件下，必将增加准备金，扩大货币供给，刺激社会需求。

③再贴现率作为货币政策工具的有效性。商业银行具有多种获得资金的渠道，它可以出售一些有价证券可以收回贷款，或者拒绝发放新贷款；它可以向同业拆借，也可以提高利率或改进服务吸引更多的存款。向中央银行借款只是众多资金来源渠道之一。事实上，再贴现的主要作用是允许商业银行和其他金融机构对其短期的现

金压力作出反应,对临时发生的准备金不足作适当调整。因此,银行和其他金融机构也尽量避免去贴现窗口借钱,只将它作为紧急求援手段,平时较少利用,以免被人误认为自己财务状况有问题。这使得再贴现率作为一种货币政策工具的有效性大为降低。

(3) 公开市场业务

①公开市场业务的含义。公开市场业务是指中央银行在金融市场上公开买卖各种政府债券及银行承兑票据等有价证券的业务活动。通过这种业务活动,可以调节银行的准备金,从而调节货币供给量。当经济萧条,失业率高时,中央银行在公开市场上购进有价证券,投放货币。不论有价证券的出售者是谁,都会使商业银行的准备金增加,由此增加货币供给,刺激需求增加。反之,在通货膨胀时期,中央银行则在公开市场上出售有价证券,回笼货币,使商业银行的准备金减少。由此银行系统的贷款与投资下降,达到抑制过度需求的目的。

②公开市场业务中的买卖方式主要有两种:

a. 直接买卖,又称无条件买卖,即中央银行同证券商之间的现货买卖。这种证券买卖不附带任何条件,以现金形式一次性交割。

b. 回购与反回购买卖。回购是指中央银行向证券交易商购买证券,证券交易商在买卖证券的同时,签订协议同意在未来某一天按预先商定的价格重新买回这些证券。它相当于中央银行向证券出售者提供短期贷款。反回购是指中央银行卖出证券的交易。中央银行卖出证券的同时,同意在将来的某一天以商定的价格再买回这些证券。它适用于解决银行准备金临时过剩问题。

③公开市场业务有以下几项优点:

a. 作为一项控制手段,它富于弹性,买卖证券的数量可多可少,并且可以随时进行。通过公开市场业务,中央银行可以把银行系统的准备金控制在自己希望的规模以内。

b. 公开市场业务对于所有金融机构均能产生影响,不管它们是否属于中央银行直接管理。

c. 中央银行可根据经济形势需要采取行动。它不像贴现政策工具那样,中央银行在那种场合只能改变会员银行能够借款的利率,政策是否有效要看银行对利率变化的反应。而公开市场业务能对银行准备金产生直接有效的影响。

④实行公开市场业务需要的条件。公开市场业务的实行需要一定的条件。必须有足够数量的有价证券,而且种类应该多样,以便保证各种金融工具的流通。只有少数几个发达国家具备这两个条件,例如美国由于具备了这两个条件,公开市场业务是联邦储备银行的主要政策工具。而对于绝大多数发展中国家,由于还不具备上述条件,实施公开市场业务是困难的。

五、货币政策的类型及运用

根据货币供给量与货币实际需要量之间的数量关系,可将货币政策分为扩张性货币政策、紧缩性货币政策。在不同的经济形势下,中央银行要运用不同的货币政策来调节经济。

1. 扩张性货币政策

扩张性货币政策是指中央银行通过放松银根、扩张贷款,使货币供给量大幅度地增长超过货币实际需要量的政策。具体做法有降低利率和存款准备金率,在公开市场上买进有价证券。扩张性货币政策通常会刺激社会总需求的增加,使社会总需求大大地超过社会总供给。一般来说,在社会总需求小于总供给即经济衰退的情况下,实行扩张性货币政策,增加货币供给量,刺激社会总需求的增加,促使社会总需求与总供给趋于平衡。1996年以后,我国就是采用这类货币政策进行宏观调控。到2002年2月,中国人民银行曾连续8次降低存款和贷款利率,使这一时期的利息率降低到了新中国成立较低的水平,对于抑制存款增加,扩大贷款规模,发挥了重要作用。中国人民银行还降低存款准备金率,使商业银行的存款更多地转化为贷款。这种货币政策的采用同扩张性财政政策一起,保证了这一时期内的经济增长等宏观调控目标的实现。

2. 紧缩性货币政策

紧缩性货币政策是指中央银行通过抽紧银根、收缩通货,使货币供给量小于货币实际需要量的政策。具体做法有提高利率和存款准备金率,在公开市场上卖出有价证券。这种政策的主要作用是抑制总需求增长,使社会总需求落后于总供给的增长。一般来说,在社会总需求大于总供给即经济过热的情况下,实行紧缩性货币政策,减少货币供给量,抑制社会总需求的膨胀,从而使社会总需求与总供给趋于平衡。鉴于我国目前经济局部过热的状况,我国采取了一些紧缩性货币政策。如:通过2004年6月5日发布《关于进一步加强房地产信贷业务管理的通知》,进一步规范和完善房地产信贷政策,促进房地产市场健康发展。中国人民银行2004年8月23日发布通知,决定从9月21日起将存款准备金率由6%提高到7%。2004年10月底和2005年3月中国人民银行两次提高存贷款利率,以回笼货币,控制贷款规模,这对减缓信贷、货币供给和投资的快速上升起到了一定的作用。

六、货币政策的局限性

各国实行货币政策,是为了稳定经济,减少经济波动,但在实践中也存在一些局限性。

1. 货币政策作为反衰退的政策,效果甚微

从反衰退的作用看,由于存在所谓流动性陷阱,因此在通货膨胀时期实行紧缩的

货币政策可能效果比较显著,但在经济衰退时期,实行扩张的货币政策效果就不明显。那时候,厂商对经济前景普遍悲观,即使中央银行松动银根,降低利率,投资者也不肯增加贷款从事投资活动,银行为安全起见,也不肯轻易贷款。这样,货币政策作为反衰退的政策,其效果就甚微。

2. 货币政策对成本推进的通货膨胀,效果很小

即使从反通货膨胀来看,货币政策的作用也主要表现在反对需求拉动的通货膨胀,而对成本推进的通货膨胀,货币政策效果就很小。因为物价的上升如果是由工资上涨超过劳动生产率上升幅度引起或由垄断厂商为获取高额利润引起,则中央银行想通过控制货币供给来抑制通货膨胀就比较困难了。

3. 货币供给变动对经济的影响存在不确定性

在经济繁荣时期,中央银行为抑制通货膨胀需要紧缩货币供给,或者说放慢货币供给的增长率。然而,那时公众一般说来支出会增加,而且物价上升越快,公众越不愿把货币持在手上,而希望快点花费出去,从而货币需求减少,在一定时期内本来的1元也许可完成2元交易的任务,这无疑在流通领域增加了1倍货币供给量。这时候,即使中央银行把货币供给减少1倍,也无法使通货膨胀率降下来。反过来说,当经济衰退时期,这时中央银行增加货币供给对经济的影响就可能被货币需求增加所抵消。

4. 货币政策作用的外部时滞问题

中央银行变动货币供给量,要通过影响利率,再影响投资,然后再影响就业和国民收入,因而,货币政策作用要经过相当长一段时间才会充分得到发挥。尤其是,市场利率变动以后,投资规模并不会很快发生相应变动。利率下降以后,厂商扩大生产规模,需要一个过程,利率上升以后,厂商缩小生产规模,更不是一件容易的事。已经上马在建的工程难以下马,已经雇佣的职工要解雇也不是轻而易举的事。总之,货币政策即使在开始采用时不要花很长时间,但执行后产生的效果却要有一个相当长的过程。在此过程中,经济情况有可能发生与人们原先预料的相反变化。比方说,经济衰退时中央扩大货币供给,但未到这一政策效果完全发挥出来经济就已转入繁荣,物价已开始较快地上升,则原来扩张性货币政策不是反衰退,却为加剧通货膨胀起了火上加油的作用。

货币政策在实践中存在的问题远不止这些,但仅从这些方面看,货币政策作为平抑经济波动的手段,作用也是有限的。

第九章 宏观经济政策

第五节 财政政策和货币政策的综合运用

一、财政政策与货币政策的比较

财政政策和货币政策虽然都可以调节总需求,但两者之间有不同点。

1. 政策工具不同

货币政策工具主要是存款准备金率、再贴现率、公开市场业务、贷款限额、中央银行存贷款利率等。财政政策工具主要是税种、税率、预算收支、公债、补贴、贴息等。

2. 调节范围不同

货币政策的调节范围基本上限于经济领域,其他领域处于次要地位,而财政政策调节的范围不仅限于经济领域,还包括非经济领域。

3. 政策时滞不同

货币政策工具使用较为简便,而财政政策工具从确定到实施,过程比较复杂,因而货币政策的内部时滞较短,而财政政策长些。相反,货币政策的外部时滞较长,因为货币政策手段发挥作用经过三个环节,间接对经济起作用;财政政策的外部时滞较短,因为财政政策作用较直接,如决定调节税率,企业的收入就会立即发生变化。

4. 猛烈程度不同

例如,政府支出的增加与法定准备金率的调整作用都比较猛烈;税收政策与公开市场业务的作用都比较缓慢。

5. 政策受到阻力的大小不同

例如,增税与减少政府支出的阻力较大,而货币政策一般说来遇到的阻力较小。

6. 对总需求结构的影响不同

例如,当经济处于萧条状态,政府可用扩张性财政政策,也可用扩张性货币政策。但使用扩张性的财政政策,会使利率上升,排挤私人投资,尤其是受利率影响大的住宅投资,而使政府购买和消费在总需求结构中比重增加。相反,若用扩张性货币政策,则会使利率下降,投资增加。

因此,在需要进行调节时,究竟应采取哪一项政策,采取哪些政策,或者如何对不同的政策手段进行搭配使用,并没有一个固定不变的程式,政府应根据不同的情况,灵活地决定。

比如,就扩张性财政政策而言,不同的扩张项目也会带来不同的影响。如果增加政府购买额,则除了会使政府购买额在总需求结构中比重上升,消费也会增加,但私人投资则受到抑制。如果用减税或增加转移支付,则一开始增加的就是私人消费。

如果采用投资补贴的财政扩张,则不但消费会增加,投资也会增加。可见,政府在决定选择哪一种政策时,首先要考虑主要是要刺激总需求中那一部分。如果萧条主要是由私人投资不足引起的,则应该采用货币政策或投资补贴。如果主要应刺激住宅投资,最好用货币政策;如果主要是想刺激其他私人投资,则采用投资补贴办法会更为有效;如果主要是想刺激消费,则可用减税和增加转移支付。

二、财政政策和货币政策的配合使用

由于财政政策和货币政策会对国民收入和利率产生不同影响,对总需求结构产生不同影响,因此,对总需求调节时,常常需要把两种政策搭配起来使用。财政政策和货币政策的搭配方式不同,产生的政策效果不同,适用的经济环境也不同。

(1) 扩张性财政政策和紧缩性货币政策的组合

扩张性财政政策和紧缩性货币政策的组合会导致利率的上升,产生"挤出效应"。当经济萧条但又不太严重时可采取这种组合,一方面用扩张性财政政策刺激需求,另一方面用紧缩性货币政策控制通货膨胀。

(2) 紧缩性财政政策和紧缩性货币政策的组合

紧缩性财政政策和紧缩性货币政策的组合会使总需求减少,国民收入水平下降,导致国民经济发展缓慢,甚至开始衰退,当经济发生严重的通货膨胀时,才可以采用这种组合。一方面用紧缩性的财政政策压缩总需求;另一方面用紧缩性的货币政策提高利率,抑制通货膨胀。

(3) 紧缩性财政政策和扩张性货币政策的组合

紧缩性财政政策和扩张性货币政策的组合会引起利率的下降,投资增加,总需求减少。当经济出现通货膨胀但又不太严重时,可以采用这种组合。一方面用紧缩性财政政策压缩总需求;另一方面用扩张性货币政策,降低利率,刺激投资,遏止经济的衰退。

(4) 扩张性财政政策和扩张性货币政策的组合

扩张性财政政策和扩张性货币政策的组合会引起总需求增加,从而促使经济的复苏、高涨。当经济严重萧条时,可采用这种组合,一方面用扩张性的财政政策增加总需求;另一方面用膨胀性货币政策降低利率,减少"挤出效应"。

如何选用财政政策和货币政策的混合,不仅取决于经济因素,而且取决于政治等因素。因为财政政策和货币政策作用的结果,会使国民生产总值的组成比例发生变化,从而对不同阶层和不同集团的利益产生不同的影响。比如,政府在经济过热时,实行紧缩性的财政政策,提高税率,这对中产阶级以上的那部分人来说,他们收入中的较多部分上缴国家财政,国家利用税收进行公共投资,如果用来改善公共交通,这时不论穷人还是富人都可共同享受这些公共物品。这在一定的经济社会中,国民收入的分配会发生变化。因此,政府在作出组合使用财政政策和货币政策的决策时,必须统筹兼顾,充分考虑各方面的利益。

第九章　宏观经济政策

政府在进行需求管理时,根据经济情况和各种调节措施的特点,机动地决定和选择应采取一种或几种政策措施,这种做法,经济学中一般称为"相机抉择"。

本章小结

1. 宏观经济政策的四大目标为充分就业、稳定物价、经济增长和国际收支平衡,四大政策目标本身之间的关系是错综复杂的,既统一又有冲突。宏观经济政策就是为了达到这些目标而制定的手段和措施。

2. 财政政策是一国政府根据一定时期的社会经济发展目标和经济状况,对政府支出、税收和公债水平所进行的选择。它主要包括财政收入政策和财政支出政策,其调节原理是通过财政收入和财政支出的增减变动来影响国民经济的总量平衡。在运用财政政策的过程中,往往会遇到许多困难。

3. 财政收入为各级政府收入的总和,包括:税收、公债和罚没等收入。政府支出是指整个国家中各级政府支出的总和,由许多具体的支出项目构成,主要可分为政府购买额和政府转移支付两类。

4. 根据财政政策在调节宏观经济总量方面的不同功能,财政政策可以分为扩张性财政政策、紧缩性财政政策。扩张性财政政策有很强的反经济萎缩的功能,紧缩性财政政策具有很强的反通货膨胀功能。

5. 现代财政制度所具有的一种无需变动政府政策而有助于减轻收入和价格波动的自动稳定的内在功能被称为自动稳定器,又称"内在稳定器"。主要包括:税收的自动变化、政府的转移支付、政府维持农产品价格的政策。

6. 货币政策是政府根据既定目标,通过中央银行运用其政策工具,调节货币供给和利率,以影响宏观经济活动水平的经济政策。货币政策的三大工具是法定准备金率的变更、再贴现率的变更、公开市场操作。中央银行实行货币政策,是为了稳定经济,减少经济波动,但在实践中也存在一些局限性。

7. 存款创造机制的关键在于银行只要准备所有存款中的一定数量应付日常的现金提取,其他部分可用于信用贷款。由于贷出的现金又会以存款形式出现在别的银行,得到这笔存款的银行除预留一定比例的现金应付现金支取外,又可信用贷出,以此类推。货币乘数是每一个单位准备金变动引起的存款变化额,它受到现金漏损、超额准备金、活期存款转化为定期存款因素的影响。

8. 根据货币供给量与货币实际需要量之间的数量关系,可将货币政策分为扩张性货币政策、紧缩性货币政策。扩张性货币政策具体做法有降低利率和存款准备金率,在公开市场上买进有价证券,刺激社会总需求的增加,使社会总需求大大地超过社会总供给。紧缩性货币政策具体做法有提高利率和存款准备金率,在公开市场上卖出有价证券,抑制总需求增长,使社会总需求落后于总供给的增长。

9. 财政政策与货币政策各有特点,在需要进行调节时,究竟应采取哪一项政策,采取哪些政策,或者如何对不同的政策手段进行搭配使用,并没有一个固定不变的程式,政府应根据不同的情况,灵活地决定。

本章案例

本章案例 1：政府的钱从哪里来，又到哪里去？

政府的钱从哪里来，又到哪里去？这就是我们要探讨的财政收入和财政支出。为了更好地发挥政府作用，使钱来的合理，用的恰当政府就必须制定合适的财政政策。

在美国流行着这样的说法："每个人有两件事情不可避免，一件是死亡，另一件就是纳税。"政府的钱是从这里来的，税收是财政收入的主要来源，除此还有债务收入。现在我国和国外大都对个人收入实行的是累进税，但利息税在我国实行的是20％的比例税，富人和穷人都按利息收入的20％纳税，富人和穷人按同比例纳税，前者负担轻后者负担重，所以比例税不利于调节收入分配。但这是一个无奈的选择，当初开征利息税时，还没有实行存款实名制，后来实行了，但银行还没有联网，因而难以汇总个人存款的利息所得。在美国利息税不是一个独立的税种，而是纳入个人的总收入，一并征收个人收入所得税。无论是发达国家还是不发达国家，政府财政收入主要是从税收中来。税收的特点是强制性，而且是无偿的。我国税收管理体制分为国家税和地方税两部分，国税归中央政府所有，地税归地方政府所有。税收是一个政府赖以生存的经济基础，没有税收收入，政府难以维持运转。所以纳税是每一个公民的义务。有了收入就要进行支出，比如我们公立学校教师的收入，是从政府的税收而来的，是大家交的税款养活了教师。大家缴税给政府，政府把这笔钱从财政部拨出一部分给教育部，教育部拨给全国的学校，学校再给教师发一部分工资。我们有几百万的军队，有国家的公检法机构，有教育、体育、文化、科技部，还有庞大的公务员队伍，这些都需要财政去养活，都是政府发给工资。这些支出叫财政的经常性支出，就是每个月都要支出，决不能停发。否则就没人给政府干活，政府机构就无法运转。

本章案例 2：央行"双降"力度出人意料
——降息幅度高达108个基点 准备金同步下调

中国人民银行2008年11月26日宣布，自11月27日起，下调金融机构1年期人民币存贷款基准利率各108个基点，其他期限档次存贷款基准利率作相应调整。同时，下调中央银行再贷款、再贴现等利率。

此次降息是1997年10月以来降幅最大的一次降息。虽然这次降息在市场意料之中，但108个基点的幅度却出乎意料，市场此前普遍预计央行将降息54个基点。

央行当日还宣布自12月5日起，下调工行、农行、中行、建行、交行和邮储银行的人民币存款准备金率1个百分点，下调中小型存款类金融机构人民币存款准备金率2个百分点。同时，继续对汶川地震灾区和农村金融机构执行优惠的存款准备金率。

央行表示，此次下调利率和准备金率，是为贯彻落实适度宽松的货币政策，保证银行体系流动性充分供应，促进货币信贷稳定增长，发挥货币政策在支持经济增长中的积极作用。

第九章 宏观经济政策

本章背景资料：亲临 FOMC 会议现场

联邦公开市场委员会(FOMC)的会议室是严肃而正式的,所有 19 名成员：7 名联储会委员、12 名中央储备银行主席环坐在 Fed 简朴的董事会议室巨大的会议桌前。参加 FOMC 的人数是严格控制的,只有为数很少的联储上层官员才可以参加。

9:00 整(准时是联储最大的美德),主席宣布会议开始。与大多数华盛顿重大会议不同,FMOC 不允许新闻机构出席,因此不会有任何消息披露。保密是联储的另一大美德。

听过几个联储官员常规报告后,主席要求每位成员依次发表他们对当前经济形势的看法。尽管主席对各位成员都很熟悉,他还是正式地称呼每一位委员为"委员"或"先生"。地方银行主席对本地经济的展望,以及所有成员对全国经济状况进行评论,不同意见可以提出来,但不能大声吵嚷,当有人发言时,其他人不会插言。令人惊奇的是,在这一最有政治气息的城市里,FOMC 会议上从不谈政治。

在所有人都发言后,主席陈述他自己对经济形势的看法。他通常会提出一系列措施,委员会成员依次评论主席建议。尽管一些人持有异议,大多数的人都会同意。最后,主席对委员会的意见进行合议,让秘书举行民主投票,只有 12 名成员有投票权利,或同意或反对。很少会有反对的意见,因为 FOMC 试图意见一致地运行,不同意见会被看作强烈反对。

下午 2:15,会议结束,联储发言人对公众宣布委员会决定,几分钟后,全世界的金融市场都会做出反应。

本章习题

一、实验报告题

1. 用实验数据验证货币乘数

①依据第 1~4 轮的货币扩张实验中商业银行资产负债表记录的数据,填写下面的表格,并验证货币乘数。

货币扩张过程

时点	存款金额	库存现金	法定准备金	准备金差额	贷款金额
第 1 轮末(央行注资)			/	/	
第 2 轮末					
第 3 轮末					
第 4 轮末					

②如果在第 1 轮中,中央银行的注资金额为 A,法定存款准备金率为 r,假设不人为地控制贷款的进程,商业银行可以做多少轮的贷款扩张？请填写下面的表格,并推导出相应的货币乘数公式。

货币扩张过程的一般化

时点	存款金额	库存现金	法定准备金	准备金差额	贷款金额
第1轮末（央行注资）	A	A	/	/	/
第2轮末					
第3轮末					
第4轮末					
第5轮末					
第6轮末					
…	…	…	…	…	…
最终金额					

③依据第5～7轮的货币收缩实验中商业银行资产负债表记录的数据，填写下面的表格，并验证货币乘数。

货币收缩过程

时点	存款金额	库存现金	法定准备金	准备金差额	贷款金额
第4轮末					
第5轮末					
第6轮末					
第7轮末					

④如果在第4轮之后中，中央银行的抽回资金金额为 A，法定存款准备金率为 r，而第4轮末商业银行的存款金额为 D，商业银行的准备金为 R（正好满足法定存款准备金率的要求）。再假设不人为地控制收回贷款的进程，商业银行可以做多少轮的贷款收缩？请填写下面的表格，并推导出相应的货币乘数公式。

货币收缩过程的一般化

时点	存款金额	库存现金	法定准备金	准备金差额	贷款金额
第4轮末	D	R	R	/	
第5轮末					
第6轮末					
第7轮末					
第8轮末					
第9轮末					
…	…	…	…	…	…
最终金额					

2. 要求学生回答有关的拓展性问题

①在货币扩张实验的第1轮贷款扩张过程中，如果有同学没有把所得的"教室货币"全部存入商业银行，这对商业银行的贷款扩张会有什么影响？为什么？

②中央银行除了采用买入和卖出国债的手法来调节货币供给量，还有什么其他

第九章 宏观经济政策

手法来向商业银行注入资金和抽出资金？每种调控手法各有什么利弊？

二、选择题

1. 在经济中不具有内在稳定器作用的是 （　　）
   A. 累进税率制
   B. 政府开支直接随国民收入水平变动
   C. 社会保障支出和失业保险
   D. 农产品维持价格

2. 政府的财政收入政策通过哪一个因素对国民收入产生影响 （　　）
   A. 政府转移支付　　　　　　B. 政府购买
   C. 消费支出　　　　　　　　D. 出口

3. 在下述何种情况下，会产生挤出效应 （　　）
   A. 货币供给的下降提高利率，从而挤出了对利率敏感的私人支出
   B. 对私人部门的税收的增加引起私人部门可支配收入和支出的下降
   C. 政府支出增加使利率提高，从而挤出私人部门的支出
   D. 政府支出的下降导致消费支出的下降

4. 如果中央银行认为通胀压力太大，其紧缩政策为 （　　）
   A. 在公开市场出售政府债券
   B. 迫使财政部购买更多的政府债券
   C. 在公开市场购买政府债券
   D. 降低法定准备金率

5. 如果所得税率既定不变，政府预算为平衡性的，那么增加自主性投资在其他条件不变时会增加均衡的收入水平，并且使政府预算 （　　）
   A. 保持平衡　　　　　　　　B. 有盈余
   C. 出现赤字　　　　　　　　D. 以上三种情况都可能

6. 扩张性的财政政策对经济有下述影响 （　　）
   A. 缓和了经济萧条，减少了政府债务
   B. 缓和了经济萧条，但增加了政府债务
   C. 缓和了通货膨胀，但增加了政府债务
   D. 缓和了通货膨胀，减少了政府债务
   E. 加剧了经济萧条，但减少了政府债务

7. 若实行削减个人所得税率和增加实际国防开支的政策，在短期内将导致 （　　）
   A. 总供给减少，物价上涨
   B. 增加总需求从而增加国民收入
   C. 总需求减少从而减少国民收入

D. 因政策相互矛盾而使结果不确定

8. 如果目前存在通货膨胀缺口,应采取的财政政策是 （　　）
   A. 增加税收　　　　　　　　　B. 减少税收
   C. 增加政府支出　　　　　　　D. 增加转移支出

9. 根据凯恩斯主义,财政政策的主要目标是 （　　）
   A. 实现财政收支平衡　　　　　B. 尽量增加政府税收
   C. 实现充分就业　　　　　　　D. 合理安排政府支出,使之效益最大

10. 财政政策是指 （　　）
    A. 政府管制价格的手段　　　　B. 周期性变化的预算
    C. 为使政府收支平衡的手段　　D. 利用税收、支出和债务管理等政策来实现国民收入的预期水平

11. 公开市场业务是指 （　　）
    A. 商业银行的信贷活动
    B. 商业银行在公开市场上买进或卖出政府债券
    C. 中央银行增加或减少对商业银行的贷款
    D. 中央银行在金融市场上买进或卖出政府债券
    E. 以上说法均不正确

12. 中央银行提高再贴现率会导致货币供给量的 （　　）
    A. 增加和利率提高　　　　　　B. 减少和利率提高
    C. 增加和利率降低　　　　　　D. 减少和利率降低
    E. 以上说法均不正确

13. 银行创造货币的做法是 （　　）
    A. 出售自己的部分投资证券　　B. 增加自己的准备金
    C. 把超额准备金作为贷款放出　D. 印刷更多的支票

14. 宏观货币政策与宏观财政政策的区别在于 （　　）
    A. 前者主要用来对付经济萧条,后者主要用来对付通货膨胀
    B. 前者主要通过改变投资支出发生作用,后者主要通过影响消费支出发生作用
    C. 前者主要通过利率来影响总需求,后者主要通过政府支出和税收的变化来影响总需求
    D. 以上三者都是

15. 中央银行在公开市场上买进政府债券将导致商业银行的存款 （　　）
    A. 不变　　　　　　　　　　　B. 增加
    C. 减少　　　　　　　　　　　D. 以上三种情况都可能

16. 如果商业银行没有保留超额准备金,在中央银行提高法定准备金率时,商业

第九章 宏观经济政策

银行的准备金将 （   ）
A. 保持不变   B. 变得不足
C. 正好符合中央银行的要求   D. 以上三种情况都可能

17. 商业银行之所以会有超额储备，是因为 （   ）
A. 吸取的存款太多   B. 未找到足够的贷款对象
C. 向中央银行申请的贴现太多 D. 以上几种情况都有可能

18. 中央银行在公开市场卖出政府债券是企图 （   ）
A. 收集一笔资金帮助政府弥补财政赤字
B. 减少商业银行在中央银行的存款
C. 减少流通中基础货币以紧缩货币供给
D. 通过买卖债券获取差价利益

19. 与货币和财政政策的时滞问题相关的是 （   ）
A. 当企业等待开始新投资时，货币政策的作用被延缓
B. 政府作出改变税收和支出的决定需要时间
C. 汇率调整缓慢
D. A 和 B

20. 当一国采用扩张性财政政策，而不采用紧缩性的货币政策时，一定会使 （   ）
A. 产出上升，利率上升   B. 产出上升，利率不确定
C. 产出不确定，利率上升   D. 产出不确定，利率下降
E. 产出下降，利率不确定

三、判断题

1. 当一个国家有预算赤字时，政府的收入大于政府的支出。 （   ）
2. 假设价格水平固定，并且经济中存在超额生产能力，则货币供给增加将使利率上升，从而引起投资减少。 （   ）
3. 若同时使用紧缩性的财政政策和紧缩性的货币政策，其经济后果是产出减少，利率变化不确定。 （   ）
4. 当处于凯恩斯极端时，货币需求处于"流动陷阱"中。 （   ）
5. 经济衰退时应采用减少政府开支，削减税收的反周期财政政策。 （   ）
6. 假设经济低于充分就业水平，并且价格水平固定，货币供给没有增加时，扩张性的财政政策将使利率上升，从而引起投资减少。 （   ）
7. 假设经济低于充分就业水平，并且价格水平固定，单一的扩张性货币政策将使利率上升，从而引起投资减少。 （   ）
8. 中央银行向公众大量购买政府债券，他的意图是提高利息率水平。 （   ）
9. 失业补偿不能视为自动稳定器。 （   ）
10. 财政赤字应该通过将短期和长期政府债券出售给投资者的办法

来融资。   (   )
11. 宏观经济政策的制定和实施意味着国家对经济的干预。   (   )
12. 财政政策可影响总需求,从而使就业和国民收入得到调节。   (   )
13. 因为政府增加支出与增加税收对国民收入的影响是相反的,
    所以政府增加同样的支出和税收对国民收入没有影响。   (   )
14. 财政制度内在稳定器有助于缓和经济的波动,但不能消除经济
    萧条和通货膨胀。   (   )
15. 紧缩性货币政策会使利率上升,收入减少。   (   )
16. 在货币政策中,公开市场业务是最灵活的政策。   (   )
17. 在货币政策中,改变法定存款准备率是威力最大的货币政策。 (   )
18. 中央银行提高再贴现率会诱使商业银行增加向中央银行借款。 (   )
19. 大额定期存款是货币。   (   )
20. 扩张性的财政政策和货币政策同时使用,会引起利率上升的
    同时产出增加。   (   )

四、分析或计算题

1. 说明宏观经济政策的目标是什么,以及这些目标之间有什么矛盾。
2. 如果经济衰退,政府打算用一种会促进长期经济增长的方法来刺激产出,那么政府最喜欢用什么政策工具来刺激经济?
3. 什么是内在稳定器?请说明它对缓和经济波动的作用。
4. 假设某人将价值1 000元的政府债券出卖给中央银行,并把这1 000元存入银行 A。通这种新存款最初增加了1 000元的货币量。再假设所有银行的存款准备金率为0.2,而且没有通货外流。下表给出了这笔存款引起的货币扩张过程的第 1 轮的有关信息。

银行名称	新存款	新贷款	新准备金	货币增加量	累积货币增加量
A	10 00	800	200	1 000	1 000
B					
C					
D					
E					
F					

①请根据题中所给资料填写上表。
②在 6 轮结束之后,货币总共增加了多少?
③货币乘数是多少?
④在整个过程结束之后,货币总共增加了多少?

5. 为什么再贴现率既不能像公开市场业务那样成为常用的货币政策工具,也不能像法定准备金率那样成为影响重大的货币政策工具?

第十章　开放经济

本章主要目的

通过本章的学习,你应当能够:
1. 掌握绝对和相对优势理论
2. 了解关税的概念、影响
3. 搞清进口配额主要含义、影响
4. 明确国际收支的含义
5. 阐明国际收支不平衡的口径及性质
6. 熟知汇率的定义、表示方法
7. 认识两种基本的汇率制度
8. 理解开放经济内外均衡的矛盾
9. 懂得开放经济下的政策搭配原理

第一节　引导性实验
——比较优势实验

一、实验步骤

1. 确定实验条件

实验器材:一定数量的学生实验指南、相应数量的产量决策单、实验专用的商品券。

实验场地:本次实验应该在宽敞的多媒体教室进行,需要准备可以容纳 30 人左右的宽敞的多媒体教室,以便教师、学生讨论、走动。

实验人数:30 人。

2. 实施人员分组

将学生分为两组,其中一组 10 人,另一组 20 人。将整个教室分成面积各占 1/3、2/3 的左右两个区域,中间留出较大的空间,以便教师和学生走动;让 10 人组和 20 人组分别在左右两个区域、面向黑板就座。教师对学生按照从前到后、从中间到两边的原则进行编号。10 人组的编号为 R1、R2、R3、…、R10,20 人组的编号为 P1、P2、P3、…、P20。

3. 宣布游戏内容

教师向学生宣布如下的游戏内容：

模拟两国之间的贸易：每个人都将拿到1张产量决策单，上面标有在游戏中代表的国别名称和有待于决定产量的两种商品名称。在游戏中，我们分别用 R 国、P 国来称呼两个不同的国家，两个国家的每个居民都只生产两种商品：衣服和粮食。每个国家居民消费衣服和粮食的数量是成比例的，即1单位衣服和1单位粮食相匹配。R 国和 P 国生产这两种商品的成本存在着差异，其生产成本的差异如下表所示：

R 国和 P 国的每个居民用于生产衣服和粮食的时间为20周。每个居民的消费效用水平都取决于他所拥有的衣服和粮食两商品中数量较小的一个。比如，一个居民拥有10单位粮食和5单位衣服，那么，该居民的消费效用水平就是5个单位。每个居民生产和交易的目的都是为了追求最大的消费效用水平。

表 10-1　R 国、P 国的生产成本差异

劳动投入 国别	粮食 （1单位）	衣服 （1单位）
R 国	1.5人/周	1人/周
P 国	2人/周	3人/周

比较优势实验将分为两个阶段：即封闭经济下的生产、消费实验；开放经济下的生产、消费实验。

4. 分发实验材料

教师向每个学生分发1份"学生实验指南"，第一阶段产量决策单1张，第二阶段产量决策单2张。再分发给 R 国居民每人1张交易报价单。

5. 运作封闭经济

展开封闭经济下的生产、消费实验，在这个阶段中 R 国与 P 国之间没有商品贸易活动，两国都是自给自足地生产与消费。教师宣布进入第一个阶段的游戏过程，游戏时间为5分钟。让每个居民决定生产的衣服和粮食数量，将数字填在产量决策单上，并将单子交给本小组的实验工作人员，由实验工作人员将每个居民产量决策单上的消费效用水平和收益数字记入本阶段的实验登记表，并在黑板上公布实验登记表的数据。

6. 变更游戏法则

教师向学生宣布开放经济状态下的运行法则：R 国与 P 国之间存在着商品贸易活动，由老师充当市场管理者的角色。每个居民仍然有20周的时间可用于生产衣服和粮食，每个居民都要决定自己的衣服产量和粮食产量。在决定自己的产品生产结构之前，每个人可以先看一看当前市场上的商品价格，根据所能获得的价格来作出最终的产量决策。每个居民从事生产、交易的目标都是为了获得最大的消费效用水平。

7. 展现开放经济

教师宣布即将进入第二阶段的第1轮交易过程，时间为15分钟。教师首先应该提醒每个居民：在完成生产、交易活动之后最终持有的粮食数量、服装数量应该相等，否则就意味着浪费。每轮交易过后，多余的粮食、服装必须丢弃，不能带入下一轮。

第十章 开放经济

进入交易环节时,教师可以请R国居民申报各自要求的衣服出口价格,即用每1单位衣服要换多少单位的粮食,比如1单位衣服的出口价格为6/5单位粮食,出口商品标价可以是小数,而在实际贸易中,交易的数量必须是整数。当1单位衣服的出口价格为6/5单位粮食时,在实际的操作中,就是R国的居民用5单位衣服换P国居民6单位的粮食。当R国每个居民将衣服出口的要价写在实验专用的报价单上,并注明编号、姓名交给老师,由教师将所有的要价都按从低到高的次序公布出来。其次,由教师运用随机数生成器,确定第一个进入国际市场的P国居民编号。所有的商品交易都必须按照之前公布的要价进行,不能再行私下议价。通常,P国居民会选择衣服出口要价较低的R国居民与之交易,双方再行商定具体的贸易数量。一旦达成交易,双方立即填写产量决策单,到教室前部的市场管理处(讲台),向市场管理者(老师)交单、领取相应数量的粮食商品券和服装商品券,随后当场交换商品券。市场管理者则将这笔交易涉到的数据分别录入成交公告栏和第二阶段的实验登记表中。如果P国居民不能与要价较低的R国居民在其商品要价上就商品交易数量达成一致,P国居民只能选择另一个商品要价稍高的R国居民进行交易。自然,当P国居民表示不愿意与R国居民成交时,宣告自动退出了本轮的国际贸易。当一个P国居民完成对外贸易后,序列中处于后一编号的P国居民逐个进入市场。当所有的P国居民都有机会进口衣服,并表示停止再进口时,或者当所有的R国居民都有机会出口衣服,并表示停止再出口时,就意味着本轮国际贸易的运作结束了。教师应该根据公布在成交公告栏中的成交信息,更新实验登记表中的数据,检查每个居民最终持有的粮食数量、服装数量是否相等。如果居民多余的粮食数量、服装数量很多,可以启动第二阶段的第2轮交易、第3轮交易……直到居民多余的粮食数量、服装数量很少时,第二阶段的实验就可宣告结束了。

8. 统计有关信息

当学生每完成一轮游戏后,教师应及时在黑板上的实验登记表中记录各国的粮食和服装两种商品产量、消费量的数据。在第二阶段的实验结束后,教师应该让各小组的实验工作人员上交实验登记表,将其汇集成实验记录总表,并在黑板上公布实验数据。

9. 讲解实验结果

实验结束后,教师可根据实验的具体数据,叙述比较优势的相关理论,并组织进一步的拓展讨论,引导出相应的结论。

二、实验指南

1. 学生实验指南

我们做有关两国之间贸易的实验。在实验中,每个同学都将拿到一张产量决策单,上面标有代表的国别名称和有待于决定产量的两种商品名称。在游戏中,我们分别用R国、P国来称呼两个不同的国家,R国居民人数是10人,P国居民人数是20人,无论你是R国居民、还是P国居民,每个人都只生产两种商品:衣服和粮食。每个国家居民消费衣服和粮食的数量是成比例的,即1单位衣服和1单位粮食相匹配。你

们两国生产这两种商品的成本是不同的,两种商品生产成本的差异可以用下表来表示:

你们每个居民用于生产衣服和粮食的时间都是 20 周。每个居民的消费效用水平都取决于他所拥有的衣服和粮食中数量较少的一个。比如,你有 7 单位粮食和 4 单位衣服,那么,该你的消费效用水平就是 4 个单位。自然,每个人的目的都是为了得到最高水平的消费效用。

表 10-2　R 国、P 国的生产成本差异

劳动投入 国别	粮食 (1 单位)	衣服 (1 单位)
R 国	1.5 人/周	1 人/周
P 国	2 人/周	3 人/周

我们的国际贸易实验将分为两个阶段:
即封闭经济下的生产、消费实验;开放经济下的生产、消费实验。

在第一个阶段的实验中,我们展示封闭经济状态下的生产、消费活动。在这个阶段中你们两国之间没有商品贸易活动,每一个国家都是自给自足地生产与消费。当老师宣布进入第一个阶段的游戏时,你们每个人有 5 分钟的时间来决定生产多少数量的衣服、多少数量的粮食,你应该将数字填写在发给你们的产量决策单上,并将单子交给本国的实验工作人员,由实验工作人员将你们每个居民产量决策单上的诸如消费效用水平、收益等数字记入第一个阶段的实验登记表,老师会在黑板上公布实验登记表的数据。

在第二个阶段的实验中,我们展现开放经济状态下的生产、贸易、消费活动。在这个阶段中你们两国之间存在着商品贸易活动,老师会来充当国际市场管理者的角色。你们每个人仍然有 20 周的时间可用于生产衣服和粮食,要决定自己的衣服产量和粮食产量。切记:在完成生产、交易活动之后你们每个人最终持有的粮食数量、服装数量应该相等,否则就是浪费。每轮交易结束时,多余下来的粮食、服装必须丢弃,不能带进下一轮。因此,在作出自己的产量决定之前,每个人最好先看一看当时市场上的商品价格,根据价格最终来决定你的产量。商品标价可以是小数,而在实际贸易中,交易的数量必须是整数。当 R 国居民 1 单位服装的出口价格为 6/5 单位粮食时,在实际的操作中,就是 R 国的居民用 5 单位服装换 P 国居民 6 单位的粮食。当老师宣布进入第二阶段的第 1 轮交易时,如果你是 R 国的居民,你应该在实验专用的报价单上写上衣服出口的要价,并注明编号、姓名交给老师,老师会把所有 R 国居民的要价公布在黑板上。然后,老师会用随机数生成器,随机地选出一个 P 国居民,与一个 R 国居民或者更多的 R 国居民进行交易,以事先公布的要价进口衣服。P 国居民一定会在你们中选择衣服出口要价较低的人进行交易,再来商谈具体的贸易数量问题。如果 P 国居民不能与你就商品交易数量达成一致,他只能转而选择另一个商品要价稍高的 R 国居民进行交易。自然,当 P 国居民表示不愿意与 R 国居民成交时,宣告自动退出本轮的国际贸易。一旦达成交易,你们双方应立即填写产量决策单,到教室前部的讲台,向市场管理者交单、领取粮食商品券和服装商品券,随后当场交换商品券。老师会将这笔交易涉及到的数据分别录入成交公告栏和第二阶段的实验登记表中。当一个 P 国居民完成对外贸易后,序列中处于后一编号的 P 国居民逐

个进入市场。当所有的 P 国居民都有机会进口衣服,并表示停止再进口时;或者当所有的 R 国居民都有机会出口衣服,并表示停止再出口时,就意味着本轮国际贸易的运作结束了。

最后,老师会检查你们每个人最终持有的粮食数量、服装数量是否相等。如果你们每个人有很多多余的粮食、服装,那么,你们还需要做第二阶段的第 2 轮交易、第 3 轮交易……直到你们手头上多余的粮食数量、服装数量很少时,第二阶段的实验就可以结束了。

表 10-3 第一阶段 R 国的产量决策单

居民编号	粮食产量(G)	衣服产量(C)	可用劳动时间	消费效用	收益
R1			20		
R2			20		
R3			20		
R4			20		
R5			20		
R6			20		
R7			20		
R8			20		
R9			20		
R10			20		

注:收益=12.5*消费效用,消费效用=min(G,C)。

表 10-4 第一阶段 P 国的产量决策单

居民编号	粮食产量(G)	衣服产量(C)	可用劳动时间	消费效用	收益
P1			20		
P2			20		
P3			20		
P4			20		
P5			20		
P6			20		
P7			20		
P8			20		
P9			20		
P10			20		
P11			20		
P12			20		
P13			20		
P14			20		
P15			20		
P16			20		
P17			20		
P18			20		
P19			20		
P20			20		

注:收益=25*消费效用,消费效用=min(G,C)。

表 10-5　第一阶段 R 国的实验登记表

居民编号	粮食产量(G)	衣服产量(C)	粮食消费量	衣服消费量	消费效用	收益
R1						
R2						
R3						
R4						
R5						
R6						
R7						
R8						
R9						
R10						
合计数						
平均数						

表 10-6　第一阶段 P 国的实验登记表

居民编号	粮食产量(G)	衣服产量(C)	粮食消费量	衣服消费量	消费效用	收益
P1						
P2						
P3						
P4						
P5						
P6						
P7						
P8						
P9						
P10						
P11						
P12						
P13						
P14						
P15						
P16						
P17						
P18						
P19						
P20						
合计数						
平均数						

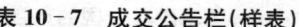

表10-7 成交公告栏(样表)

R国居民编号	衣服出口要价	衣服出口成交量	粮食进口成交量	P国居民编号
R1	…	…	…	P10
	…	…	…	…
R2	…	…	…	…
	…	…	…	…
R3	…	…	…	…
	…	…	…	…
R4	…	…	…	…
	…	…	…	…
R5	…	…	…	…
	…	…	…	…
R6	…	…	…	…
	…	…	…	…
R7	…	…	…	…
	…	…	…	…
R8	…	…	…	…
	…	…	…	…
R9	…	…	…	…
	…	…	…	…
R10	…	…	…	…
	…	…	…	…

表10-8 R国居民的衣服出口报价单

轮次	居民编号	衣服出口要价	衣服计划出口量	粮食计划进口量
	R1			
	R2			
	R3			
	R4			
	R5			
	R6			
	R7			
	R8			
	R9			
	R10			

表10-9 第二阶段R国的产量决策单

轮次	居民编号	粮食产量	衣服产量	衣服计划出口量	粮食计划进口量
	R1				
	R2				
	R3				
	R4				
	R5				
	R6				
	R7				
	R8				
	R9				
	R10				

表10-10 第二阶段P国的产量决策单

轮次	居民编号	粮食产量	衣服产量	粮食计划出口量	衣服计划进口量
	P1				
	P2				
	P3				
	P4				
	P5				
	P6				
	P7				
	P8				
	P9				
	P10				
	P11				
	P12				
	P13				
	P14				
	P15				
	P16				
	P17				
	P18				
	P19				
	P20				

表10-11 粮食商品券

1单位粮食(第1轮)	1单位粮食(第1轮)
1单位粮食(第1轮)	1单位粮食(第1轮)
1单位粮食(第1轮)	1单位粮食(第1轮)
1单位粮食(第1轮)	1单位粮食(第1轮)
1单位粮食(第1轮)	1单位粮食(第1轮)
1单位粮食(第1轮)	1单位粮食(第1轮)
1单位粮食(第1轮)	1单位粮食(第1轮)
1单位粮食(第1轮)	1单位粮食(第1轮)
1单位粮食(第1轮)	1单位粮食(第1轮)
1单位粮食(第1轮)	1单位粮食(第1轮)
1单位粮食(第1轮)	1单位粮食(第1轮)
1单位粮食(第1轮)	1单位粮食(第1轮)
1单位粮食(第1轮)	1单位粮食(第1轮)
1单位粮食(第1轮)	1单位粮食(第1轮)

第十章 开放经济

表 10-12 衣服商品券

1 单位衣服(第 1 轮)	1 单位衣服(第 1 轮)
1 单位衣服(第 1 轮)	1 单位衣服(第 1 轮)
1 单位衣服(第 1 轮)	1 单位衣服(第 1 轮)
1 单位衣服(第 1 轮)	1 单位衣服(第 1 轮)
1 单位衣服(第 1 轮)	1 单位衣服(第 1 轮)
1 单位衣服(第 1 轮)	1 单位衣服(第 1 轮)
1 单位衣服(第 1 轮)	1 单位衣服(第 1 轮)
1 单位衣服(第 1 轮)	1 单位衣服(第 1 轮)
1 单位衣服(第 1 轮)	1 单位衣服(第 1 轮)
1 单位衣服(第 1 轮)	1 单位衣服(第 1 轮)
1 单位衣服(第 1 轮)	1 单位衣服(第 1 轮)
1 单位衣服(第 1 轮)	1 单位衣服(第 1 轮)
1 单位衣服(第 1 轮)	1 单位衣服(第 1 轮)
1 单位衣服(第 1 轮)	1 单位衣服(第 1 轮)

表 10-13 粮食商品券

1 单位粮食(第 2 轮)	1 单位粮食(第 2 轮)
1 单位粮食(第 2 轮)	1 单位粮食(第 2 轮)
1 单位粮食(第 2 轮)	1 单位粮食(第 2 轮)
1 单位粮食(第 2 轮)	1 单位粮食(第 2 轮)
1 单位粮食(第 2 轮)	1 单位粮食(第 2 轮)
1 单位粮食(第 2 轮)	1 单位粮食(第 2 轮)
1 单位粮食(第 2 轮)	1 单位粮食(第 2 轮)
1 单位粮食(第 2 轮)	1 单位粮食(第 2 轮)
1 单位粮食(第 2 轮)	1 单位粮食(第 2 轮)
1 单位粮食(第 2 轮)	1 单位粮食(第 2 轮)
1 单位粮食(第 2 轮)	1 单位粮食(第 2 轮)
1 单位粮食(第 2 轮)	1 单位粮食(第 2 轮)
1 单位粮食(第 2 轮)	1 单位粮食(第 2 轮)

表 10-14 衣服商品券

1 单位衣服(第 2 轮)	1 单位衣服(第 2 轮)
1 单位衣服(第 2 轮)	1 单位衣服(第 2 轮)
1 单位衣服(第 2 轮)	1 单位衣服(第 2 轮)
1 单位衣服(第 2 轮)	1 单位衣服(第 2 轮)
1 单位衣服(第 2 轮)	1 单位衣服(第 2 轮)
1 单位衣服(第 2 轮)	1 单位衣服(第 2 轮)
1 单位衣服(第 2 轮)	1 单位衣服(第 2 轮)
1 单位衣服(第 2 轮)	1 单位衣服(第 2 轮)
1 单位衣服(第 2 轮)	1 单位衣服(第 2 轮)
1 单位衣服(第 2 轮)	1 单位衣服(第 2 轮)
1 单位衣服(第 2 轮)	1 单位衣服(第 2 轮)
1 单位衣服(第 2 轮)	1 单位衣服(第 2 轮)
1 单位衣服(第 2 轮)	1 单位衣服(第 2 轮)
1 单位衣服(第 2 轮)	1 单位衣服(第 2 轮)

表 10-15 第二阶段 R 国的实验登记表

轮次	居民编号	粮食产量(1)	衣服产量(2)	衣服出口成交量(3)	粮食进口成交量(4)	粮食期末持有量(5)	衣服期末持有量(6)	消费效用(7)	收益(8)
	R1								
	R2								
	R3								
	R4								
	R5								
	R6								
	R7								
	R8								
	R9								
	R10								
	合计数								
	平均数								

注:收益=10×消费效用,消费效用=min(粮食期末持有量,衣服期末持有量);
(5)=(1)+(4),(6)=(2)-(3)。

第十章 开放经济

表 10-16 第二阶段 P 国的实验登记表

轮次	居民编号	粮食产量(1)	衣服产量(2)	衣服出口成交量(3)	粮食进口成交量(4)	粮食期末持有量(5)	衣服期末持有量(6)	消费效用(7)	收益(8)
	P1								
	P2								
	P3								
	P4								
	P5								
	P6								
	P7								
	P8								
	P9								
	P10								
	P11								
	P12								
	P13								
	P14								
	P15								
	P16								
	P17								
	P18								
	P19								
	P20								
	合计数								
	平均数								

注：收益＝20×消费效用，消费效用＝min(粮食期末持有量，衣服期末持有量)；
(5)＝(1)－(3), (6)＝(2)＋(4)。

2. 教师实验指南

(1) 准备实验：在开始实验之前，教师首先应准备一定数量的学生实验指南，相应数量的产量决策单、实验专用的商品券、出口报价单。其次，必须提前去察看场地，并作必要的布置，准备好粉笔、黑板擦、电脑、投影仪、纸和笔等器材。

(2) 实施分组：将学生分为两组，其中一组 10 人，另一组 20 人。将整个教室分成面积各占 1/3、2/3 的左右两个区域，中间留出较大的空间，以便教师和学生走动，让 10 人组和 20 人组分别在左右两个区域、面向黑板就座。教师对学生按照从前到后、从中间到两边的原则进行编号。10 人组的编号为 R1、R2、R3、…、R10，20 人组的编号为 P1、P2、P3、…、P20。

(3) 宣布内容：朗读学生实验指南，尤其应强调 1 单位衣服和 1 单位粮食的配比关系及整数交易量的原则。可以让学生提出疑问，老师及时释疑，还可考虑让学生复述整数交易量的计算方法。在确信每个学生都搞清实验步骤之后，开始游戏。

(4) 分发材料：教师向每个学生分发 1 份"学生实验指南"，第一阶段产量决策单 1 张，第二阶段产量决策单 2 张。再分发给 R 国居民每人 1 张交易报价单。

(5) 汇总信息：当学生每完成一笔交易时，教师应该将这笔交易涉及到的数据分别录入成交公告栏和各阶段的实验登记表中。当学生每完成一轮游戏后，教师应及时在黑板上的实验登记表中记录各国的粮食和服装两种商品产量、消费量的数据。在第二阶段的实验结束后，教师应该让各小组的实验工作人员上交实验登记表，将其汇集成实验记录总表，并在黑板上公布实验数据。

表 10-17 实验记录总表（2 张）

国别_____

时期	粮食产量平均数	衣服产量平均数	粮食消费量平均数	衣服消费量平均数	消费效用平均数	收益平均数
第一阶段						
第二阶段第 1 轮						
第二阶段第 2 轮						
…						

(6) 提出问题：根据公布的实验数据，提出问题，让学生讨论有关比较成本优势的问题。

(7) 阐述理论：通过问答，形成相应的结论，阐述比较成本优势的相关理论，督促学生独立完成实验报告。

前面的宏观经济分析都是以封闭经济为前提来展开的，而在现实中各国之间都存在着密切的商品、劳务、资本等经济交往。任何一国的经济在不同程度上都是开放经济，一国经济的开放程度可以用进口额与国民生产总值或进口额与国内生产总值之间的比率来衡量。对现实经济活动的考察必须要了解开放经济中宏观经济的运行。

第二节 国际贸易原理和政策

在国际经济交往中，国际贸易是最重要的经济活动。国际贸易理论要回答的基本问题之一是国家之间发生国际贸易的原因。经济学家们曾提出的代表性理论有以下几种。

一、斯密的绝对利益学说

1. 绝对利益学说的基本内容

英国古典经济学家亚当·斯密在 1776 年发表的《国民财富的性质和原因的研究》一书中指出，国际贸易的基础是各国劳动生产率之间的绝对差别。在劳动是惟一投入的情况下，一个国家如果在某一产品上具有比另一国家更高的劳动生产率，或者其生产所耗费的劳动成本低于另一国家,那么它在这一产品上就具有绝对优势。如果每一个国家都生产、并出口自己占有绝对优势的产品,进口处于绝对成本劣势的产品,那么交换各方都可以从交换中得到绝对的利益,从而整个世界就可以获得分工的好处。

斯密认为,每一个国家都有生产某些特定产品的绝对有利的生产条件,因而生产这些产品的成本会绝对地低于其他国家。一般说,一国的绝对成本优势来源于两个方面:一是自然禀赋的优势,即一国的地理环境、土壤、气候、矿产等自然条件方面的优势,这是天赋优势。二是人民特殊的技巧和工艺上的优势,这是通过训练、教育而后天获得的优势。一国如果拥有其中的一种优势,那么这个国家某种商品的劳动生产率就会高于其他国家,生产成本就会绝对地低于其他国家。

2. 绝对利益学说的有关解释

假定英国和葡萄牙两国同时生产呢绒和酒。由于自然资源和生产技术条件不同,两国生产同量呢绒和酒的生产成本不同,如下表10-18所示。

英国生产呢绒的成本比葡萄牙低,处于绝对优势;葡萄牙生产酒的成本比英国低,处于绝对优势。英国应出口呢绒进口酒,而葡萄牙则出口葡萄酒进口呢绒。按照绝对成本理论,各国应该专门生产具有绝对成本优势的产品,然后进行国际交换,就能保证双方都能得到贸易利益。

表10-18 英国和葡萄牙的绝对成本差异

劳动投入 国别	呢绒 (1单位)	酒 (1单位)
英国	100人/年	120人/年
葡萄牙	110人/年	80人/年

通过专业化分工,进行国际贸易给双方带来的利益,可以用表10-19来说明。

表10-19 国际分工和国际贸易的利益

国别 产品	产品英国(220人/年)		葡萄牙(190人/年)	
	呢绒	酒	呢绒	酒
分工前产量 (消费量)	1单位	1单位	1单位	1单位
分工后产量	2.2单位	——	——	2.375单位
交换后消费量	1.1单位	1.1单位 (按1∶1比例换来)	1.1单位 (按1∶1比例换来)	1.275单位

按照绝对成本差异进行国际分工和贸易,其直接利益表现在劳动生产率的提高、消费水平的提高和劳动时间的节约等方面。

从表10-19中可以看出:首先分工以后,两国投入的劳动不变,而两种产品的总产量都增加了。在国际分工前,英、葡两国一年共生产2单位呢绒和2单位的酒。在国际分工后,英国专门生产呢绒,220人劳动一年,可生产出2.2单位的呢绒。葡萄牙专门生产酒,190人劳动一年,可生产出2.375单位的酒。两种产品的总产量都增加了,这显然是劳动生产率的提高。

其次,通过国际贸易,两国的消费水平都得到了提高。假定英国用一半呢绒与葡萄牙交换酒,再假定交换比例为1:1,那么,英国呢绒和酒的消费量分别是1.1单位,都比贸易分工前增加0.1单位。而葡萄牙呢绒和酒的消费量分别是1.1单位和1.275单位,比贸易分工前增加了0.1单位的呢绒和0.275单位的酒。

再次,如果两国维持分工前的消费水平不变,两国都能够通过交换,用具有绝对成本优势的产品交换处于绝对成本劣势的产品,从而在不降低消费水平的前提下,减少劳动投入,节约劳动时间。英国只需用100人生产的1单位呢绒与葡萄牙交换自己需要的1单位酒,比自己生产节约了20人一年的劳动。葡萄牙只要用80人生产的1单位酒与英国换回自己需要的1单位呢绒,比自己生产节约了30人一年的劳动。

二、比较成本优势理论

英国古典经济学家大卫·李嘉图继承和发展了亚当·斯密的绝对成本理论,在其1817年发表的《政治经济学及赋税原理》一书中论证了以"比较利益说"为中心的国际贸易理论。在其之后的一个多世纪,有关国际贸易理论的研究很大程度上是对"比较成本优势理论"的补充、发展和修正。

1. 比较成本优势理论的主要内容

(1) 基本观点

李嘉图继承和发展了亚当·斯密的绝对成本理论。同斯密一样,李嘉图也认为贸易双方生产成本的差异是国际分工和贸易的前提。没有这种差异,贸易就不能发生,更谈不上贸易利益。斯密认为国际贸易发生的原因在于不同地区的商品成本的绝对差异;而李嘉图却认为,一国即使所有商品的生产成本都高于另一国,但只要高低的程度有差异,国际贸易同样也能发生,同时贸易双方都能获利。换言之,李嘉图强调国际贸易发生的原因在于不同地区商品成本的相对差异,即比较成本优势。

(2) 比较成本优势

比较成本优势是指一国生产某种商品的机会成本小于另一个国家时,这个国家在该产品的生产上与另一个国家相比就存在比较成本优势。假定有A、B两个国家,A国生产X商品所需要减少的Y商品数量少于B国,即A国生产X商品的机会成本小于B国,那么A国在X商品的生产上与B国相比就存在比较成本优势,而B国则处于比较成本劣势。一国在某种商品的生产上与另一国相比有绝对成本优势,但未必有比较成本优势。反之,一国在某种商品的生产上与另一国相比有绝对成本劣势,但却可以有比较成本优势。例如从下表10-20中可以看出:无论是生产呢绒还是酒,葡萄牙都具有绝对成本优势,而英国处于绝对成本劣势。但由于英国生产1单位呢绒的机会成本为0.883单位酒,葡萄牙生产1单位呢绒的机会成本为1.125单位酒,英国在呢绒的生产上具有比较成本优势,葡萄牙在酒的生产上具有比较成本优势。两国间生产商品的机会成本差异会导致商品价格差异,英国酒贵、呢绒便宜,葡萄牙酒便宜、呢绒贵。

(3) 国际分工和贸易

追求利润最大化的厂商发现两国间商品价格差异后,就会把英国的呢绒运到葡萄牙交换成葡萄牙的酒,并把葡萄牙的酒运回英国。这样,在英国国内市场上呢绒的需求增加,酒的供给增加,这会导致呢绒的价格上涨、酒的价格下跌,这使追求个人效用最大化的劳动力从酒的生产上全部转移到呢绒的生产上。而葡萄牙的情形正好相反,在葡萄牙国内呢绒的供给增加,酒的需求增加,呢绒价格下跌、酒的价格上涨,劳动力从呢绒的生产上全部转移到酒的生产上。这样市场机制这只看不见的手根据比较成本优势实现了英国生产呢绒,葡萄牙生产酒的国际分工。各国在具有比较成本优势的商品上进行专业化生产,并以此来与别国进行交换,开展国际贸易来获益,这种国际分工和贸易对于各方都是有利的。

表 10-20　英国和葡萄牙的成本差异

国别＼商品	呢绒(1 单位)	机会成本	酒(1 单位)	机会成本
英国	100 人/年	0.833 单位酒	120 人/年	1.2 单位呢绒
葡萄牙	90 人/年	1.125 单位酒	80 人/年	0.888 单位呢绒

2. 比较成本优势理论的有关解释

根据比较成本优势实行国际分工和国际贸易的利益,可以用表 10-21 来反映。

表 10-21　根据比较成本优势实行国际分工和国际贸易的利益

产品＼国别	产品英国(220 人/年)		葡萄牙(170 人/年)	
	呢绒	酒	呢绒	酒
分工前产量（消费量）	1 单位	1 单位	1 单位	1 单位
分工后产量	2.2 单位	——	——	2.125 单位
交换后消费量	1.1 单位	1.1 单位（按 1∶1 比例换来）	1.1 单位（按 1∶1 比例换来）	1.025 单位

首先,按比较成本优势实行专业化分工后,可以提高劳动生产率,增加产品产量。英国把原来生产酒的劳动也用来生产呢绒,共生产 2.2 单位呢绒;葡萄牙把原来生产呢绒的劳动也用来生产酒,共生产 2.125 单位的酒。结果,酒和呢绒的总量都比分工前增加了,这显然是劳动生产率提高的结果。

其次,随着产量的增加,通过国际贸易,各自国内的消费水平提高了。假定两种商品在两国之间按 1∶1 的比率进行交换,英国用一半的呢绒去交换葡萄牙的酒,交换后,英国得 1.1 单位的呢绒和 1.1 单位的酒,比分工前多得 0.1 单位的呢绒和酒;葡萄牙得 1.1 单位呢绒和 1.025 单位的酒,多得 0.1 单位的呢绒和 0.025 单位的酒。明显地两国的消费水平都比分工前提高了。

三、资源禀赋理论

李嘉图比较成本优势理论表明当劳动力是惟一的生产要素时,生产技术水平的差异使各国在不同的商品生产上具有相对优势。瑞典经济学家赫克歇尔(ELI. Heckscher)和其学生俄林(Bertil Ohlin)提出了资源禀赋理论,他们认为:当生产中投入劳动力、资本等多种生产要素时,国家间要素禀赋差异会使各国在不同的商品生产上具有相对优势。

假定只有两种生产要素劳动力和资本。假定只有两种商品X、Y,两种商品生产中所使用的各种生产要素的比例不同。X商品使用劳动较多,是劳动密集型产品;Y商品使用资本较多,是资本密集型产品。再假定A、B两个国家,A国劳动力充裕,劳动的价格低。B国资本充裕,资本的价格低。在国际间,生产要素的流动要受到一定的限制。资本充裕的国家在资本密集型产品上具有相对优势,劳动力充裕的国家在劳动力密集型产品上具有相对优势。各国就生产自己具有资源优势的产品,即劳动力丰富而价格低的国家生产劳动密集型产品;资本丰富而价格低的国家生产资本密集型产品,各国的产品进行交换。因为各国都是出口自己生产要素价格低的产品,其结果对双方都是有利的。

四、关税和配额

在自由贸易的条件下,国际分工和国际贸易有利于资源在全世界的配置,能使各国物质利益最大化。但在现实中,各国在贸易中存在着利益冲突。在自由贸易体制下,各国会进口低价的外国产品,对于该产品的国内生产厂商来说,其产品的市场会受到极大的冲击,其利益会受到损失。这种情况在发展中国家尤为显著,自由贸易直接威胁到它们传统部门的生存,结果导致失业的增加,动摇经济的稳定性。因此,各国都通过贸易保护政策,比如关税或配额来限制进出口,以保护本国的相关产业部门免受进口物品的竞争。换言之,现实中的国际贸易并不是自由贸易,各国都在不同程度上对国际贸易进行限制,主要的政策工具有关税和进口配额。

1. 关税

关税是一国海关对进出口物品征收的一种税收。关税有两种形式:一种是从价关税,另一种是从量关税。从价关税是按一个固定比率依据进口物品的价值征收的关税。例如,从价关税15%,价值100美元的进口电视机需要征收15美元的关税。从量关税是按一个特定的数额依据物品的计量单位征收的关税。例如,不论进口电视机价值高低,每台电视机征收15美元的关税就是从量关税。

征收关税会引起进口商品的国际价格和国内价格的变动,从而影响到出口国和进口国在生产、贸易和消费等方面的调整,引起收入的再分配。关税对进出口国家经济的多方面影响称为关税的经济效应。这里主要分析进口关税对进口国的经济影响。

(1) 关税对贸易小国的经济效应

首先分析进口关税对小国的经济影响。假定该进口国是个贸易小国,即该国某种商品的进口量只占世界进口量很小的一部分,因此,该国的进口量的变动不能影响世界市场价格。该进口国就好像是完全竞争的企业一样,只是世界市场价格的接受者。这样,该国征收关税以后,进口商品国内价格上涨的幅度等于关税税率,关税全部由进口国消费者负担。

具体说来,该贸易小国对某种进口商品征收关税以后,将产生如下经济效应。

①消费效应。由于征收关税引起进口商品价格上涨,对消费者造成直接损害。一方面,如果该进口商品的进口需求弹性比较小,价格的上涨不能通过减少需求量来调整,那消费者就要支付较高的价格。如果进口商品是具有需求刚性的资本品,将增加最终产品的生产成本,导致价格上涨,增加消费者的负担。另一方面,如果该进口商品的进口需求弹性比较大,那国内消费者将减少需求量,从而降低了物质福利水平。

②生产效应。对于与进口商品相竞争的国内生产者来说,显然是可以从保护关税中获得利益的。我们知道,外国商品之所以会输入,其根本原因在于国际市场价格比国内市场价格低,或在价格相同的情况下,国外产品质量优于国内,如果自由进口,国内厂商会被迫降低价格,并把自己的产量调整到边际成本等于产品价格的水平。在商品的国际市场价格保持不变的情况下,征收关税提高了该商品的国内价格,使得国内生产者利润增加,生产量扩大。

由于该商品生产量的增加,会带来对该商品的生产要素需求的增加,同时也会提高同类产品或可替代产品的国内价格,使生产集团获得利益。但从整个国家来看,由于征收关税,国内资源从较有效率的可出口商品的生产转移到较缺乏效益的可进口商品的生产,由此造成了该国资源配置效率的下降。

③贸易效应。征收关税提高了进口商品的价格,导致进口减少,从而使经营进口商品的公司和个人损失了部分市场,减少了收入。

④财政收入效应。只要关税不提高到禁止关税的水平,它就会给进口国带来财政收入,这项收入等于每单位课税额乘以征税的进口商品的数量。在小国情况下,由征收关税而带来的收入是由国内消费者支付的。应该看到,关税收入的一部分要用来支付征收关税这一行为的费用,如海关官员的报酬,因此,关税收入只有一部分成为财政收入。

⑤收入再分配效应。关税还会造成收入从国内消费者向国内生产者的再分配。关税引起国内商品价格上涨,生产者增加了利润,其中一部分是从消费者支付的较高价格中转移过来的。

(2) 关税对贸易大国的经济效应

上面考察的是小国的关税局部均衡效应。如果进口国是一个贸易大国,即该国某种商品的进口量占了世界进口量的较大份额,那么该国进口量的调整就会影响到世界市场价格。该国增加进口,将引起世界市场价格上涨;如果减少进口,世界市场价格就会下降。因此,大国征收关税虽然也有上述关税的经济各种效应,但由于大国能影响世界市场价格,因此从局部均衡分析所得的征收关税的代价和利益对比的净效果,就不同于小国情况了。

在大国假定下,该进口大国征收关税而引起价格上涨所必然导致的进口量缩减的量相当大,就可能迫使该商品的国际市场价格下降。这就是说,大国进口商品价格上涨的幅度不会等于关税税率,而是低于关税税率。大国征收关税,进口商品国内价格上涨,同时,国际市场价格下跌,价格上涨部分和下跌部分加在一起才等于进口关税税额。大国进口商支付的进口关税,不是全部由进口国的消费者负担的,而是由进口国消费者和出口国的生产者(通过出口商)共同负担的。大国向出口国转嫁了部分关税。

由于征收关税,大国进口商品的国际价格下降,如果该国出口价格不变,那该国的贸易条件得到了改善。但与小国相比,在其他条件不变的前提下,大国关税对本国生产者的保护作用相对较小。

这是由于大国关税引起的价格上涨,部分地被出口国下降的价格所抵消了,因此进口的数量下降不像小国情况那么多。由此也可以看出,与小国相比,大国征收关税能获得较多的收入,其中一部分收入是"剥削"出口国得到的。一般说来,小国从征收关税中遭受的净损失,永远等于保护成本。因为外国出口价格或世界价格不受其影响。而大国征收关税对该国净福利的影响,则要把关税的保护成本与贸易条件改善而获得的利益相比较。如果该国贸易条件改善利益超过关税保护的代价,则意味着从征收关税中获得了净利益;如果贸易条件改善利益与保护成本相等,那该国从关税中既未获得收益,也未遭受损失;最后,贸易条件改善的利益比保护成本小,则意味着征收关税发生了净损失。

2. 配额的经济效应

进口配额是指一国对某些商品在一定时期内的最大进口金额或数量实行限制。进口配额与关税相比是一种更有效的限制贸易的措施。因为进口配额是用行政手段进行数量限制,而关税是利用价格机制进行调节。征收高额关税时,通过降低商品价格仍可以进口,但如果实行进口配额,则达到一定配额,这些商品的进口将被完全禁止。

实行进口配额制,将对一国的经济产生哪些影响呢?进口配额是通过对进口数量的直接限制来影响国内市场的价格,从而发挥调节进口和保护国内生产的作用。如果实行进口配额的是一个贸易小国,那么世界市场的价格并不会因该国实行配额、减少进口而受到影响,而只会引起商品国内价格的上涨。如果配额使进口商品价格上涨的幅度与征收进口关税相同(等效关税),那么,配额所产生的消费效应、生产效应、贸易效应与征收关税的效应完全相同。假定政府在竞争性市场上把进口许可证拍卖给最高出价者,那财政收入效应也和等效关税相同。如果实行进口配额的国家是个贸易大国，那么，由于该国实行配额限制了外国产品进入本国市场，就会造成国际市场商品充斥，导致国际市场价格下跌。这时，实行配额限制产生贸易条件效应就要作具体分析。在实行配额的条件下，即使国际市场价格下跌，该国也不会增加进口，因此，外国出口商就不会也无法通过降价的办法来扩大出口，对该进口国就会维持原有的价格水平，甚至可以借机提价。但是如果出口国产量变动的可能性较小而又十分依赖于该大国的市场，那该大国实行配额控制进口，就可能改善该大国的贸易条件，同时，导致出口国贸易条件恶化。

第三节 国际收支和汇率

国际贸易和其他国际经济交往中必然引起国际间的支付问题。在开放经济中，国际收支是一个十分重要的问题。

一、国际收支的含义

国际收支是一定时期内（通常指一年内）一国居民与非居民之间的全部经济交易的系统记录。

由该定义可以看出：

①收支是一个流量概念，因而不同于作为存量概念的国际借贷；

②它发生在一国的居民和非居民之间；

③它反映的是居民和非居民之间的经济交易。判断某项经济交易是否属于国际收支的范畴，所依据的不是交易双方的国籍、而是交易双方是否是分属于不同国家的居民。居民不同于公民：

a. 它以居住地为划分标准，公民则是一个法律概念；

b. 居民不仅包括国内的个人居民和非个人居民（包括政府、企业和非盈利团体），而且包括在该国居住满一年及一年以上的外国公民（不包括外国的驻外使节和驻外军事人员）。

④国际收支反映的是经济交易，它不仅包括商品、劳务和金融资产等引起外汇收支的交易，而且包括不涉及外汇收支的捐赠、无偿援助、易货贸易（出口另一种商品）和补偿贸易等经济活动。

国际收支集中反映在国际收支平衡表中。

二、国际收支平衡表的编制原则

国际收支平衡表又称国际收支账户，是一种按照复式记账法则并依一定的项目编制的、系统记录一个国家或地区一定时期内国际收支状况的统计报表。国际联盟于1938年编制的国际收支分类项目的标准格式，为现在的国际收支平衡表奠定了基础；目前各国一般按照国际货币基金组织对国际收支的定义及相关规定编制国际收支平衡表。

1. 按照"有借必有贷、借贷必相等"的复式记账法则编制。

任何一笔交易都表现为价值相等、方向相反的两个项目的变动，必然涉及借方与贷方两个方面。例如某企业欲进口某种商品，那么它可以通过减少海外资产、增加对外负债或易货贸易等途径予以支付。该商品的进口将引起外汇的流出，应记入借方；而减少海外资产、增加对外负债或易货贸易等均将导致外汇的流入，应记入贷方。因此，国际收支平衡表中所有项目的借方总额和贷方总额总是相等的。

2. 要区分借方和贷方两类不同的交易。凡是引起外汇流入的项目，如商品和劳务的出口、对外负债的增加或资产的减少等，均记入贷方，或称正号项目；凡是引起外汇流出的项目，如商品和劳务的进口、对外负债的减少或资产的增加等，均记入借方，或称负号项目。在国际收支平衡表上，最后借方与贷方总是平衡的。

三、国际收支平衡表的构成

为了在世界范围内进行汇总和比较，国际货币基金组织提出了一套有关构成国际收支平衡表项目分类的建议，称为标准组成部分。根据《国际收支手册》（第5版）标准组成部分由经常账户、资本和金融账户组成。我们依据标准组成部分，将国际收支平衡表的项目分类作一简单介绍。

1. 经常项目

经常项目是经常发生的国际经济交易，也是平衡表中最基本、最重要的项目。具体地，经常账户包括货物、服务、收入和经常转移。

①货物是指有形商品进出口引起的收支，具体包括：一般商品、用于加工的货物、货物修理、各种运输工具在港口购买的货物及非货币黄金。

②服务是指各国间相互提供劳务或服务而发生的收入和支出，记录无形贸易收支。服务包括：运输、旅游、通讯服务、保险服务、金融服务、专有权利使用费和特许费等。

③收入是指居民与非居民之间相互提供各种生产要素，例如劳动力和资本而获得的收益和支出。收入包括：现金或实物的工资、薪金等职工报酬；利息、股息和利润等投资收入。

④经常转移是指商品、劳务和金融资产在居民与非居民之间转移之后，并未得到补偿与回报。经常转移主要包括：战争赔款、政府间的经援、军援、捐赠等政府的无偿转移；侨汇、捐赠、继承、赡养费、资助性汇款、退休金等个人的非资本性转移。

2. 资本和金融项目

资本和金融账户是指对资产所有权在国际间流动行为进行记录的账户，由资本账户和金融项目两大部分组成。与经常账户不同，金融账户的各个项目并不按借贷方总额来记录,而是按净额来记录相应的借方和贷方。借方差额表示一国增加对外部世界的净债权,贷方差额表示一国增加对外部世界的净负债。

(1) 资本项目

资本项目包括资本转移和非生产资产、非金融资产的购买或出售。

①资本转移既可以用现金的形式,也可以用实物形式。比如政府部门的债务豁免、投资捐赠、向非居民支付的大规模资本损失或未保险严重事故的赔偿;其他部门的资本转移,如债务减免、投资赠款、补偿支付、税款、巨额捐献等。

②非生产资产的交易是指货物和服务的生产所需要的、但不是生产创造出来的有形资产(如土地和地下资产)的交易。

③非金融资产的交易包括购买和出售各种无形资产,如专利、版权、商标、经销权、商誉等以及租赁或其他可转让合同的交易而引起的资本流入和流出。

(2) 金融项目

金融项目是用来记录一国金融资本流动情况的账户。金融项目包括:

①直接投资。直接投资是指投资者对另一经济体的企业拥有的永久权益。直接投资可以采取在国外直接建立分支企业的形式,也可以采用购买国外企业一定比例以上股票的形式,在《国际收支手册》中规定这"一定比例"为10%。

②证券投资。证券投资是两国之间相互购买各种有价证券的资本流动。这是指为取得一笔预期的固定货币收入而进行的投资,它对企业的经营没有发言权。证券投资交易包括股票,中、长期债券,货币市场工具和衍生金融工具,如期权等。

③其他投资。这是一个剩余项目,凡不包括在直接投资、证券投资和储备等项目内一切资本交易均在此列。主要有货币和存款交易、贷款交易、贸易信贷交易。

3. 储备和相关项目

储备和相关项目,包括一国储备资产和一些与储备有关的项目,如使用基金信贷、特殊融资等的增减变动情况。这个项目表明一个国家官方调节国际收支的能力和努力的情况。一个国家的国际收支出现顺差或逆差时,最后必须通过增减其官方储备资产来获得平衡。该项目可分为储备资产项目和相关项目。

(1) 储备资产

储备资产是指一国中央银行和其他官方机构为维持对外支付所持有的储备资产和对外债权。它包括黄金储备、外汇储备、分配的特别提款权和在国际货币基金组织中的储备头寸。官方储备是调节国际收支的一个重要项目,一个国家出现国际收支顺差或逆差时,最后必须通过增减官方储备或增减对外债权债务获得平衡。

(2) 相关项目

相关项目包括使用国际货币基金组织的信贷情况和特殊融资项目。其中特殊融资一般指同国际收支相关的重新安排债务的交易总额。

储备及相关项目实际也是一个平衡项目。这是因为资本外流净额在借方,需由货币当局提供本国储备资产,从外国央行或国际货币基金组织借入货币,这都属于储备的变动,因此储备要反向记录,增加记录借方,减少记录贷方。

4. 错误和遗漏项目

误差与遗漏是一个人为的平衡项目,为估计数字,用以填补统计报表的差额,以求国际收支形式上的平衡。

四、国际收支平衡的含义

国际收支平衡有多种不同的概念和含义。一国在分析国际收支状况时,往往运用几种重要的差额来相互补充分析本国的国际收支状况。这些差额主要包括贸易收支差额、经常项目收支差额、资本和金融账户差额和总差额。

表 10-22 2008年中国国际收支平衡表(简表)

中国国际收支平衡表
2008年
单位:千美元

项目	行次	差额	贷方	借方
一、经常项目	1	426 107 395	1 725 893 261	1 299 785 866
A. 货物和服务	2	348 870 456	1 581 713 188	1 232 842 732
a. 货物	3	360 682 094	1 434 601 241	1 073 919 146
b. 服务	4	−11 811 638	147 111 948	158 923 586
B. 收益	18	31 437 960	91 614 872	60 176 912
C. 经常转移	21	45 798 979	52 565 201	6 766 222
二、资本和金融项目	24	18 964 877	769 876 094	750 911 218
A. 资本项目	25	3 051 448	3 319 886	268 439
B. 金融项目	26	15 913 429	766 556 208	750 642 779
a. 直接投资	27	94 320 092	163 053 964	68 733 872
b. 证券投资	30	42 660 063	67 708 045	25 047 982
c. 其他投资	41	−121 066 726	535 794 199	656 860 925
三、储备资产	64	−418 978 429	0	418 978 429
四、净误差与遗漏	70	−26 093 843	0	26 093 843

注:根据国家外汇管理局网站资料改编,其中"行次"是指原表中的行次。

1. 几种重要的差额及其作用

(1) 贸易收支差额

贸易收支差额是商品进、出口收支的差额。贸易账户虽然仅仅是国际收支的一个组成部分,但商品的进出口情况综合反映了一国的产业结构、产品质量和劳动生产率状况,反映了该国在国际上的竞争能力。即使在资本账户交易比重相当大的国家,也非常重视这一差额。并且,目前对某些国家来说,贸易收支在全部国际收支中所占的比重还相当大,加之贸易差额的数据易于收集,因此,在实际分析中,对贸易收支差额会进行较多的考察。

(2) 经常项目差额

经常项目差额包括货物、劳务、收入和所有经常转移交易的差额,它反映了实际资源在一国与他国之间的转让净额。通过经常项目差额可以衡量和预测经济发展和政策变化的效果,是制定国际收支政策和产业政策的重要依据。

(3) 资本和金融账户差额

资本和金融账户可以表现一个国家资本市场的开放程度和金融市场的发达程度。一般而言,资本市场开放的国家资本和金融账户的流量总额较大;反之就小。而长、短期账户的规模,还可以反映资本市场和货币市场的结构与制度限制。

在经常账户出现赤字时,平衡必然意味着资本和金融账户的相应盈余,金融资产的净流入实际上是为经常账户赤字融资。由于资本与金融账户和经常账户之间具有融资关系,所以资本与金融账户的差额还可以折射出一国经常账户的状况和融资能力。

(4) 综合账户差额或总差额

综合账户差额是指经常账户差额与资本和金融账户差额所构成的余额,也就是将国际收支账户中的官方储备账户剔除后的余额。由于综合差额必然导致官方储备的反方向变动,所以可以用它来衡量国际收支对一国储备造成的压力。

2. 国际收支平衡的含义

这里所说的国际收支平衡是针对综合账户差额来说的。

当总差额大于零,即经常账户与资本和金融账户两项目余额之和的贷方大于借方时,则国际收支盈余。此时,会有黄金或外汇流入,即官方储备项目增加。

当总差额小于零,即经常账户与资本和金融账户两项目余额之和的贷方小于借方时,则国际收支赤字。此时,会有黄金或外汇流出,即官方储备项目减少。

当总差额等于零,即经常账户与资本和金融账户两项目余额之和的贷方等于借方时,则国际收支平衡。此时,官方储备项目不变。

由此可见,当国际收支中的经常项目与资本和金融项目之和不相等,即国际收支不平衡时,要通过官方储备项目的调整来实现平衡。

五、外汇和汇率

由国际经济交往产生的债权债务关系,需要通过各国金融体系来进行结算或清偿,这就产生了国家之间的货币汇兑、汇率决定、汇率制度等有关外汇和汇率理论的问题。

1. 外汇

外汇是指国外汇兑,它有动态和静态两种含义。

(1) 动态外汇

动态外汇的含义是指人们借助于各种金融工具对国家间债权债务关系进行非现金结算,将一种货币换成另外一种货币的兑换行为。

(2) 静态外汇

静态外汇又有广义和狭义之分。

①广义外汇是指以外国货币表示的金融资产,如外国货币、以外币表示的有价证券、以外币表示的支付凭证等。

②狭义外汇是指以外币表示的、可用于进行国际结算的支付手段,主要包括以外币表示的银行汇票、支票、银行存款,其中,银行存款是外汇的主要构成部分。

2. 汇率

(1) 汇率的含义

汇率是用一种货币计价的另外一种货币的价格。

(2) 汇率的表示方法

汇率有直接标价法和间接标价法两种标价法。

①直接标价法也称应付标价法。它是以一定单位的外币为标准,来计算应付多少本币。例如,100 美元折算人民币 827 元,或以人民币计价的 1 美元价格为 8.27 元人民币。这与本国商品的标价完全类似。直接标价法时的标价数字越高,表示单位外币能换取的本国货币越多,本国货币价值越低;标价数字越低,则本国货币价值越高。标价数字上升意味着外币币值上升,本币币值下跌。

②间接标价法又称应收标价法,是以一定单位的本国货币为标准,来计算应收多少外币,也就是指一定本国货币值多少外国货币。例如,100 元人民币折算 12.1 美元,或以美元计价的 100 元人民币价格为 12.1 美元。采用这种标价方法,标价数字越高,说明外币币值越低,本币币值越高;反之,标价数字越低,说明外币币值越高,本币币值越低。

目前,世界各国大都采用直接标价法。只有英国和美国,因其货币先后在国际贸易中作为计价结算的标准,所以,英镑和美元采用间接计价法。通常汇率都是以 1 美元所能兑换的本国货币的数量来表示的。

(3) 外汇买卖价格

外汇买卖有买入价和卖出价之分,银行对顾客卖出外汇时的汇率叫卖出价,银行从顾客买进外汇时汇率叫买入价。买入价与卖出价之差为银行买卖外汇的利润。一般以当地外汇市场当天收市的买入价和卖出价的平均数(中间汇率)表示当地货币的汇率。

六、均衡汇率的决定

作为货币的价格,汇率的决定如同一般商品的价格决定一样,是由外汇市场上的供给和需求来决定的。

1. 外汇的需求

本国对外汇的需求来自于进口外国商品、接受外国的运输、保险、旅游等服务和购买外国的金融资产或非金融资产等活动。当发生上述活动时,就必须将本国货币换成外币,也就产生了对外汇的需求。正如商品的需求量与价格成反比一样,外汇的需求量也同外汇价格即汇率成反比。外币贬值,本币升值时,对外汇的需求量就增加;反之就减少。这是因为在外币贬值,本币升值时,外国商品、劳务、资产的本币价格下降,用同样多的本币就可买到更多的外国的商品、劳务、资产,于是进口增加、接受的外国服务增加、外国资产的购买量也增加,从而对外币的需求量就增加了。当然,对外国的金融资产或非金融资产的购买

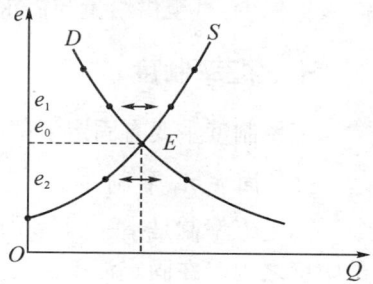

图 10-1 汇率的决定

量主要取决于利率、利润率这类的收益率之间的差异,而不是汇率。在收益率不变的前提下,外汇的需求量应该同外汇汇率成反比。

在图 10-1 中,用纵轴代表用直接标价法表示的汇率水平,向上的方向表示本币贬值、外币升值,向下的方向表示本币升值、外币贬值;用横轴表示外币的需求量或供给量。我们以一条向右下倾斜的曲线代表市场上外汇的需求曲线,随着外汇汇率的降低,对外汇的需求将扩大。

2. 外汇的供给

对本国的外汇供给来自于本国商品的出口、外国人接受的本国的运输、保险、旅游等服务和外国人购买本国的金融资产或非金融资产等活动。当发生上述活动时,就可以获得外币,并将外币换成本国货币,这就形成了对本国的外汇供给。正如商品的供给量与价格成正比一样,外汇的供给量也同外汇价格即汇率成正比。外币贬值,本币升值时,外汇的供给量就增加;反之就减少。这是因为在外币升值,本币贬值时,本国商品、劳务、资产的外币价格下降,用同样多的外币就可买到更多的本国商品、劳务、资产,于是出口增加、本国的运输、保险、旅游等服务收入增加、本国资产的对外销售量也增加,从而外币的供给量就增加了。当然,本国的金融资产或非金融资产的对外销售量主要也取决于利率、利润率这类的收益率之间的差异,而不是汇率。在收益率不变的前提下,外汇的供给量应该同外汇汇率成正比。在图 10-1 中,用一条向右上倾斜的曲线表示市场上外汇的供给曲线,外汇的供给随着外汇汇率的上升而上升。

3. 均衡汇率的决定

均衡汇率是使外汇的需求量与供给量相等的汇率。如图 10-1,由外汇的需求曲线与供给曲线的交点 E 决定的汇价 e_0 即为均衡汇率。如果汇率 e_1 高于 e_0,则在

市场上外汇的供给超过了外汇的需求,汇率开始下跌,即本币开始升值,外币贬值。外币贬值使外汇的需求量增加,外汇供给量减少,直到供给量与需求量相等时,汇率重新回到均衡水平,由 e_1 回到 e_0。当汇率在 e_2 时,市场上外汇的需求量超过供给量,迫使外汇汇率上升,从而本币贬值,外币升值,外币升值使外汇供给量增加、外汇需求量减少,直至供给量与需求量重新相等。

七、汇率制度

汇率制度主要有固定汇率制度和浮动汇率制度两种。

1. 固定汇率制度

固定汇率制是指一国货币同其他国家货币的汇率基本固定,其波动仅限于一定的幅度之内。在固定汇率制度下,中央银行为本国货币确定一个相对固定的价格,并通过外汇市场的干预维持既定的汇率水平。

当国际收支盈余,本币有升值压力时,中央银行在外汇市场上用本币买进外币,增加外汇储备,以维持汇率稳定。此时,本国的基础货币会扩大,货币流通量就会增加,一般各国会采用冲销干预的方法来避免本国货币供给量的变化,比如,在买进外币,投放本币后,会在公开市场上抛售债券来收回部分本币,使货币供给量维持不变。

当国际收支赤字,本币有贬值压力时,中央银行动用外汇储备,在外汇市场上抛出外币买入本币,来维持汇率稳定。此时,本国的基础货币会缩小,货币流通量就会减少,冲销干预的方法是:在抛出外币,收回本币后,央行在公开市场上买入债券来投放本币。这样,因购买外币而减少的货币量,通过公开市场又重新回到流通中,货币供给量可以保持不变。

实行固定汇率有利于一国的经济稳定,也有利于维护国际金融体系与国际交往的稳定,减少国际贸易与国际投资的风险。但是,实行固定汇率要求一国的中央银行有足够的外汇或黄金储备。如果不具备这一条件,必然出现外汇黑市,黑市的汇率要远远高于官方汇率,这样反而会不利于经济发展与外汇管理。

2. 浮动汇率制度

浮动汇率制是指一国中央银行不规定本国货币同其他国家货币的官方汇率,听任汇率由外汇市场自发地决定。

在浮动汇率制度下,汇率由外汇市场上的供给和需求共同决定。如果国际收支盈余,也即外汇市场上外汇供给大于需求,这将使外汇汇率下跌,本币升值,外汇汇率下跌将使外汇供给量减少、需求量增加,最终实现国际收支平衡。相反,如果国际收支赤字,也即外汇市场上外汇供给小于需求,这将使外汇汇率上升,本币贬值,外汇汇率上升将使外汇供给量增加、需求量减少,最终实现国际收支平衡。

浮动汇率制又分为自由浮动与管理浮动。自由浮动又称"清洁浮动",指中央银行对外汇市场不采取任何干预措施,汇率完全由市场力量自发地决定。管理浮动又称"肮脏浮动",指实行浮动汇率制的国家,其中央银行为了控制或减缓市场汇率的波动,对外汇市场进行各种形式的干预活动,主要是根据外汇市场的情况售出或购入外汇,以通过影响供求来影响汇率。

实行浮动汇率有利于通过汇率的波动来调节经济,也有利于促进国际贸易,尤其在中央银行的外汇与黄金储备不足以维持固定汇率的情况下,实行浮动汇率对经济较为有利,同时也能取缔非法的黑市交易。但浮动汇率不利于国内经济和国际经济关系的稳定,会加剧经济波动。

第四节 开放经济中的国民收入均衡

一、开放经济中的总需求

第7章第2节曾从支出角度分析了国民收入由消费、投资、政府购买、净出口构成,并得到了以下的核算恒等式:

国内生产总值(GDP)=个人消费(C)+投资(I)+政府购买(G)+净出口(出口X-进口M)

即:$GDP=C+I+G+(X-M)=C+I+G+NX$

其中C、I、G包括本国居民、厂商、政府对国内商品与劳务的购买和国外商品与劳务的购买;$C+I+G$表示国内经济部门的支出之和,称为国内支出。

所以有:总产出(GDP)=国内支出($C+I+G$)+净出口($X-M$)

这表明在开放经济中,一国国内支出可以不等于本国商品和劳务的总产出。如果总产出大于国内支出,差额部分用于出口,净出口为正;如果国内支出小于总产出,通过进口获得差额部分,净出口为负。当出口增加时,总需求增加,生产水平提高,就业率上升,有助于实现国内经济的均衡;同时,又能改善国际收支,有助于实现外部的均衡。

二、国民收入均衡的变动

1. 有关假设

①不考虑价格变动对均衡的影响,即假设价格是不变的。

②不考虑资本项目对均衡的影响,即只分析经常项目对均衡的影响,而且用贸易收支状况来代表外在均衡。

③假定出口不变,进口取决于国民收入,与国民收入同方向变动,即进口随国民收入增加而增加,随国民收入减少而减少。

2. 对外贸易乘数

国内总需求增加,即消费、投资和政府购买增加,就会使均衡的国民收入增加。

但应该注意的是,国内总需求增加对国民收入增加的影响大小,即国内总需求增加所引起的国民收入增加量取决于乘数的大小。由于增加的收入的一部分现在要用于进口商品上,因此乘数变小了。进口增加在收入增加中所占的比例,称为边际进口倾向。而开放经济中的乘数称为对外贸易乘数,对外贸易乘数可用如下公式表示:

$$对外贸易乘数 = \frac{1}{1-边际消费倾向 b + 边际进口倾向 m}$$

进口是收入的增函数,它随收入的增加而增加。于是由总需求增加所引起的国民收入增加,又引起进口的增加,因此就会使贸易收支盈余减少(或赤字增加),也即贸易收支状况恶化。

根据上述论述同样可以推出:国内总需求的减少,会使国民收入减少,并使贸易收支状况改善(贸易收支盈余增加或赤字减少)。可见这时国内总需求增加所引起的国民收入变动量与封闭经济时不一样,乘数小了。同时,诸如政府支出的增加或缩减等国内总需求的变动,不仅会影响国内的国民收入,还会影响贸易的收支状况。

上面所述只是限于出口不变的情况。如果,随着收入的增加,出口也增加,并且比进口的增加还要快,那么总需求的增加,就不仅会增加国民收入,且会使贸易收支盈余增加,即贸易收支状况改善。

3. 出口的增加对国民收入均衡的影响

出口的增加提高了对国内产品的需求,从而总需求增加,并使国民收入增加。国民收入增加会使进口增加,但由于这时国民收入的增加是由出口增加引起的,一般来说,因为边际进口倾向是小于1的,所以,出口增加所引起的国民收入增加不会全用于进口,所以贸易收支状况改善(贸易盈余增加或赤字减少)。

三、开放经济中国民收入调节的最优政策配合

1. 开放经济中各国经济的相互依赖性

在开放经济中,各国国民收入的决定与变动是相互影响的。一国的失业和通货膨胀会通过不同的渠道扩散到其他国家。各国经济相互依赖,通过国际贸易和国际金融联结为一体,这就是全球经济一体化。

国内总需求与国民收入的增加会通过进口的增加而影响对国外产品的需求,从而使与之有贸易关系的国家的国民收入也增加。一国经济的繁荣与萧条可以影响其他国家。比如,A、B两国是贸易伙伴,A国经济萧条,国民收入减少,失业增加,对B国的进口减少。B国的出口减少,国民收入下降,也会发生经济衰退,失业增加。这样A国发生的经济萧条就通过国际贸易传递到B国,这时A国对B国的影响,称为"溢出效应"。溢出效应是指一国经济变动对另一国的影响。反过来,B国的经济衰退同样也会减少向A国的进口,A国出口减少,又会使经济衰退加剧。这时,B国对A国的影响被称为"回波效应"。回波效应是指受溢出效应影响的另一国经济变动

反过来对引发溢出效应国家经济的影响。

例如,德国 1981—982 年的经济衰退就是依靠美国的复兴而得以摆脱的。因为美国经济复兴引起的国民收入增加提高了进口水平,而美国的进口中有相当一部分来自德国,这就增加了德国的出口,使其摆脱了经济衰退。据估计美国对德国的溢出效应为 0.23,即美国的实际 GDP 变动 1%,会引起德国的 GDP 变动 0.23%。德国对美国的回波效应为 0.011 5,即美国的实际 GDP 变动 1%,会引起德国的 GDP 变动 0.23%,又会使美国的实际 GDP 再变动 0.0115%。

同样,通货膨胀也会在各国之间传递。例如,A、B 两国是贸易伙伴,A 国发生通货膨胀,物价水平上升,这使 A 国与 B 国相比的相对价格上升,从而向 B 国的进口增加。B 国出口增加,使出口部门的物价上升,这种物价的上升带动了出口相关部门物价的上升,尤其是出口商品所需的原材料和劳动价格上涨,这就会最终导致 B 国物价总水平上升,A 国的通货膨胀就传递到了 B 国。

除了国际贸易之外,国际资本流动也将各国经济紧紧联系在一起。这种联系可能是短期资本的流动,也可能是利率的变动。在前一种情况下,如果一国发生了衰退而引起资金周转不灵,从各国抽回资本或减少对外投资,这就会引起其他国家由于资本外流而总需求减少,从而也发生衰退。在后一种情况下则是一国经济变动引起利率变动,而利率变动引起国际间短期资本流动,从而影响其他国家的经济。

在世界经济中各国之间相互影响的程度并不一样,一般来说取决于国家大小、开放程度高低和边际进口倾向的大小。大国对小国的影响大,小国对大国的影响小;开放程度高的国家对别国的影响和受别国的影响都大;边际进口倾向越高,对别国的影响与受别国的影响越大。比如,美国这样国家大、开放程度高、边际进口倾向高的国家对其他国家经济的影响也就大,美国经济的兴衰一直是世界各国关注的问题。

2. 开放经济条件下的宏观经济政策目标

封闭经济下,经济增长、充分就业与价格稳定是政府追求的三大主要经济目标,而这三个目标是存在着冲突的。例如,失业率与通货膨胀之间可能存在着相互替换关系,经济增长往往也会带来通货膨胀。可以说,封闭经济中政策调控的主要课题在于协调这三者的冲突,确定并实现这三者的合理组合。

在开放经济条件下,政府通常把充分就业、物价稳定、国际收支平衡和经济增长作为宏观经济政策的四大目标。由于经济增长是一个长期的动态过程,短期内政府宏观经济政策目标主要是充分就业、物价稳定、国际收支平衡。充分就业和物价稳定的同时实现又被称为内部均衡,国际收支平衡被称为外部均衡。通常,政府总是优先考虑内部均衡,只有面临巨额而持久的国际收支失衡时,政府才会优先考虑外部均衡。

在开放经济中,政府的政策目标体系发生了改变,目标变量进一步增加了,不仅内部均衡的冲突依然存在,而其内部目标与国际收支这一新的目标之间的冲突成为经济面临的突出问题。政府一方面要保持自身经济内部的相对稳定、避免通货膨胀和失业;同时,也要利用经济的开放,通过商品、劳务、资金的国际流动来增加本国福利。内外均衡的统一,即内在稳定性与合理开放性的结合就成为政府的政策目标。在开放经济的运行中,经济同时处于内外均衡区间的情况是很少的,各种变量变动造成的冲击都会使经济偏离最佳区间。因此,政府必须运用可控制的变量即政策工具来实现经济的稳定与合理开放。在一定的情况下,经济内在稳定性与开放性对这些变量调整方向的要求可能是相反的,即实现某一目标会带来另一目标的恶化。这就形成了内外均衡的矛盾。

3. 内外均衡的矛盾

要同时实现内外均衡,每个国家依靠单一的政策手段是难以奏效的。因为国内经济和国际收支的各种状态可以构成许多种不同的组合。

可以通过表10-23来说明各种可能的组合。

表10-23 国内经济状况和国际收支状况的组合

国内经济状况	国际收支状况	内外均衡目标的协调性
均衡	均衡	协调,不需要调节
通胀	赤字	协调,紧缩性政策即可
衰退	盈余	协调,扩张性政策即可
衰退	赤字	不协调
通胀	盈余	不协调
衰退	均衡	不协调
通胀	均衡	不协调
均衡	盈余	不协调
均衡	赤字	不协调

在表10-23中,第一种组合实现了内部均衡与外部均衡,不用进行任何调节,是最优状态。但这种情况毕竟是很少见的。第二种或第三种组合可以依靠单一的紧缩性政策或扩张性政策就可以同时实现内、外部的均衡。以第二种组合为例,为实现经济的内部均衡,政府应该采取紧缩性政策,压缩总需求,这就会导致进口相应减少,在出口保持不变时,就能改变原有的国际收支赤字状况而趋于平衡。这样,政府单一的紧缩性政策,在实现内部均衡的同时,也对外部均衡的实现发挥了积极影响,因此这是内外均衡一致的情况。

在表10-23中,后面的六种组合,内、外部均衡的目标之间存在着冲突,依靠单一的政策就会顾此失彼,一个目标的实现往往就意味着另一目标的偏离。政府在通过调节社会总需求实现内部均衡时,会引起外部经济状况距离均衡目标更远,内部均衡的实现以外部均衡的丧失为代价,或者相反。以第四种组合为例,当政府扩大需求以增加就业时,也会引起进口需求增加,导致国际收支逆差进一步扩大。当然此时政府可以运用汇率调整的办法来解决内、外部均衡的问题,即采取外汇贬值政策,使得出口增加、进口减少,从而有助于消除国际收支赤字;同时由于出口增加会刺激生产,增加就业,从而有助于克服经济萧条。但很明显,在第九种组合中,政府采用汇率调整来解决外部不均衡问题时,必然会造成国内经济过热。

4. 最优政策配合

最优政策配合的含义是指在国内外需要不同的调节政策的情况下,所采用的政策应使其中的一种政策的积极作用超过另一种政策的消极作用。

在选择最优政策时,首先应该注意各种政策对内与对外的不同影响。美国经济学家蒙代尔认为:在固定汇率、资本完全流动的条件下,就内部均衡而言货币政策无效、财政政策有效。此时货币政策对外的影响要大于对内的影响。例如,货币量增加通过利息率下降对国内总需求的刺激作用,比利息率下降对资本流出的影响要小。财政政策对内的影响要大于对外的影响。例如,增加政府支出引起的国民收入增加的作用要大于增加进口的作用。这样就必须运用财政政策实现内部平衡,运用货币政策实现外部平衡。相反,浮动汇率制度下对于内部均衡来说,货币政策有效、财政政策无效。其次,应该确定政策所要解决的主要问题。例如,如果在国内经济衰退与国际收支盈余的情况下,主要是要解决国内经济衰退问题,那就要把政策重点放在刺激国内经济上。最后,要把各种政策配合运用,用一种政策去抵消另一种政策的负作用。

在固定汇率制度下,运用宏观财政政策和宏观货币政策等改变支出政策进行调节,能实现内部平衡和外部平衡。在运用宏观经济政策时,针对不同的宏观经济运行状况有不同的宏观经济政策的搭配。诺贝尔经济学奖获得者蒙代尔提出蒙代尔搭配法则是:运用财政政策实现内部平衡,运用货币政策实现外部平衡。针对不同的宏观经济运行状况,表 10-24 表明了不同的宏观经济政策组合方法。

表 10-24 固定汇率制度下的宏观经济政策搭配

国内经济状况	国际收支状况	宏观经济政策搭配	
		财政政策	货币政策
通胀	赤字	紧缩财政	紧缩货币
衰退	盈余	扩张财政	扩张货币
衰退	赤字	扩张财政	紧缩货币
通胀	盈余	紧缩财政	扩张货币
衰退	均衡	扩张财政	紧缩货币
通胀	均衡	紧缩财政	扩张货币
均衡	盈余	紧缩财政	扩张货币
均衡	赤字	扩张财政	紧缩货币

本章小结

1. 对于国际贸易的原因,有各种不同的解释。亚当·斯密认为,国际贸易的基础是各国劳动生产率之间的绝对差别。各国都出口自己占有绝对成本优势的产品，进口处于绝对成本劣势的产品，贸易各方就可以从交换中得到绝对的利益。李嘉图认为，国际贸易发生的原因在于不同地区商品成本的相对差异，即比较成本优势。当一国生产某种商品的机会成本小于另一个国家时，这个国家在该产品的生产上就具有比较成本优势。各国可以分别在具有比较成本优势的商品上进行专业化生产，并通过国际贸易而获益。赫克歇尔和俄林则认为：当生产中投入劳动力、资本等多种生产要素时，国家间要素禀赋差异会使各国在不同的商品生产上具有相对优势。资本充裕的国家在资本密集型商品上具有相对优势，劳动力充裕的国家在劳动力密集型商品上具有相对优势，一个国家在进行国际贸易时，出口密集使用其相对充裕生产要素的商品，而进口密集使用其相对缺乏生产要素的商品。

2. 现实中的国际贸易并不是自由贸易，各国都在不同程度上对国际贸易进行限制，主要的政策工具有关税和进口配额。关税是一国海关对进出口物品征收的一种税收。征收关税会引起进口商品的国际价格和国内价格的变动，从而对出口国和进口国的消费、生产、贸易、财政等方面产生有利的或不利的影响，即产生关税的各种经济效应。进口配额是指一国对某些商品在一定时期内的最大进口金额或数量实行限制。关税是利用价格机制来进行调节，进口配额是用行政手段来进行数量限制，因此与关税相比，进口配额是一种更直接的限制贸易措施。

3. 国际收支是一定时期内一国居民与非居民之间的全部经济交易的系统记录。国际收支平衡表包括经常项目、资本和金融项目、官方储备项目、错误和遗漏项目。国际收支平衡是针对经常项目余额与资本和金融项目余额之和来说的，当两项目余额之和的贷方等于借方时，国际收支均衡。

4. 外汇是指国外汇兑，它有动态和静态两种含义。狭义外汇是指以外币表示的，可用于进行国际结算的支付手段，其中，银行存款是外汇的主要构成部分。汇率是用一种货币计价的另外一种货币的价格。汇率有直接标价法和间接标价法两种标价方法。直接标价法也称应付标价法，它是以一定单位的外币为标准，来计算应付多少本币。间接标价法又称应收标价法，是以一定单位的本国货币为标准，来计算应收多少外币。

5. 汇率制度主要有固定汇率制度和浮动汇率制度两种。固定汇率制是指一国货币同其他国家货币的汇率基本固定，其波动仅限于一定的幅度之内。在固定汇率制度下，中央银行为本国货币确定一个相对固定的价格，并通过外汇市场的干预维持既定的汇率水平。浮动汇率制是指一国中央银行不规定本国货币同其他国家货币的官方汇率，听任汇率由外汇市场自发地决定。

6. 在开放经济条件下，充分就业和物价稳定的同时实现被称为内部均衡；国际收支平衡被称为外部均衡。政府通常把内部均衡和外部均衡作为宏观经济政策的目标。在一定的情况下，内部均衡与外部均衡要求有关政策工具进行相反的操作，即实现某一目标会带来另一目标的恶化。实现内部均衡时,会引起外部经济状况距离均衡目标更远,内部均衡的实现以外部均衡的丧失为代价;反之亦然。这就会形成内外均衡的矛盾。

7. 最优政策配合的含义是指在国内外需要不同的调节政策的情况下,所采用的政策应使其中的一种政策的积极作用超过另一种政策的消极作用。美国经济学家蒙代尔认为:在固定汇率、资本完全流动的条件下,就内部均衡而言货币政策无效、财政政策有效。这样就必须运用财政政策实现内部均衡,运用货币政策实现外部均衡。相反,浮动汇率制度下对于内部均衡来说,货币政策有效、财政政策无效。

本章案例和背景资料

本章案例1:双赢的国际贸易

国际贸易就是各国的商品交换。为什么各国不能"自给自足"必须参与国际贸易?因为各国在商品交换中可以获得更大的利益。经济学家们用各种不同理论来解释国际贸易的好处。让我们举两个例子来说明。

200多年前,英国古典经济学家亚当·斯密就举例做出这样的分析。他说:"如果一件东西在购买时所费的代价比在家内生产时小,那就永远不要在家生产,这是每一个精明的家长都知道的。裁缝不制作他自己的鞋子,而向鞋匠购买;鞋匠不制作他自己的衣服,而雇裁缝制作。农民不缝衣,也不制鞋,而宁愿雇用那些不同的工匠去做。他们都感到,为了他们自身的利益,就应当把他们的全部精力集中使用到比邻人处于某种有利地位的方面,而以劳动生产物的一部分或同样的东西,即其一部分的价格,购买他们所需要的其他任何物品。"一个家庭如此,一个国家也是如此。例如A国生产甲产品,成本是10元,B国也能生产同质的甲产品,其价格是6元,那么A国就没理由不从B国进口同质的甲产品,其价格是6元。还比如,美国和日本都可以生产电脑和汽车,生产100台电脑美国消耗的资源是50,而日本消耗的资源是70,由美国生产100台电脑是绝对有利的;而如果生产50辆汽车,美国消耗的资源是40,日本消耗的资源是20,那么由日本生产50辆汽车就绝对有利。这就是著名的绝对优势理论。亚当·斯密的理论建立在两国绝对成本比较的基础之上。但实际上,往往是有的国家无论生产什么绝对成本都低于另一国家。在这种情况下,国际贸易还有利于双方吗?李嘉图提出比较优势理论解决了这一问题。

本章案例2:香港的"联系汇率制"

"联系汇率制"的安排,港钞发行及港币汇率的决定机制包括以下主要内容:(1)发钞银行增发港币,必须以1美元合7.8元港币的比价,事先用美元现钞向外汇基金换取等值的港元负债证明书。也就是说,即发每7.8港元的货币,须以1美元作为发行准备金。(2)发钞银行可以以相同比价用港元现钞向外汇基金换回美元及赎回负债证明书。(3)1美元合7.8元港币的固定汇率同样适用于发钞银行与其他银行之间的港元现钞交易,这也是发钞行向其他银行提供和收回港元现钞的操作机制。(4)除发钞行与外汇基金之间、发钞行与其他银行之间执行固定汇率外,其余交易均按市场汇率进行。

联系汇率制下的这种发钞机制和汇率决定机制,有两个优点:第一,由于实行100%的发钞准备金制度,因而能产生抑制通货膨胀的效应。第二,市场汇率自动向发钞汇率靠拢,产生稳定市场汇率的效应。如:当市场上美元汇率升至7.8元以上时,发钞行按7.8元价格用港币向外汇基金购得美元,然后再以高于7.8元的价格向市场出售美元,即可赚得其中差价。将港币换给外汇基金,向市场出售美元的结果,使市场上港币供给减少,美元供给增加,美元汇率回降而港币汇率回升。相反,当美元汇率低于7.8时,发钞行则按1/7.8元价格用美元向外汇基金购得港币,然后再以高于1/7.8元的价格向市场出售港币,从中取利。将美元换给外汇基金、向市场出售港币的结果,使市场上美元供给减少,港币供给增加,美元汇率回升而港币汇率回降。

本章背景资料:怪杰蒙代尔

经济学家研究经济理论,推动经济学的发展。经济理论本身并不是政策,但它是制定政策的基础,可以指导政策制定。20世纪60年代美国经济学家蒙代尔从理论上研究了开放经济中,浮动汇率和固定汇率下货币政策和财政政策对宏观经济的不同影响。结论是,浮动汇率下货币政策的作用大于财政政策;固定汇率下则相反。90年代美国采用紧缩性财政政策和扩张性货币政策实现了财政收支平衡和经济持续增长,正是根据了这种理论。

蒙代尔出生于加拿大,受教于麻省理工学院,20世纪60年代在芝加哥大学任教,并在国际货币基金组织任职,获奖时为哥伦比亚大学教授。早在60年代,蒙代尔已蜚声经济学界,连待人苛刻的美国经济学家克鲁格曼也承认他"以在国际经济学领域的严谨治学而闻名","他对于最优货币区域的标准分析仍然是欧洲货币体系形成讨论中主要的参考文献","他有关如何选择固定汇率和浮动汇率的文章影响了货币和财政政策,蒙代尔—弗莱明模型是每本国际经济学教科书的必选内容"。从80年代起蒙代尔多次被诺贝尔经济学奖提名,但直到1999年欧元出现才获奖。这固然有许多因素在起作用,但他的个性怪僻不能不是一个原因。直至他获奖后《纽约时报》仍称他是"一个古怪的、加拿大出生的经济学家",许多报刊也在炒他古怪的一面。

说蒙代尔怪是指他的行事风格不同于常人。克鲁格曼在《兜售繁荣》一书中描述了蒙代尔有悖于常人的行为。本来蒙代尔在芝加哥大学当教授,学术上已造诣颇深,又培养了麻省理工学院教授鲁迪格·多恩布什、国际货币基金组织首席经济学家迈克尔·穆萨、以色列银行行长雅各布·弗兰克尔这样一批已成为大腕的学生,但突然在1971年离开芝加哥大学到毫无名气的加拿大滑铁卢大学任教,以后在那里呆不下去,又到哥伦比亚大学,但"他那时离群索居,不与学生和同伴交往"。

第十章 开放经济

克鲁格曼说,事实在 1970 年左右,蒙代尔以各种方式偏离了常规学术界,有些溢于言表:他开始留长发,常常唠唠叨叨自言自语。另一些则更为重要:蒙代尔不再在通常的学术交流会和讨论会上露面,而开始在自己开办的凌乱、门庭冷落的小酒吧中召集讨论会。更重要的是蒙代尔完全摒弃了自己以往的学术研究风格。

蒙代尔还是一个不拘小节的人。他喜欢独立在乡间别墅看电视饮酒,连信也懒得看,以至于不知道自己成为计量经济学会会员,当选为西部经济学会主席忘了出席就职典礼和演讲,任芝加哥大学《政治经济学杂志》编辑时懒得看稿回信。这类让人哭笑不得的小事经常发生在他身上,久而久之就被认为古怪了。

也许是怪僻的名声太大了,有些不怪的事也被认为怪了。蒙代尔对绘画、艺术都有兴趣。他在意大利锡耶纳城外买了一座 17 世纪的古堡,并大肆修复,被认为是怪事。本来红颜白发也常有,但他 60 多岁时与一个 20 多岁姑娘结婚并生一子也受讥讽。如此这样,蒙代尔被作为一个怪人来看,说来真有点冤。

其实人都有个性,我们评论经济学家还要看贡献,不苛求个性。

本章习题

一、实验报告题

1. 根据实验中 R 国、P 国的生产成本差异和两国居民可用的劳动时间,填写如下的生产可能性表。

R 国居民的生产可能性表

最大数量的组合	A	B	C	D	E	F	G
粮食	0	2	4	6	8	10	12
衣服							

P 国居民的生产可能性表

最大数量的组合	A	B	C	D
粮食				
衣服	0	2	4	6

2. 续上题。根据实验中 R 国、P 国的生产成本差异,分别计算两国生产粮食和衣服的机会成本,填写如下的机会成本表。

3. 续上题。从机会成本来看,R 国和 P 国分别应该专注于什么产品的生产?当两国之间发生国际贸易时,两个商品之间的交换比例在什么范围内,才能通过国际贸易实现双赢的格局?

机会成本 国别	粮食(单位衣服/单位粮食)	衣服(单位粮食/单位衣服)
R 国		
P 国		

4. 在第二阶段的实验中,R 国和 P 国内部会不会发生贸易活动?为什么?应该如何理解比较优势?

二、选择题

1. 本国价格下降则出口 （   ）
   A. 增加　　　　B. 减少　　　　C. 不变　　　　D. 不确定

2. 经常项目账户的顺差意味着 （   ）
   A. 出口大于进口　　　　　　　B. 出口小于进口
   C. 出口等于进口　　　　　　　D. 出口的增加大于进口增加
   E. 出口的减少大于进口的减少

3. 国际收支失衡是指 （   ）
   A. 国际收支平衡表的借方、贷方余额不等
   B. 资本流出与流入不等
   C. 经常项目与资本项目的总和出现差额
   D. 商品劳务的出口与进口不等

4. 人民币对美元的汇率上升，将使 （   ）
   A. 中国商品相对便宜，美国增加对中国商品的进口
   B. 中国商品相对便宜，中国增加对美国商品的出口
   C. 中国商品相对昂贵，美国增加对中国商品的出口
   D. 中国商品相对昂贵，中国增加对美国商品的进口

5. 提出按比较成本优势进行国际分工的西方经济学家是 （   ）
   A. 斯密　　　　B. 李嘉图　　　　C. 赫克歇尔和俄林

6. 假如 A、B 两国专门生产本国具有比较成本优势的商品，然后相互交换，那么两国的商品总量 （   ）
   A. 不变　　　　B. 将增加　　　　C. 将减少

7. 已知美国生产 1 单位 X 商品和 Y 商品的成本分别为 1 和 2 美元，法国生产 1 单位 X 商品和 Y 商品的成本分别为 25 和 35 法郎。要增加两国的消费总量 （   ）
   A. 美国应该出口 X 商品和进口 Y 商品
   B. 法国应该出口 X 商品和进口 Y 商品
   C. 两国都应该出口 X 商品

8. 世纪之交，中国出现的双重盈余，也叫"双顺差"，是指 （   ）
   A. 贸易盈余和财政盈余
   B. 贸易盈余和经常账户盈余
   C. 经常账户盈余与资本和金融账户盈余
   D. 贸易盈余与资本和金融账户盈余

9. 在以下经济活动的当事人中，属于美元供给者的是 （   ）
   A. 想购买美国公司股票的英国投资者

第十章 开放经济

    B. 想在澳大利亚购置房产的美国投资者

    C. 在美国旅行的巴西游客

    D. 从美国进口货物的德国企业

10. 如果英镑的汇率是 2 美元，那么美元的汇率就是 （　　）

    A. 2 英镑   B. 1 英镑

    C. 0.5 英镑   D. 无法确定

11. 下列因素中可能会促使美元升值的是 （　　）

    A. 日本提高其国内利率

    B. 美国国内出现严重的通货膨胀

    C. 美国国内采取紧缩性货币政策

    D. 美国国内采取紧缩性财政政策

12. 一国通货与另一国通货交换的市场为 （　　）

    A. 货币市场   B. 资本市场

    C. 金融市场   D. 外汇市场

13. 当两国之间存在国际贸易时， （　　）

    A. 生产与消费都在生产可能性边界之外

    B. 生产与消费都在生产可能性边界之上

    C. 生产仍在生产可能性边界上，但消费在生产可能性边界之外

    D. 生产在生产可能性边界之外，但消费仍在生产可能性边界上

14. 在固定汇率条件下，货币供给由 （　　）

    A. 中央银行政策决定

    B. 外国中央银行政策决定

    C. 外汇储备和国内信用决定

    D. 货币需求决定

15. 与封闭经济相比，在开放经济中政府的宏观财政政策的作用将 （　　）

    A. 更大，因为总需求加入净出口后使支出乘数增大

    B. 更小，因为总需求加入净出口后使支出乘数变小

    C. 更大或更小

16. 边际进口倾向的上升 （　　）

    A. 将使对外贸易乘数减小   B. 将使对外贸易乘数增大

    C. 将使边际消费倾向变小   D. 将使边际消费倾向变大

17. 如果一国内部实现均衡，国际收支有顺差，这时应该采取 （　　）

    A. 扩张性财政政策

    B. 紧缩性货币政策

    C. 扩张性财政政策和紧缩性货币政策

D. 紧缩性财政政策和扩张性货币政策

18. 如果一国处于国内衰退、国际收支赤字的状况,这时应该采取　　（　　）
    A. 扩张性财政政策
    B. 紧缩性货币政策
    C. 扩张性财政政策和紧缩性货币政策
    D. 紧缩性财政政策和扩张性货币政策

19. 固定汇率制且资本完全流动时,　　（　　）
    A. 货币政策无效而财政政策完全有效
    B. 货币政策完全有效而财政政策无效
    C. 货币政策和财政政策都完全无效
    D. 货币政策和财政政策都完全有效

20. 浮动汇率制且资本完全流动时,　　（　　）
    A. 货币政策无效而财政政策完全有效
    B. 货币政策完全有效而财政政策无效
    C. 货币政策和财政政策都完全无效
    D. 货币政策和财政政策都完全有效

三、判断题

1. 所谓开放经济是指政府不干预对外贸易。　　（　　）
2. 直接标价法又称为应收标价法。　　（　　）
3. 间接标价法条件下,汇率的上升意味着本币升值和外币贬值。　　（　　）
4. 一国的国民收入水平越高,进口的额度就越大。　　（　　）
5. 开放经济的均衡并不要求商品劳务的进口和出口相等。　　（　　）
6. 关税有助于世界资源的最有效配置。　　（　　）
7. 若一国生产所有产品的效率都非常高,那么该国应出口商品而不进口商品。　　（　　）
8. 当日本人到中国旅游时,日本就从中国进口了劳务。　　（　　）
9. 配额引起进口数量减少,以及进口品价格下降。　　（　　）
10. 各国的汇率由国际货币基金组织来决定。　　（　　）
11. 绝对成本优势是任何一个国家都具有的。　　（　　）
12. 绝对成本优势不一定每个国家都具有,但每个国家都可以具有比较成本优势。　　（　　）
13. 政府征收高额关税有助于本国厂商抵御外国厂商的竞争。　　（　　）
14. 从限制进口的角度来说,进口配额比征收关税更有效。　　（　　）
15. 国际收支失衡意味着国际收支平衡表的借方和贷方不相等。　　（　　）
16. 国际收支平衡表中,储备资产项目为+12亿美元,则表示该

国的国际储备资产增加了12亿美元。 （ ）
17. 在浮动汇率制下,英国对美国的贸易赤字将导致美元升值。 （ ）
18. 对外贸易乘数一般大于封闭乘数。 （ ）
19. 出口增加会使国民收入增加,贸易收支状况改善。 （ ）
20. 当国内存在通货膨胀而国际收支赤字时,仅仅采用紧缩性财政政策无法同时实现内外均衡。 （ ）

四、分析或计算题

1. A国与B国使用劳动一种生产要素生产出两种商品:小麦和布,单位小麦和布的劳动生产率(小时/单位产品表示)分别有以下三种情况:
   (1) 分析Ⅰ、Ⅱ、Ⅲ情况下A国与B国绝对成本优势与绝对成本劣势。
   (2) 依据绝对利益学说,在Ⅰ、Ⅱ、Ⅲ情况下,A国与B国是否发生贸易?

	Ⅰ		Ⅱ		Ⅲ	
	A	B	A	B	A	B
1单位小麦	4	1	4	1	4	2
1单位布	1	2	3	2	2	1

2. 根据第1题提供的资料,结合比较成本优势理论,分析Ⅰ、Ⅱ、Ⅲ情况下A国与B国是否发生贸易?

3. 美元与人民币的汇率原来是1∶4,以后变成1∶8,据此计算:
   (1) 中国出口到美国的某商品原来的人民币价格为1 200元,汇率变动前、后的美元价格各为多少?
   (2) 美国出口到中国的某商品原来的美元价格为400美元,汇率变动前、后的人民币价格各为多少?
   (3) 这种变动是有利于增加美国向中国的出口,还是有利于增加中国向美国的出口?

4. 某国总需求增加100亿元,其边际消费倾向为0.6,边际进口倾向为0.2,计算:
   (1) 该国的对外贸易乘数。
   (2) 总需求增加会使国民收入增加多少?
   (3) 国民收入增加后,进口会增加多少?

5. 假定某国的消费函数为$C=30+0.8Y_d$,净税收$T=50$,政府购买额$G=50$,投资$I=60$,净出口函数$NX=50-0.05Y$。试求:
   (1) 均衡国民收入。
   (2) 国民收入均衡时的净出口余额。
   (3) 投资增加到70时的均衡国民收入和净出口余额。
   (4) 当净出口函数变为$NX=40-0.05Y$时的均衡国民收入和净出口余额。

主要参考文献

1. 张耀辉. 实验经济学教程. 北京:经济科学出版社,2006
2. 周星. 发展中的实验经济学. 厦门:厦门大学出版社,2006
3. 盛松成,施兵超,陈建安. 现代货币经济学. 北京:中国金融出版社,2001
4. 曼昆. 经济学原理. 北京:北京大学出版社,2009
5. 李翀. 现代西方经济学原理. 广州:中山大学出版社,2007
6. 李翀. 现代西方经济学原理学习指导与习题解答. 广州:中山大学出版社,2007
7. 萨缪尔森,诺德豪斯. 经济学. 北京:人民邮电出版社,2008
8. 刘厚俊. 现代西方经济学原理. 南京:南京大学出版社,2005
9. 斯蒂格利茨. 经济学. 北京:中国人民大学出版社,2005
10. [美]西奥多·C·伯格斯特龙,约翰·H·米勒著;王萍等译. 微观经济学实验. 大连:东北财经大学出版社,2008
11. Charles A. Holt(1996). Trading in a Pit Market. Journal of Economic Perspectives, vol. 10(1), pages 193-203, Winter
12. Charles A. Holt & Roger Sherman(1999). Classroom Games:A. Market for Lemons. Journal of Economic Perspectives, vol. 13(1), pages 205-214, Winter
13. Jacob K. Goeree & Charles A. Holt(1999). Employment and Prices in a Simple Macro-Economy. Southern Economic Journal, vol. 65(3), pages 637-647, January
14. Susan K. Laury & Charles A. Holt (2000) Making Money. Journal of Economic Perspectives, vol. 14(2),pages 205-213, Spring